高职高专金融投资专业教材

个人理财(第 2 版)

韩海燕　张旭升　主　编
陈飞跃　戴凤芝　副主编

清华大学出版社
北京

内 容 简 介

本书在介绍个人理财基础理论知识和个人理财的基本流程与方法的基础上，重点介绍了个人储蓄与消费信贷、个人风险管理与保险、股票、证券投资基金、债券、房地产、外汇与黄金等主要投资渠道的投资特点及方法，并对个人税收规划以及人生主要事件如教育、退休、遗产等规划的方法进行了详细介绍。

为便于学习和掌握，本书在编写过程中注重引发读者的学习兴趣，突出实践环节，强化学习效果。每章前配有案例导入、本章精粹与核心概念提示，每章中配有案例点击、点石成金，每章后配有小结及思考题。

本书为高等院校特别是职业院校、高等专科学校、成人高校理财类课程的教科书，也可供一般读者学习参考。

本书为黑龙江省普通高等学校青年学术骨干支持计划项目"黑龙江新农村建设中的农村金融支持问题研究"(项目编号:1252G003)的成果。

本书封面贴有清华大学出版社防伪标签，无标签者不得销售。
版权所有，侵权必究。举报: 010-62782989, beiqinquan@tup.tsinghua.edu.cn。

图书在版编目(CIP)数据

个人理财/韩海燕，张旭升主编. --2版. --北京：清华大学出版社，2015（2022.12重印）
(高职高专金融投资专业教材)
ISBN 978-7-302-41270-0

Ⅰ.①个… Ⅱ.①韩…②张… Ⅲ.①私人投资—高等职业教育—教材 Ⅳ.①F830.59

中国版本图书馆 CIP 数据核字(2015)第 186429 号

责任编辑：孟　攀
装帧设计：杨玉兰
责任校对：王　晖
责任印制：宋　林

出版发行：清华大学出版社
网　　址：http://www.tup.com.cn, http://www.wqbook.com
地　　址：北京清华大学学研大厦 A 座　　邮　　编：100084
社 总 机：010-83470000　　邮　　购：010-62786544
投稿与读者服务：010-62776969, c-service@tup.tsinghua.edu.cn
质量反馈：010-62772015, zhiliang@tup.tsinghua.edu.cn
课件下载：http://www.tup.com.cn, 010-62791865

印 装 者：三河市龙大印装有限公司
经　　销：全国新华书店
开　　本：185mm×230mm　　印　张：23.75　　字　数：509 千字
版　　次：2010 年 2 月第 1 版　2015 年 8 月第 2 版　　印　次：2022 年 12 月第 6 次印刷
定　　价：69.00 元

产品编号：053813-02

再版前言

　　个人理财在国内是一个新兴的领域，但是在西方发达国家已经形成了较为完整的服务体系。对于处于起步阶段的我国金融服务业而言，存在着许多需要规范和改进的空间，包括从业人员的资格认证、行业服务标准和规范、全方位服务的制度障碍等。因此，个人理财业务在我国存在着很大的市场空间，有待金融教育人士去把握和开发个人理财的教育市场机会。本书就是在此背景下再版的。

　　本次再版是在第一版的基础上，对原文一些不统一、知识结构不太合理等部分做了更改，并更新了案例，添加了一些新的典型案例，便于读者理解。

　　什么是理财？通俗地说，理财就是管理自己的财务状况。理财是通过合理地支配手中的财，来实现资产的保值与增值。理财的前提是手中有财，手中没有财，也就谈不上理财。

　　手中有财，是否一定要理财，可不可以不理财？手中有财，可以不理财，但你不理财，财就不理你。人的一生，从出生、幼年、少年、青年、中年直到老年，各个时期都必须花费大量钱财，以应对各种各样的生活需要。如出生后要准备奶粉钱、尿片钱、保姆钱，上幼儿园要交保育费、课间餐费，读小学要准备午餐费、特长费，读中学要准备资料费、试卷费，甚至择校费，读大学要准备学费，还要准备恋爱费用，工作了要准备结婚生子费、住房费、车费，还要准备养老费。人这一辈子，钱不是万能的，但没有钱是万万不能的。要实现不再为钱而发愁，最好的办法就是好好打理我们手中现有的财富，争取少花冤枉钱，让钱生钱。

　　那么如何理财才是科学的？如果你好不容易挣到 50 万，你会把它怎么办？如何打理它？你是把它存在银行，还是把它买基金、股票、债券？或者是买房或买车？这之间有什么区别？当你一无所有时，这些问题你无须考虑，你可能穷而快乐着；当你一旦真的拥有，你就面临着选择的难题，你将富而痛苦着，你渴望着有人能替你做出明智的选择，或者有人能够告诉你做出正确选择的方法。实际上，这个世界上可能没有人能够替你做出最好的选择，最好的选择必须由你自己做出，因为选择的后果是由你自己承担。因此，最好的理财顾问可能不是告诉你选择什么，而是应该告诉你选择的方法，告诉你不同选择的可能结果，最后让你自己去选择。本书作为一本专业的理财教材，它要告诉你的正是不同类型的理财方式，以及它们的特点、结果，而把理财方式的最终选择权交给读者自己。与此同时，本书也没有忘记告诉你，理财不应该是一个人一时的炫富行为，理财需要计划，理财是人生规划的一部分，因此，理财服从并服务于你的人生规划。

　　与其他理财类图书相比较，本书具有以下几个特点。

1. 结构新颖、内容丰富

本书的每一章都通过案例导入，提高读者的阅读兴趣；每一章都列有本章精粹和核心概念，便于读者掌握核心内容；每一章都配有大量的小资料，帮助读者了解相关背景知识；每一章都配有案例点击和点石成金，帮助读者进行模拟实战训练；每一章都配有思考题，帮助读者巩固所学知识。

2. 课证结合

使理财课程与相关的理财类职业资格证书考试有机地结合起来是未来大学特别是职业教育的重要发展趋势，也是降低学习成本，提高学习效率，适应行业规范的内在要求。本书详细介绍了目前国内流行的几种金融理财规划师及其资格认证方式，包括国际金融理财协会、CFP 标准委员会(CFP Standards of Board)推出的注册金融策划师(CFP)，美国投资管理与研究协会(AIMR)推出的特许金融分析师(CFA)，中国香港注册财务策划师协会(RFP-HK)推出的注册财务策划师(RFP)，美国金融管理学会(American Academy of Financial Management，AAFM)推出的特许财富管理师(CWM)，劳动和社会保障部、国家职业技能鉴定专家委员会理财规划师专业委员会推出的国家理财规划师。

本书由韩海燕、张旭升提出撰写大纲，最后由张旭升统稿。具体写作分工为：第一章：韩海燕，第二章：戴凤芝，第三章：韩海燕，第四章：王立新，第五章：张旭升，第六章：李明，第七章：唐琳，第八章：王立新，第九章：谢红艳，第十章：唐琳，第十一章：谢红艳，第十二章：陈飞跃。本教材由哈尔滨金融学院、广东医学院、保险职业学院、北京师范大学珠海分校、哈尔滨商业大学专业教师联合编写，教材在编写过程中得到了这几所高校的领导的大力支持。在此，我们深表谢意。

由于我们水平有限，书中缺点错误在所难免，敬请广大师生和读者批评指正。

编　者

目 录

第一章 个人理财概述 1

第一节 个人理财的基本内容 3
一、个人理财的定义 3
二、个人理财规划的基本内容 4
三、个人理财规划的基本流程 9

第二节 个人理财业务的发展与现状 10
一、美国个人理财业务的发展与现状 10
二、中国香港银行业个人理财业务的发展与现状 13
三、我国银行业个人理财业务的发展与现状 17

第三节 理财规划师及其资格认证 18
一、注册金融策划师(CFP)及其资格认证 18
二、特许金融分析师(CFA)及其资格认证 19
三、中国香港注册财务策划师(RFP)及其资格认证 19
四、特许财富管理师(CWM)及其资格认证 20
五、国家理财规划师及其资格认证 20

本章小结 21
思考题 22

第二章 个人理财的基础知识 25

第一节 生命周期理论 26
一、生命周期理论的主要内容 27
二、生命周期理论在个人理财方面的运用 28

第二节 货币的时间价值 31
一、货币时间价值的基础知识 31
二、年金 33

第三节 客户的风险属性 37
一、影响客户风险承受能力的因素 38
二、客户风险偏好的分类及风险承受能力评估 43

本章小结 50
思考题 51

第三章 个人理财规划 55

第一节 客户信息的收集与整理 56
一、收集客户信息 56
二、有效沟通的技巧 59
三、客户类型的划分 62
四、客户信息的收纳与整理 64

第二节 客户财务状况分析 68
一、个人/家庭财务报表与企业财务报表的区别 68
二、个人/家庭资产负债表的编制 70
三、个人/家庭损益表的编制 78

第三节 客户理财需求和目标分析 81
一、客户理财需求的内容 82
二、客户理财目标的种类 83
三、客户理财目标的制定 84

第四节 客户理财规划 87
一、现金、消费和债务管理规划 87
二、风险管理和保险规划 90
三、投资规划 93
四、税收规划 94
五、人生事件规划 96

第五节　执行和监控客户理财规划书 97
　　　　一、准确性原则 97
　　　　二、有效性原则 98
　　　　三、及时性原则 98
　　本章小结 98
　　思考题 99

第四章　个人储蓄与消费信贷计划 101
　　第一节　储蓄概述 102
　　　　一、储蓄的含义 102
　　　　二、储蓄的意义 103
　　　　三、储蓄的特点 103
　　　　四、我国储蓄政策与原则 104
　　　　五、个人储蓄计划的原则 104
　　第二节　储蓄的类型 105
　　　　一、储蓄的种类 105
　　　　二、储蓄利息的计算 112
　　第三节　储蓄的策略 113
　　　　一、储蓄理财的指导思想 113
　　　　二、储蓄存款的技巧 114
　　　　三、家庭储蓄策略 116
　　第四节　消费信贷概述 117
　　　　一、消费信贷的含义 117
　　　　二、消费信贷的特点 117
　　　　三、消费信贷的分类 118
　　　　四、消费信贷的作用 119
　　第五节　消费信贷的主要类型 120
　　　　一、封闭式信贷 120
　　　　二、开放式信贷 123
　　第六节　消费信贷的策略 126
　　　　一、消费信贷的原则 126
　　　　二、消费信贷的策略 127
　　本章小结 129
　　思考题 129

第五章　个人风险管理与保险计划 131
　　第一节　风险与可保风险 132
　　　　一、风险 132
　　　　二、风险因素、风险事故、
　　　　　　风险损失 133
　　　　三、风险频率、风险程度、
　　　　　　风险成本 134
　　　　四、投机风险与纯粹风险 134
　　　　五、风险管理 135
　　　　六、可保风险 136
　　第二节　保险的功能及类型概述 141
　　　　一、保险的功能 141
　　　　二、保险的类型 143
　　第三节　个人保险规划的制定 148
　　　　一、个人风险的基本形式 148
　　　　二、个人保险规划的基本原则 150
　　　　三、个人保险规划的基本方法 151
　　本章小结 155
　　思考题 156

第六章　股票投资计划 159
　　第一节　股票概述 160
　　　　一、股票的含义和特征 160
　　　　二、股票分类 162
　　　　三、股票的价值和价格 165
　　　　四、股票的投资收益 167
　　第二节　股票的发行和流通 168
　　　　一、股票的发行 168
　　　　二、股票的流通 172
　　第三节　股票投资分析 177
　　　　一、基本分析法 178
　　　　二、技术分析法 182
　　　　三、股票投资的策略 187
　　本章小结 192
　　思考题 192

第七章　证券投资基金投资计划 195

第一节　证券投资基金概述 196
- 一、证券投资基金的产生与发展 197
- 二、证券投资基金的特点 199
- 三、证券投资基金的作用 200
- 四、证券投资基金与股票、债券的区别 200

第二节　证券投资基金的投资渠道 202
- 一、证券投资基金的种类 202
- 二、证券投资基金的发行 208
- 三、证券投资基金的交易 209

第三节　证券投资基金的投资策略 214
- 一、投资证券投资基金的原则 215
- 二、投资证券投资基金的策略 215
- 三、不同类型基金的投资策略选择 216
- 四、购买开放式基金及封闭式基金应采取的投资策略 218
- 五、其他的投资策略 218

本章小结 218
思考题 219

第八章　债券投资计划 221

第一节　债券概述 222
- 一、债券的含义 222
- 二、债券和股票的比较 222
- 三、债券的基本要素 223
- 四、债券的特征 224
- 五、债券的种类 225

第二节　债券发行与交易 228
- 一、债券的发行 229
- 二、债券的交易 230

第三节　债券收益与价格 233
- 一、影响债券收益率的因素 233
- 二、债券收益率的计算 234
- 三、债券定价 236
- 四、影响债券价格的主要因素 237
- 五、债券投资的风险 238

第四节　债券投资策略 241
- 一、债券投资的一般原则 241
- 二、债券投资应考虑的主要问题 241
- 三、债券投资策略 242

本章小结 246
思考题 246

第九章　房地产投资计划 249

第一节　房地产概述 250
- 一、房地产的基本含义 250
- 二、房地产的特性 251
- 三、房地产投资的方式 253
- 四、房地产投资的风险 254

第二节　房地产价格的构成及影响因素 256
- 一、房地产价格的构成 256
- 二、房地产价格的影响因素 257

第三节　房地产投资规划 261
- 一、房地产投资规划的重要性 261
- 二、房地产投资规划的流程 261
- 三、租房与购房决策 262
- 四、购房规划 266

本章小结 270
思考题 270

第十章　外汇与黄金、收藏品投资计划 273

第一节　外汇投资 274
- 一、外汇与外汇市场 274
- 二、外汇交易及影响因素 276
- 三、我国的个人外汇理财业务及创新 279

第二节　黄金投资 280

一、黄金与黄金市场 280
　　二、黄金理财方式 284
第三节　收藏品投资 285
　　一、收藏品及分类 285
　　二、收藏市场的变化趋势 286
　　三、收藏品理财策略 289
本章小结 290
思考题 290

第十一章　个人税收规划 293

第一节　个人所得税的基本知识 294
　　一、纳税人 294
　　二、征税范围 294
　　三、计税依据 296
　　四、税率 298
　　五、应纳税额的计算 299
　　六、个人所得税优惠政策 303
第二节　个人税收规划的原则与方法 305
　　一、个人税收规划的原则 305
　　二、个人税收规划的基本方法 306
第三节　个人税收规划实务 309
　　一、纳税人身份设计规划 309
　　二、从征税范围角度规划 312
　　三、从计税依据角度规划 313
　　四、税率规划 319
　　五、推迟纳税时间 321
　　六、税收优惠利用 322
本章小结 323
思考题 323

第十二章　人生事件规划 325

第一节　教育投资规划 326
　　一、教育投资规划概述 326
　　二、教育投资规划的技术 329
　　三、教育投资规划工具 332
第二节　退休规划 334
　　一、退休规划的基础知识 335
　　二、养老保险 340
　　三、个人退休规划的流程 344
第三节　遗产规划 354
　　一、遗产和遗产制度的基本知识 354
　　二、遗产规划的基本方法 355
本章小结 360
思考题 361

附录 A　复利终值系数表 362

附录 B　年金终值系数表 364

附录 C　复利现值系数表 365

附录 D　年金现值系数表 367

参考文献 369

第一章

个人理财概述

本章精粹：

- 个人理财的定义
- 个人理财规划的基本内容
- 个人理财规划的基本流程
- 理财规划师及其资格认证

2005年,我国新兴的理财市场进入了快速发展时期。这些年,我们见证了银行、信托、基金、券商、保险、私募等各类理财市场子行业从小到大、此消彼长的发展历程,见证了各类理财机构的制度规则与监管政策从无到有、从模糊到清晰的建构历程,见证了各类理财产品的创设发行和营销运作自浅入深、从虚到实的竞争历程,也见证了众多理财产品投资者和理财服务消费者从感性到相对理性、从被动到相对主动的成长历程。我国金融市场不断发展和居民财富进一步增加,个人理财投资越来越受到公众的关注。在当前金融环境下,回归个人/家庭理财的基本目标,及时调整理财策略,已成为广大家庭的当务之急。

案例导入　《爸爸去哪儿》：田亮——从奥运冠军到亿万富翁

湖南卫视热播的《爸爸去哪儿》不仅火了五个萌娃,潮爸的表现也相当抢眼,绝对不输孩子们。中国体育界获得世界冠军的人越来越多,但能在短短几年内,便从月收入只有千元的"穷小子"变成了腰缠万贯的"亿万富翁",恐怕就更屈指可数了。田亮在国内体育圈里绝对算是一个创富奇迹了——"智慧创造财富",用在田亮身上一点儿都不为过。

田亮的智慧,在于他拥有不一般的经济头脑。悉尼奥运会和雅典奥运会的冠军头衔不仅让他赚足了人气和知名度,大把大把的钞票也随之而来。从跳水冠军到话题娱乐明星,从最初几百元钱的自行车到如今价值百万元的保时捷"座驾",从以前的运动员宿舍到多处百万元豪宅,……有媒体替田亮算过一笔账,历数他这些年的收入,判断他已有上亿元身家。据不完全统计,仅从2000年至2003年,田亮就担任了十多家企业的形象代言人。除了广告代言外,田亮还在西安、重庆、北京等地购置多处房产。在重庆,田亮有一套近300平方米的别墅,这幢别墅购置时价值1000多万元,现在已经涨到了至少2000万元。2006年上半年,田亮在北京朝阳北路号称朝阳区的"财富大道"上又购置了一套商铺。据悉,田亮买的商铺每平方米是4万元,共购置了大约200平方米,价值近千万元人民币。而这里的商铺很多都是用来投资的,据称投资回报率可以达到8%左右。

与一般奥运冠军不同,田亮很会利用自己的知名度和人气进行二次"创业"。早在2004年,田亮就开始悄悄涉足商海了。他在重庆开了一家做"科宝博洛尼厨具产品"代理的公司,在西安则成立了一家"保时捷汽车"代理销售公司。2006年,田亮成立了"陕西田亮体育发展产业公司",自己担任董事长,标志着他正式开始进军商界,该公司的第一个项目是兴建一个大型网球馆。同时,田亮还与西安某房地产商一起买下了一块地皮,开发一处大型楼盘。从一个跳水冠军到一个亿万富翁,田亮只用了不到8年的时间,令人刮目相看。

我们应该从田亮的成功致富过程得到什么启发呢?我们应该怎样去制定自己的个人理财策略呢?

(资料来源：深圳新闻网，http://www.sznews.com，2014-02-16)

第一章 个人理财概述

个人理财　个人理财规划　注册金融策划师(CFP)　特许金融分析师(CFA)

第一节　个人理财的基本内容

一、个人理财的定义

1. "个人理财"又称"个人财务规划"

个人理财或个人财务规划(Financial Planning)，是一个评估客户各方面财务需求的综合过程，是由专业理财人员通过明确个人客户的理财目标，分析客户的生活、财务现状，从而帮助客户制定出可行的理财方案的一种综合金融服务。它不局限于提供某种单一的金融产品，而是针对客户的综合需求进行有针对性的金融服务组合创新，是一种全方位、分层次、个性化的服务。

个人理财是面向个人或家庭的综合性金融服务，它包括个人/家庭生命周期每个阶段的资产和负债分析、现金流量预算和管理、个人风险管理与保险规划、投资目标确立与实现、职业生涯规划、子女养育及教育规划、居住规划、退休规划、个人税务筹划及遗产规划等各个方面。

2. 个人理财可分为生活理财与投资理财

从客户理财需求的角度分析，个人理财可进一步细分为生活理财与投资理财两个部分。

生活理财可以分为自发与专业两个层次。自发的生活理财活动贯穿于人们的衣食住行、生老病死等全过程，从简单的省吃俭用到量入为出再到提升生活质量，有计划地平衡收入与支出，避免收不抵支，期望年年有余。把储蓄作为主要的财富积累方式，并且把消费作为主要的理财目标。例如，为了购买家电等大件商品、供孩子完成学业、改善住房和生活条件、夫妻养老防老而存钱等。这些都是自发的生活理财活动。

专业的生活理财主要是通过帮助客户设计一个将其整个生命周期考虑在内的终身生活及其财务计划，将客户未来的职业选择、子女及自身的教育、购房、保险、医疗、企业年金和养老、遗产及事业继承以及生活中个人所需面对的各种税收等各方面的事宜进行妥善安排。专业理财人员通过向客户提供生活理财服务，使客户在不断提高生活品质的同时，即使到年老体弱以及收入锐减的时候，也能保持自己所设定的生活水平，最终实现人生的财务安全、自由、自主和自在。

投资理财则是在客户的基本生活目标得到满足的基础上，个人理财规划师帮助客户将资金投资于各种投资工具以期取得最优回报，加速个人/家庭资产的增长，从而提高家庭的生活水平和质量。常用的投资工具包括股票、债券、金融衍生工具、黄金、外汇、不动产、艺术收藏品等。个人理财规划师通过对客户的资产规模、预期收益目标和风险承受能力等进行了解分析，为客户量身定做符合客户要求的个性化投资理财方案，帮助客户在保证资金安全性和流动性的前提下，追求投资的合理回报以积累财富，提高生活品质。

二、个人理财规划的基本内容

在阐述了个人理财的基本概念之后，下面就个人理财的具体内容做进一步的详细介绍，这也是对本书主要内容的总括。

(一)个人储蓄与消费信贷计划

一个全面的个人理财规划涉及现金、储蓄、消费及债务管理等解决客户资金节余的问题，这是做理财规划的起点。消费贯穿于每个人的一生，而收入与支出却呈现较大的波动性。因此对现金、储蓄、消费及债务的管理非常必要，其目的在于使可用的资金保障计划以内和计划以外的支出，并达到个人财富积累的目标。

现金管理是对现金和流动资产的日常管理。其目的在于：满足日常性、周期性支出的需求；满足应急资金的需求；满足未来消费的需求；满足财富积累与投资获利的需求。

【小资料】

> **储蓄的含义**
>
> 根据储蓄所包含内容的差异，可以将储蓄划分为三个层次：第一个层次是指储存和储藏的概念，它不仅包括居民的存款，还包括其手中持有的现金、各种有价证券和实物等；第二个层次是指居民可支配收入减去即期消费后剩余的那部分收入；第三个层次仅指居民在银行和信用社的存款。一般而言，微观层面上居民储蓄的范畴指的是第三个层次的界定范畴。

消费的合理性没有绝对的标准，只有相对的标准。消费的合理性与客户的收入、资产水平、家庭情况、实际需要等因素相关。在消费管理中要注意以下几个方面：即期消费和远期消费；消费支出的预期；孩子的消费；住房、汽车等大额消费；保险消费。

在有效的债务管理中，应先计算好可负担的额度，再拟订偿债计划，按计划还清负债。负债是平衡现在与未来享受的工具。在合理的利率成本下，客户的个人消费信贷能力取决于其收入能力与资产价值。

(二)个人风险管理与保险计划

在个人理财规划中,个人风险管理应处于其他类型资产管理的前列,因为只有在对个人/家庭的风险进行有效管理的基础上,才能够保障个人/家庭的财产安全,并对其余的资产进行有效的组合管理。个人风险管理主要是指如何合理地利用保险进行可保风险的管理。人的一生中所面临的风险类型远远超过了可保风险的范畴,如信用风险、流动性风险、利率风险等,对于这些不可以通过保险进行有效管理的风险,可以通过有效地利用投资组合来进行管理。而对于可保风险的管理,则可以通过建立合理的保险组合来进行规划管理。

根据风险损害对象的不同,可保风险分为人身风险、财产风险和责任风险,人们可以通过购买保险来对这些风险进行规避和管理。除了专业的保险公司提供的商业保险之外,由政府的社会保障部门提供的包括社会养老保险、社会医疗保险、社会失业保险在内的社会保险以及雇主提供的雇员团体保险也都是个人/家庭管理可保风险的工具。个人风险管理与保险计划的目的在于通过对客户财务状况和保险需求的深入分析,帮助客户选择合适的保险产品并确定合理的期限和金额。个人理财规划师在制订保险计划时一般也要遵循一个固定的流程。首先,确定保险标的。其次,帮助客户选定具体的保险产品,并根据客户的具体情况进行不同险种的合理搭配。最后,确定保险期限。由于保险期限会影响到客户未来的收入流,规划师应当根据客户的实际情况确定合理的保险期限。

【案例点击】

2001年的"9·11"事件发生后,英国劳合社、德国慕尼黑再保险公司、瑞士再保险公司和美国股神巴菲特旗下的伯克希尔·哈撒韦保险集团所承担的保险损失分别为29.13亿美元、24.42亿美元、23.16亿美元和22.75亿美元,损失赔付责任最低的荷兰国际也达到了4.4亿美元。据有关媒体报道,世界上共有100多家保险公司涉及"9·11"赔款,受理赔款总额为250多亿美元。

(资料来源:新浪网,http://www.sina.com.cn,2003-08-11)

【点石成金】

保险的基本功能包括风险转移和损失补偿。保险将某一单位或个人因偶然的灾害事故或人身伤害事件造成的经济损失,以收取保费的方式平均分摊给所有被保险人,实现分散风险的职能。在投保人受到损失之后,可以根据保险合同约定的赔偿和支付方式获得一定的经济补偿(财产保险、责任保险)或经济给付(人身保险)。

(三)投资计划

个人理财的投资计划是对个人资产进行有效管理和使用的核心。投资计划需要构建投资组合,而投资组合的构建依赖于不同的投资工具。这些投资工具根据其期限长短、风险收益的特征与功能的不同，大体可以分为四种类型：货币市场工具、固定收益的资本市场工具、权益证券工具和金融衍生工具。对于个人客户来说，单一品种的投资产品很难满足其对资产流动性、回报率以及风险等方面的特定要求，而且客户往往也缺乏证券投资的专业知识和信息优势。因此，投资计划要求个人理财规划师在充分了解客户的风险偏好与投资回报率需求的基础上，通过个人投资工具的有效利用和投资组合的合理资产分配，使投资组合既能够符合客户的流动性要求与风险承受能力，同时又能够使其获得满意的回报。因此，本书就几种主要金融工具的投资理念和基本的投资知识分别进行介绍，包括股票、债券、基金、外汇、黄金、房地产等。

 案例点击

黄金投资的短暂蜜月期是否已经终结？

近期的黄金走势，用过山车来形容一点都不为过。2014年3月17日，国际金价触及六个月高位1391.76美元/盎司，然后又来了个大跌，幅度达到约3.5%，国际金价已触及1321.81美元/盎司。据相关数据显示，2014年3月第2周黄金价格的跌幅为2013年11月以来最大单周跌幅。

上周，因乌克兰政治局势紧张，黄金大涨，周一触及6个月以来高位，但此后，又因为乌克兰局势趋缓，市场避险情绪大幅降温，加上美联储对于宽松货币政策态度的转变，使得美元指数低位强劲拉升，令投资资金大幅抽离黄金市场。国际现货黄金价格遭遇去年11月以来的单周最大跌幅。

上周五，俄罗斯总统普京批准克里米亚入俄后，俄罗斯军队在上周六利用装甲车辆、自动步枪和眩晕手榴弹夺取了乌克兰驻克里米亚一个空军基地。俄罗斯的军事行动引发投资者对乌克兰事件继续恶化的担忧，由此推升了市场避险情绪。

但由于上周美联储主席耶伦称美联储可能在今年秋季结束购债，之后约六个月后可能升息，且美国经济自3月份以来持续好转，在这种环境下，美元指数受到支撑向上反弹，而金市多头情绪则持续受挫，给金价带来压力。

虽然黄金价格在上周五因低吸买盘而有所上涨，但本周一开盘，现货黄金仍然不改颓势，一路走低，并触及近期低点。截至记者发稿时，现货黄金价格已跌至1324.7美元/盎司，最低触及1321.81美元/盎司。

（资料来源：《财经》黄金频道，新民网，http://biz.xinmin.cn，2014-03-25）

【点石成金】

黄金投资是将金钱或者资本投入到黄金市场，以图保值升值的行为。投资黄金与其他的投资方式相比较，虽然不可能像储蓄和国债那样风险稳定，至少也是一种相当稳妥可靠的投资方式，风险较小。

(四)个人税务筹划

依法纳税是每个公民应尽的法定义务,而纳税人出于对自身利益的考虑,往往希望将自己的税负合理地降低并尽量减至最少。因此,如何在合法的前提下尽量减少税负就成为每一个纳税人十分关注的问题。个人税务筹划是指在纳税行为发生之前,在不违反法律、法规的前提下,通过对纳税主体(自然人或法人)的经营活动或投资行为等涉税事项做出事先安排,以达到少缴税和递延纳税目标的一系列筹划活动。

在美国,涉及普通居民的税收条例高达 3 万多条,这对普通的消费者而言是一个非常高的筹划门槛,因此税务筹划在美国的个人理财领域存在着很大的市场空间。而在我国,由于我国个人税收的种类较少,个人税收的管理体制还不够完善,这也就决定了目前我国居民的个人理财需求的重点主要集中在风险和投资计划领域。但是,随着社会保障体制的建立和个人税收体系的完善,居民对税务筹划的需求将会日益增加。我国目前的个人税法结构相对简单,可以利用的个人税务筹划策略主要有:充分利用税收优惠政策(包括最大化税收减免、选择合适的扣除时机、选择最小化税率),递延纳税时间(包括合理选择递延收入的实现时间、加速累积费用的扣除),缩小计税依据(包括最小化不可抵扣的费用和支出、扩大税前可扣除范围)以及利用避税来降低税负等。

个人税务筹划相对于其他个人理财计划要面对更多的风险,尤其是法律风险。因此,个人理财规划师在为客户进行税务筹划时,应熟练掌握有关的法律规定。

【案例点击】

2006 年 6 月,阿根廷前球星马拉多纳在意大利那不勒斯刚刚参加完一场慈善比赛,而比赛中还曾为他喝彩的意大利海关官员事后却盯上了球王手上的劳力士手表,将他同时戴在左右手腕上的这两块价值 1 万英镑的手表给没收了,海关方面称,这是对马拉多纳逃税 2000 万英镑的一个处罚。

马拉多纳在那不勒斯效力时就欠下了上述税款,但他说,这些税款是应该由俱乐部为他缴纳的。在 1987 年和 1990 年,马拉多纳曾帮助那不勒斯两次夺取意甲联赛冠军,所以他在这座城市里也是一个大明星,一些球迷甚至为他建造了一座博物馆表示纪念。

但是,这已经不是马拉多纳第一次与意大利税务部门发生争执了,马拉多纳一直表示,他没钱支付那些税款。去年,他曾与意大利一家电视台签署了价值 200 万英镑的合作协议,但在被税务部门发现之后,他不得不解除了合同。

(资料来源:搜狐网,搜狐体育,sports.sohu.com,2006-06-08)

【点石成金】

虽然纳税是每一个公民的法定义务,但纳税人总是希望尽可能地减少税负支出。如何运用税务筹划技巧,在最低税负的条件下取得收入,是每一个理财主体都非常关注的问题,也贯穿于整个个人理财规划之中。

(五)人生事件规划

个人的人生事件规划主要包括教育规划、职业生涯规划、退休规划和遗产规划等。教育规划是一种人力资本投资，它不仅可以提高人的文化水平与生活品位，更重要的是它可以使受教育者在现代社会激烈的竞争中占据有利的位置。从内容上看，教育投资可以分为两类：客户自身的教育投资和对子女的教育投资。对子女的教育投资又可分为基础教育投资和高等教育投资。大多数国家的高等教育都不属于义务教育的范畴，因而对子女的高等教育投资通常是所有教育投资项目中花费最高的一项。

职业生涯规划是指个人与组织相结合，在对一个人职业生涯的主客观条件进行测定、分析、总结的基础上，对自己的兴趣、爱好、能力、特点进行综合分析与权衡，结合时代特点，根据自己的职业倾向，确定其最佳的职业奋斗目标，并为实现这一目标做出行之有效的安排。

退休规划是一种以筹集养老金为目标的综合性金融服务。理财规划师通过分析和评估客户财务状况，明确客户退休生活目标，为客户制定合理的、可操作的退休财务规划。在大多数国家，人们一般在55～65岁之间退休，就目前的人均寿命而言，一般人在退休之后还有10～30年的退休生活。但是大多数人在退休之后就失去了正常的工资收入，为了使退休生活更有保障，人们必须提前制定退休规划，预先进行基于退休目的的财务规划，将老年时各种不确定因素对生活的影响程度降到最低。

遗产规划是指当事人在其健在时通过选择遗产管理工具和制订遗产计划，将拥有或控制的各种资产或负债进行安排，确保在自己去世或丧失行为能力时能够实现一定的目标。在大多数西方国家，政府对居民的遗产有严格的管理和税收规定，所以一般民众对遗产管理服务具有普遍的需求，遗产规划是其理财规划中相当重要的一部分。但是对于一些发展中国家来说，受遗产数额不大、政府对遗产的征税也较为单一和人们的心理忌讳等因素的影响，对遗产规划的需求相对较低。

【案例点击】

2008年年初，人称香港演艺圈"教母"的沈殿霞黯然辞世。在悲痛之余，人们注意到沈殿霞选择用遗产信托的方式，处置自己名下近亿元资产。据了解，"肥肥"在去年设立遗产信托，将名下资产转以信托基金方式运作，并交由合法的信托人管理，一旦她不在人世，其女郑欣宜面对资产运用和工作等大事的时候，最终决定都由信托人负责审批、协助。这不禁让人产生好奇，遗产信托到底是什么？它是怎样运作的？真能帮助人们解决身后的财产问题吗？

(资料来源：网易，娱乐，http://ent.163.com，2008-03-03)

第一章 个人理财概述

【点石成金】

遗产信托又称为生前信托，指的是委托人预先以立遗嘱的方式，将遗产的规划内容，包括交付信托后遗产的管理、分配、运用及给付等详细地列于遗嘱中，等到遗嘱生效时，再将信托财产转移给受托人，由受托人依据信托的内容管理信托财产。在遗产信托中，可以设定其信托期间存续至找不到其直系血亲时才终止，理论上有可能永远延续下去，没有信托终止期限。

从某种角度说，遗产信托避免了中国自古"富不过三代"的担心。如果遗产信托的委托人在信托文件中写明条件，那么即使是信托资产的受益人也不能将财产全部取出，这样就保留了一部分遗产不直接分给继承人。当继承人因生活糜烂或生意失败时，不至于败尽家财，尚可生存下去。通过遗产信托，可以使财产顺利地传给后代。同时，也可以通过遗产执行人的理财能力来弥补继承人无力理财的缺陷。

遗产信托还有助于实现财产的顺利继承。因为遗产信托具有法律约束力，特别是中立的遗产执行人的介入，使遗产的清算和分配更公平。

更重要的一点是，遗产信托可以避免巨额的遗产税。在国外，巨额的遗产税是一个沉重的包袱，但如果设定遗产信托，因信托财产的独立性，就可以合法规避该税款。这也成了西方富人阶级"钟情"遗产信托的关键原因。

三、个人理财规划的基本流程

个人理财规划的基本流程可以分为以下6个步骤。

1. 建立并界定理财规划师与客户的关系

理财规划师应以客户的利益为导向，从客户的角度出发帮助客户做出合理的财务决策，而合理的财务决策基于从客户所获得的各种信息。作为理财规划的第一步，与客户关系界定是否清晰、与客户关系建立得好坏直接决定了以后各步工作的质量与效率。

理财规划师可通过与客户面谈、电话联系、网络沟通等方式与客户建立联系，其中与客户面谈是最基本也是最重要的一种方式。在与客户面谈的过程中，理财规划师要充分了解客户的想法，注意收集客户所提供的包括基本情况、财务目标、投资偏好等信息，并且要向客户传递个人理财的基本知识和背景、理财规划师个人行业经验与执业资格及阅历情况、个人理财规划的作用与风险等信息。

2. 收集客户金融信息并分析其理财目标

理财规划师应向客户充分收集有关信息，确定客户的理财目标与期望，按照一定的标准将客户的目标进行分类，利用自己的专业技能和经验，分析客户理财目标中存在的缺陷(如缺乏时间性、过于注重短期等)，并对目标的可行性和风险进行评估，给出有针对性的专业意见。

3. 分析评估客户的财务状况

理财规划师对客户当前财务状况的分析主要包括对客户的个人/家庭资产负债表分析、个人/家庭现金流量表分析以及财务比率分析等。其中个人/家庭资产负债表分析主要是对客户当前所掌握的各种资源(包括现金、现金等价物、住宅、汽车在内的各类自用资产和可以生息的各类金融资产等)以及所负担的各种负债(包括短期和长期负债)情况的分析。个人/家庭现金流量表分析是对客户在一定期间内的收入(包括工作所得、经营所得、投资所得、偶然所得等)与支出(包括各种固定支出与变动支出)情况的分析。而财务比率分析则是在资产负债表和现金流量表所提供数据的基础上,用财务比率的形式更直观地反映客户当前的收入水平、财务自由度水平等财务状况。

4. 制定个人理财规划书

理财规划师应基于客户所提供的信息提出与其理财目标相对应的理财规划。理财规划书的制定是建立在客户信息收集、分析的基础上的,这些信息包括客户的风险偏好、财务状况和理财目标等多个方面。只有在正确、全面地掌握客户的基本信息之后,理财规划师与客户进行充分沟通和讨论,使客户深刻理解和把握理财规划师的分析与建议,共同做出科学的决策,才能够制定出符合客户需求和实际情况的个性化综合理财规划书。理财规划师也应听取客户的意见,对理财规划书进行合理修改。

5. 执行个人理财规划书

个人理财规划书的执行要兼顾准确性、及时性和有效性的基本原则。

准确性原则主要是指计划的执行者应该在资金数额分配和品种选择上准确无误,这样才能保证客户既定目标的实现;及时性原则主要是指计划执行者要及时地落实各项行动措施,根据客户情况和市场状况的变化及时地进行计划调整;有效性原则主要是指执行者要使计划的实施能够有效地实现理财规划方案的预定目标,使客户的财产得到真正的保护或者实现预期的增值。只有同时兼顾这三项原则,理财规划书才能够得到有效的执行。

6. 监控个人理财规划书的实施

任何宏观或微观环境的变化都会对个人理财规划书的执行效果造成影响,个人理财规划师必须定期地对理财规划书的执行和实施情况进行监控和评估,并就实施结果及时地与客户进行沟通,必要时还可以对计划进行适当的调整。

第二节 个人理财业务的发展与现状

一、美国个人理财业务的发展与现状

个人理财业务最早在美国兴起,其发展大致经历了以下三个阶段。

1. 个人理财业务的初创期

20 世纪 30 年代到 60 年代通常被认为是个人理财业务的萌芽时期。在美国最早提供个人理财规划服务的是保险营销人员，从 1929 年持续到 1933 年的股市大灾荒使人们普遍丧失了对银行和券商的信赖，加之严重的金融危机给人们的未来生活带来了巨大的不确定性，保险公司提供的可以满足各种不同需求类型的保险产品逐渐进入人们的视野。20 世纪 30 年代，保险营销人员根据不同客户的年龄、收入、职业等要素进行市场细分，为客户量身定制保险产品，主要目的是为了促进保险产品的销售。因此，这一时期没有出现完全独立意义上的个人理财业务，它的主要特征是：个人金融服务的重心都放在了共同基金和保险产品的销售上，几乎没有金融企业为了销售产品而专门建立一个流程来创建与客户的关系、搜集数据和检验数据，因此也无法确立如何制定理财规划、提供不同的方案给客户、实施这些方案并监控方案的执行情况等。

2. 个人理财业务的扩张期

20 世纪 60 年代到 80 年代通常被认为是个人理财业务的形成和发展时期。第二次世界大战后美国经济的复苏和社会财富的积累使个人理财规划业进入了起飞阶段。社会、经济环境的变化逐渐使富裕阶层和普通消费者无法凭借个人的知识和技能去运用各种财务资源实现自己短期和长期的生活、财务目标，其具体体现在以下几个方面。

(1) 社会所倡导的超前消费观念使很多人担心缺乏足够的个人存款以应付日益增长的个人债务，从而无法保证今后生活的财务安全和自主。

无论是为孩子储备教育基金、家庭购房按揭贷款，还是进行债务管理或建立家庭紧急储备金应付突发事件，消费者都日益意识到对自己未来生活进行财务保障的必要性。但是精力和专业的限制，使他们迫切需要理财规划师根据自己的家庭状况、财务状况、价值观、职业、生活方式和迅速变化的经济环境"量身定制"个性化的理财方案。

(2) 政府社会保障和公共福利政策的改变使消费者不得不考虑如何通过自己的努力过上舒适的退休生活。

第二次世界大战后，由于人口出生率逐年下降，而社会老龄化的问题日益严峻，单纯由政府提供的各种员工福利和养老金已经远远不能满足个人的退休需要，大部分只能转由雇主和个人分别或共同承担。这一时期，各种复杂的员工福利和退休规划应运而生、层出不穷，包括现金平衡养老金计划、员工股票红利计划、常规个人退休账户、货币购买力养老金计划、利润共享计划、税收递延年金等。由于这些计划涉及不同的税收递延规定、雇主与雇员的不同义务分担以及对雇员年龄和服务期限的不同要求，加之受到美国《雇员退休收入保障法案》和劳工部法律法规的监管，并且在交易时还要符合受托义务、禁止交易和报告制度的相关规定，一般消费者很难进行明智的选择。这些成为市场迫切需要专业理财人员和员工福利/退休规划专家的主要原因之一。

(3) 随着社会富裕程度的增加，很多人不知道如何处理已经或者即将从亲属处继承的大笔遗产。

人们在面对繁复且迥异的各州有关遗产、遗赠、信托及其税收法律法规时，往往会不知所措。这时，除了专业的理财人员和遗产规划专家以外，很多律师也加入了为客户提供遗产规划咨询的行列。

(4) 美国个人税收制度的空前复杂，使消费者迫切需要称职的专业人员对其生活中的所有税收问题进行合理的筹划。

在美国，联邦政府和大部分州政府都征收个人所得税，有时一些地方政府也会酌情征收。尽管联邦的税法法典规定了统一的个人累进税率，但是使用不同的纳税身份(单身、户主、已婚(分别申报)、已婚(联合申报))则拥有不同的年收入起征点，不同的应税所得扣除项目、不同的税额减免优惠，还有交叉纳税的税额扣除问题。如果以家庭为单位联合申报纳税，税率还可以根据家庭供养的人数给予不同优惠，过程十分繁复。而且一旦纳税申报不符合规定或申报数额有误，将会受到严厉的惩处。一般的纳税人连保证正确填表、合法纳税都成问题，更不用说考虑投资于货币市场，证券市场，购买动产、不动产，购买保险产品或参加员工福利和养老金计划时的税收筹划问题。因此，纳税人迫切需要称职的专业人员对其生活中的所有税收问题进行合理的筹划。

(5) 跨国公司的并购、税收的非对称性、信息技术日新月异的发展、金融管制的放松和竞争的加剧带来了美国乃至全球金融市场的革命，使消费者面临着越来越难以理解的金融产品和服务。

据不完全统计，第二次世界大战后近 30 年，基于各种动因(包括获得税收优势、降低交易成本、降低代理费用、重新分配风险、增加流动性、规避法律法规产生的影响、技术进步的推动等)在金融市场中发生了规模浩大的金融创新，主要有：货币市场工具的创新、证券市场工具的创新、金融过程的创新以及金融投资策略和解决方案的创新四大类。其中仅证券市场工具的创新就包括四类典型的普通权益创新、二十八类典型的可转换债券和优先股创新以及十类债券创新。这是消费者日益需要专业理财人员进行财务策划的重要原因。

为了解决这些问题，消费者开始主动寻求称职的、客观公允的、以追求客户利益最大化为己任的、讲职业道德的、专业化的个人理财规划人员，以获得咨询和服务。同时理财人员也认识到财务规划的过程不仅可以帮助客户获得更高的收益，而且也能提高理财师自身的实务成果和佣金收入。这一时期，美国个人理财规划业获得了加速发展，从业人员不断增加。1969 年 12 月，13 位来自金融服务部门的工作人员和一位作家聚集在芝加哥一起商讨创立了理财业，同时还创建了国际理财人员协会，也就是今天的理财协会(Financial Planning Association)。

起初，理财业务仍然以销售产品为主要目标，外加帮助客户合理规避繁重的税赋。在 20 世纪 70 年代到 80 年代初期，个人理财业务的主要内容就是合理避税、提供年金系列产品、参与有限合伙(即投资者投资合伙企业但只承担有限责任)以及投资于黄金白银等贵金属。1986 年，伴随着美国税法的改革和里根政府时期通货膨胀率的显著降低，个人理财业务的视角逐渐全面和广泛，开始从整体角度考虑为客户的理财需求服务。这时，发达国家的金融业开始普遍实行为客户提供全方位服务的经营策略，强调与客户建立"全面、长期"的关系。商业银行内部也进行了充分的组织机构和职能调整，将理财业务与传统的存贷款业务、投资业务和咨询服务业务相融合，开始向全面化发展。

1987年10月19日，道琼斯指数暴跌508点，"黑色星期一"不仅严重挫败了美国股民的信心，而且由于个人理财规划师提出的投资提案遭到股市重创从而给投资者带来不计其数的损失，一时间个人理财规划师名誉扫地。公众强烈的不信任感使个人理财规划业经受了自诞生以来最为艰难的时期。

3. 个人理财业务的成熟期

20世纪90年代通常被认为是个人理财业务的日趋成熟时期。个人理财业务在这一时期的繁荣主要归因于良好的经济态势以及不断高涨的证券价格。伴随着金融市场的国际化以及金融产品的不断丰富和发展，这时的个人理财业务不仅开始广泛使用衍生金融产品，而且为了满足不同客户的个性化需求，将保险、基金、股票交易、信托、外汇等业务相互结合，从而为客户提供综合理财规划。

同时，理财从业人员能够获得的财务策划收入和佣金也大幅增长，许多人涌入个人理财行业，从业人数不断增加。据统计，97%左右从事个人理财业务的人员拥有两个或两个以上的相关专业证书；美国高校设立理财专业的数量快速增长；独立理财学院等类型的高等教育机构也显著扩张；专业协会、认证组织等纷纷成立，如国际注册财务咨询师协会、退休理财协会、遗产规划协会等。个人理财业务开始向专业化趋势发展。

二、中国香港银行业个人理财业务的发展与现状

(一)中国香港银行业个人理财服务发展的背景

近年来，香港市场上出现了多种新兴的金融产品和服务，其中"个人理财服务"更成了香港零售银行业新的竞争焦点。财富管理和资产增值的概念越来越普及，而当年最先把此概念引入亚洲的是著名的跨国银行——花旗银行。20世纪80年代初期，亚洲各国政府对外资银行设立分行均有严格的限制，花旗银行为了填补在分支网络方面的不足，采取了一项新策略，就是为资产超过10万美元的顾客专门设计了特别的个人金融销售通路——"Citigold贵宾理财服务"，结果相当成功。其后几家大银行也加入竞争，直至近年，香港个人理财服务的发展有如雨后春笋，极大地丰富了香港银行业的服务内容，把香港银行的服务水平推到了一个更高的层次。

(二) 中国香港银行业个人金融理财业务的界定

1. 概念

个人金融理财业务在香港银行业一般被称为"财富管理"(Wealth Management)业务。具体来说，它是指对以货币资产和以货币(资金)计量的权利资产为主的筹划管理，是为了满足客户从"储蓄保本"到"投资保值"再到"运用财富"的理财观念转变的需求。

2. 服务对象不仅仅是自然人

欧美国家金融业通常将面向消费者和小企业的银行称为零售银行(Retail Banks)，多数美国大商业银行将小型企业的各种银行业务划入零售银行的业务范围，香港银行业也是如此。例如，香港银行业推出的中小企业无抵押贷款业务，其审查条件基本类似于私人贷款，只是加入了经营因素，而且具体业务也是由零售业务部门或个人金融业务部门操作的。这说明香港法律中的"个人"既包括自然人，也包括以个人或家庭财产承担无限债务责任的中小企业。

(三) 中国香港银行业个人金融理财业务的营销现状

1. 市场定位：高端客户与低端客户并行

香港银行业个人金融理财业务的服务对象主要定位在高端客户，即按"二八原则"划分的，能为银行带来较高回报率的优质和潜质客户。在香港，要享受银行的"贵宾式理财服务"，需以客户的存款以及投资账户总额作为"门槛"。其中花旗银行对客户的最低开户金额要求最高，为100万元；渣打银行次之，为80万元；最低的是道亨银行和永隆银行，为20万元。成为银行"贵宾式理财服务"的客户，不仅可以得到包括电话理财、网上理财、自动柜员机及综合月结单等标准化服务，并可选择银行的保险、股票及基金等多种投资品种，而且可享有各种折扣优惠(包括豁免 ATM 卡和信用卡年费、免收本票、旅行支票、汇票的购买手续费等)。各银行一般可以提供最高达总余额的80%～100%的有抵押透支，另外可提供最高达月薪的3～4倍的无抵押透支。更重要的是，可以得到资深投资顾问的专业投资评估建议和代理服务。

即使是存款余额低到数万元的存款户，也可以成为银行吸纳和争取的目标。例如，汇丰银行推出的"运筹理财户口"、渣打银行推出的"快易理财"和恒生银行推出的"纵横理财"等，都是主攻小额存款户的。这些客户可通过一个综合的账户(香港称作"户口")，来选择多种币种的储蓄，可通过24小时自动电话、流动理财或网上理财，随时调拨户口里各种类型的存款，进行转账、查询、买卖股票、外币、债券、黄金和基金等，还可以申请私人贷款。这些往来交易记录及款项资料均会详细列于月结单上。

2. 产品营销策略：单一与交叉产品整合

银行营销的主要卖点和竞争手段最初像"超市"一样，注重的是产品、网点以及客户对快捷、价格等因素的评价。然后像"旅行社"一样，注重效率、时间、安全、准确及顾客的选择。接着像"酒店"一样，在贴身服务、舒适、方便、热情上下功夫。最后像"观赏鱼店"一样，从客户的兴趣、情绪、吸引力和产品的外观入手，开展交叉营销、循环营销：客户买了一条小鱼，就要买一个鱼缸，再买渔具以及相关的配套产品。银行也应从简单的存取款业务开始，逐步扩展到信用卡、保险、投资等业务。

对个人金融理财业务来说，虽然它是个人金融产品中相对独立的一类中间业务，但在业务操作中应该在与客户进行其他金融产品交易时，寻找营销理财业务的机会；同时在客户接受理财服务时，结合营销其他金融产品，这就是所谓的交叉营销(Cross Selling)。

3. 分销渠道：网点与网络营销并行

对于高回报率的客户，银行是舍得投入人力资源的。例如，汇丰、恒生及渣打银行，均做到一对一的贴身服务，即客户的所有金融需求均通过客户经理或理财顾问予以响应。而花旗银行更对"百万富翁"级的客户，实行客户经理、基金投资经理和外汇投资顾问、理财助理为其提供的"四对一"服务。为了节约人力成本，同时提高效率和市场占有率，香港各大银行都推出了网上银行和手机银行服务。

香港银行业注重根据不同客户群的不同需要，开发相应的分销渠道以及服务平台，构成了以柜员机、电话银行、网上银行等为服务平台的客户自助式标准化服务，以及营业网点、理财中心为服务平台的人员贴身个性化服务相结合的营销网络。

4. 业务收费定价：找到市场与政策的平衡点

香港银行业在利率市场化的环境下针对不同客户的服务需求，设立分层次的利率体系，即按照不同的存款余额给予不同的利息。对理财业务的收费，香港银行业一般采取服务年费与额外收费相结合的方式。例如，年费收取标准最高的是汇丰银行(卓越理财)和恒生银行(优越理财)，均收取480元。除了"入场"条件限制外，大部分银行都收取低额结存服务费，即在银行规定的某段时间内，客户如不能维持账户每月的平均综合余额，便需要向银行缴付该项费用。

【小资料】

香港各大银行个人理财服务比较

以下对香港各大银行所提供的个人理财服务做一个比较。

汇丰银行：全面的环球服务，投资工具选择多。汇丰作为全球最大的银行集团之一，可以利用其庞大的环球网络以及全球资产管理团队的资源，提供国际性的投资理财服务，以"世界级财富管理服务"作为其宣传口号。汇丰银行的"卓越理财"在香港设有33家卓越理财中心,为超过20万客户提供方便的服务渠道。为配合客户不同的投资需要及在不同市况下的投资策略,"卓越理财"服务还配备有多种投资工具可供选择,其中包括:本地及海外证券、外汇、高息投资存款、债券、存款证、高息股票票据或度身定造的高回报投资工具,而"卓越理财"客户更可专享多项投资服务优惠。

渣打银行:照顾客户在不同生活阶段的需要。渣打银行的个人理财服务乃针对客户在"昂首起步"、"成家立室"、"稳固基础"及"悠闲岁月"四个人生阶段的需求来设计,配以三种不同的综合理财户口,分别是"优先理财"、"创智理财"及"快易理财"。渣打银行委派私人客户经理,联同一组客户服务员去照顾每位"优先理财"客户的财务和投资需要。产品方面,随着客户对投资有更多认识,渣打银行认为有必要增加投资工具,所以推出独有的"专智投资"服务(Investpro),让客户可以从中选择不同的投资产品,包括基金投资、股票投资、高息货币挂钩存款、债券投资、货币循环存款、存款证及货币买卖户口,除了选择种类较多之外,客户亦可借此弹性地安排投资。此外,渣打银行还推出较普及化的"创智理财"产品,其开户仅需15万港元,便会有指定的客户关系经理与客户联络,从而让客户了解自身的理财户口的进展或进行的投资状况。鉴于客户经理对有关客户的理财状况较为清楚,故亦可不时提供更多信息,以协助客户策划其他投资。

中银香港:着重风险管理。综合理财是将投资与财富结合,故银行在投资上的风险管理亦相当重要。中银香港于1999年推出的"中银理财Money Mate"则较为注重风险管理。针对每位客户的独特个人情况及需要,提供贴身的理财分析及建议。客户可通过网上银行或电话银行灵活处理证券投资、外汇、汇款和基金等交易,并特设积分奖励计划,客户也可以通过该行不同交易累计积分,换取多种超值服务,该行亦会根据客户定期存款余额总值,提供较高的存款利率优惠。

花旗银行:专业组合。花旗银行的"Citigold贵宾理财服务"特别强调其专业性。它为客户特派专业投资顾问、外汇资产顾问、研究部专才及花旗银行贵宾客户经理,这个庞大的专业组合通过"Citigold理财智囊"和理财分析工具为客户提供定期的财资组合评估服务及最新的市场研究分析报告,并针对客户的财务状况及个人理财目标的转变,提供资产组合调配建议。"Citigold网上贵宾理财"是同行业有关服务中最全面和最突出的。通过设定个人化的理财网页,客户可以随时浏览其资产组合及增值表现,客户亦可通过"资产组合模拟"功能,随时在网上检视及模拟调配资产而不影响户口的实际状况。此外,通过"市场动向",客户可以浏览到环球信息及世界性的市场调研报告,包括环球新闻及指数表现、外汇走势图表、基金及债券表现市场分析及新闻评论。花旗银行更是香港第一家推出网上美股买卖的零售银行。

(资料来源:陈继红.香港银行业个人理财服务发展的背景及内容比较[M],金融论坛,2003,(8))

三、我国银行业个人理财业务的发展与现状

(一)我国商业银行个人理财业务的发展

与发达国家的个人理财业务漫长的发展历史相比，我国个人理财业务的发展历程非常短暂。20世纪80年代末到90年代初是我国个人理财业务的萌芽阶段，当时商业银行开始向客户提供专业化投资顾问和个人外汇结构性存款理财服务，证券公司向客户提供证券投资分析和投资咨询服务，保险公司向客户提供保险产品组合建议并提供保险规划，但大多数的居民还没有理财意识，理财产品也很匮乏。从21世纪初到2005年是我国个人理财业务的形成时期，这一阶段，理财产品、理财环境、理财观念和意识以及理财规划师专业队伍的建设均取得了显著的进步，我国理财产品的规模以每年10%~20%的速度在增长，2005年理财产品价值达到了250亿美元。从2006年开始，伴随着金融市场和经济环境的进一步变化，个人理财业务进入了大幅扩展时期，客户对理财的需求日益增长，同时银行、保险、证券、信托、基金等金融机构对理财业务的重视程度也显著提高，不断开发新的理财产品，提供优质的理财服务。我国个人理财业起步较晚，但是其增长速度很快。

(二)我国部分国有商业银行个人理财业务的现状

1. 中国银行

中国银行一直都是我国开展外汇业务规模最大的银行，其利用在外汇方面的服务优势，服务于专业外汇、证券投资交易人士，并带动其他个人理财服务的发展。目前，在中国银行的个人理财业务中，外汇理财产品是做得最广的，也是做得较好的。例如，中国银行是首家开办外汇期权业务的银行。另外，中国银行对不同层次的客户提供不同的理财服务，针对普通客户，服务的核心是"服务创造客户价值"，即通过客户经理专业化的、有价值的理财咨询，使客户达到资产保值、增值的目的；针对优质客户，服务的主要内容是通过提供各种优质金融产品，如银行卡、消费信贷产品、奥运理财产品等，帮助客户合理制订理财计划。

2. 中国工商银行

中国工商银行是公认的我国最有实力的银行，其优势体现在网点、人才、客户，尤其是企业客户等方面。中国工商银行的"理财金账户"突出优质、专业、个性化的3P服务——优先、优惠的理财业务，专家、专业的投资服务，私人、个性化的银行秘书。"理财金账户"依靠数据大并且集中的优势，通过产品创新、科技创新和渠道整合，借助全国2万多个网点、2200个理财中心、1万余名个人客户经理，为贵宾客户提供全方位个性化服务。

3. 中国建设银行

作为一个在我国大型项目建设领域和城市基础设施建设领域投入最大的银行,中国建设银行发展个人理财业务是将个人住房贷款作为自己的标志性产品。中国建行银行在推出"乐得家"个人住房贷款品牌后,用住房贷款作为其个人理财服务的拳头产品,与客户保持一种长期(一般为10~30年)联系。

4. 招商银行

作为公认的我国股份制商业银行的代表和我国最有发展潜力的银行,招商银行"金葵花"个人理财强调的是强大的服务功能和完善的客户管理系统,这使得招商银行的客户无论走到哪里都能享受贵宾式的服务。同时,招商银行强调凸显其客户的价值,其某些服务如委托理财是"金葵花"理财客户专享的。

【小资料】

我国商业银行理财产品三大分类

我国商业银行理财产品三大分类:债券型理财产品、贷款类银行信托理财产品、新股申购类理财产品。债券型理财产品是指以国债、金融债和中央银行票据为主要投资对象的银行理财产品;贷款类银行信托理财产品是指投资人基于对信托投资公司的信任,将自己合法拥有的资金由银行委托给信托投资公司,由信托投资公司按投资者的意愿,以自己的名义为受益人或特定目的管理、运用和处分的理财产品;新股申购类理财产品是指通过信托计划将普通投资者的资金集中起来申购新股的理财产品。

(资料来源:博思数据,金融组织,http://www.bosidata.com,2012-09-03)

第三节 理财规划师及其资格认证

一、注册金融策划师(CFP)及其资格认证

注册金融策划师(Certified Financial Planner,CFP)由CFP标准委员会(CFP Standards of Board)考试认证,是目前国际上金融领域最权威和最流行的个人理财执业资格认证。最初是由国际金融理财协会于1972年开始推出的,2005年8月26日中国正式成为CFP成员。从1990年开始CFP资格国际化认证至今,全球持有CFP执照的人数不到10万人。在国外商业银行,拥有多少CFP成为衡量一家商业银行个人理财策划服务水平的重要标准。

CFP适合人群包括:银行、证券、保险、基金、专业投资理财公司等金融方面的从业人员;经济师、会计师及对理财规划有兴趣,有意成为全方位理财规划顾问的各行业从业

人员。CFP 认证包括培训、专业考试、职业道德考核等几个步骤。其中，专业考试包括理财规划概论、投资计划、保险计划、税收计划、退休计划与职工福利、高级理财规划六个模块，考试覆盖面非常广泛，内容涉及与财务规划、税务规划、财产规划有关的百余门学科，而且全部采用英文试卷。

CFP 为客户提供全方位的专业理财建议，帮助客户实现财务目标，避免财务风险。它所提倡的 4E 标准(考试标准(Examination)、从业标准(Experience)、职业道德标准(Ethics)、继续教育标准(Continuing Education))和 7 项原则(正直诚实原则(Integrity)、客观原则(Objectivity)、称职原则(Competence)、公平原则(Fairness)、保密原则(Confidentiality)、专业精神原则(Professionalism)、勤勉原则(Diligence))已经被全球的理财行业所普遍推崇。

二、特许金融分析师(CFA)及其资格认证

CFA 是"特许金融分析师"英文 Chartered Financial Analyst 首字母的简称，由美国投资管理与研究协会(AIMR)于 1963 年发起成立。CFA 有"全球金融第一考"之称，是目前世界上规模最大的职业考试，是美国以及全世界公认的金融证券业最高认证书，也是全美重量级财务金融机构分析从业人员必备的证书。CFA 进入中国的时间为 1999 年，目前我国北京、上海、香港均有 CFA 资格认证机构。

申请者除了需要通过 3 个等级全英文的资格认证考试(考试内容涉及证券分析、企业财务、定量分析、经济学、投资组合分析以及道德与职业操守等多个方面；每年每人只能报考 1 个等级；而且 3～7 年必须通过全部 3 个级别的考试)之外，还必须具有 3 年或 3 年以上的被美国投资管理与研究协会所认可的从业经验，遵守该协会公布的职业操守和道德准则，并申请成为一名该协会的成员，具备这些条件后申请者才可获得 CFA 资格证书。

三、中国香港注册财务策划师(RFP)及其资格认证

注册财务策划师(Registered Financial Planner，RFP)证书由中国香港注册财务策划师协会(RFP-HK)推出，其资格在加拿大、英国、澳大利亚、日本、德国等国家获得广泛认可。RFP 证书持有者如果再进修两门专业课程，还可申请英国财务会计师(IFA)公会会员资格。RFP 于 2003 年进入中国，2005 年 RFP 认证项目已被列入上海市紧缺人才培训工程，在金融、保险、证券、投资、财务、银行领域工作的人士或对个人理财服务有兴趣的人士均可报考，但需具有大专以上学历或中级以上职称，从而大大提升了 RFP 证书在国内的知名度和认可度。

RFP 认证考试包括财务策划、投资策划、保险策划、国际财务管理与税务、财务策划实践五个部分，注重考察考生对财务策划专业知识的掌握程度及操作技能，考试语言可选择中文或英文。

四、特许财富管理师(CWM)及其资格认证

特许财富管理师(Chartered Wealth Manager，CWM)证书由美国金融管理学会(American Academy of Financial Management，AAFM)推出，它是美国三大理财规划证书之一。AAFM是美国最受欢迎的金融从业人员资质认证机构，目前在全球75个国家和地区拥有5万余名会员。CWM课程围绕保险计划、投资计划、退休计划、地产计划、税务计划和财务规划基本原则这六方面知识内容而设置。CWM于2004年进入中国，中央财经大学在2004年4月开设首期以国外资深专家为主要授课阵容的CWM培训班，学习结束，考试合格并通过资历审核者，将可以获得由美国金融管理学会颁发的CWM证书。

CWM证书在银行界具有相当大的权威性，因为CWM强调的是营销实用技能、信息交流、全球沟通、注重实务，所以CWM更加大众化。相关调查显示，在美国银行从业人员中，CWM证书持有者的比例最高。此外，CWM与CFP的知识体系是互通的，CWM证书持有者补修规定课程后，也可申请CFP证书。

五、国家理财规划师及其资格认证

2003年，劳动和社会保障部正式设立理财规划师职业，颁布《理财规划师国家职业标准》；2004年，国家职业技能鉴定专家委员会理财规划师专业委员会成立；2005年，国家理财规划师正式展开培训工作；2006年，国家理财规划师资格开始实行全国统考制度。截至2007年年底，国家理财规划师队伍已经扩充至5万余人。

理财规划师是指运用理财规划的原理、技术和方法，针对个人、家庭以及中小企业、机构的理财目标，提供综合性理财咨询服务的人员。国家理财规划师职业资格分为三个级别：助理理财规划师(国家理财规划师三级)、理财规划师(国家理财规划师二级)、高级理财规划师(国家理财规划师一级)。其中，助理理财规划师的考试资格放宽到了在校大学生群体，在校大学生可以报考助理理财规划师职业资格。考试内容有基础知识、专业技能、综合评审三项，考试每年两次，分设在5月中旬与11月中旬。

【小资料】

中国银行业从业人员资格认证考试简介

考试介绍

"中国银行业从业人员资格认证"简称CCBP(Certification of China Banking Professional)。它是由中国银行业从业人员资格认证办公室负责组织和实施银行业从业人员资格考试。该考试认证制度由四个基本环节组成，即资格标准、考试制度、资格审核和继续教育。

考试内容

1. 资格考试主要测试应试人员所具备的银行相关的专业知识、技术和能力。

2. 资格考试分公共基础科目和专业科目。公共基础科目的考试内容为银行业从业人员从业资格的基础知识。基础科目：公共基础。

3. 专业科目的考试内容为银行业从业人员相关的专业知识和技能。专业科目：风险管理、个人理财、公司信贷、个人贷款。

4. 资格考试大纲由认证办公室组织制定。资格考试的命题范围以公布的考试大纲为准。

考试方式

1. 考试时长：2小时。

2. 考试方式：计算机考试。

3. 考试题型：全部为客观题，包括单选题、多选题和判断题。

报名方法

中国银行业从业人员资格认证专业科目考试采取网上报名方式。

(资料来源：中国银行业协会银行业从业人员资格认证委员会工作规则．中国银行业协会银行业从业人员资格认证委员会，20013-7-25)

本章小结

个人理财概述	个人理财的基本内容	个人理财是一个评估客户各方面财务需求的综合过程，它是由专业理财人员通过明确个人客户的理财目标，分析客户的生活、财务现状，从而帮助客户制定出可行的理财方案的一种综合金融服务。 个人理财是面向个人/家庭的综合性金融服务，它包括个人/家庭生命周期每个阶段的资产和负债分析、现金流量预算和管理、个人风险管理与保险规划、投资目标确立与实现、职业生涯规划、子女养育及教育规划、居住规划、退休规划、个人税务筹划及遗产规划等各个方面。
	个人理财业务的发展与现状	个人理财业务的发展与现状分别从三个方面进行了阐述：美国个人理财业务的发展与现状、香港银行业个人理财业务的发展与现状、我国银行业个人理财业务的发展与现状。
	理财规划师及其资格认证	国际上和国内主要的理财规划认证包括：注册金融策划师(CFP)及其资格认证、特许金融分析师(CFA)及其资格认证、中国香港注册财务策划师(RFP)及其资格认证、特许财富管理师(CWM)及其资格认证、国家理财规划师及其资格认证等。

一、选择题

1. 有"全球金融第一考"之称的特许金融分析师简称为( )。
   A. CMW   B. RFC
   C. RFP   D. CFA

2. ( )的主要目标是确保通过各种可能的合法途径,帮助客户减少或者延缓税负的支出。
   A. 税收筹划   B. 遗产规划
   C. 退休规划   D. 资产配置

3. ( )的目标是帮助客户在其去世或丧失行为能力后分配和安排其资产和债务,并通过适当的方式使遗产的纳税额支出最小化。
   A. 税收筹划   B. 遗产规划
   C. 退休规划   D. 资产配置

4. ( )则是通过对客户个人可用财务资源的规划,满足客户在退休阶段的个人财务需要。
   A. 税收筹划   B. 遗产规划
   C. 退休规划   D. 资产配置

5. 客户的( )是实现客户的资产在生命的不同阶段、不同的投资产品、不同的风险水平之间的配置。
   A. 税收筹划   B. 遗产规划
   C. 退休规划   D. 资产配置

6. 理财是指经济社会中政府、企业、个人或家庭为了实现各自的目标而开展的一系列财力分配活动,它主要包括( )。
   A. 投资管理   B. 融资管理
   C. 财务管理   D. 流动资金管理

7. 按照投资行为的直接程度,投资可以分为( )。
   A. 直接投资   B. 国家投资
   C. 间接投资   D. 个人投资

8. 理财学中的投资管理主要包括( )。
   A. 投资可行性计划   B. 投资项目选择
   C. 投资项目评估   D. 投资组合的构建

9. 个人理财的基本流程包括( )。

A. 理财规划书的制定 B. 摘要
C. 客户财务状况 D. 理财规划书的执行
10. 注册金融策划师简称为( )。
A. CMW B. RFC
C. CFP D. CFA

二、判断题

1. CFA 考试侧重于投资和财务分析理论，参加考试者大多是金融机构研究和投资管理人员、金融专业的博士或硕士。 （ ）
2. 个人风险的管理主要是指如何合理地利用保险进行可保风险和不可保风险的管理。 （ ）
3. 消费信贷是个人融资的主要途径。 （ ）
4. 中国的个人理财市场是一个没有多少潜力的市场。 （ ）
5. 理财是一项中长期的财务规划，要强调对风险的有效控制。 （ ）

三、简答题

1. "个人理财"的定义。
2. 个人理财包括哪些基本内容？
3. 个人的人生事件规划主要包括哪些内容？
4. 个人理财规划的基本流程有哪些步骤？
5. 个人理财业务在美国的发展大致经历了哪几个阶段？
6. 香港银行业个人金融理财业务的营销现状及特点。
7. 注册金融策划师(CFP)及其资格认证的特点。
8. 特许金融分析师(CFA)及其资格认证的特点。
9. 中国香港注册财务策划师(RFP)及其资格认证的特点。
10. 国家理财规划师及其资格认证的特点。

第二章

个人理财的基础知识

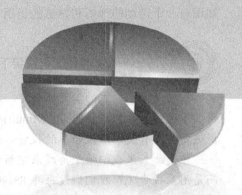

本章精粹：

- 生命周期理论
- 家庭生命周期各阶段特征及财务状况
- 货币的时间价值的计算
- 年金的特征及计算
- 客户的风险承受能力评估
- 客户的风险偏好分类

货币的时间价值和风险计量与管理是理财学的两大基石，而生命周期理论与客户的风险属性分析则是个人理财规划理论的基础。因此，在进行个人理财规划之前必须要对以上知识有一个透彻的理解和熟练的运用。

案例导入 24美元能再次买下曼哈顿吗

纽约是美国最大的工商业城市，有美国经济首都的称号。但是在1626年9月11日，荷兰人彼得·米纽伊特(Peter Minuit)从印第安人那里只花了24美元就买下了曼哈顿岛。据说这是美国有史以来最合算的投资，超低风险超高回报，而且所有的红利全部免税。

但是，如果我们换个角度来重新计算一下，如果当初的24美元没有用来购买曼哈顿，而是用来投资呢？我们假设每年8%的投资收益，不考虑中间的各种战争、灾难、经济萧条等因素，这24美元到2004年会是多少呢？说出来数字惊人：43万亿美元。这仍然能够购买曼哈顿。如果考虑到由于"9·11"事件和2008年全球经济危机下纽约房地产的贬值的话，更是不在话下。这个数字是美国2003年国民生产总值的两倍多，是我国2003年国民生产总值的30倍。

从这个故事中我们认识到，原来钱是随着时间的不同，价值是不断变化的。更确切地说，是购买力不断变化。这就是理财学的一个基本概念——货币的时间价值。货币是有时间价值的，也就是说今天收到一定金额的资金要比一年后收到同等金额的资金更有价值。因为今天早收到的资金可以投资获利，即使忽略风险和通货膨胀等因素。

对于财务管理者来说，理解资金的时间价值无疑是非常必要的。因为证券及其他资产评估、投资项目分析、资本成本、租赁分析等都必须考虑资金的时间价值。个人理财也是一种个人财务的管理。所以，理解货币的时间价值也就成了个人理财最基本的理论基础。

(资料来源：新浪博客，blog.sina.com.cn，2009-09-28)

生命周期　货币的时间价值　年金　可保风险　风险管理　客户的风险属性

第一节　生命周期理论

生命周期理论是1985年由诺贝尔经济学奖获得者F.莫迪利亚尼从个人生命周期消费计划出发，与宾夕法尼亚大学的R.布伦博格、A.安多共同建立的消费和储蓄的宏观经济理论。该理论对消费者的消费行为提供了全新的解释，并指出：个人是在相当长的时间内计划他的消费和储蓄行为的，在整个生命周期内实现消费的最佳配置。人们通常在工作期间储蓄，

第二章 个人理财的基础知识

然后将这些储蓄用于他们退休期间的支出。人口的年龄结构是决定消费和储蓄的重要因素。

一、生命周期理论的主要内容

生命周期理论认为：一个人将综合考虑其即期收入、未来收入，以及可预期的开支、工作时间、退休时间等诸因素来决定目前的消费和储蓄，以使其消费水平在一生内保持相对平稳的水平，而不至于出现消费水平的大幅波动。其主要观点可以归纳如下。

(1) 消费在消费者的一生中保持不变。

(2) 消费支出是由终身收入 + 初始财富来融资的。

(3) 每年将消费掉(1÷个人预期寿命)的财富。

(4) 当前消费取决于当前财富和终身收入。无论是劳动收入还是财富增加，都将提高消费支出；延长相对于退休时间的工作时间，从而增加终身收入并且缩短负储蓄的时间长度，也会提高消费。

(5) 公式表示为

$$C = a \times WR + c \times Y_1$$

其中：C 为消费支出；WR 为实际财富；Y_1 为劳动收入(指长期收入)；a 为财富的边际消费倾向，c 为劳动收入的边际消费倾向。

【小资料】

生命周期计划

兹维·博迪(Zvi Bodie)与罗伯特·C.莫顿(Robert C. Merton)在《金融学》中提出生命周期理财计划包括五大部分内容。

(1) 银行：生命周期储蓄模型。终生的储蓄消费决策：①在实际水平(美元汇率不变)下进行分析，以简化计算并避免预测通货膨胀；②从计算你一生资源的现值开始，你一生花销的现值不能超过这一数值。

(2) 保障：考虑社会保障。社会保障或其他强制性储蓄计划会抵销自愿储蓄，这将对你一生全部资源的现值产生积极或消极的影响。

(3) 税收：通过自愿退休计划延期缴税。延期缴税退休账户会对你有利，因为它允许你获取税前回报率，直到将钱从账户中取出。如果你退休前后都在相同的付税范围内，其对你的益处更大。

(4) 人力资源投资：你是否应当投资于专业学位。从投资于人力资本的角度来说，如果收益(如增加你的收入)的现值超过成本(如学费和放弃的收入)的现值，则是可行的。

(5) 房地产：买房还是租房。在决定是购买还是租赁公寓或耐用消费品时，选择较低的成本现值。

(资料来源：兹维·博迪，罗伯特·C.莫顿. 金融学[M]. 北京：中国人民大学出版社，2000)

二、生命周期理论在个人理财方面的运用

在理财领域，个人的生命与家庭的生命周期紧密相连。任何个人及家庭都有其诞生、成长、发展、成熟、衰退直至消亡的过程，每个人在人生的各个阶段具有不同的理财需求，每个阶段中所具有的特征也不尽相同。

1. 家庭生命周期各阶段特征及财务状况

根据人生不同阶段的特点，家庭生命周期可以划分为青年单身期(参加工作至结婚的时期)、家庭形成期(建立家庭生养子女)、家庭成长期(子女长大就学)、家庭成熟期(子女独立和事业发展成熟期)和家庭衰老期(退休到传承遗产)五个阶段。这五个阶段的特征和财务状况如表2-1 所示。

表2-1　家庭生命周期各阶段特征及财务状况

	青年单身期	家庭形成期	家庭成长期	家庭成熟期	家庭衰老期
特征	从参加工作到结婚	从结婚到新生儿诞生，家庭成员数目随子女出生而增加	从小孩出生到完成学业为止，家庭成员数目固定	从子女完成学业到家长退休为止，家庭成员数目随子女独立而减少	从家长均退休到家长一方过世为止，家庭成员只有夫妻二人
收支状况	收入仅为单身者个人收入，收入比较低，消费支出大	收入以双薪家庭为主，经济收入增加，已经有一定财力，往往需要较大的家庭建设支出，如购房、购车等	收入以双薪家庭为主，最大开支是子女学前教育、智力开发、家庭成员保健医疗费用，在子女上大学期间教育费用和生活费用猛增，负担较重	收入以双薪家庭为主，工作收入、经济状况、事业发展均达到巅峰，支出随家庭成员数目减少而降低	以退休双薪收入为主，或有部分理财收入或变现资产收入，医疗费用支出增加
储蓄状况	个人储蓄较少	储蓄额随家庭成员增加而下降，家庭支出负担大	收入增加而支出稳定，在子女上大学前储蓄逐步增加	收入达到巅峰，支出基本稳定，是准备退休储备金的黄金时期	支出大于收入，是消耗退休储备金的主要时期

续表

	青年单身期	家庭形成期	家庭成长期	家庭成熟期	家庭衰老期
资产负债状况	资产较少，可能还有负债（如贷款购房、购车、个人信用卡贷款等），净资产可能为负	可积累的资产有限，家庭成员因年轻可承受高风险资产的投资风险，通常要背负巨额房贷	可积累的资产逐年增加，开始控制投资风险，投资能力和还贷能力均增加	可积累的资产达到巅峰，要逐步降低投资风险，尽快在退休前把所有的负债还清，为退休做准备	逐年变现资产来应付退休后生活费开销，投资应以固定收益等低风险品种为主，应该无新增负债

2. 家庭生命周期各阶段的理财需求

客户的理财需求大致上可以划分为以下几种：预算（控制开支、节约资金）、债务（贷款、借债）、风险（锁定风险、减少损失）、投资（资产保值增值、收益最大化）、退休（合理安排计划支出）。根据这几种理财需求，结合上面的五个阶段，家庭生命周期各阶段大致的理财需求归纳如表2-2所示。

表2-2 家庭生命周期各阶段的理财需求比较

家庭生命周期	理财需求要素				
	预算	债务	风险	投资	退休
青年单身期	***	***	*	*	*
家庭形成期	**	**	**	**	*
家庭成长期	**	***	**	**	**
家庭成熟期	*	*	**	***	***
家庭衰老期	*	*	**	*	***

注：*表示不重要；**表示一般重要；***表示很重要。

3. 家庭生命周期各阶段的理财策略和产品选择

根据人生不同阶段的特点，金融机构推出的理财产品以及个人的理财策略是不同的。

在青年单身期，收入较低而消费支出较高，资产较少而负债较多，净资产可能为负，此时的理财重点是提高自身获得未来收益的能力，如加大人力资本方面的投资。此阶段，风险偏好的人可承担一定的风险，其理财组合中除了储蓄还可以有债券类、股票类、股票型基金等理财产品。

家庭形成期是家庭的主要消费期，经济收入增加而且生活稳定，家庭已经有一定的财力和基本生活用品。为提高生活质量往往需要较大的家庭建设支出，如购房、购车等，如果是贷款购买的,每月还需要准备月供款之类的较大开支。此时的理财重点是保持资产的流动性和扩大投资,其理财组合中流动性较好的存款和货币基金的比重可以高一些,投资股票等高风险资产的比重应逐步降低。

在家庭成长期,家庭有稳定收入,最大开支是医疗保健费、子女教育及智力开发费用,此时精力充沛,又积累了一定的工作阅历和投资经验,风险承受能力增强,可以考虑建立不同风险收益的投资组合。

在家庭成熟期,父母的工作能力、工作经验、经济状况都达到巅峰状态,子女已完全自立,债务已逐渐减轻。此时主要考虑为退休做准备,应扩大投资并追求稳健理财,建立国债、货币市场基金等低风险产品的投资组合。

家庭衰老期收益性需求最大,这时的理财一般以保守防御为原则,目标是保证有充裕的资金安度晚年,因此投资组合中债券比重应该最高。

【小资料】

马斯洛的需求层次理论简介

亚伯拉罕·马斯洛,美国社会心理学家、人格理论家和比较心理学家,人本主义心理学的主要发起者和理论家。

马斯洛在1943年发表的《人类动机的理论》一书中提出了需要层次论。各层次需要的基本含义如下。

1. 生理上的需要

生理上的需要是人类维持自身生存的最基本要求,包括饥、渴、衣、住、性等方面的要求。如果这些需要得不到满足,人类的生存就成了问题。在这个意义上说,生理需要是推动人们行动的最强大的动力。马斯洛认为,只有这些最基本的需要满足到维持生存所必需的程度后,其他的需要才能成为新的激励因素,而到了此时,这些已相对得到满足的需要也就不再成为激励因素了。

2. 安全上的需要

安全上的需要是人类要求保障自身安全、摆脱事业和丧失财产威胁、避免职业病的侵袭、接触严酷的监督等方面的需要。马斯洛认为,整个有机体是一个追求安全的机制,人的感受器官、效应器官、智能和其他能量主要是寻求安全的工具,甚至可以把科学和人生观都看成是满足安全需要的一部分。当然,当这种需要一旦相对满足后,也就不再成为激励因素了。

3. 感情上的需要

感情上的需要包括两个方面的内容。一是友爱的需要,即人人都需要伙伴之间、同事之间的关系融洽或保持友谊和忠诚;人人都希望得到爱情,希望爱别人,也渴望接受别人的爱。二是归属的需要,即人人都有一种归属于一个群体的感情,希望成为群体中的一员,并相互关心和照顾。感情上的需要比生理上的需要来得细致,它和一个人的生理特性、经历、教育、宗教信仰都有关系。

4. 尊重的需要

尊重的需是人人都希望自己有稳定的社会地位,要求个人的能力和成就得到社会的承认。尊重的需要又可分为内部尊重和外部尊重。内部尊重是指一个人希望在各种不同情境中有实力、能胜任、充满信心、能独立自主。总之,内部尊重就是人的自尊。外部尊重是指一个人希望有地位、有威信,受到别人的尊重、信赖和高度评价。马斯洛认为,尊重需要得到满足,能使人对自己充满信心,对社会满腔热情,体验到自己活着的用处和价值。

5. 自我实现的需要

自我实现的需要是最高层次的需要,它是指实现个人理想、抱负,发挥个人的能力到最大程度,完成与自己的能力相称的一切事情的需要。也就是说,人必须干称职的工作,这样才会使他们感到最大的快乐。马斯洛提出,为满足自我实现需要所采取的途径是因人而异。自我实现的需要是在努力实现自己的潜力,使自己越来越成为自己所期望的人物。

(资料来源:百度百科,baike.baidu.com)

第二节 货币的时间价值

一、货币时间价值的基础知识

1. 货币时间价值的含义

所谓货币的时间价值,是指在不考虑风险和通货膨胀的情况下,货币经过一定时间的投资和再投资所产生的增值,也称为资金的时间价值。从经济学理论的角度而言,现在的一单位货币与未来的一单位货币的购买力之所以不同,是因为要节省现在的一单位货币不消费而改在未来消费,则在未来消费时必须有大于一单位的货币可供消费,作为弥补延迟消费的贴水。货币之所以具有时间价值,至少有三个方面的原因。

(1) 货币可用于投资,获得利息,从而在将来拥有更多的货币量。

(2) 货币的购买力会因通货膨胀的影响而随时间改变。

(3) 一般来说,未来的预期收入具有不确定性。投资可能产生投资风险,需要提供风险补偿。

2. 货币时间价值计算中的几个概念

(1) 终值。终值是现在的货币折合成未来某一时点的本金和利息的合计数,反映一定数量的货币在将来某个时点的价值。终值通常用 FV 表示。

(2) 现值。现值是指未来某一时点的一定数额的货币折合为相当于现在的本金。现值与终值的概念是对货币的时间价值的最好的衡量方式,它们反映了保持相等价值和购买力的货币在不同时点上数量的差异。现值通常用 PV 表示。

(3) 利息。利息是指在一定时期内，资金拥有人将其资金的使用权转让给借款人后得到的报酬。利息通常用 I 表示。

(4) 利率(或通货膨胀率)。利率是影响货币时间价值程度的波动要素，某一度量期的实际利率是指该度量期内得到的利息金额与此度量期开始时投资的本金金额之比，实际利率其实可以看作单位本金在给定的时期上产生的利息金额。利率通常用字母 i 或 k 表示。

(5) 时间。货币时间价值的参照系，通常用 t 表示，或用 n 表示期数。

(6) 必要报酬率。必要报酬率是指进行投资所必须赚得的最低报酬率，它反映的是整个社会的平均回报水平。

(7) 期望报酬率。期望报酬率是一项投资方案估计所能够达到的报酬率，它反映的是投资者心中所期望的报酬率水平。

(8) 实际报酬率。实际报酬率是项目投资后实际赚得的报酬率。只有在一项投资结束之后，结合已经取得的投资效益才能够评估得出实际的报酬率水平。

3. 货币时间价值的计算

1) 单利

单利是只就初始投入的本金计算利息的一种计算制度。按照这种方法，只就初始投入的本金计算各年的利息，所生利息不加入本金重复计算利息。单利不是货币时间价值的表现形式，不能以单利计算货币的时间价值。单利只适合于特定情况下的计算，如商业票据的贴现利息的计算、单利计息条件下债券利息的计算等。

假设用不同的计算符号来表示一些财务指标：PV 代表现值(本金，初始金额)；FV 代表终值；i 代表利率水平；I 代表利息额；n 代表时间周期数。那么：

单利终值为
$$FV = PV(1+ni)$$

单利现值为
$$PV = \frac{FV}{1+ni}$$

单利利息额为
$$I = ni$$

例：某人买入面值为 1000 元，年利率为 4%，半年期，一次性还本付息的短期公司债券一张，问到期的本利和是多少？

解：到期的本利和为
$$FV = PV(1+ni)$$
$$= 1000 \times (1 + \frac{1}{2} \times 4\%)$$
$$= 1020(元)$$

2) 复利

复利是本金和利息都要计算利息的一种计算制度。在复利制度下，一个重要的特征是上一年的本利和要作为下一年的本金计算利息。

(1) 复利终值。复利终值的计算公式如下：
$$FV = PV(1+i)^n$$

其中，$(1+i)^n$ 为 1 元复利的终值，它表示 1 元钱的本金在特定利率和期数条件下到期的本利和。1 元复利终值可以简记为 $(F/P, i, n)$。为了便于计算，可以根据利率与期数，查询"复利终值系数表"来确定 1 元复利终值。

例：某人现从信用社一次借入 100 万元，投资建一养鸡场，该养鸡场建设期 3 年，信用社规定复利计算，年利率为 6%，则至建设期满的本利和是多少？

解：建设期满的本利和为
$$FV = PV(1+i)^n$$
$$=100\times(1+6\%)^3$$
$$=119.10(万元)$$

(2) 复利现值。

复利现值的计算公式如下：
$$PV = \frac{FV}{(1+i)^n}$$

其中，$\frac{1}{(1+i)^n}$ 为复利现值系数，记作 $(P/F, i, n)$，它是复利终值系数的倒数，可以通过查询"复利现值系数表"求得。

例：面值为 100 万元、年利率为 6%、10 年期、单利计算、到期一次还本付息的债券，在投资者要求的必要报酬率为 8% 的情况下，最高买价不能超过多少？

解：该债券的内在价值为
$$PV=FV(P/F, i, n)$$
$$=100\times(1+6\%\times10)\times(P/F, 8\%, 10)$$
$$=160\times0.4632$$
$$=74.112(万元)$$

因此，其最高买价应该不能超过 74.112 万元。

二、年金

年金是指在一定时期内系列、等额收付的款项，通常记作 A。年金的特征是在一定的时期内，每次收付款的时间间隔相同、收付的金额相等、现金流的方向相同。例如，退休后每个月固定从社保部门领取的养老金就是一种年金，每个月定期定额缴纳的房屋贷款月供、每个月进行定期定额购买基金的月投资额款、向租房者每月固定收取的租金等均可视为一种年金。年金有多种形式，如保险费、直线法下计提的固定资产折旧、等额分期付款以及零存整取或整存零取储蓄等。

年金按其每次收付发生的时点不同,可分为普通年金、预付年金、递延年金和永续年金。

1. 普通年金

普通年金又称后付年金,是指于各期期末收付的年金。

1) 普通年金终值

普通年金终值的计算公式如下:

$$FV = A \times \frac{(1+i)^n - 1}{i}$$

$$= A(F/A,i,n)$$

其中:$(F/A,i,n)$代表的是 n 期 1 元的普通年金在 i 的利率水平下的终值,又称为年金的终值系数,可以通过查询年金的终值系数表得出结果。

例:假设小李在未来 10 年内每年年底可获得父亲支付的教育费用 1000 元,年复利率为 8%,则这笔年金的终值是多少?

解:这笔年金的终值为

$$FV = A \times \frac{(1+i)^n - 1}{i}$$

$$= A(F/A,i,n)$$

$$= 1000 \times (F/A,8\%,10)$$

$$= 14\,486.56(元)$$

2) 偿债基金

偿债基金是指为了使年金终值达到清偿到期债务或满足企业到期特定的财务需要而于每年年末等额存入银行或支付给相应机构的存款准备金。1 元年金终值的倒数为 1 元偿债基金。

例:假设老李打算积累一笔 10 年后的养老基金 10 万元,为此设置积累年金,年必要报酬率为 8%,为此每年年末应存入的金额为多少?

解:每年年末应存入的金额为

$$A = FV \frac{i}{(1+i)^n - 1}$$

$$A = FV \div (F/A,i,n)$$

$$= 10 \times 8\% \div [(1+8\%)^{10} - 1]$$

$$= 0.69029(万元)$$

3) 普通年金现值

普通年金现值是指为在每期期末取得相等金额的款项,现在需要投入的金额,即各期期末的现金流量相当于现在的价值。

解：普通年金现值的计算公式如下：

$$PV = A(P/A, i, n)$$

1元年金现值记作$(P/A, i, n)$，可以通过查询年金的现值系数表得出结果。

例：假设李太太将在未来10年内每年年底获得10 000元的分红收入，年复利率为6%，则这笔年金的现值为多少？

解：这笔年金的现值为

$$\begin{aligned}PV &= A \times (P/A, i, n) \\ &= 10\,000 \times (P/A, 6\%, 10) \\ &= 10\,000 \times 7.3601 \\ &= 73\,601(元)\end{aligned}$$

4) 年资本回收额

年资本回收额是指收回现在的投资而应于未来每年年末等额回收的金额，即根据年金的现值计算的年金额。1元年金现值的倒数称为1元资本回收额或资本回收系数，表示收回现在1元的投资而应于未来每年年末回收的数额。

例：假设有一项100万元的投资，在必要报酬率为8%、投资期为10年时，每期期末回收多少才是基本合理的？

解：每期期末的回收额为

$$\begin{aligned}A &= P \div (P/A, i, n) \\ &= 100 \div 6.710\,08 \\ &= 14.9030(万元)\end{aligned}$$

2. 预付年金

预付年金是于每期期初付款的年金，又称为即付年金。由于没有预付年金的终值和现值系数表，因此，预付年金的终值和现值的计算需要将其转化为普通年金。

1) 预付年金终值

n期预付年金终值是$(n+1)$期普通年金的终值减去A，其计算公式如下：

$$\begin{aligned}FV &= A(F/A, i, n+1) - A \\ &= A[(F/A, i, n+1) - 1]\end{aligned}$$

例：某大学在每一学年的开学期初收取每一名学生学费6000元，期限为4年，年复利率为7%，求这笔年金的终值是多少？

解：这笔年金的终值为

$$\begin{aligned}FV &= A(F/A, i, n+1) - A \\ &= 6000 \times [(F/A, 7\%, 5) - 1] \\ &= 6000 \times 4.7507 \\ &= 28\,504.2(元)\end{aligned}$$

2) 预付年金现值

n 期预付年金终值是$(n-1)$期普通年金的现值加上第一期期初的年金 A。

预付年金现值的计算公式如下：

$$PV = A(P/A,i,n-1)+A$$
$$= A[(P/A,i,n-1)+1]$$

例：李小姐在每月月初领取工资 3000 元，连续 6 个月，年复利率为 12%，求这笔年金的现值是多少？

解：年复利率为 12%，则月复利率为 $\dfrac{12\%}{12}=1\%$。

这笔年金的现值为

$$PV = A(P/A,i,n-1)+A$$
$$= 3000\times[(P/A, 12\%/12, 5)+1]$$
$$= 3000\times[(P/A, 1\%, 5)+1]$$
$$= 3000\times 5.8534$$
$$= 17\,560.2(元)$$

3. 递延年金

递延年金是指第一次支付发生在第二期或者第二期以后的普通年金。其终值的计算与普通年金终值的计算相同。

设递延期数为 m，付款期限为 n，递延年金的现值计算方法有两种。

计算方法一：按照 n 期普通年金和 m 期复利贴现。

$$P = A(P/A,i,n)(P/F,i,m)$$

计算方法二：按照$(m+n)$期普通年金的现值，减去 m 期普通年金的现值。

$$P = A(P/A,i,\ m+n) - A(P/A,i,\ m)$$

例：假设小王现购置一套住房，前 3 年不用付款，从第四年年末起分 4 年等额还本付息 10 万元，银行的年复利率为 10%，求房屋的现值为多少？

解：房屋的现值为

$$P = A(P/A,i,\ m+n) - A(P/A,i,\ m)$$
$$= 10[(P/A,10\%,\ 7) - (P/A, 10\%, 3)]$$
$$= 23.82(万元)$$

4. 永续年金

无限等额支付的年金，称为永续年金。即期数趋向于无穷远的普通年金。

永续年金现值的计算公式为　　　　　　　　$P = A/i$

例：小王欲购买某公司的优先股，该优先股面值为 1000 元，票面利率为 6%，如果小王要求的必要报酬率为 8%，则该优先股的价值是多少？

第二章 个人理财的基础知识

解：该优先股的价值为

$$P=A/i$$
$$=1000×6\%÷8\%$$
$$=60÷8\%$$
$$=750(元)$$

第三节　客户的风险属性

客户的风险属性主要包括客户的风险承受能力和风险偏好两个方面的因素。客户的风险承受能力是指客户在面对风险时，在财力和精神上的忍耐程度；而客户的风险偏好则指客户对待风险的态度，这两者之间存在着密切的关系。一个优秀的个人理财规划师，应该首先考虑客户的风险承受能力，再在其风险偏好的基础上为客户确定合理的风险水平。

【案例点击】

中国证监会于 2007 年 10 月 18 日发布《证券投资基金销售适用性指导意见》(以下简称《意见》)，要求对基金投资人风险承受能力进行调查和评价。

《意见》要求基金销售机构应当建立基金投资人调查制度，制定科学合理的调查方法和清晰有效的作业流程，对基金投资人的风险承受能力进行调查和评价。

基金投资人评价应以基金投资人的风险承受能力类型来具体反映，应当至少包括以下三种类型：①保守型；②稳健型；③积极型。基金销售机构可以根据实际情况在前款所列类型的基础上进一步进行风险承受能力细分。

《意见》要求基金销售机构应当在基金投资人首次开立基金交易账户时或首次购买基金产品前对基金投资人的风险承受能力进行调查和评价；对已经购买了基金产品的基金投资人，基金销售机构也应当追溯调查、评价该基金投资人的风险承受能力。基金投资人放弃接受调查的，基金销售机构应当通过其他合理的规则或方法评价该基金投资人的风险承受能力。

基金销售机构可以采用当面、信函、网络或对已有的客户信息进行分析等方式对基金投资人的风险承受能力进行调查，并向基金投资人及时反馈评价的结果。

(资料来源：新浪财经，新浪网，finance.sina.com.cn，2007-10-19)

【点石成金】

对基金投资人进行风险承受能力调查，应当从调查结果中至少了解到基金投资人的以下情况：①投资目的；②投资期限；③投资经验；④财务状况；⑤短期风险承受水平；⑥长期风险承受水平。

一、影响客户风险承受能力的因素

一般而言，风险承受能力与个人财富、年龄、教育程度、性别、婚姻状况、就业状况、出生顺序、理财目标的弹性和投资者主观的风险偏好等因素密切相关。

1. 个人财富

穷人或富人哪一类愿意承担更多的风险呢？我们首先来区分绝对风险承受能力和相对风险承受能力这两个概念。绝对风险承受能力由一个人投入到风险资产的财富金额来衡量，而相对风险承受能力由一个人投入到风险资产的财富比例来衡量。一般来说，绝对风险承受能力随着财富的增加而增加，因为富人将拥有更多的财富投资到每项资产上，而相对风险承受能力未必随着财富的增加而增加。此外，财富的获得方式也是影响人们风险承受和偏好的一个因素。财产继承人和财富创造者相比，财富创造者的风险承受能力高于财产继承人，而财产继承人比财富创造者更乐于听取个人理财规划师的建议。

2. 年龄

风险承受能力通常与年龄成负相关关系，即平均来说，年龄越大，风险承受能力越低。通常情况下，年轻人的人生与事业刚刚起步，面临着无数的机会，他们敢于尝试，敢于冒险，偏好较高风险；而等到了退休年龄，心态自然就比较保守，做人做事比较稳重，而且这个年龄也不允许冒险犯大的错误，一般理财偏好趋于保守。

3. 教育程度

一般而言，风险承受能力随着正规教育的增加而增加。通常掌握专业技能和拥有高学历的人，对风险的认识更清晰，管理风险的能力更强，往往能从事高风险的投资；而对那些投资知识相对缺乏的人而言，高风险投资失败的可能性就要大得多。可能由于教育程度与收入、财富的相关性导致高学历者具有较高的风险承受能力，而非学历本身所致，也可能是因为高学历者比较熟悉可供选择的各种投资渠道。

4. 性别

在妇女解放运动之前，几乎所有人都认为在生活和投资等诸多方面，男性的风险承受能力高于女性。但是近几年的研究结果却有所不同，年老的已婚妇女确实比丈夫更不愿意承担财务风险，但年轻男性和女性的风险承受能力却相差无几。

案例点击

男女理财谁更有优势？

如果让男性和女性进行一次理财竞赛，究竟谁会胜出？答案或许是在某些方面是男性胜出，而在另一些方面则是女性领先，用一句话来概括，就是各有优势和缺陷。所以，在投资理财中，我们不妨对照和借鉴男性和女性的长处，做到刚柔并济，以达到事半功倍的效果。

2009年年初，某城市的几家银行通过统计发现，在它们的VIP客户中，以女性名义开户的占到了60%以上。而在上海的很多家庭中，也是由女性掌管着家庭的财务大权。从目前来看，女性理财已经成为一种趋势、一种潮流，这也是女性智慧的体现。

1999年，美国的两位教授(Terrance Odean 和 Brad Barber)进行一项为期六年的学术研究，发现在35 000名散户中，女性的投资理财成绩比男性更佳，平均收益每年多出1.4%。2001年和2005年，一家名为"Digital Look"的国际金融网站进行一项调查，分析十万个投资组合。结果发现在两段时间中，女性投资人的表现皆超越男性。进一步比较发现，女性的投资组合平均报酬率达18%，男性只有11%，而同期大盘指数上涨13%，仍高于男性操作成绩。我们再看看美国一份两性投资绩效调查显示，女性年平均报酬率超过21%，男性仅为15%，女性的投资绩效整整高出男性四成以上，而如果将时间拉长来看，该报告显示过去十二年中，女性绩效有九年比男性还好。

所以我们现在不能忽略这样一个事实，女性对于理财，比起男性丝毫也不逊色。例如，从生理特点上讲，女性的直觉、细心、忍耐和发散思维等方面的能力都要远远高于男性。据相关证据表明，在许多方面女性比男性对财富更有一种天生的敏锐力。

(资料来源：腾讯财经，finance.qq.com，2009-04-02)

【点石成金】

女性由于天性谨慎细心，对投资所做的研究和计划会更详尽，喜欢选择平衡的投资组合。一旦决定资金的投资取向，更愿意做长线投资，这同时也是她们忍耐性的表现。而这一切，也使得女性理财越来越受到人们的关注。

5. 婚姻状况

未婚者的风险承受能力可能高于已婚者，也可能低于已婚者，关键在于是否考虑了已婚者双方的就业情况以及经济上的依赖程度。在双职工家庭中，夫妻双方的风险承受能力将高于未婚者，因为双方都有相当的经济独立能力，两份收入可以增加风险承受水平。而在单亲家庭中，通常家庭的单份收入带来的风险保障较小，而抚养孩子的负担又相对较重，所以单亲家庭的风险承受能力普遍低于未婚者。

6. 就业状况

家庭成员的就业状况和对工作的安全性需要也会影响风险承受能力。失业可能性越大，职业风险越大，风险承受能力越低。安全保障程度高的职业，即使工资报酬较低，对风险承受能力较低的人也可能很有吸引力。通常来说，公务员与私营企业工作人员相比，前者的风险承受能力较低，风险厌恶程度较高。而医生、律师、注册会计师等从业人员在投资决策上的风险偏好高于农民、渔民、力工等非专业人员。所以，风险承受能力随着知识和熟练程度的提高而增强。

出于对经济安全的需要，很多风险承受能力较低的人比较容易被那些提供固定收入的职位和单位吸引，许多人一直待在同一单位的同一职位上，几乎没有任何提升机会，有的人就这样工作了一生。而风险承受能力较高的人则经常改变工作，不断寻找条件更好的、符合个人发展的就业机会，倾向于选择根据个人工作绩效提供浮动报酬的企业，愿意承担较大的职业生涯风险。

7. 出生顺序

通常长子(女)比其弟妹更不愿意承担风险，因为父母对长子(女)童年的经济生活控制较多，并教育他们必须承担责任和行事稳健可靠，也就是说，让孩子尽量不去承担不必要的风险。

8. 理财目标的弹性

理财目标的弹性与风险承受能力呈正相关关系。理财目标的弹性越大，可承受的风险也就越高。若理财目标时间短且完全没有弹性，则采取存款方式保证本利和是最佳选择。

如果进行某项投资是为了子女的教育基金或者父母的赡养金的积累，那么这项投资就必须在保证本金安全性的前提下在特定时间内获得理想的收益，这种理财目标既缺乏金额弹性又缺少时间弹性，对理财工具的风险偏好较低。相反，如果个人或家庭计划一笔资金用于未来购房、购车，则这项投资可以有较大的理财目标弹性，可根据收益状况来决定该笔资金的投资期限、投资时机和投资规模。

9. 投资者主观的风险偏好

投资者主观的风险偏好是因人而异的，风险承受能力也如此。个人的性格、阅历、胆识、意愿等主观因素所决定的个人态度，直接决定了个人对不同风险程度的产品的选择与决策。

家庭结构越复杂，家庭成员所承担的社会责任就越重，如三世同堂家庭、单亲家庭，在收入来源单一或家庭负担较重的情况下，就不会有高风险的理财偏好，也不宜选择高风险的投资，因为一旦投资失败将给家庭经济生活带来巨大的冲击。相反，对于家庭结构相对简单的人来说，如父母和子女构成的三口之家，其所负担的社会责任和压力较小，可以尝试从事高风险的投资。

【小资料】

投资风险承受能力测试

投资有风险,而风险的承受能力可能决定投资收益的大小。其实每个人抗风险的心理能力都不一样。可以用这个"投资风险承受能力测试"评估自己的风险偏好程度。

1. 选择最适合于你对投资理念的描述。

A. 我的主要目标是得到最高的长期回报,即使我不得不忍受一些非常巨大的短期损失

B. 我希望得到一个很稳定的资产增值,即使这意味着比较低的总回报

C. 我希望在长期回报最大化和波动最小化之间进行平衡

2. 当你购买股票或者基金的时候,请对下列因素分别回答它们的重要性。

A. 非常重要　B. 有些重要　C. 不重要

(1) 资产升值的短期潜力。

(2) 资产升值的长期潜力。

(3) 对于股票,这个公司被其他人收购的可能性。

(4) 过去六个月盈余或亏损的情况。

(5) 过去五年盈余或亏损的情况。

(6) 朋友或者同事的推荐。

(7) 股价或净值下跌的危险性。

(8) 分红的可能性。

3. 你会把5000元投入到下面的项目中吗?请分别回答Yes/No。

(1) 有70%的可能性,你的资产翻一倍到10 000元。而有30%的可能性把5000元都输光。

(2) 有80%的可能性,你的资产翻一倍到10 000元。而有20%的可能性把5000元都输光。

(3) 有60%的可能性,你的资产翻一倍到10 000元。而有40%的可能性把5000元都输光。

4. 假设你要在下面两只基金中做选择,你会选哪只?每只基金都含有6只不同种类的股票,在过去12个月中,每只股票的收益情况如下:

基金一的股票组合收益如下:

A股票15%, B股票8%, C股票25%, D股票12%, E股票8%, F股票8%。

基金二的股票组合收益如下:

H股票7%, I股票6%, J股票5%, K股票4%, L股票6%, M股票2%。

5. 如果你10 000元的基金投资亏了2000元,你会怎么办?

A. 割肉,卖掉基金

B. 保留着,有 50%的机会反弹,有 50%的机会再损失 2000 元

C. 不知道

6. 假设你在一种基金上投资了 10 000 元,但一个星期中亏了 15%。你看不出是什么原因,大盘也没有跌这么多,你会怎么办?

A. 补仓

B. 清仓,然后投入到一个波动小的基金中

C. 卖掉一半

D. 等着价格反弹再卖掉

E. 什么都不做(觉得这是正常的)

7. 表 2-3 中显示两只基金在过去 8 个月中每月的收益情况,你会选择买哪只?

表 2-3 基金 A 与基金 B 月收益情况表(2009 年 1～8 月)

月 份	基金 A	基金 B
1 月	8%	4%
2 月	−3%	7%
3 月	13%	0%
4 月	13%	3%
5 月	−12%	3%
6 月	24%	1%
7 月	−5%	3%
8 月	9%	5%

8. 作为一个投资者,和其他人相比,你怎么评估你的投资经验?

A. 非常有经验

B. 比平均水平高

C. 平均水平

D. 比平均水平低

E. 基本没有经验

评分:

1. A. 15　　　B. 0　　C. 7
2. (1)　A. 0　　B. 1　　C. 2
   (2)～(5)　A. 2　B. 1　C. 0　　(6)～(8)　A. 0　B. 1　C. 2
3. (1)～(3)　Yes　5　No　0
4. 基金一　10　基金二　0
5. A. 0　　B. 10　　C. 10

6. A. 15　　B. 0　　　C. 5　　　D. 0　　　E. 10
7. A. 10　　B. 0
8. A. 20　　B. 15　　C. 10　　D. 5　　　E. 0

评语：

0～11 分　请避免风险，买货币基金吧。

12～33 分　低风险债券。

34～55 分　高风险债券。

56～77 分　股票债券混合式基金，大盘股，蓝筹股。

78～99 分　股票和股票基金。低分的话，买大盘蓝筹股；高分的话，买小盘或者大盘成长股。

100 分　去澳门赌场吧，那里更适合你。

(资料来源：基金吧，天天基金网，http://www.i618.com.cn/plugins，2007-03-26)

二、客户风险偏好的分类及风险承受能力评估

1. 客户风险偏好的分类

1) 积极进取型

积极进取型的人愿意接受高风险以追求高利润。他们一般是相对比较年轻、有专业知识技能、敢于冒险、社会负担较轻的客户，他们敢于投资股票、期货、期权、外汇、黄金及收藏品等高风险、高收益的产品与投资工具。他们追求更高的收益和资产的快速增值，投资操作手法往往也比较大胆，同样，他们对风险和损失也有很强的承受能力。

2) 温和进取型

温和进取型的人一般拥有一定的资产基础、一定的知识水平和较高的风险承受能力，他们愿意承担一定的风险，追求较高的投资收益，但是又不会像积极进取型的客户过度冒险投资那些高风险的投资工具。因此，他们往往选择开放式股票基金、蓝筹股等可能具有较高收益、风险也较低的产品。

3) 中庸稳健型

中庸稳健型的人愿意承担部分风险，求取高于平均水平的获利。他们既不厌恶风险也不追求风险，对任何投资都比较理性，通常会仔细分析不同投资市场上的工具与产品，从中寻找风险适中、收益合理的产品，以求获得高于社会平均水平的收益，同时承受社会平均风险。因此，中庸稳健型的客户往往选择房地产、黄金、货币市场基金等投资工具。

4) 温和保守型

温和保守型的人为了安全或获取眼前的利益，放弃可能高于一般水平的收益。他们总体来说已经偏向保守，对风险的关注更甚于对收益的关心，更倾向于选择风险较低而不是收益较高的产品，喜欢选择既保本又有较高收益机会的结构性理财产品，往往以临近退休

的中老年人群为代表。

5) 极端保守型

极端保守型的人几乎不愿意承担任何风险,偏好将资产存放在银行或者购买国债等风险水平非常低的产品上。一般而言,步入退休阶段的老年人群、低收入家庭,家庭成员较多、社会负担较重的大家庭以及性格内敛保守的客户,往往对于投资风险的承受能力很低,选择一项理财产品或投资工具时首要考虑是否能够保本,然后才考虑追求收益。因此,这类客户往往选择国债、存款、保本型理财产品、货币型基金、债券型基金等低风险、低收益的产品。

【小资料】

风险偏好小测试

1. 你投资购买了股票,在一个月后跌去了15%的总价值。假设该投资的其他任何基本要素没有改变,你会怎么办?

 A. 坐等投资回到原有价值
 B. 卖掉它,以免日后如果它不断跌价,让你寝食难安、夜不成寐
 C. 买入更多,因为认为以当初价格购买是个好决定,现在应该看上去机会更好

2. 你投资购买了股票,在一个月后暴涨了40%。假设你找不出更多的相关信息,你会怎么办?

 A. 卖掉它
 B. 继续持有它,期待未来可能更多的收益
 C. 买入更多,也许它还会涨得更高

3. 你比较愿意做下列哪件事?

 A. 投资于今后六个月不大上升的积极成长型基金
 B. 投资于货币市场基金,但会目睹今后六个月积极成长型基金增长翻番

4. 下列哪种情况出现时,你会感觉很好?

 A. 你的股票投资翻了一番
 B. 你投资于基金,从而避免了因为市场下跌而会造成你一半投资的损失

5. 下列哪件事会让你最开心

 A. 你在报纸竞赛中赢了100 000元
 B. 你从一个富有的亲戚那里继承了100 000元
 C. 你冒着风险,投资的2000元期权带来了100 000元的收益
 D. 任何上述一项——你很高兴100 000元的收益,无论是通过什么渠道

6. 你现在住的公寓马上要改造成酒店式公寓。你可以用80 000元买下现在的住处,或把这个买房的权利以20 000元卖掉。你改造过的住处的市场价格会是120 000元。你知道如果你买下它,可能要至少花六个月才能卖掉,而每个月的养房费要1200元。并且为买下

它，你必须向银行按揭支付头期。你不想住在这里了。你会怎么做？

  A. 就拿 20 000 元，卖掉这个买房权

  B. 先买下房子，再卖掉

7. 你继承了叔叔价值 100 000 元的房子，已付清了所有的按揭贷款。尽管房子在一个时尚社区，并且会预期以高于通货膨胀率的水平升值，但是房子现在很破旧。目前，房子正在出租，每月有 1000 元的租金收入。不过，如果房子新装修后，租金可以有 1500 元。装修费可以用房子来抵押获得贷款。你会怎样做？

  A. 卖掉房子

  B. 保持现有租约

  C. 装修它，再出租

8. 你为一家私营的呈上升期的小型电子企业工作。公司在通过向员工出售股票募集资金。管理层计划将公司上市，但要至少 4 年以后。如果你买股票，你的股票只能在公司股票公开交易后，方可卖出。同时，股票不分红。公司一旦上市，股票会以你购买的 10～20 倍的价格交易。你会做多少投资？

  A. 一股也不买

  B. 一个月的薪水

  C. 三个月的薪水

  D. 六个月的薪水

9. 你的老邻居是一位经验丰富的石油地质学家。他正组织包括他自己在内的一群投资者，为开发一个油井而集资。如果油井成功，那么它会带来 50～100 倍的投资收益；如果失败，所有的投资就一文不值了。你的邻居估计成功概率有 20%。你会做多少投资？

  A. 0

  B. 一个月的薪水

  C. 三个月的薪水

  D. 六个月的薪水

10. 你获知几家房地产开发商正积极地关注某个地区的一片未开发的土地。你现在有个机会来购买部分这块土地的期权。期权价格是你两个月的薪水，你估计收益会相当于 10 个月的薪水。你会怎样做？

  A. 购买这个期权

  B. 随便它去——你觉得和你没关系

11. 你在某个电视竞赛中有下列选择。你会选择哪个？

  A. 1000 元现钞

  B. 50% 的机会获得 4000 元

  C. 20% 的机会获得 10 000 元

D. 5%的机会获得 100 000 元

12. 假设通货膨胀率目前很高,房地产预计会随通货膨胀率同步上涨,你目前的所有投资是长期债券。你会怎么做?

A. 继续持有债券

B. 卖掉债券,把一半的钱投资基金,另一半钱投资房地产

C. 卖掉债券,把所有的钱投资房地产

D. 卖掉债券,把所有的钱投资房地产,还借钱来买更多的房地产

13. 你在一项博彩游戏中,已经输了 500 元。为了赢回 500 元,你准备的翻本钱是多少?

A. 不来了,你现在就放弃

B. 100 元

C. 250 元

D. 500 元

E. 超过 500 元

评分:

1. A. 3,　　B. 1,　　C. 4
2. A. 1,　　B. 3,　　C. 4
3. A. 1,　　B. 3
4. A. 2,　　B. 1
5. A. 2,　　B. 1,　　C. 4,　　D. 1
6. A. 1,　　B. 2
7. A. 1,　　B. 2,　　C. 3
8. A. 1,　　B. 2,　　C. 4,　　D. 6
9. A. 1,　　B. 3,　　C. 6,　　D. 9
10. A. 3,　　B. 1
11. A. 1,　　B. 3,　　C. 5,　　D. 9
12. A. 1,　　B. 2,　　C. 3,　　D. 4
13. A. 1,　　B. 2,　　C. 4,　　D. 6,　　E. 8

评语:

21 分以下,偏向保守;22~35 分,风格中庸;36 分以上,投资激进。

2. 客户风险承受能力评估

1) 评估目的

风险承受能力是个人理财规划和个人风险管理的重要考虑因素。而客户往往不清楚自己的风险承受能力或风险程度,他们需要个人理财规划师的专业评估和指导。风险承受能

力的评估是帮助客户理解如何把握自己的风险承受水平,不是让个人理财规划师将自己的意见强加给客户,可接受的风险水平应该由客户自己来确定,个人理财规划师的角色是帮助客户认识自我,以做出客观的评估和明智的决策。

2) 常见的评估方法

准确评估客户的风险承受能力是一项非常复杂的工作,它需要个人理财规划师投入大量的时间和精力,并且采用多种方法相综合的方式来对客户的风险承受能力进行准确、可靠的评估,常见的评估方法有定性方法与定量方法。

定性评估方法主要通过面对面的交流方式来收集客户的必要信息,但并未对所收集的信息予以量化。这类信息的收集方式是基于直觉或印象的,是不固定的。在收集过程中个人理财规划师的经验和技巧起着关键的作用。

定量评估方法通常采用有组织的形式(如调查问卷)来收集信息,进而可以将观察结果转化为某种形式的数值,用以判断客户的风险承受能力。

在实践应用中,多数个人理财规划师会将定性方法和定量方法有机结合起来,扬长避短,发挥各自的优势。例如,可以设计调查问卷作为评估客户风险承受能力的信息交流方式,这种定量方法还有助于将评估过程标准化。但定量评估方法要求符合一定的标准,如设计调查问卷时,每一个问题都不应该对被调查者产生不当的误导倾向或暗示信息,还必须论证各个问题之间的一致性,确保评估结果的合理性、准确性和逻辑性。另外,还要求定量评估方法具有一些参照标准,以便个人理财规划师将被评估的客户个人与一个合理的基准或规范进行比较。例如,使用标准化的指标可以判断客户的风险承受能力是否高于或低于一般水平,或者可以在同年龄、同学历、同单位等不同群体之间进行比较。

定性方法的主观性使它存在着固有的局限性。个人理财规划师在与客户面对面的交谈中,客户的口头描述或主观表达常常带有主观性,会误导规划师的直觉。而个人理财规划师和其他人一样,通常会高估自己的直觉判断能力。在使用定性方法对风险承受能力进行评估时,还要求规划师具备良好的面谈沟通技巧。

评估客户风险承受能力的方法很多,有的偏重于定性方法,有的偏重于定量方法。以下就投资目标、对投资产品的偏好、实际生活中的风险选择、风险态度、概率和收益的权衡等方面介绍一些常见的评估方法。

(1) 投资目标。

理财规划师首先必须帮助客户明确自己的投资目标。例如,可以询问客户对本金安全性、资金增值幅度、资金流动性、通货膨胀的容忍度、避税等方面因素的相对重要程度。客户的回答应该隐含着风险承受能力:如果客户的主要目标是避免通货膨胀或避税,则该客户可能是风险偏好者;如果客户最关心的是本金的安全性或资金流动性,则该客户可能是风险厌恶者。当然,我们不能仅仅根据投资目标去判断客户的风险承受能力。客户设定的投资目标可能不符合实际的风险承受水平,如许多期望低通货膨胀率水平的人实际上是风险厌恶者。从某种意义上说,客户的风险承受水平是评估其投资目标合理性的基础。如果个人理财规划师通过调查发现客户的风险态度与其风险承受能力不相吻合,就应该根据职业道德和行为操守,去引导客户适当调整个人的投资目标,使之更符合客户的实际的风险承受能力,而不能简单地按客户要求给出投资建议,来确保自己的佣金收入。

(2) 对投资产品的偏好。

衡量客户风险承受能力最直接的办法是让客户回答自己所偏好的投资产品,然后询问客户希望如何将可投资资金分配到不同的投资产品中去。这些投资产品往往按照风险程度高低进行排序。例如,"如果你意外中得五百万彩票大奖,在以下投资产品中,你将如何分配:银行存款、国债、年金类保险产品、企业债券、开放式基金、房地产投资、股票等,各项投资工具所占比重如何?"可供投资的资金可以是实际的,也可以是用调查问卷或面谈方式来虚构的。一般来说,人们对于虚构资金的使用会比实际资金的使用更为大胆。另外,也可以让客户将投资产品从最喜欢到最不喜欢排序,或者给每一种产品进行评级,不同级别代表客户的风险偏好程度(如低、中、高)。

调查结果的准确性取决于客户对不同投资产品的风险和预期收益的熟悉程度。例如,《新晚报》曾报道某银行保安在 1999 年 5 月中得五百万彩票大奖后,他采取了 100 万购买住房、200 万继续投资购买彩票、100 万满足消费需要、100 万缴纳个人所得税的分配方式。由于许多客户未能掌握足够的金融财务知识,个人理财规划师最好向客户阐述各种投资产品的风险和预期收益水平的差异。

(3) 实际生活中的风险选择。

理财规划师可以通过收集客户生活中的实际信息来评估其风险承受能力,以下一些生活方式特点可以用来评估特定客户对待经济风险的态度。

客户总资产中存入银行、国债、保险、共同基金、股票的资金等各占多少比例?如果购买年金,是固定年金还是变额年金?客户对当前投资组合的满意程度如何?如果对该组合进行调整,是朝更稳健的方向还是朝更冒险的方向调整?

客户的负债与总资产比率,即负债比率,也是衡量风险承受能力的一项指标。如果负债比率较高,则该客户具有追求风险的倾向;如果负债比例较低,则该客户为风险厌恶者,至于高、低界限,取决于特定的客户群体,要根据具体情况而定。

从客户的人寿保险金额与年薪的对比情况来看,两者之比越大,客户对风险的厌恶程度越高。

从客户的工作任期和变动频率来看,自主跳槽的意愿是判断风险承受能力的一个指标。因此,可以询问客户在过去 10 年或 15 年中变更过几次工作,如果超过三次,则很可能是风险追求型的。例如,某人在找到新工作之前就辞去原有工作或在中年阶段跳槽都是非常重要的可用来评估其风险承受能力的信息。

从客户的收入变化情况来看，风险偏好者的年薪可能波动很大，并且不一定呈上升趋势。理财规划师还需要了解客户是否曾经下岗或失业，失业持续时间有多长？在失业期间，该客户是接受了第一个工作机会，或是一直等到自己满意的工作为止？重新就业后该客户的薪水是多少？如果薪水低于原有水平，则可以认为该客户是风险厌恶者。

(4) 风险态度。

风险态度方法主要通过揭示或明确客户对待风险的态度来判断其风险承受能力，可以采取定性方法或定量方法，提问方式也可以多种多样。首先，可以询问客户整体性的问题。例如，"你认为自己是风险偏好者还是风险厌恶者？"其次，可以询问客户对特定风险所做出的反应。例如，如果客户参与了股票投资后是否牵肠挂肚，夜不能寐？是否把风险视为机遇而非危险？是否非常担心失去已有的财富？是否愿意采用融资的方式进行金融投资或项目投资？喜欢高风险、高收益的股票或期货类投资还是更喜欢低风险、低收益的银行存款或货币市场基金等产品投资？

用风险态度自我评估法来评估客户风险承受能力的主要问题在于，客户总是倾向于将自己最好的一面展示给理财规划师，被他人欣赏的特征很可能会被夸大。例如，很多客户认为厌恶风险是无能的表现，偏好风险是勇敢、有活力的表现，从而很可能夸大自己的风险承受能力。因此，理财规划师在实务中必须对此现象予以足够的重视。

(5) 概率和收益的权衡。

以下我们将讨论三种方法：确定/不确定性偏好法、最低成功概率法、最低收益法。这些方法都属于定量方法，至少需要考虑如下四个因素中的一个，即损失概率、收益概率、损失金额和收益金额。

第一，确定/不确定性偏好法。赌博游戏是现实生活中的一种抽象。一个最普通的方法是向客户展示两项选择，其一是确定的收益，其二是可能的收益，让客户二选一。例如，(A)10 000 元的确定收益；(B)50%的概率得 20 000 元。风险厌恶者一般选择 A，风险偏好者则倾向选择 B。

第二，最低成功概率法。设计一个两项选择题，一个选项是无风险收益，另一个选项是有风险的，但潜在的收益较高，同时列示五个成功概率，即 10%、30%、50%、70%与 90%。问被调查者在多大的成功概率下认为两个选项是无区别的。被调查者所选的成功概率越高，说明其风险厌恶程度越高。

第三，最低收益法。要求客户就可能的收益而不是收益概率做出选择。例如，一项投资机会有一半的可能损失个人的 1/4 净资产，有一半的可能得到一笔收益。你愿意承担此项风险的最低要求收益是多少？要求的收益越高，说明其风险厌恶程度越高。

【小资料】

风险厌恶者和风险偏好者在生活中的主要区别(如表 2-4 所示)

表 2-4 风险厌恶者和风险偏好者在生活中的主要区别

风险厌恶者	风险偏好者
将风险视为危险	将风险视为挑战或机遇
倾向于高估风险	倾向于低估风险
喜欢较低的可变性	喜欢较高的可变性
在一个情景假想中容易朝着坏的方向进行自我暗示(即强调损失的可能性)	在一个情景假想中容易朝着好的方向进行自我暗示(即强调收益的可能性)
倾向于悲观	倾向于乐观
偏好秩序	偏好模棱两可
不喜欢变化	喜欢变化
相对于不确定性更喜欢确定性	相对于确定性更喜欢不确定性

本 章 小 结

个人理财的基础知识	生命周期理论	生命周期理论指出：个人是在相当长的时间内计划他的消费和储蓄行为的，在整个生命周期内实现消费的最佳配置。人们通常在工作期间储蓄，然后将这些储蓄用于他们退休期间的支出。人口的年龄结构是决定消费和储蓄的重要因素。
	货币的时间价值	货币的时间价值是指在不考虑风险和通货膨胀的情况下，货币经过一定时间的投资和再投资所产生的增值，也称为资金的时间价值。年金是指在一定时期内系列、等额收付的款项，通常记作 A。年金的特征是在一定的时期内，每次收付款的时间间隔相同，收付的金额相等、现金流的方向相同。年金按其每次收付发生的时点不同，可分为普通年金、预付年金、递延年金和永续年金。
	客户的风险属性	客户的风险属性主要包括客户的风险承受能力和风险偏好两个方面的因素。客户的风险承受能力是指客户在面对风险时，在财力和精神上的忍耐程度；而客户的风险偏好则指客户对待风险的态度。

第二章 个人理财的基础知识

思考题

一、选择题

1. 普通年金又称为( )。
   A. 预付年金   B. 后付年金
   C. 永续年金   D. 其他年金

2. 预付年金是于每期期初付款的年金,又称为( )。
   A. 即付年金   B. 后付年金
   C. 永续年金   D. 其他年金

3. 保险的基本功能包括( )和损失补偿。
   A. 风险规避   B. 风险转移
   C. 风险自担   D. 风险控制

4. 按保险的实施方式划分,可以将保险划分为自愿保险和( )。
   A. 社会保险   B. 商业保险
   C. 强制保险   D. 人身保险

5. 财产保险是以物质( )及其相关的利益和责任作为保险标的的保险类别。
   A. 资产   B. 财产
   C. 负债   D. 权益

6. ( )是指进行投资所必须赚得的最低报酬率,它反映的是整个社会的平均回报水平。
   A. 必要报酬率   B. 期望报酬率
   C. 实际报酬率   D. 实际回报率

7. ( )是一项投资方案估计所能够达到的报酬率,它反映的是投资者心中所期望的报酬率水平。
   A. 必要报酬率   B. 期望报酬率
   C. 实际报酬率   D. 实际回报率

8. ( )是项目投资后实际赚得的报酬率。
   A. 必要报酬率   B. 期望报酬率
   C. 实际报酬率   D. 实际回报率

9. ( )是本金和利息都要计算利息的一种利息制度。
   A. 单利   B. 复利
   C. 现值   D. 终值

10. ( )是只就初始投入的本金计算各年的利息,所生利息不加入本金重复计算利息。

  A. 单利   B. 复利
  C. 现值   D. 终值

11. (　　)是指第一次支付发生在第二期或者第二期以后的普通年金。
  A. 普通年金   B. 预付年金
  C. 递延年金   D. 永续年金

12. (　　)是指无限等额支付的年金，即期数趋向于无穷远的普通年金。
  A. 普通年金   B. 预付年金
  C. 递延年金   D. 永续年金

13. (　　)是指支付频率超过一年的年金。
  A. 普通年金   B. 预付年金
  C. 递延年金   D. 不定期年金

14. 风险与(　　)呈正相关关系，高风险要求高回报，低风险对应低回报。
  A. 危险   B. 收益
  C. 回报   D. 损失

15. 根据个人的条件与个性，其面对风险表现出来的态度通常有(　　)。
  A. 激进型   B. 中庸型
  C. 保守型   D. 极端保守型

二、判断题

1. 货币的时间价值指单利的概念。　　　　　　　　　　　　　　　　　　　　(　　)
2. 现值是现在的货币折合成未来某一时点的本金和利息的合计数，反映一定数量的货币在将来某个时点的价值。　　　　　　　　　　　　　　　　　　　　(　　)
3. 必要报酬率是指进行投资所必须赚得的最低报酬率，它反映的是整个社会的平均回报水平。　　　　　　　　　　　　　　　　　　　　　　　　　　(　　)
4. 复利是只就初始投入的本金计算各年的利息，所生利息不加入本金重复计算利息。　　　　　　　　　　　　　　　　　　　　　　　　　　　　(　　)
5. 年金是指在一定时期内系列、等额收付的款项，通常记作 A。　　　　(　　)
6. 风险是预期结果的不确定性。　　　　　　　　　　　　　　　　　　(　　)
7. 货币的时间价值和风险的计量与管理是理财学的两大基石。　　　　　(　　)
8. 实际报酬率是项目投资后实际赚得的报酬率。　　　　　　　　　　　(　　)
9. 复利是本金和利息都要计算利息的一种利息制度。　　　　　　　　　(　　)
10. 根据储蓄所包含的内容的差异，可以将储蓄划分为三个层次：第一个层次是指储存和储藏的概念。第二个层次是指居民可支配收入减去即期消费后剩余。第三个层次仅指居民在银行储蓄所和信用社的存款。　　　　　　　　　　　　　　　(　　)

三、简答题

1. 在个人理财方面如何运用生命周期理论？
2. 马斯洛的需求层次理论包括哪些层次？
3. 货币的时间价值的含义。
4. 年金的特征。
5. 个人理财风险管理包含哪几种方式？
6. 可保风险必须具备哪些条件？
7. 影响客户风险承受能力的因素有哪些？
8. 如何进行客户风险偏好的分类？
9. 客户风险承受能力常见的评估方法有哪些？
10. 风险厌恶者和风险偏好者在生活中的主要区别有哪些？

第三章

个人理财规划

本章精粹：

- 与客户沟通的技巧
- 个人/家庭财务报表与企业财务报表的区别
- 个人/家庭资产负债表的编制
- 个人/家庭资产负债表的财务分析
- 个人/家庭损益表的编制
- 个人/家庭损益表的财务分析
- 客户理财需求的内容
- 个人理财规划流程

什么是个人理财规划？个人理财规划是指为达到客户终生的财务安全、自主和自由，不断提高生活品质的目的，运用科学的方法和特定的程序为客户制定切合实际、具有可操作性的某方面或综合性的理财方案，并实施和管理协调一致的总体财务规划的过程。

如何了解客户的理财需求，分析客户的财务状况？为客户量身定做理财规划？理财规划的流程是什么？本章主要解答这些问题。

案例导入 月薪2500元的个人理财规划

沈阳的李先生是一名刚从校园里走出来的大学生，24岁，做外贸销售工作。虽然刚工作不久，收入不是很高，但是李先生还是对个人理财比较感兴趣。他的基本经济情况如下：月工资收入为2500元(有三险一金：住房公积金，养老保险，医疗保险，失业保险)；月兼职收入：500元(每月上下浮动100元)。每月减掉各种支出400元后，大约结余2500元。由于工作年限短，他目前只有15 000元的活期存款。李先生感觉个人的工作前景还是不错，2010年收入可能在6万元左右。他本人的中期理财目标之一是在5年内买套房子，房子基本要求是：价格为5300元/平方米左右，面积不超过100平方米的舒适住宅。

为了让李先生在比较稳妥的前提下又相对能取得较高增值的理财目标，请你为他量身定做一份简要的理财建议。

核心概念

个人/家庭财务报表　个人/家庭资产负债表　个人/家庭损益表　个人理财规划流程　个人理财规划的执行和监控

第一节　客户信息的收集与整理

一、收集客户信息

确定目标市场、寻找目标客户群是建立客户关系的开始。具有理财需求的目标客户群主要有以下几类：财富净值很高，但没有足够时间去规划及管理资产的人士，如企业主、公司高管、专业人士；财富净值较低，但积极规划未来的群体，如大学生；具有极高的家庭责任感，对子女有很高期许的人群；家庭或居住环境面临较大改变，需要做特殊调整安排的人群；发生了能激发客户寻找专业理财服务事件的人群。

个人理财规划流程的第一步是建立和界定理财规划师与客户的关系，只有通过这个步骤，理财规划师才能获取客户的各方面信息、全面了解客户的财务状况，进而为其提供切实可行的专业建议，制定出符合客户需求和客观情况的规划报告。在实际操作中，由于客户的财务保密需求、风险偏好不同、对理财规划流程了解程度差异等原因,都有可能造成规划师无法获得全面、有效的信息。因而理财规划师需要拥有熟练的沟通技巧和丰富的实践经验,才能全面地了解客户的财务目标、投资偏好、风险态度和风险承受能力等基本信息,获得客户的认可,准确地建立和界定理财规划师与客户的关系。

建立客户关系的方式有许多种,如面谈、电话联系、电子邮件、信函沟通、网络联系等,其中与客户面谈是最基本也是最重要的一种方式。

1. 面谈的前期准备

面谈的主要内容包括需要询问的问题和要传达给客户的信息。初次面谈尽管不一定能建立稳定长期的客户关系,但却能够使个人理财规划师全面地了解客户,判断双方合作的可能性,同时使客户对个人理财规划有更深入的认识。此外,理财规划师还应该尽量向客户解释个人理财规划的作用、目标和风险,以便双方在进一步的理财规划中更为有效地进行沟通。

在初次面谈之前,个人理财规划师应做好以下的准备。

(1) 明确谈话提纲,确定谈话的主要内容。理财规划师应先明确与客户面谈的目的,确定谈话的主要内容。尽量先将谈话要了解的信息以大纲的书面形式加以列示,同时根据客户回答问题的若干可能制定进一步的交谈内容。

(2) 准备充分的背景资料。这些资料包括宏观经济指标、理财规划成功案例、个人理财规划师的简历、从业经验和以往客户评价等。

(3) 做好细节的安排。理财规划师应创造良好的沟通环境,做好前期的事务安排,包括面谈的时间、地点等细节内容,让客户能够自如地进行交谈,放松地阐述自己的财务现状和目标。如有可能,还可以要求客户提前准备好相应的材料和文件,如保险单、住房贷款合同、完税证明、股票账户对账单等。当然,规划师必须要比预约的时间提前到达,显示对客户的重视和诚意,给客户一个美好的第一印象。

2. 个人理财规划师需要向客户传递的信息

理财规划师有义务向客户解释理财规划的基本知识和背景,以帮助其了解个人理财规划的作用和风险,避免理财规划中出现一些不切实际的期望和目标,具体信息如表3-1所示。

表3-1 个人理财规划师需要向客户传递的信息

信息类型	说　　明
规划师的角色和作用	明确客户财务目标,提供理财方案
理财规划的作用	帮助客户实现财务目标
理财规划的流程	定义和建立与客户的关系、收集资料、分析客户财务状况、设计理财规划方案、理财方案的执行和控制、理财方案的动态监测等

续表

信息类型	说明
规划师的行业经验和资格	职业道德、专业能力和工作经验，如所获证书和奖项、从业年限、成功案例等
费用及费用计算标准	咨询服务的服务费、客户购买金融产品的佣金
规划师的工作团队	会计师、律师、保险经纪人、证券经纪人、审计师等
后续服务和评估	跟踪调查、信息更新、组合调整
其他事项	如对于并不熟悉或对个人理财规划一无所知的客户，规划师要对他们的疑问进行耐心的解释和回答

3. 进一步的接触和沟通

一般情况下，个人理财规划师很难通过一次面谈就能与客户建立服务关系，客户还需要与规划师进一步的接触和沟通以确认和界定双方关系。对于规划师而言，第一次面谈就向客户提出全面收集信息的要求可能会使客户感到不愉快，这个工作应循序渐进但却有效率地逐步进行。规划师可以在初次面谈结束时与客户沟通约定下次见面的时间，并提出进一步收集信息的要求。如果客户犹豫不决或面有难色，则可初步判断客户没有与自己建立服务关系的愿望，那么可以不用勉强对方，尽快结束，以免浪费双方的时间和成本；如果客户决定请规划师为其提供理财规划服务，则可以交给客户一些初步的数据表格，如基本财务状况等，让客户自行填写后交回，这样可以节约收集信息的时间。

【点石成金】

我们现在可以为本章案例导入中所介绍的月薪 2500 元的李先生提供一份简要的理财建议。

理财分析：

李先生虽然走出校门时间不长，但具有较强的理财意识并且有购房等远期理财规划。从理财目标和思路可以看出，李先生在打理家财上应当是一个井井有条的人。同时，感觉李先生非常勤奋，本身从事的是非常热门的外贸销售工作，毕业不久又谋到兼职的工作。虽然目前收入不是特别高，不考虑年终奖等因素，月收入约 3000 元，但他的支出非常少，每月只有 400 元，由此可以看出李先生在花销上也是精打细算的，这一点特别值得花钱大手大脚的年轻人学习。李先生现有积蓄只有 15 000 元，但 2010 年的预期收入将有 6 万元左右，所以他理财的主要内容是后续收入的打理以及尽早实现自己的购房梦想。

理财建议：

1. 追求收益，科学打理后续收入

李先生如果要实现购房梦想，我们认为，他可以从两个方面来"开源"：一是增加工资性的收入；二是确保后续收入不断增值。根据李先生的自述，我们认为他本人年轻勤奋、承受风险能力强,建议他采用综合收益相对较高的"一二三四理财法"。

(1) 一成的后续收入进行银行储蓄。可以采取每月零存整取以积少成多,并且要适当留出一定的活期存款,放在银行卡中作为日常之用。

(2) 二成的后续收入购买国债或人民币理财产品。国债是所有投资渠道中最稳妥的理财方式,分为凭证式和记账式两种。目前记账式国债的年收益多在4%左右,建议李先生适当购买记账式国债。另外,2008年人民币理财产品的年收益为2.4%左右,高于同期银行储蓄,也值得李先生投资。

(3) 三成后续收入购买信托产品。2007年以来,有越来越多的信托产品推出,这些信托产品的特点是比较规范、收益高,例如很多信托产品的年收益均在5%左右。因为,信托产品的购买起点较高,李先生可以采取合伙的方式购买。同时,建议李先生应尽量购买城市建设、电力等行业的信托产品,以最大限度地规避信托产品兑付的风险。

(4) 四成的后续收入购买开放式基金。开放式基金的收益有时低于直接炒股,但由于基金是专业人士代为投资理财,其投资判断能力通常要远超过自己的操作能力,风险相对而言比较低。

2. 购房路宽,可以借助银行贷款

李先生的单位缴纳住房公积金,所以,购买住房的时候可以充分利用好这一资源,先自筹资金,不足部分可以办理住房组合贷款。这种贷款是公积金贷款加商业贷款的组合方式,先确定公积金贷款的额度,公积金不足部分再办理商业贷款。公积金贷款利率相对低一些,选择这种组合模式可以最大限度地减少贷款成本。另外,如果考虑资金有限、地段位置、升值潜力等因素,李先生也可以考虑购买二手房。

3. 莫忘充电,提升综合素质

李先生从事外贸营销工作,外语、营销资质等个人竞争力将直接决定薪酬水平,所以,建议李先生采取自修、进修、参加讲座培训等形式,为自己"充电",使自己的综合素质不断得到提升。这样,收入可能很快就会上涨,关键是还能提高自己的综合素质,更好地适应日趋激烈的职场竞争。

(资料来源:上海热线财经频道,http://rich.online.sh.cn,2009-03-18)

二、有效沟通的技巧

在个人理财规划流程中,与客户面谈的终极目标是与其建立服务关系并获得有关的财务信息,为今后的服务奠定基础。因此是否能够形成有效沟通,将直接关系到今后合作关系的进展,以及个人理财规划服务的效果。掌握有效沟通的知识和技能将有助于个人理财规划师选择与不同客户沟通的方法,取得客户的信任,获得所需的信息,实现个人理财规划的目标。

1. 语言沟通的技巧

在个人理财规划初期，规划师与客户的合作关系尚未确定时，与客户沟通的最好方式就是交谈。有的规划师认为，客户既然来咨询，谈话的内容就应该是非常正式的，于是一开始就向客户介绍宏观经济环境、个人理财规划技术等知识或是询问客户的财务目标。这种做法并不明智，可能会使一些敏感的客户感到唐突从而感觉受到了侵犯，事实上，许多客户在第一次理财咨询时，对未来的财务目标和自身的财务状况都不了解，有的甚至不清楚投资的含义和个人理财规划是什么，所以他们常常会表现得谨慎和拘束。这时，规划师需要创造一个轻松的谈话氛围，可以看似随意，其实经过精心策划和准备地提出一些话题，并给予客户较多发表意见的机会，而避免使用过多的专业化术语，以使客户放松不自然的情绪。这样，客户会感觉规划师是真正关心自己的财务状况，想帮助自己实现财务目标，而不仅仅是对其投资额和保费的大小感兴趣。如果一开始就让客户产生了规划师是"推销产品"以收取佣金作为主要报酬的印象，那么规划师很难取得客户的信任并顺利开展合作。

适当而有针对性的提问方式不仅可以引导客户提供准确和全面的信息，而且有助于拉近规划师和客户之间的距离，提高进一步合作的可能性。一般而言，理财规划师可以采用如表3-2所示的几种提问的方式。

表3-2 理财规划师向客户提问的方式和要点

提问方式	要点
开放式提问	要求客户详细地描述事件或表达自身的意见，并给出原因和结果。例如，"您目前的收入状况如何，收入来源有哪些？"
封闭式提问	只需要客户回答事实性的信息，或者在"是(有)、不是(没有)、不知道"三个答案中选择一个。例如，"您是否能够承担股票投资带来的风险？"有一些问题，客户可能难以直接选择"是"或"否"，则可以让客户自己具体地描述一下事实或情况作为补充
重申式提问	此类问题的作用是确认客户对前一问题的回答无误并对自己的答案负责。例如，"您确定在投资计划中不希望采纳固定资产投资的方式，对吗？"

【小资料】

理财规划师与客户语言沟通时的注意事项

在进行语言沟通时，规划师在提问时还应该注意以下几个方面的问题。

(1) 选择适当的提问方式。如果客户对问题的回答十分含糊，有可能造成误解，那么理财规划师应该在适当的时候重复提问，但是有些客户对重复的问题可能会有反感的心理，这时应当改变提问的方式。例如，改变问题的语言结构。举个例子，询问客户对投资的风险偏好可以有两种提问方法：①您愿意选择高风险高收益的短期股票投资品种来构建投资组合吗？②您在以往的股票投资中选择过成长型但风险较大的股票吗？投资回报怎么样？相对而言，后一种提问方式显然能够引起客户的谈话兴趣。

(2) 对客户采取委婉的提醒方式。有些客户习惯于按自己的思维表达意见，并且常常口若悬河、不着边际。对于这样的客户，理财规划师可以提醒客户注意，减慢说话的速度，集中说话的议题，以免浪费双方的时间。但是这样的"提醒"往往都会让客户感到不太礼貌，或受到侵犯。因此学会有效地引导客户的谈话议题对于规划师而言是一项重要的技巧。

(3) 注意语速、方言和发音等方面的问题。应采用中等的语速与客户交谈，吐字要清晰，否则可能会引起误解。规划师的说话态度要尽量友善，切不可对客户举止粗鲁，这样会彻底损害规划师和公司的形象。此外，规划师作为提供金融服务的专业人员，在与客户交谈时应使用专业化的语言，措辞应该严谨、准确。

(4) 在面谈过程中，规划师要学会做一个积极的倾听者，仅仅是向客户提问和做信息记录在个人理财规划咨询中是远远不够的。规划师除仔细倾听客户的回答外，还应该在适当的时候对客户的回答进行总结和评论。恰到好处的总结和评论，能使客户感到规划师确实是在认真地收集有关信息，对客户及其时间给予了足够的尊重。

(资料来源：中国金融教育发展基金会金融理财标准委员会(FPCC)组织编写.
金融理财原理[M]. 中信出版社，2007)

2. 非语言沟通的技巧

除了语言沟通技巧以外，个人理财规划师和客户之间非语言的沟通也是非常重要的。非语言沟通是指面对客户时规划师除了语言以外的表现，即身体语言，它包括眼神、面部表情、身体姿势、手势等。

身体语言在规划师与客户的沟通中占有很重要的地位，有一半以上的信息是通过这种方式传递给客户的。良好的说话习惯和姿势可以帮助规划师获得更多有效的信息。反之，一些随意的动作很可能引起客户的反感，从而丧失了合作的机会。所以，在面对客户时规划师要注意以下几点。

(1) 交谈时眼睛要注视着客户，表示正在倾听和理解客户的回答。左顾右盼和低头看表会给客户留下不专心的印象。当然不可能老是死盯着客户，以免让对方觉得不太自然。

(2) 面部表情要放松，无论是否同意客户的观点，尽量保持微笑。当客户提到自己不愉快的经历时，不要嘲讽客户的专业知识匮乏或时运不济，要表示理解和同情。

(3) 保持挺拔端正的站姿和坐姿，这能够使客户感到规划师的专心和敬业精神。相反，如果规划师随意地斜靠在沙发上，口叼烟卷，跷着二郎腿，这立刻会使客户对他的素质产生怀疑，进而对他的专业性评价大打折扣。

(4) 避免激烈的手势，如握拳和弹指，不要有耸肩的行为等。过多的手势可能是不够严肃，不尊重对方的象征。

三、客户类型的划分

客户市场细分是指按照客户的需求或特征将客户市场分成若干个子市场,并针对不同的子市场设计个性化服务的过程。进行客户分类有多种形式,包括按心理特征,如性格、风险偏好等;按统计特征,如年龄、性别、婚姻状况、收入、职业、教育程度等;按社会特征,如文化背景、宗教信仰、种族、社会阶级和家庭生命周期等;按地理特征,如居住城市、国家、人口数量等。

为了确认不同因素对客户行为的影响,许多学者进行了大量的研究并建立了若干模型。这些模型包括 Phillips 和 Bergquist 的客户个性偏好分析模型、荣格模型、Keirsey 和 Bates 模型等。

1. Phillips 和 Bergquist 的客户个性偏好分析模型

Phillips 和 Bergquist 认为,"所有的个体都在寻找一种能够实现生活意义和价值的方式"。从这个意义上来说,这个模型建立在马斯洛的自我价值实现理论基础之上。自我价值实现理论将分析的对象直接指向单个客户,因此常常被作为客户市场分类的依据。该模型将客户划分为四种类型:现实主义者、理想主义者、行动主义者和实用主义者。这种划分方法十分简单明了,有利于个人理财规划师将其客户归于某一种类型。但该理论的一个缺点是,无论哪种类型的客户,都被假定为有积极的人生观——"所有客户个体都在努力地实现自我价值"。但实际上,并非所有的客户都有着如此明显的特征。如表 3-3 所示为 Phillips 和 Bergquist 的客户个性偏好分析模型中四种客户类型的性格特征。

表 3-3　Phillips 和 Bergquist 的客户个性偏好分析模型中四种客户类型的性格特征

客户类型	性格特征
现实主义者	实事求是、仔细、客观、有节制、独立、理性、量化分析问题、准确、精细、有条理、理论性、系统性、善于反省、拘谨、保守、明智、彻底、有序、节约、谨慎、讲究方法、注重细节、耐心、善于分析
理想主义者	个性化、友善、大方、信任他人、积极上进、敏感、情绪化、相信直觉、仁慈、善于接受新事物、热情、专注、谦虚、想象力丰富、合作、忠心、开放、愿意协助、乐观、善良
行动主义者	有野心、愿意竞争、主动、积极行动、有目标、自信、自傲、行动迅速、有决心、精力充沛、愿意承担风险、强硬、果断、有组织能力、有进取心、有控制能力、勇敢
实用主义者	有灵活性、多样化、合作、明智、易相处、友善、有创造性、开放、谦虚、温顺、有洞察力

(资料来源:陈工孟,郑子云.个人财务策划[M].北京大学出版社,2003)

2. 荣格模型

卡尔·荣格是现代精神分析学的创始人之一，他在《心理分类》一书中将人的不同时期用四种基本的类型来概括，分别是：直觉型(Intuitor)、思想型(Thinker)、内在感应型(Feeler)、外在感应型(Sensor)。表 3-4 所示为荣格模型中四种心理类型的特征的简略描述。

表 3-4 荣格模型中四种心理类型的特征

类 型	典型行为	办公室环境特点	衣着特点
直觉型	高尚但有些冷漠，客观；常常改变注意力或离题；有丰富的想象力，能想出许多新方法；在做决定和解决问题时有新思路并付诸行动；不会在原有的项目上止步不前，对新的项目更有兴趣	习惯在布置办公室时发挥其丰富的想象力，选择一些新型的家具	难以预测；常常变换衣着式样，并且按照自己的理念和想象力选择十分新潮或非常复古的与众不同的穿着
思想型	工作认真且有效率，但形象黯然；说话语调缺乏变化，对表达要点简单陈述；工作有序，办事准确；与人谈话时会询问交谈次序；对解决问题和做决定有相当的兴趣，同时谨慎地分析和权衡数据	喜欢在一个整洁且不受干扰的环境下工作；办公室的家具摆设赏心悦目但较为传统	保守、正式；服饰搭配协调但缺乏色彩和新意
内在感应型	热情友善，有时过于热情；有时处理问题时不能区分工作事务和个人事务；有时会询问别人的福利状况或收入状况；喜欢交谈，在做决定之前希望能够征求每个人的意见	办公室的摆设相当个性化，不喜欢正式的家具，而愿意选择家居化的办公室氛围；喜欢暖色、古董、大而缺乏生气的植物和纪念品，不喜欢和家人一起拍正式的照片，而对快照情有独钟	着装十分个性化，随性选择，常常出人意料；喜欢色彩鲜艳、非正式的衣服
外在感应型	态度有时粗鲁且多变化；说话直接，目的明确，并希望别人和自己行动一致；习惯打断别人的话题和控制谈话内容；无耐心；通常独自决定一件事情，而不喜欢考虑他人的意见	不时会制造一些难以控制的混乱；办公桌通常大而乱；工作很忙，难以保持整洁	休闲而简单的服装设计受到他们的欢迎；希望穿着整洁而不夸张

(资料来源：陈工孟，郑子云. 个人财务策划. 北京大学出版社，2003)

3. Keirsey 和 Bates 模型

Keirsey 和 Bates 将荣格模型的四种分类加以细化，将客户的心理分成了八种类型：外向型、内向型、感官型、直觉型、思考型、感觉型、理智型、感知型，如表 3-5 所示。

表 3-5 Keirsey 和 Bates 模型中八种心理类型的特征描述

外 向 型	内 向 型	感 官 型	直 觉 型
喜欢社交；见识广博；外露的；知识广泛的；相互作用；消耗精力；对外部事物感兴趣；人际关系多样化	不喜欢社交；低沉；内敛的；知识精深；独立集中；保留精力；对内心作用有兴趣；人际关系有限	经验主义；看重过去；现实主义；卖力的；实际的；实事求是；讲究效用；看重事实	相信感觉；着眼未来；投机主义；有灵感的；可能性；好高骛远；花哨的；幻想主义
思 考 型	感 觉 型	理 智 型	感 知 型
客观的；有原则；政治观念；法律观念；有准则的；非个人的；公正分门别类；标准化；批判的；善于剖析；有所分配的	主观的；重价值的；社会价值；情有可原；亲密的；个人的；仁慈统一协调；非标准化；赞扬的；有同情心；全心全意的	安定的；决定的；一成不变；事先计划；生活循规蹈矩；封闭的；目标明确；有计划；完整的；目标坚定；全神贯注；匆忙的；要求立即行动	不确定的；渴望获得更多信息的；灵活的；行动中随时调整；听任命运的安排；考虑各种选择；寻找财富；自由自在；突然发生；尝试的；允许新的事件出现；时间充裕；对事态静观其变

四、客户信息的收纳与整理

没有准确的财务数据，个人理财规划师无法了解客户的财务状况，也无法与客户共同确定合理的财务目标，进而就不可能针对每个客户提出切实可行的个人理财规划综合方案。因此，规划师在进行财务分析和个人理财规划之前，收纳与整理有关的信息是一个十分重要的程序。规划师所需要的信息十分繁多。在实际操作中，如客户消费习惯和平均开支等，并不是通过客户与规划师的即时沟通就可能获得的。由于很多客户所需要的财务服务是长期、连续的。因此，通过对客户信息的及时保存和整理，才可以制定出一份全面、高质量的理财规划书。

客户的信息主要包括个人信息和宏观经济信息两大类。

1. 客户的个人信息

客户的个人信息又可以分为财务信息和非财务信息。财务信息是指客户当前的收支状况、财务安排以及这些情况的未来发展趋势等。而非财务信息则是指其他相关的信息，如客户的社会地位、年龄、投资偏好和风险承受能力等。

财务信息是个人理财规划师制定个人理财规划的基础和根据,它决定客户的目标和期望是否合理,以及完成个人理财规划计划的可能性。

非财务信息则帮助规划师进一步了解客户,对个人理财规划计划的选择和制订有着直接的影响。如果客户是风险偏好型的投资者,而且有着极强的风险承受能力,规划师就可以根据其需要帮助他制订激进的投资计划。但如果客户是保守型的投资者,要求投资风险为零,那么就应该帮助他制订稳健的投资计划。

大部分客户的个人信息都可以通过客户信息调查问卷获得。在客户填写客户信息调查问卷之前,规划师需要向客户解释有关信息的使用,并做保密声明,以获得客户的信任。在获得客户的信息之后,规划师应该遵守职业道德,除非在某些特殊的情况下,否则不能向外界透露任何客户的财务方面的信息。对于那些连客户本人也难以明确的信息,如财务目标和投资风险承受能力等,规划师就需要使用其他的方式去收集,比如与客户交谈了解其投资经历或者使用心理测试问卷,之后再根据客户提供的信息做出判断。

【小资料】

客户信息调查问卷范例

尊敬的客户:

为了更好地了解您的风险偏好与风险承受力,我们设计了以下问题,请您在做出任何投资决定之前,认真填写此问卷。

我们将按照安全、完整、保密的原则,妥善保存您在本问卷中提供的信息及资料。

姓名:＿＿＿＿＿ 性别:＿＿＿＿ 出生年月:＿＿＿＿＿＿ 学历:＿＿＿＿＿

职业:＿＿＿＿＿ 单位名称:＿＿＿＿＿＿＿＿＿＿＿

通讯地址:＿＿＿＿＿＿＿＿＿＿＿＿＿＿＿ 邮编:＿＿＿＿＿＿

手机:＿＿＿＿＿＿ □(此号码将用于为您提供免费短信服务,如您不需要此服务,请在 □ 中打"√")

一、个人及财务状况评估

1. 您理财投资的年限?

A. 10 年以上 ——5 分
B. 5~10 年 ——4 分
C. 2~5 年 ——3 分
D. 1~2 年 ——2 分
E. 1 年以下 ——1 分

2. 您家庭的就业状况是:

A. 您与配偶(如有)均有稳定收入的工作 ——5 分
B. 您与配偶(如有)其中一人有稳定收入的工作 ——3 分

C. 您与配偶(如有)均没有稳定收入的工作或者已退休 ——1分
3. 您曾或现阶段持有过的金融品种或以此为主要投资对象的理财产品有(可多选)：
    A. 银行存款/国债、货币市场基金等 ——1分
    B. 债券基金、投资连接型保险等 ——3分
    C. 股票、股票型基金、期货、权证等 ——5分
4. 一般情况下，在您的家庭年收入中，可用作投资的比例是：
    A. 50%以上 ——5分
    B. 35%～50% ——4分
    C. 25%～35% ——3分
    D. 10%～25% ——2分
    E. 0%～10% ——1分

二、风险偏好评估

5. 假设您有100万元人民币建立投资组合，您会选择：
    A. 低风险(如银行存款、国债、货币市场基金)占10%，中等风险(如债券基金、投资连结型保险等)占40%， 高风险(股票、期货及外汇交易等)占50% ——5分
    B. 低风险占30%，中等风险占40%，高风险占30% ——3分
    C. 低风险占60%，中等风险占30%，高风险占10% ——1分
6. 假设您目前有100万元，有一个投资产品，有80%的可能盈利200%，同样也有80%的可能血本无归。您会投资多少？
    A. 100万元 ——5分
    B. 50～80万元 ——4分
    C. 30～50万元 ——3分
    D. 10～30万元 ——2分
    E. 0～10万元 ——1分
    F. 0元 ——1分
7. 您的投资理财目标是：
    A. 资产迅速成长 ——5分
    B. 资产稳健成长 ——3分
    C. 避免财产损失 ——1分

三、风险承受力评估

8. 根据您以往投资的经验，当有30%的可用资金被分配到高风险的股票或是其他不确定收益的项目中时，您通常：
    A. 不太在意、较少关注 ——5分
    B. 比较在意、经常关注 ——3分
    C. 非常在意、频繁关注 ——1分

9. 假设您有一笔庞大的金额投资在有价证券中，并且在短期内该投资呈现三级跳的跌幅——比如说：一个月下跌了 20%，您是否感到压力，压力多大？
   A. 没有任何压力，且增加投资金额   ——5分
   B. 没有任何压力，继续持有该证券   ——4分
   C. 感到轻微压力，卖掉少半可缓解   ——3分
   D. 感觉压力较大，需卖掉大半来缓解   ——2分
   E. 感觉压力非常大，需全部卖掉才能缓解压力   ——1分

*推广机构填写以下内容
您的风险类型为
   □ 1. 保守型   8～14 分
   □ 2. 安稳型   15～21 分
   □ 3. 稳健型   22～29 分
   □ 4. 成长型   30～38 分
   □ 5. 积极型   39～45 分

您的风险评估分数为：_____   您的风险类型为：_____
适合投资的产品：_____
根据您的风险承受度及类型，评估结果是：
□您属于适合投资_____产品的客户群体；
□您不属于适合投资_____产品的客户群体，建议您关注其他适合的产品。

特别提示：本评估书的评估结果以您在评估书中提供的答案真实、准确为前提，且本评估书仅为适合购买_____产品的群体范围的初步评估并仅供参考，并不必然构成您适合购买_____产品的确切依据，不得视为您已购买_____产品，购买_____产品须签署产品合约及相关文件。在您购买任何投资产品前，请务必仔细阅读产品合约及风险揭示书，并根据您自身的情况决定是否投资该产品。

投资人意愿声明：

(本人确认本次风险评估结果有效，并完全承担由此购买_____产品产生的一切风险。)

投资人签字确认_____
网点经办人员签字_____
日期：   年   月   日

2. 客户的宏观经济信息

客户的宏观经济信息指的是客户在寻求个人理财规划服务时与之相关的经济环境数据。个人理财规划师提供的财务建议与客户所处的宏观经济环境有着密切的联系，在不同的地区和时期，经济环境的差别会对规划师的分析和建议，尤其对个人理财规划计划中资产的分配比例产生很大的影响。

一般而言，个人理财规划师需要的信息主要有以下几类。

(1) 宏观经济状况：经济周期、景气循环、物价指数及通货膨胀、就业状况等。
(2) 宏观经济政策：国家货币政策、财政政策及其变化趋势等。
(3) 金融市场：货币市场、资本市场、保险市场、外汇黄金市场及其发展、金融监管等。
(4) 个人税收制度：法律、法规、政策及其变化趋势。
(5) 社会保障制度：国家基本养老金制度及其发展趋势，国家企业年金制度及其发展趋势等。
(6) 国家教育、住房、医疗等影响个人/家庭财务安排的制度及其改革方向。

宏观经济信息一般不需要规划师亲自收集和计算，而是可以由政府部门或金融机构公布的信息中获取，但由于其涉及面很广，需要规划师在平日的工作中注意收集和积累，有条件的应该专门建立数据库，以随时调用。由于政府的数据有时并不完全适用于个人，所以规划师在使用时应该进行判断和筛选，才能保证个人理财规划计划的客观性和科学性。目前，国内一些研究机构也提供付费的研究成果，其中有一些很适合规划师提供理财服务时使用，规划师应该注意收集这些研究机构和研究成果的信息。

第二节 客户财务状况分析

我们把家庭定义为任何共同享有财富、收入和支出的团体(也包括一个人的情况)。共同享有意味着他们共同提供资金，并对资金的使用和管理进行共同决策。尽管有些成员的部分收入可能没有共同享有，但维持生活的主要收入是共同享有的。这个广义的"家庭"概念可以包括传统的已婚有子家庭、单亲家庭和同居家庭。分析一个家庭的财务状况，需要全面了解家庭的资产、负债、收入和支出情况，预测这些财务要素未来的发展趋势，掌握家庭的整体财务特点，并找出存在的问题和需要改进的地方，从而为制定的理财规划方案奠定扎实的基础。

一、个人/家庭财务报表与企业财务报表的区别

1. 个人/家庭财务报表的隐私性和企业财务报表的公开性

编制个人/家庭财务报表的主要目的是为了家庭财务管理，这些信息大部分情况下都不

需要对外公开，它是属于居民个人/家庭的隐私。如果需要对外公开，一般是为了应对一些必要的情况，如金融机构等贷款人出于授信决策对个人/家庭进行的资信和偿还能力等信用评估需要；理财规划师、保险顾问、税务顾问、律师等为了帮助个人/家庭进行个人财务规划、个人风险管理和保险规划、个人税务筹划或遗产、事业继承规划，往往需要用到个人/家庭财务报表的资料和数据。

企业的财务会计工作的主要目标是向投资者、债权人、经营管理者以及政府部门或监管当局提供有关企业可以利用的经济资源、各类交易的发生和变动，以及财务成果(利润及其构成)等各方面的信息，从而帮助各方了解企业的财务状况和经营成果，据此做出投资和信贷决策，为政府部门的宏观经济管理以及企业的内部经营管理提供决策的信息依据。为了改善资本市场的信息状况，各国都对企业的信息披露——尤其是财务信息的披露，做出了严格的规定。通常对于上市公司而言，有相关的强制性信息披露要求。

2. 个人/家庭财务报表不受严格的会计准则或国家会计、财务制度的约束

由于个人/家庭财务报表不需要定期对外报告，所以对其没有任何广泛接受的会计准则的要求。个人/家庭完全可以根据自己的需要来编制自己的财务报表，也可以创造性地提出其他财务指标对报表进行分析。

3. 个人/家庭财务报表和企业财务报表在记账方式上的差异

记账方式上的差异主要体现在折旧计提和减值准备两个科目上。企业会计严格要求对固定资产计提折旧，国家根据企业的不同类型规定其计提折旧的政策。对于个人/家庭财务报表而言，尽管家庭的自用住宅、商用(投资)住宅和汽车也有折旧的问题，尤其是家用汽车，3~5年就可能折旧光。但是很多时候，也不一定把折旧列入个人/家庭资产负债表。

在企业的会计和财务管理中，为了审慎地计量企业的资产，会计的谨慎原则要求对各个资产项目做计提和减值准备。例如，对应收账款和其他应收款要计提坏账准备，对短期股票投资和短期债券投资要计提短期投资跌价准备等。这些减值或跌价准备作为对相应资产项目的备抵科目，必须列在资产负债表中，作为相应资产的减项，而对于个人/家庭资产负债表就没有这么严格的要求。即使对于那些主要的资产项目，如住宅、汽车、股票或债券等投资，减值准备也是可列可不列的。完全视个人/家庭的需要和编制会计报表时的经济环境而定。一般而言，只有宏观经济十分萧条、金融市场交易特别清淡的时候，谨慎起见，才需根据房产或金融资产或生息资产可能贬值的情况，对这些项目做计提和减值准备，列入个人/家庭资产负债表作为减项。

4. 个人/家庭财务管理更注重现金的管理

个人/家庭财务管理几乎不进行收入或费用的资本化。例如，个人投资于某学历或职业培训会由于增加了他的人力资本价值，从而增加其未来收入。企业可以将这项支出资本化从而递延到未来分期摊销，而个人/家庭财务管理一般把它视为一项生活支出，而不是投资

性支出。

二、个人/家庭资产负债表的编制

(一)个人/家庭资产

家庭资产是指家庭所拥有的能以货币计量的财产、债权和其他权利。其中，财产主要是指各种实物、金融产品等最明显的东西；债权就是除家庭成员外其他人或机构欠家庭成员的金钱或财物，也就是家庭借出去可到期收回的钱物；其他权利主要就是无形资产，如各种知识产权、股份等。能以货币计量的含义就是各种资产都是有价的，可估算它们的价值或价格。不能估值的东西一般不算资产，如名誉、知识等无形的东西，虽然它们是财富的一种，但很难客观地评估其价格，所以在理财活动中，它们不归属资产的范畴。另外就是家庭资产的合法性，即家庭资产是通过合法的手段或渠道取得，并拥有法律上完全的所有权。

根据资产的属性，可以把家庭资产分为以下三类。

1. 金融资产或生息资产

金融资产或生息资产是指那些能够带来收益的或是在我们退休后将要消费的资产。这些资产在个人理财规划中是最重要的，因为它们是实现家庭财务目标的来源。除了保险和居住的房产外，大多数个人财务管理是针对这些资产的。

2. 个人使用资产或自用资产

个人使用资产或自用资产是我们每天生活要使用的资产——房子、汽车、家具、家电、运动器材、衣服等。我们的个人/家庭目标之一就是为家庭进行适度的个人使用资产的积累。尽管它们不会产生收入，但它们可以提供消费，而这也应该是个人/家庭财务目标的一个主要方面。

3. 奢侈资产

奢侈资产也是个人使用的，但它们不是家庭必需的。这一类资产取决于这个家庭认为哪些资产是必需的。奢侈资产与个人使用资产的主要区别在于变卖时奢侈资产的价值相对较高。

个人/家庭资产清单如表3-6所示，尽管还不够全面，但仍然可以为我们了解个人/家庭的资产提供一个大体的轮廓。

关于家庭资产的分类与内容，还可以用其他方法来归类。例如，按财产的流动性分类，可分为固定资产和流动资产。固定资产是指住房、汽车、物品等实物类资产，其中又可以分为投资类固定资产和消费类固定资产。投资类固定资产是指如房地产投资、黄金珠宝等可产生收益的实物；消费类固定资产是家庭生活所必需的生活用品，它们的主要目标就是供家庭成员使用，一般不会产生收益，只能折旧贬值，如自用住房、汽车、服装、计算机等。流动资产是指现金、存款、证券、基金以及投资收益形成的利润等。所谓流动，是指可以适时应对紧急支付或投资机会的能力，或者说就是变现的能力。

表 3-6 个人/家庭资产清单

金融资产或生息资产	个人使用资产或自用资产	奢侈资产
手中的现金	自用住宅	珠宝
在金融机构的存款	汽车	度假的房产或别墅
退休储蓄计划	家具	有价值的收藏品
预期的税务返还	衣物、化妆品	
养老金的现金价值	家居用品	
股票	厨房用具、餐具	
债券	运动器材	
共同基金	家庭维护设备、五金	
期权、期货商品	电视、音响、录像机	
贵重金属、宝石		
不动产投资		
直接的商业投资		

(二)个人/家庭负债

个人/家庭负债是指家庭的借贷资金，包括所有家庭成员欠非家庭成员的所有债务。个人/家庭负债根据到期时间的长短，可分为短期负债(流动负债)和长期负债。一般来说，短期负债是指一个月以内到期的负债；长期负债是指一个月以后到期或很多年内每月要支付的负债。此外，还有一种分法是以一年为限，即一年内到期的负债为短期负债，一年以上的负债为长期负债。实际上，具体区分短期负债和长期负债可以根据个人/家庭的财务周期自行确定，而个人/家庭财务周期取决于它们付款的频率，可能会是按每周、每两周或每月付款，那么就可以周、半月、月、季、年等不同周期来区分。

个人/家庭负债清单如表 3-7 所示。

表 3-7 个人/家庭负债清单

短期负债	长期负债
信用卡贷款	消费信贷：汽车贷款、装修贷款、大额耐用消费品贷款等
应付电话费、电费、水费、煤气费等	
应付房屋租金	住房按揭贷款
应付保险金	投资贷款
应付税款：房产税、所得税等	个人助学贷款
到期债务	

(三)家庭资产与负债的价值评估

评估家庭资产与负债的价值有三种计价方式：市场价值、历史价值和重置价值。市场价值是在公平、宽松和从容的交易中别人愿意为某项资产支付的价格。历史价值是最初购买的价格，一般需要计提折旧。历史价值和折旧后的成本是企业会计中的主要计量内容。重置价值是在新的条件下重新购买这一资产的价格。在市场成熟条件下，金融资产或生息资产、房子、汽车的重置成本与市场成本接近，两者的差别在于折旧和交易费用。个人使用资产如衣物，相对于其重置成本几乎没有市场价值。

1. 资产的价值评估

在所有的资产项目中，现金最容易评估其价值，直接统计家庭共用的及所有家庭成员手上的现金额即可。活期、定期存款的价值一般就是账户余额或存款额。至于存款所生的利息，没必要计算得非常精确，可以将其忽略。股票的价值评估需参考即时的股票市场价格，一般可以用股票数量乘以股票的市价，得出股票的总市值。其他如基金、外汇等也采用与股票相似的方法。因价格的波动频繁、时有起伏，股票、基金、外汇这些资产价值是变化最快的，但是没必要去计较它们的实时变化，只要关注评估时刻它们的收市价即可。债券的价值一般就是票面价值或成本额，暂时不用关心它的利息额。此外，由个人工资薪金所得按一定比率缴费形成的住房公积金和养老金等账户，虽然须符合一定条件才可以领取，但所有权属于职工，也可记入金融性资产中。

实物资产的价值确定原则取决于客观条件，通常的计量方法有以下三种。

(1) 住房、汽车按照市场价值来确定价值。如果我们计划卖掉它们，那么就应该按照市场价值减去卖出时的所有费用来确定价值。

(2) 所有其他个人的使用资产按照重置成本确定价值。打算出售的自用资产用市场价值减去处置的费用来确定价值。

(3) 珠宝、古玩、字画等奢侈资产一般按照市场价值减去处置的费用来确定价值。通常对奢侈资产来说，重置成本与市场价值会有很大差别。

保险价值的评估比较特殊，需分两种情况进行分别处理：一种是保费作为支出是消费性的，到期是没有任何收益的。例如，学生意外伤害险，这种保险的价值我们作为"0"来处理。另一种是所缴保费可到期返还的，相当于储蓄的功能，如养老年金等。针对此种保险，我们把其已缴保费的现金价值作为此保险的价值。现金价值是指寿险保单退保时能够领取的退保金价值。

退保金价值=投保人已缴纳的保费-保险公司的管理费用开支在该保单上分摊的金额
　　　　　　-保险公司因为该保单向推销人员支付的佣金
　　　　　　-保险公司已经承担该保单保险责任所需要的纯保费+剩余保费所生利息

2. 负债的价值评估

负债中贷款的价值就是到评估时间为止所欠金额的当前价值。如果是按揭贷款，分期还贷，且贷款期间较长，如 10 年以上，可能贷款利息所占比例相当高。是否把这些巨额的利息也计入负债呢？在计算负债价值时不用考虑巨额利息的因素，因为我们衡量的是负债的现值，已经把债务利息的因素包含在时间里面了。

通常房贷、车贷和小额消费信贷最近缴款通知单上所载的余额减去本期的本金还款额，就是负债余额。

信用卡的循环信用余额=上月未还余额+本月应缴款额-月实际缴款额

这一项可由信用卡缴款通知单和缴款收据共同确认。

【案例点击】

哈尔滨市的李先生 45 岁，为某企业高管，月薪 1 万元，年终奖金为 10 万元；妻子张某现年 42 岁，为某银行部门经理，月薪 8000 元。该家庭 2009 年 1 月 1 日对家庭资产负债状况进行清理的结果为：价值 80 万元的住房一套和 50 万元的江北郊区度假别墅一栋，一辆现代轿车。银行定期存款 20 万元、活期 5 万元、现金 3 万元。家庭房产均为 5 年前购买，买价分别为 50 万元和 30 万元，两房产均首付二成，其余进行 10 年期按揭，每月还款 5800 元；轿车为 3 年前购买，使用年限为 10 年，买价为 35 万元，每年花费 8000 元购买汽车保险，当前该车型市场价格降为 30 万元。该家庭三年前投入 10 万元资金进行股票投资，目前股票账户中的总市值为 18 万元；三年前购入 10 万元的三年期记账式国债，目前价值 12 万元。夫妻两人从 1998 年开始每年购买中国人寿保险公司的意外伤害保险，每年交保费共 300 元。妻子张某的黄金钻石首饰、名表、裘皮等奢侈品的市价达到了 10 万元。

【点石成金】

根据前面案例中李先生家庭的财务状况，对该家庭的资产负债状况分析如下。

该家庭的资产

(1) 现金及现金等价物

现金：3 万元　　　银行活期存款：5 万元　　　银行定期存款：20 万元

(2) 其他金融资产

股票投资：18 万元(以当前的市场价值计量)

国债：12 万元(以当前的市场价值计量)

意外伤害保险保费作为支出是消费性的，所以价值作为"0"处理，不计入资产。

(3) 实物资产(以当前的市场价值计量)

房屋住宅：80 万元

轿车：$30 \times (1-3 \div 10)=21$(万元)(以当前的市场价值减去折旧额)

别墅：50 万元

首饰、名表、裘皮等奢侈品：10万元
家庭资产总计=3+5+20+18+12+80+21+50+10=219(万元)

该家庭的负债

负债主要是房地产的按揭贷款，贷款利息是各个时期的利息支出，按揭贷款负债仅考虑未偿还的贷款本金。

按揭贷款余额=(30+50)×(1-20%)×5÷10=32(万元)

该家庭的净资产

净资产=资产-负债=219-32=187(万元)

(四)个人/家庭资产负债表

个人/家庭资产负债表是总括反映家庭在特定日期的财务状况的会计报表。个人/家庭资产负债表在优化家庭消费结构、帮助家庭资产快速增值、建立个人信用评价体系等方面发挥着重要的作用。

个人/家庭资产负债表的主要科目和细目如表3-8所示。

表3-8 个人/家庭资产负债表的主要科目和细目一览表

资产科目	可进一步划分的细目
现金、活期存款	手边现金/银行或邮局的活期储蓄
定期存款	存款银行/存续期间/利率/币别
债券	国债、公司债券/买入日期/金额/利率/到期日
股票	股票名称/买入日期/买入股数/成本/市价
共同基金	基金名称/买入日期/买入单位数/成本/市价
期货	期货名称/买入日期/合约数/成本/市价
保值性商品	黄金白银/收藏品明细/单位数/成本/市价
寿险保单现值	保单种类/受益人/保障年期/保费/解约现值
应收账款或应收款项	债务人姓名/借期/还款方式/利率/目前余额
不动产投资	不动产坐落地点/面积/成本/市价/目前房租
金融资产/生息资产合计	
期房预付款	坐落地点/面积/总价/首付款/已缴工程款/未缴余额
自用住宅	坐落地点/面积/买入日期/成本/市价/首付款和房贷金额
汽车	车型/购买日期/成本/折旧率/市价/车贷余额
其他个人使用资产	家电、家具细目/购买日期/成本/折旧率/市价
个人使用资产总计	
资产合计	

负债科目	可进一步划分的细目
信用卡应付款	发卡银行/当期应缴款/期限/循环信用余额
汽车贷款	贷款期限/贷款额/利率/每期应缴额/车贷余额
自用住宅贷款	贷款期限/贷款额/利率/每期应缴额/房贷余额
股票质押贷款	股票名称/股数/贷款时价格/贷款额/质押余额
股票融资融券	股票名称/股数/融资时价格/融资额/融资余额
负债合计	
净资产=资产-负债	

在个人/家庭资产负债表中有一个重要的公式，可以简单表述如下：

$$净资产=资产-负债$$

资产负债表显示了客户全部的资产和负债状况，通过分析客户的个人/家庭资产负债表，个人理财规划师不仅可以了解客户的资产和负债信息，而且能够掌握客户的资产和负债结构，为下一阶段的理财规划和投资组合奠定了基础。

【点石成金】

根据前面案例中李先生家庭的资产负债情况编制的资产负债表如表3-9所示。

表3-9 李先生家庭资产负债表(2009年1月1日)　　　　　　单位：元

科　目	金　额
现金	30 000
活期存款	50 000
定期存款	200 000
股票	180 000
国债	120 000
自用住宅	800 000
汽车	210 000
珠宝等奢侈品	100 000
度假别墅	500 000
资产总计	2 190 000
短期负债	0
长期负债	320 000
负债总计	320 000
净资产	1 870 000

(五) 个人/家庭资产负债表的财务分析

客户资产负债表的财务分析主要包括以下四个方面：净资产分析、负债比率分析、资产结构分析和资产应急能力分析。

1. 净资产分析

由于客户的具体情况不同，客户持有净资产的理想数值不能一概而论。我们只能采用客户的净资产与其收入水平、当地的消费水平状况等进行比较分析。假定某客户已经工作多年，收入处于某大城市的中等以上水平，则可以分以下几种情况进行讨论，如表 3-10 所示。

表 3-10 客户的净资产分析

客户的净资产状况	财务分析结果
净资产为负	目前的财务状况不容乐观，有必要将近期的债务尽快偿还，同时尽快增加收入
净资产/年收入 < $\frac{1}{2}$	有必要控制开支，需要更多地进行储蓄或投资，同时努力工作以使收入增加
$\frac{1}{2}$ < 净资产/年收入 < 3	如果客户还年轻，则其财务状况良好；但如果客户已经超过 45 岁，则仍有必要采取措施增加其净资产
净资产/年收入 > 3	客户目前的财务状况良好

2. 负债比率分析

负债按其用途可分为个人使用资产负债、投资负债与消费负债。个人使用资产负债是指用来购买个人使用资产，如房屋与汽车的抵押贷款；投资负债是指因为投资金融资产而形成的负债；消费负债主要是指因消费而形成的短期负债，如信用卡透支。负债比率分析主要是通过对客户的负债与资产的比较，衡量其财务风险状况，具体的分析指标如表 3-11 所示。

表 3-11 客户负债比率分析指标

指标名称	计算方法	指标分析
个人使用资产贷款比率	$\dfrac{\text{个人使用资产贷款额}}{\text{个人使用资产市值}}$	该指标会随着个人使用资产未还款余额、资产市场价值的变化而变动。指标的降低说明客户在个人使用资产上债务负担的减轻
投资活动融资比率	$\dfrac{\text{投资负债额}}{\text{金融资产市值}}$	股票融资融券、证券质押贷款等都应计入投资负债，客户可利用其财务杠杆效应来加速资产的增长
消费负债与资产比率	$\dfrac{\text{消费负债额}}{\text{总资产}}$	在个人理财中应该尽量避免消费负债，消费负债的合理额度不宜超过总资产的一半

3. 资产结构分析

资产结构分析主要是对资产负债表中的不同资产类型之间的关系进行分析。根据资产的流动性可将其分为固定资产和流动资产。保持一定的资产流动性是客户应付日常生活开支、偿还到期债务和应对紧急开支的必然要求。因此在客户的资产构成中要保证大约 3~6 个月平均开支的现金及其等价物性质的流动资产。此外，根据资产的性质可将其分为金融资产、实物资产和无形资产。根据高风险高回报的投资规则，许多客户为了追求资产的快速增值，将投资集中到风险性较高的金融资产中，从而提高了自身资产结构的风险水平。

4. 资产应急能力分析

资产的流动性一方面指资产的变现能力；另一方面也包括资产变现过程中的价值损失水平。普通居民要保持一定的资产流动性，主要是应付日常生活开支的需求、应急需求和投机的需求。在应急需求方面，主要是应对失业或失能导致的工作收入中断，以及应对紧急医疗或意外灾变所导致的超支费用。前者的备用金需求一般要求 3~6 个月的固定支出水平，后者则根据当地的医疗收费状况、客户的保险状况等因素来进行确定。

衡量客户资产应急能力的指标有两个：失业保障月数和意外或灾变承受能力，其计算方法如下：

$$失业保障月数 = \frac{存款、可变现资产或净资产}{月固定支出}$$

$$意外或灾变承受能力 = \frac{可变现资产 + 保险理赔金 - 现有负债}{5\sim10年生活费 + 房屋重建装潢成本}$$

其中：可变现资产包括现金、活期存款、定期存款、股票、基金等，不包括汽车、房地产、古董字画等变现性较差的资产；固定支出除生活费用开销以外，还包括房贷本息支出、分期付款支出等已知负债的固定现金支出；失业保障月数的指标越高，表示即使失业也暂时不会影响生活，可审慎地寻找下一个适合的工作。最低标准的失业保障月数是 3 个月，最好能维持 6 个月的失业保障较为妥当。

【案例点击】

2008 年 5 月 12 日发生的汶川地震造成 152 万灾区劳动者失业、失地、失房，温暖的家在一瞬间变成冰冷的废墟。勤劳的四川人民擦干眼泪，咬紧牙关，在废墟上重建家园。辛勤的汗水创造出奇迹，来自四川省劳动和社会保障厅的数据显示：截至 2009 年 4 月初，四川地震灾区已经有超过 120 万受灾群众实现就业。

(资料来源：新浪新闻，http://news.sina.com.cn，2009-04-16)

【点石成金】

衡量客户资产应急能力的指标数据越高，说明资产的应急能力越强。但是，客户在确保自己的应急能力水平的同时,还要考虑到持有资产的机会成本问题。毕竟,资产的流动性越强,其带来的回报率也就越低。一般而言,失业保障月数维持在6个月左右,意外或灾变承受能力大于1就可以了。

三、个人/家庭损益表的编制

资产负债表可以显示家庭目前的财务状况。损益表则可以显示这个家庭是怎样从去年的财务状况变成现在的财务状况的。通常情况下,个人/家庭损益表不需要做得过于精细,因为家庭收支过于频繁很难全面统计。由于在个人理财中通常使用的记账方法是现金收付制而不是权责发生制,因此个人/家庭损益表实际上也就是现金流量表。

(一)家庭收入

家庭收入是指整个家庭剔除所有税款和费用后的可自由支配的纯所得。普通家庭的家庭收入一般包括以下项目。

(1) 工作所得(家庭所有成员的工资、奖金、补助、福利、红利等)。

(2) 经营所得(自有产业的净收益,如生意、自由职业、佣金、店铺等)。

(3) 投资收益(现金分红、资本收益、租金收入、利息收入、其他投资收入等)。

(4) 其他所得(劳务报酬、稿酬、失业保险所得、中奖等偶然所得、离婚获得的赡养费、子女给付的赡养费和生活费等)。

(二)家庭支出

家庭支出是指全家所有的支出。如果没有详细的记录,要收集所有的日常开支并不容易,大多数人没有这样的记录。针对普通家庭来说,我们可以将家庭支出归纳为以下几种。

(1) 日常生活支出:每天、每周或每月生活中重复的必需开支。一般包括饮食、服饰、房租、水电、交通、通信、赡养、纳税、维修等。这些支出项目是家庭生活所必需的,一般为不可自行决定的开支。

(2) 投资支出:为了达到资产增值目的所投入的各种资金支出。例如,储蓄、保险、债券、股票、基金、外汇、房地产等各种投资项目的投入。

(3) 奢侈消费支出:学费、培训费用、休闲、旅游、保健等。这些并不是家庭生活所必需的,属于休闲享受型支出,一般为可自行决定的开支。

在个人/家庭损益表或现金流量表中,我们将所记录的开支分为两类:可以自行决定的开支和不能自行决定的开支。不能自行决定的开支主要是债务的偿还。可以自行决定的开支是诸如家具、计算机、珠宝玉石等奢侈品之类的项目,一个家庭最容易改变的消费习惯就在这一类中,因为这些开支数额相对较大而又不是必需的。总之,为了预算和控制的目的,一个家庭要自己决定哪些是日常支出或投资支出,哪些是可以自行决定的开支,哪些是不可自行决定的开支。

(三)个人/家庭损益表

1. 个人/家庭损益表的格式和主要科目

个人/家庭损益表的格式和主要科目如表 3-12 所示。

表 3-12 个人/家庭损益表　　　　　　　　　　　　　　　单位：元

收入项目	笔 数	金 额	支出项目	笔 数	金 额
工资			食品		
奖金			水费		
津贴和补助			电费		
稿费			煤气费		
亲属赠予			日常生活用品		
礼金			房租		
经营所得			通信费		
分红			上网费		
利息收入			培训费		
租赁所得			归还借款		
债务收回			缴纳保险费用		
典当物品所得			按揭贷款月供款		
返还保费收入			缴纳税款		
其他收入			健身费		
			其他支出		
收入合计			支出合计		
收支盈余/赤字	收入－支出				

2. 编制个人/家庭损益表或现金流量表的注意要点

(1) 已实现资本利得或损失是收入或支出科目，未实现的资本利得为期末资产与净资产增加的调整科目，不会显示在损益表或现金流量表中。

(2) 期房的预付款是资产科目，不是支出科目。因此，每月房贷的缴款额应区分本金与利息：利息费用是支出科目；房贷本金是负债科目，即负债的减少。

(3) 保险费用支出的处理。财产保险费用多无储蓄性质，应属费用科目，作为支出项。寿险中的定期寿险、残疾收入险、意外伤害险、医疗费用险保费等以保障为主的费用，属费用性质，应列为支出科目。但是，终身寿险、养老年金、教育年金及退休年金等，因其可累积保单现值,有储蓄的性质,应列为资产科目。因此,可以将具有现值的储蓄性质的保险费的开支分为两个部分:实际缴纳的保费与当年保单现值增加额的差异部分作为保险费用,应列为支出科目;现值增加额部分作为资产累积,应列入净资产储蓄额科目。

【案例点击】

吴亮先生是一个作家,今年40岁,每月薪金收入6000元,稿酬收入约1000元,其他劳务收入500元。其妻张女士今年38岁,某高校教师,每月薪金收入5000元,各项补助1800元和其他劳务收入200元。孩子15岁,上初中二年级。现住房80平方米,是首付20万,按揭贷款20万元购买的,目前每月需要偿还2000元按揭贷款额。另有一处34平方米的小套房用于出租,是首付10万元,按揭贷款10万元购买的,目前每月需要偿还1000元按揭贷款额。每月租金收入800元。现有定期存款200 000元,活期储蓄50 000元,现金20 000元,每月利息收入400元左右。吴先生家庭每月衣食开支2000元,养车费用1500元,通信费用300元,购买图书和上网费用400元。去年吴太太购买5年期、单利计息、到期一次性还本付息国债10 000元,年利率4.5%。同时,吴先生为夫妻两人投保了意外伤害保险和医疗保险,每月保险费用240元。

【点石成金】

根据前面案例中吴先生家庭的收入支出情况编制的家庭损益表如表3-13所示。

表3-13 吴先生家庭损益表(2009年7月)　　　　　　　　　　　单位:元

收入		支出	
项目	金额	项目	金额
1. 工薪收入	12 800	1. 日常开支	6200
薪金收入	11 000	衣食支出	2000
补助收入	1800	住房按揭贷款支出	2000
		交通和通信费用	1800
		购书及上网费用	400
2. 财产经营收入	1200	2. 投资性支出	1000
利息	400	投资购房按揭贷款支出	1000
租金	800		
3. 劳务收入	1700	3. 保障性支出	240
稿费收入	1000	保险费用	240
其他劳务收入	700		
收入合计	15 700	支出合计	7440
收支盈余=收入合计-支出合计=15 700-7440=8260(元)			

(四)个人/家庭损益表的财务分析

个人/家庭损益表的财务分析主要是对客户的收入与支出状况进行分析,以判断其收支水平和财务自由度水平。其具体指标包括以下三项。

1. 消费率

消费率是消费支出占总收入水平的比率。消费支出主要包括日常的衣、食、住、行、教育、娱乐、医疗等支出。在西方经济学中,居民的消费需求是由基本消费和边际消费率、收入水平所决定的。边际消费率为每增加 1 元所得而增加的消费金额,通常边际消费率处于 30%~60%之间,并随着收入水平的增加而呈现递减的趋势。因此,收入水平越高的客户,其消费率就越低,财务自由度也就越高。

2. 自由储蓄额

所谓自由储蓄额,就是可以自由决定如何运用的储蓄。

自由储蓄额=总储蓄额-已经安排的本金还款及投资(包括房贷应定期摊还的本金额、应缴储蓄型保费额、应缴定期定额投资额等)

自由储蓄额可以满足短期的理财目标和奢侈消费需求,如旅游、添购家具电器或节日消费准备金,也可以用来提前还清贷款。自由储蓄额占总收入的比率又称为自由储蓄率。自由储蓄率一般以 10%为目标。

3. 流动性比率

流动性比率是流动资产与月支出的比值,公式为:

$$流动性比率=流动资产÷月支出$$

流动性比率反映家庭的应急储备状况及支出能力的强弱,通常情况下,流动性比率为 3~6 较为合适,即现金储备保持在相当于 3~6 个月的支出费用即可。因为资产的流动性与收益性成反比,流动性越强则收益性越差,反之亦然。所以应保持好一定的流动性资产,其余的用于扩大投资以期取得更高的收益。

第三节 客户理财需求和目标分析

确定客户的理财目标是个人理财规划过程中关键的步骤。只有正确评估和确定了客户各方面的需要,分析了客户当前的财务状况后,个人理财规划师才能和客户一起制定出合理可行的财务目标,而目标的确立将为整个个人理财规划指明了方向。

人生最基本的理财需求来自消费。消费包括日常衣、食、住行的各项开支和休闲、娱乐的消费。消费之后剩余的收入可以作为储蓄或者通过投资增加资产的成长以支付未来的消费。然而未来的消费除了需要资产的支持之外，还需要保险的保障。因为我们生活在一个不确定的环境当中，假如丧失工作能力或者意外身亡，保险提供的保障能够让自己的父母、配偶或子女未来的消费维持在一定的水平。个人理财规划师应该帮助客户认识合理的目标和消费水平在个人理财规划中的重要性，从而使其自发地制订和执行消费计划与投资规划。

一、客户理财需求的内容

人生的理财需求大致可以分为以下五类。

1. 实现收入和财富的最大化

财富指的是个人拥有的现金、投资和其他资产的总和。要积累个人财富，个人支出就必须小于个人收入，所以说，个人财富的最大化最终是通过增加收入和适当控制支出来实现的。增加收入的途径可以是寻找更高薪水的工作或者进行投资等，具体的方式取决于个人的能力、兴趣和价值观念。控制支出的方法主要是把所有支出项目进行细分为可控支出和不可控支出，在力保不可控支出的前提下，尽量降低不必要的可控支出，比如过多的服装费用和旅游费用。

2. 进行有效消费

个人收入通常有两个用途：消费和储蓄(储蓄今后会转化为投资)。由于消费开支常常占用了个人收入的大部分，所以对这部分资金的有效使用是十分重要的。通过学习一定的个人理财规划技巧，比如保存好个人的财务记录、进行现金预算、合理使用信用额度、购买适当的保险和选择合理的投资工具等，就可以控制个人的日常开支，实现有效消费。

3. 满足对生活的期望

人一生中除了保证生存的必要支出以外，还有各种各样的人生目标。足够的储蓄，拥有自己的房产和汽车，没有负债以达到财务的安全和自主，有一份高薪的工作，这些都可以成为人的生活目标。这些目标往往难以同时实现，这意味着个人必须在这些目标中进行选择和规划。对于个人来说，这种规划必须有一个"终生"的视角，也就是说，人们应该分清在个人/家庭生命周期的不同阶段，什么是最重要的必须实现的目标，而什么目标对当前而言较为次要。从而合理全面地安排自己及家庭一生的生活。

4. 确保个人财务安全

财务安全是指个人对其现有的财务状况感到满意，认为拥有的财务资源可以满足其所有的必要开支和大部分期望实现的目标。这时，个人对其财务方面的事务有较强的信心，不会因为资金的短缺而感到忧虑和恐惧。一般来说，确保个人财务安全的标准有以下九点。

(1) 有一份稳定而充足的收入。
(2) 工作中有发展的潜力。
(3) 有退休保障。
(4) 有充足的紧急备用金以备不时之需。
(5) 有一定的房产(如果是分期付款,则要有足够的资金来源)。
(6) 购买了合适和充足的保险。
(7) 有实物资产方面的投资。
(8) 有合理的金融投资组合。
(9) 制订了有效的投资规划、税收规划和退休计划、遗产管理规划。
不同的客户对财务安全的要求会有所差别,以上标准只能作为参考。

5. 为退休和遗产积累财富

对于许多人来说,为退休后的生活提供保障是他们进行储蓄的最终目的之一。由于退休后收入会减少,而个人往往已经习惯了原有的生活状态,所以为了不降低生活水平,个人需要在未退休前将一部分收入作为退休基金留作他日所用。此外,在一些较为传统的国家,为子女留下一份相当数额的财产(遗产)也是个人的人生目标或理财目标之一。

二、客户理财目标的种类

客户在与个人理财规划师接触的过程中会提出他所期望达到的目标,按照目标制定的频率和实现时间的长短来区分,客户的理财目标可以分为以下几种。

1. 短期目标

短期目标是指那些需要客户每年制定和修改的,并在较短时期内(一般 5 年以内)实现的愿望。例如,将日常生活的开支减少,用于购买自己的汽车,或为自己增加人力资本的培训积蓄经费等。

2. 中期目标

中期目标是指那些制定后在必要时可以进行调整,并希望在一定时期内(一般 6～10 年)实现的愿望。例如,子女教育经费的筹集、购房首付款的积累等。

3. 长期目标

长期目标是指那些通常一旦确定,就需要客户通过长时期(一般 10 年以上)的计划和努力才能实现的愿望。典型的长期目标如退休生活保障计划、遗产计划与管理等。

实际上,短期目标和长期目标是相对而言的,不同的客户对同样的财务目标会有不同的判断。例如,一般情况下,退休计划目标都属于长期目标,但对于已经接近退休年龄的客户而言，该目标就应该算是中期目标甚至是短期目标了。另外，随着时间的推移，同一个客户的目标性质也会改变。例如，一个25岁的单身客户，他未来子女的高等教育规划一般需要15~20年的时间，那么帮助子女完成学业对于该客户就是一个长期目标。20年之后，该客户45岁，其子女已经上大学或即将上大学，这时实现子女教育目标就转化成为中期目标或是短期目标。如表3-14所示，将不同客户常见的长期目标和短期目标做了详细比较。

表3-14 处于不同生命周期的客户目标

客户类型	短期目标	长期目标
大学高年级学生	租赁房屋 获得银行信用卡的信用额度 满足日常支出	偿还助学贷款 开始个人投资计划 购买自己的住房和汽车
25岁以上已工作的单身客户	储蓄 购买汽车 进行本人人力资本投资 建立备用基金 将日常开支予以合理削减 实现旅游计划	构建投资组合 建立退休基金
30多岁的已婚客户(三口之家)	将旧的交通工具更新 子女的教育开支 增加收入 购买保险	购买更大更舒适的房屋 增加子女教育基金的投资 将投资工具多样化，分散投资风险
50岁左右的已婚客户(子女已独立)	购买新的家具 提高投资收益的稳定性 退休生活保障投资	出售原有房产 制定遗嘱 退休后的旅游计划 养老金计划的调整

三、客户理财目标的制定

以上我们讨论了客户理财需求的内容和理财目标的种类，这些目标可以改善客户的现有财务状况，也可以帮助客户完成某个人生计划。事实上，并不是所有客户提出的目标都可以实现。个人理财规划师必须遵守职业道德和履行法律义务，根据客户提出的要求，结合客户现有的财务状况，才能制定出适合该客户的理财目标体系，为以后的个人理财规划提供科学依据和分析基础。

1. 客户的必要目标和期望目标

首先，规划师要区分什么目标是客户必须实现的，什么目标是客户期望实现的。

客户的必要目标是指在正常的生活水平下，客户必须要完成的计划或者满足的支出；客户的期望目标是指在保证正常的生活水平情况下，客户期望可以完成的计划或者满足的支出。

一般而言，客户的必要目标有保证日常饮食消费、购买或租赁自用住宅和支付交通费用、纳税费用等。客户的必要目标在进行个人理财规划时应该优先考虑，规划师可以在损益表的"支出"项目中获得这一类开支的数额。

而客户的期望目标有很多，比如旅行计划和换购一个豪华的别墅、送子女到国外留学、投资开店等。所有的个人理财规划都必须在满足客户的必要目标所需的开支后，再将收入用于客户的期望目标。如果客户没有足够的资金满足前者，那么后者就需要进行调整。规划师的一个重要职责就是帮助客户了解哪个目标更为实际，哪个目标的实现能够给客户带来较大的利益，而哪些目标可以推迟实现。

然而，有时两种目标的区分也不是十分明确。例如，对于一般客户而言，遗嘱管理方面的目标都属于期望目标；但对于一个年龄较大的客户，该计划就有可能属于必要目标了，因为在大多数西方国家，不进行周密的遗产规划会对客户及其家庭造成很大损失。如果客户自身没有给予遗嘱管理目标足够的重视，规划师应该给予及时提醒。

2. 制定理财目标的原则

必须针对不同客户的具体情况来确定理财目标的合理性，除了要区分客户目标是否必需以外，在制定理财目标时还必须了解以下几个基本原则。

(1) 制定理财目标要具体化，并且要明确财务目标。例如，客户希望为自己的女儿积蓄一笔资金以备将来出国留学之需，那么就必须调查和预计出国留学的费用，并且明确从现在起距离女儿留学的时间，然后才能通过货币的时间价值理论计算出这笔经费的具体金额，也就是自己通过一次性累积或年金的方式在未来应该准备的经费。只有详细具体的描述，才能帮助规划师更好地进行分析并提出建议。

(2) 将现金储备作为理财目标之一。在客户的日常生活中，必然会出现一些无法预计的意外开支，这些意外开支同样会影响到客户个人理财规划的完成。所以有必要预留一定数额的应急现金作为个人理财规划目标之一。当然，现金储备的数量要根据客户的需要而定。

(3) 理财目标必须具有合理性和可实现性，而且不同的计划之间应该没有矛盾。例如，客户的储蓄计划目标是每年将收入的25%进行储蓄，然后再将剩余资金用于投资计划。但实际上，如果客户的收入中有85%必须用于偿还住房按揭贷款和汽车消费贷款的，显然其25%的储蓄计划无法实现。此外，一个经常发生的情况是，客户对自己的财务状况较为乐观，他们对理财目标有过高的期望，认为在个人理财规划师的帮助下就能够实现任何目标。例如，一个年总收入为 8 万元的客户把他的短期目标设定为五年内提前偿还他的住房抵押贷款 50 万元。显然这是难以实现的，因为该客户忽略了他生活的日常开支和其他需要支出的费用，以及在投资计划中需要承担的风险，所以规划师应该用适当的方式劝说客户修改其目标。

(4) 通常客户都有不止一个的理财目标，而且这些目标无法一次完成。规划师应该帮助客户把所有目标按重要程度列出，并用时间加以区分——哪些是客户的短期目标，哪些是客户的长期目标，并在有关目标后面标明预计实现的时间。

(5) 改善客户总体财务状况比仅仅为客户创造投资收益更重要。由于一些客户十分重视投资目标，所以规划师也常常过于关注投资收益率，而忽略了从总体上改善客户的财务状况。但实际上，后者往往能给客户带来更大的收益。例如，对于客户的收入，规划师是优先考虑偿还债务还是用于投资，这要由客户收入多少和所在国家的税收制度决定。假定一个国家对居民每年5万元以上的收入征收42%的税，客户的债务正好是5万元，年利率为10%，而且利息是不可以免税的。如果客户将收入的5万元用于投资，则其投资的税后收益要至少等于其债务的利息，这样其税前投资收益率至少要达到17%。如果当时的市场投资环境并不足以实现这一收益率，客户则应该选择先实现其偿还债务的目标，因为这样可以同时减少税收支出和债务负担，从而改善财务状况。

(6) 短期目标、中期目标和长期目标要同时兼顾，不可厚此薄彼。不同客户对目标的重视程度不同，大部分客户由于财务安排中的短视行为一般会比较看重短期目标的完成，只有很少一部分客户会重视长期财务目标，因为这些目标对他们而言实在是太远了。面对这一类客户，个人理财规划师可以根据客户的需要对不同的目标有所侧重，应该解释各种目标的重要性和彼此之间的互补性，并建议其通过个人理财规划将各种目标结合起来。无论是长期目标还是短期目标，都要从目标的重要性出发进行考虑，合理安排，才能从总体上提高客户的个人理财规划质量。

(7) 如果个人理财规划师在进行理财规划时对双方曾经共同确定的目标有所改动，必须对客户说明并在书面报告中指出，这样可以避免双方在以后的合作中出现纠纷。

【小资料】

个人理财规划中常见的客户目标

个人理财规划师在分析和制定客户的财务目标时，可以采用表3-15所示来进行记录和归纳，该表列举了一些常见的客户目标类型。规划师在和客户沟通时应该根据其具体情况将目标加以细化，并在表中"具体描述"一栏中列出。其中，"具体描述"最好就是对目标的量化，而目标的"优先程度"则是指客户对该目标的重视程度，即当某两个目标发生冲突时，客户希望优先考虑的目标是哪一个。一般来说，目标的优先程度越高，就越重要，在进行资产分配时应被优先考虑。而目标的优先程度越低，则越不被重视，如果客户的资产不能满足所有的目标时，这些目标将会被修改或放弃。

表3-15 个人理财规划中常见的客户目标一览表

客户姓名		制定时间				
	目标类型	具体描述	优先程度	开始计划时间	希望实现时间	成本
短期目标	增加收入 控制日常开支 购买大额消费品 旅游 增加娱乐支出 筹足紧急备用金 合法地降低税负					

续表

客户姓名		制定时间				
目标类型		具体描述	优先程度	开始计划时间	希望实现时间	成本
长期目标	子女的养育和教育投资目标					
	偿还房贷和车贷					
	增加投资以换取资产的加速成长					
	实现安逸富足的退休生活					
	保护遗产的安全并预留充足的资产以备家庭使用					

3. 合理的理财目标体系特点

综上所述，一个合理的理财目标体系应该具备以下几个特点。

(1) 灵活性。可以根据时间和外在条件的变化做适当的调整。

(2) 可实现性。在客户现有的收入和生活状态下是可以实现的。

(3) 明确性和可量化性。客户对目标的实现状态、风险、成本和实现的时间都有清晰的认识，并且可以用数字描述出来。

(4) 对不同的目标有不同的优先级别，同级别的目标之间没有矛盾。

(5) 该目标可以通过制定和执行一定的行动方案来实现。

(6) 实现这些目标的方法应该是最节省成本的。

第四节 客户理财规划

在对客户的基本信息、财务状况、理财目标等全面了解的基础上，个人理财规划的下一流程就是具体理财规划的制定。一个全面的理财规划涉及个人/家庭的现金、消费和债务管理规划、风险管理和保险规划、投资规划、税收规划、人生事件规划等各个方面。其中，现金、消费和债务管理规划规划是解决客户资金节余的问题，这是做理财规划的起点；风险管理和保险规划是研究风险转移的问题；投资规划是讨论客户资产保值和增值的问题；人生事件规划是解决客户住房、教育及养老等需要面临的问题。

一、现金、消费和债务管理规划

现金、消费和债务管理规划又称现金规划，是为满足个人/家庭短期需求而进行的管理日常现金及现金等价物和短期融资的活动。

1. 现金管理

现金管理是对现金和流动资产的日常管理，其目的在于：满足日常的、周期性支出的需求；满足应急资金的需求；满足未来消费的需求；满足财富积累与投资获利的需求。

1) 现金预算

合理的现金预算是实现个人理财规划的基础，现金预算是为帮助客户达到短期财务目标的需要，通过评估客户现有的财务状况、支出模式及目标而得到的比较符合客户实际情况的一项预算。预算必须与个人的生活方式、家庭状况及价值观相一致。预算编制的程序包括以下几点。

(1) 设定长期理财规划目标。如退休、子女教育及买房等，并计算达到各类理财规划目标所需的年储蓄额。

(2) 预计年度收入。收入稳定的国家机关工作人员或在大中型企业工作的工薪阶层，可以较准确地预估年度收入。收入淡旺季差异大的市场销售人员或自由职业者，就要以过去的平均收入为基准，做最好与最坏状况下的分析。

(3) 算出年度支出预算目标。

$$年度支出预算=年度收入-年储蓄目标$$

(4) 对预算进行控制与差异分析。

① 预算的控制。

$$认知需要=储蓄动机+开源节流的努力方向$$

认知需要是储蓄的动力，其后将由开源或节流产生储蓄。客户可通过合理的工作安排增加家庭收入，同时回顾在衣、食、住、行、教育、娱乐方面，哪一部分的比例远高于平均比例，就作为节约支出的重点控制项目。

② 预算与实际的差异分析。

每月按照预算科目记账，可以得出实际的收入、费用支出、资本支出与储蓄及预算金额的比较，根据差异的大小或比率大小，可分析差异原因并进行改进。差异分析应注意的要点如下：总额差异的重要性大于细目差异；要定出追踪的差异金额或比率门槛；依据预算的分类个别分析；刚开始做预算若差异很大，应每月选择一个重点项目改善；如果实在无法降低支出，就要设法增加收入。

2) 应急资金管理

在正常的收入与支出范围内，每月或多或少会有一些节余，但是当碰到意外，即收入突然减少、中断或支出突然大幅增加时，如没有一笔紧急准备金可以动用则会陷入财务困境。紧急备用金可以应对失业或丧失工作能力导致的工作收入中断，应对紧急医疗或意外所导致的超支费用。

(1) 以现有资产状况来衡量紧急预备金的应变能力。

衡量客户资产应急能力的指标有两个：失业保障月数和意外或灾变承受能力。

(2) 紧急预备金的储备形式。

紧急预备金可以用两种方式来储备，一是流动性高的活期存款、短期定期存款或货币市场基金；二是利用贷款额度。

以存款储备的机会成本是因为保持资金的流动性而可能无法达到长期投资的平均报酬率。而以贷款额度储备，一旦动用就要支付高利息，最好的方式是二者搭配储备。

2. 消费管理

消费的合理性没有绝对的标准，只有相对的标准。消费的合理性与客户的收入、资产水平、家庭情况、实际需要等因素相关。在消费管理中要注意以下几个方面因素。

(1) 即期消费和远期消费。例如，城市白领中的"月光族"，他们的即期消费固然潇洒，但其长远的财务状况令人担忧。一个合理的结余比例和投资比例，积累一定的资产不仅是平衡即期消费和远期消费的问题，也是个人理财、实现钱生钱的起点，即理财从储蓄开始。

(2) 消费支出的预期。例如，结婚成家、子女教育及保险支出等都可能带来消费支出的增加，在安排这些人生大事的时候要在财务上有充分的准备。

(3) 孩子的消费。个人理财规划师可以给客户做一些分析，引导客户建立一个合理的金钱观，孩子作为家庭的一员，如果其消费水平明显高于家庭其他成员的消费水平，不仅是对其他成员的忽视，对孩子本身的成长也是不利的。

(4) 住房、汽车等大额消费。随着社会的发展和生活水平的提高，住房和汽车消费在生活消费中所占比重越来越大。汽车和住房很容易成为人们攀比和炫耀的亮点，所以在这两项消费中很容易出现超出消费能力的提前消费或过度追求高消费，给个人财务状况带来危害。

(5) 保险消费。从消费的角度来看，尽管保险很重要，但保险的支出水平也同样应当和自身的收入水平相适应。

3. 债务管理

(1) 在有效债务管理中，应先计算好可负担的额度，再拟订偿债计划，按计划还清负债，负债是平衡现在与未来享受的工具。

在金融服务日趋大众化的今天，许多人都与银行发生了借贷关系，于是归还银行贷款就成了许多人固定支出的最主要部分。个人理财规划师应帮助客户选择最佳的信贷品种和还款方式，使其在有限的收入条件下，既能按期还本付息，又可以用最低的贷款成本实现效用最大化。其需要考虑的因素有：贷款需求、家庭现有经济实力、预期收支情况、还款能力、合理选择贷款种类和担保方式、选择贷款期限及还贷方式等。

(2) 在合理的利率成本下，个人的信贷能力即贷款能力取决于以下两点：客户收入能力和客户资产价值。

4. 现金、消费和债务管理的综合考虑

在现金、消费和债务管理规划中，既要使所拥有的资产保持一定的流动性，满足个人/家庭支付日常家庭费用和意外事件开销，又要使流动性较强的资产保持一定的收益。因此在考虑现金、消费和债务管理规划的工具时，应以流动性为主要考察因素，在此基础上保证一定的收益性。

其常用的工具如下。

(1) 现金。现金是现金、消费和债务管理规划的重要工具，与其他工具相比，它是流动性最强的。

(2) 相关储蓄品种。如活期存款、通知存款、定活两便存款等。

(3) 货币市场基金。货币市场基金具有本金安全、资金流动性强、投资成本低、分红免税等优势，是目前较为理想的现金、消费和债务管理规划工具。

二、风险管理和保险规划

人的一生可能会面对一些不期而至的风险。为了规避、管理这些风险，人们可以通过购买保险来满足自身的安全需要。除了专业保险公司提供的商业保险之外，由政府的社会保障部门提供的包括社会养老保险、社会医疗保险、社会失业保险在内的社会保险以及雇主提供的团体保险也都是家庭管理非投资风险的工具。

随着保险市场的竞争加剧，保险产品除了具有基本的转移风险、损失补偿的功能之外，还具有一定的合理避税、投资、融资作用。

1. 制定保险规划的原则

客户参加保险的目的就是为了客户和家庭生活的安全、稳定。因此，个人理财规划师为客户设计保险规划时主要应掌握以下原则。

(1) 转移风险的原则。投保是为了转移风险，在发生保险事故时可以获得经济补偿。从这个原则出发，必须首先分析家庭的主要风险是什么，怎样合理地把这些风险通过保险规划进行转移。

(2) 量力而行的原则。保险是一种契约行为，属于经济活动范畴，客户作为投保人必须支付一定的费用，即以保险费来获得保险保障。投保的险种越多，保障范围越大。但保险金额越高，保险期限越长，需支付的保险费也就越多。因此为客户设计保险规划时要根据客户的经济实力量力而行。

2. 保险规划的主要步骤

1) 确定保险标的

制定保险规划的首要任务，就是确定保险标的。保险标的是指作为保险对象的财产及其有关利益，或者人的寿命和身体。投保人可以以其本人、与本人有密切关系的人，他们

所拥有的财产以及他们可能依法承担的民事责任作为保险标的。一般来说，各国保险法律都规定，只有对保险标的有可保利益才能为其投保，否则这种投保行为是无效的。

所谓可保利益，是指投保人对保险标的具有的法律上承认的利益。可保利益应该符合以下三个要求。

(1) 必须是法律认可的利益。如果投保人投保的利益的取得或者保留不合法甚至违法，那么这种利益不能成为可保利益。

(2) 必须是客观存在的利益。如果投保人投保的利益不确定，或者仅仅只是一种预期，就不能成为一种可保利益。

(3) 必须是可以衡量的利益。这样才能确定保险标的的大小，并以此来确定保险金额。

2) 选定具体的保险产品

人们在生活中面临的风险主要为人身风险、财产风险和责任风险。而同一个保险标的，会面临多种风险。所以，在确定客户保险需求和保险标的之后，就应该选择准备投保的具体险种。

对人身保险的被保险人而言，客户既面临意外伤害风险，又面临疾病风险，还有死亡风险等。所以个人理财规划师可以相应地为客户选择意外伤害保险、健康保险或人寿保险等。而对于财产保险而言，同一项家庭财产也会面临着不同方面的风险。例如，汽车面临着意外损毁或者是失窃的风险，这时可以相应地选择车辆损失保险、全车盗抢保险，或者是二者的结合。

个人理财规划师要帮助客户准确判断其准备投保的保险标的的具体情况(如保险标的所面临风险的种类、各类风险发生的概率、风险发生后可能造成损失的大小，以及自身的经济承受能力等)，进行综合的判断与分析，帮客户选择合适的保险产品，较好地回避各种风险。

3) 确定保险金额

在确定保险产品的种类之后，就需要确定保险金额。保险金额是当保险标的的保险事故发生时，保险公司所赔付的最高金额。一般而言，保险金额的确定应该以财产的实际价值和人身的评估价值为依据。

财产的价值比较容易计算，对一般财产，如家用电器、汽车等财产保险的保险金额由投保人根据可保财产的实际价值自行确定，也可以按照重置价值即重新购买同样财产所需的价值确定。对特殊财产，如古董、收藏品等，则要请专家评估。购买财产保险时可以选择足额投保，也可以选择不足额投保，由于保险公司的赔偿是按实际损失程度进行赔偿的，所以一般不会出现超额投保或者重复投保。

理论上来说，个人的价值是无法估量的，因为个人精神的内涵超过了其物质的内涵。但是仅从保险的角度，可以根据诸如性别、年龄、配偶的年龄、月收入、月消费、需抚养子女的年龄、需赡养父母的年龄、银行存款或其他投资项目、银行的年利率、通货膨胀率等，计算虚拟的"人的价值"。在保险行业，对"人的价值"存在着一些常用的评估方法，如生命价值法、财务需求法、资产保存法等。

【小资料】

个人寿险诞生目前国内保额最高的保单：保额高达2亿元

富人偏爱"巨额保单"

日前，记者从信诚人寿保险湖北分公司了解到，该公司承保了公司成立以来最大个人寿险保单。这位客户年缴保费1450万元，交费期10年，寿险保额2亿元。据了解，这也有可能是中国保险业迄今为止金额最大的个人终身寿险保单。记者了解到，因人寿保险有避税避债的功能，近年富人一掷千金买巨额保单的情况时有发生，大额保单成为富人偏爱的理财工具。

去年，武汉就曾有一位私企老板，花了2700万元购买人寿保险。根据保险业内的统计，从2008年起，全国各地的富豪商人开始关注保险市场，北京等一线城市陆续少量诞生巨额保单。2012年后，遗产税的传言加速了巨额保单的诞生，仅湖北地区去年年缴保费10万元及以上，或者总保额超过100万元的高额保单就超过200笔，数额是2008年的4倍。生命人寿、泰康人寿等保险公司的湖北分公司也表示，"富人险"已成为公司增速最快的险种之一。

多家保险公司湖北分公司相关人士介绍，近两年，购买富人险的人群明显增多，其主要是出于避税和资产传承的考虑。现在倾向于购买高额保险的人，大多为白手起家的企业界人士，而他们投保大额险的主要目标是避税和避债，这类投保人群更看重的是最大限度地把资产安全传承下去。

人寿保险可避债

资深保险代理人张先生介绍，富人买大额保险的首要考虑应该是避税。国外遗产税一般高达40%左右。按照国际惯例，保险是可以免于征收遗产税的。在成熟的海外保险市场，有现金价值的寿险保单往往会成为不少富豪的避税工具，不计入应征遗产税内。也正是这一国际惯例，让国内不少企业主想到了利用保险进行合理避税，同时也让国内保险机构找到了寿险产品的一大卖点。

此外，保险还有另外一种功能，就是避免企业破产所带来的风险。若企业遭遇破产查封，保险是不能被查封的财产；欠债被追讨时，保险资金也不能被抵债。这样一来，企业主们可以把企业资产和个人资产区分开来，即便哪天企业破产、欠债，个人资产和生活不会受到影响。因此，许多富人通过购买高额保单来保全资产。

专家：投保无须跟风

生命人寿湖北分公司相关人士指出，保单虽然可以避税避债，但也要讲投保技巧，只有指定受益人的寿险保单，才不作为遗产处理，不需要用于偿还债务。如果保单上没有指定受益人，或者受益人死亡，保单将不能作为避债之用，会被视为偿债资金。该人士提醒，其他类型的保险，如企业年金保险、健康保险、意外伤害保险，只有受益金受法律保护，无法实现避税避债功能。

中央财经大学保险学院院长郝演苏指出，天价保单在全国来看还是比较少的，要避免其被炒作，产生"羊群效应"，被保险公司拿来吸引客户。他同时提示，即便遗产税开征，起征点应当是较高的，针对的是少数富人，普通民众不用太担心。

(资料来源：武汉晨报，2013-07-24)

4) 明确保险期限

在确定保险金额后，就需要明确保险期限，因为这涉及投保人的预期缴纳保险费用的多少与频率，所以与客户未来的预期收入联系尤为紧密。

对于财产保险、意外伤害保险、健康保险等保险品种而言，一般多为中短期保险合同，如半年或者一年，但是在保险期满之后可以选择续保或者是停止投保。但是对于人寿保险而言，保险期限一般较长，比如15年甚至到被保险人死亡为止。在为客户制定保险规划时，应该将长短期险种结合起来综合考虑。

三、投资规划

1. 投资规划概述

投资是指投资者运用持有的资本，用来购买实际资产或金融资产，或者取得这些资产的权利，目的是在一定时期内预期获得资产增值和一定收入。

投资的最大特征是用确定的现值牺牲换取可能的不确定的未来收益。

制定投资策略首先要确定投资目标和可投资财富的数量，再根据对风险的偏好，确定采取稳健型还是激进型的策略；分析投资对象包括基本分析和技术分析；构建投资组合涉及确定具体的投资资产和财富在各种资产上的投资比例；管理投资组合主要包括评价投资组合的业绩和根据环境的变化对投资组合进行修正。

2. 投资规划的步骤

1) 确定客户的投资目标

投资规划应该围绕理财目标而制定，投资规划只是理财规划中的子规划，投资目标实际上也就是理财规划中包含的一些子目标。

由于个人的环境、目标、态度和需求各不相同，所以每个人的目标可能有很大不同。但大多数人的投资目标都可以分为如下几种类型。

(1) 资本积累：出于应付突发事件、家庭大额消费和支出、子女教育和个人职业生涯教育等需要，构建一般性投资组合以积累财富。

(2) 防范个人风险：如过早死亡、丧失劳动能力、医疗护理费用支出、财产与责任损失、失业等风险。

(3) 提供退休后的收入。

2) 让客户认识自己的风险承受能力

每个人对于风险的承受能力是不一样的，个人理财规划师一般都是通过风险测试以及根据客户的年龄与资产状况进行判断。这里的风险是指由于投资而导致损失或者是背离自己期望值的可能性。通常来说，在投资过程中，如果愿意承受的风险越大，那么投资的潜在收益率也就越高。高的收益率一般都是用更高的投资风险换来的。所以在投资之前必须要让客户明确自己的风险承受能力。

3) 根据客户的目标和风险承受能力确定投资计划

从根本上来说，投资策略是根据投资目标和风险承受能力确定的一个主观期望。而投资计划则是以主观期望为中心，根据金融市场的客观状况，拟定的一系列组合投资方法。投资计划的制订是整个投资策划的最重要部分，是投资目标能否实现的关键。在制订投资计划时要参考多方面的情况，既要保障投资目标的实现，又要意识到投资风险的客观存在，注意投资风险的规避和分散。

4) 投资计划的实施与监控

在实施与监控投资计划的时候，要注意对选择的投资商品进行紧密的跟踪，在偏离客户的期望时要做详细的记录，以期望能够最大限度地控制风险，减少不必要的损失。为保障投资计划的顺利实施，一旦制订了完整的投资计划，那么就需要不断地评估投资策略和方法，保障投资计划的可行性。一般来说，需要在每半年或者每年有一次投资的总结。只有有效地监控投资计划，并根据需要不断地调整投资计划，才能保障投资目标的顺利实现。

四、税收规划

1. 税收规划概述

税收规划是指在纳税行为发生之前，在不违反法律、法规（税法及其他相关法律、法规）的前提下，通过对纳税主体（法人或自然人）的经营活动或投资行为等涉税事项做出事先安排，以达到少纳税和递延缴纳税款的一系列规划活动。

依法纳税是每一个公民的义务，而纳税人出于自身利益考虑，往往希望自己的赋税合理地减小到最少。因此，如何在合法的前提下尽量减少税负就成为每一个纳税人十分关注的问题。国际上比较常用的个人税收规划包括收入分解转移、收入递延、投资于资本利得、选择资产销售时机、杠杆投资、充分利用税赋抵减等。

在我国现行的税制结构中，以自然人即单独的个人为纳税人的税种并不是很多。其中，个人所得税是唯一的完全以自然人为纳税人的税种。个人所得税是对个人（自然人）取得的各项应税所得征收的一种税，它与个人理财的关系最为紧密，我国的个人税收规划主要是针对这个税种进行的。

2. 税收规划的基本内容

税收规划由于其依据的原理不同，采用的方法和手段也不同，主要可分为三类，即避税规划、节税规划和转嫁规划。

(1) 避税规划，即为客户制订的理财计划采用"非违法"的手段，获取税收利益的规划。避税规划的主要特点是：非违法性，有规则性，前期的规划性与后期的低风险性，有利于促进税法质量的提高，反避税性。

(2) 节税规划，即理财计划采用合法手段，利用税收优惠和税收惩罚等倾斜调控政策，为客户获取税收利益的规划。节税规划的主要特点是：合法性，有规则性，经营的调整性与后期无风险性，有利于促进税收政策的统一和调控效率的提高，倡导性。

(3) 转嫁规划，即理财计划采用纯经济的手段，利用价格杠杆，将税负转给消费者、供应商或自我消转的规划。转嫁规划的主要特点是：纯经济行为，以价格为主要手段，不影响财政收入，促进企业改善管理、改进技术。

 案例点击

中国台湾修改所得税法通过史上最大加税案 高调开征"富人税"

据台湾"中广新闻"网报道，被喻为台湾"史上最大加税案"日前过关，给富人加税、一般民众减税，以达到缩小贫富差距的目标。"立法院"通过《所得税法部分条文修正案》，新增"富人税"，年所得净额超过千万元(新台币，下同，约合人民币207.5万元)者，将适用的最高税率从40%提高到45%，同时，为改善所得分配，也将个人扣除额(个税起征点)从新台币7.9万元调高至9万元(约合人民币18673元)，同时对股民及银行保险业加税，并把金融营业税恢复到5%。

【点石成金】

贫富差距催生"富人税"

"富人税"是台湾史上最大的加税案。台湾"财政部"估算，相关增税方案可为"国库"增加约800亿元税收，扣除减税部分，还是能增加600多亿元收入。台湾《联合早报》称，台湾岛内有9000多名年所得净额千万元以上的富人，增收45%的"富人税"后，加上对股利所得者与银行、保险业增税，当局全年净增税收预估增加650亿元。

一般而言，富人税是指政府向高收入人群加收个人所得税。调整富人税率有望缩小贫富差距，但或许也会造成企业资金外移、冲击台湾经济。5月23日，有调查显示，近九成的受访年轻人，权衡之下，仍然赞成调高富人税。

据《台湾醒报》报道，这是近年来少见的大规模加税措施，却在"立法院"仅一个会期，快速获得三读通过。此次税改草案过关被台湾"财政部长"张盛和称为"财政史上的一大步"，让台湾"财政健全"指日可期。"立法院财委会召委"赖士葆表示，此次加税案受到台湾上下的支持，有望在今年的六、七月实施。

此前，台湾数据显示，岛内贫富悬殊在2011年达到历史顶点，最富有家庭比最贫困家庭的收入高出96倍。2013年，台湾人均负债93万元，"台湾从钱淹脚目，变成了债淹脚目"。甚至有观察家分析，台湾一系列反政府游行示威，很大部分是贫富悬殊种下的恶果。

台湾的税率不算低，只是依据现行税制，针对富人的高税率并没有把富人的税收上来。近年的税收统计结果显示，年收入净额在1000万元以上的家庭，平均股利收入占了63%，薪资收入仅占23%。而作为摇钱树的股票，其交易所得却是全部免税。因此，甚至有台湾学者指出，不合理的税制是台湾社会贫富差距拉大的根本原因，直接导致税收干涸、财政吃紧，让富人更富，穷人更穷。

欧债危机、经济不景气，使得马英九第二个任期伊始即表示未来税收改革新方向是逐步落实所得多、缴税多的原则。但台湾近年一直受高额债务困扰，马英九连任后即面对"开征富人税"的巨大民间压力。

富人避税手段花样多

台湾"财政部长"张盛和形容，税改草案过关是财政史上的一大步。他在接受台湾媒体采访时表示，很多富人都表示乐意多缴税，并点名指出台积电董事长张忠谋、鸿海集团董事长郭台铭、台达电董事长郑崇华及东森房屋董事长王应杰等企业老板都表示愿意多缴税，而且也捐赠很多，其作为令人敬佩。

借财富重分配，消弭台湾贫富差距，是马英九当局开征富人税的重要原因。台湾的富人此前也并非不缴税，开征富人税是将所得税由40%上调至45%。虽然也有不同声音，但事实上，富人加税，富人的呼吁也是不可忽视的促成因素。郭台铭呼吁课征富人税，提出针对前300名富人多增加所得税的版本。张忠谋公开表示，希望师法美国总统奥巴马向富人加税，且提出台湾应封锁富人正当避税路子。

台湾媒体报道，台湾富人避税手法五花八门。台湾一会计师说，夫妻互相赠与豪宅，是富人间资产配置及避税的常用方式。还有富豪为了避税，用公司名义持有豪宅，可藏富于公司，且只要公司董事长由父亲变儿子，公司持有的豪宅也就归于儿子，不须缴赠与税。

台湾政治大学金融系教授殷乃平还指出，富人节税管道很多元，包括成立公益基金会、到维京群岛设公司或把资产移到境外等，赚的钱进口袋却享受优惠税率。

(资料来源：观察者网，http://www.guancha.cn，2014-05-28)

五、人生事件规划

1. 教育规划

教育规划包括个人教育投资规划和子女教育投资规划两种。个人教育投资是指对客户本身的教育投资；子女教育投资规划是指客户为子女将来的教育费用进行规划，对客户子女的教育又可分为基础教育、大学教育及大学后教育。大多数国家的高等教育都不属于义务教育的范畴，因而对子女的高等教育投资通常是所有教育投资项目中花费最高的一项。

个人理财规划师在帮助客户进行教育投资规划时，首先要对客户的教育需求和子女的基本情况(如子女人数、年龄、预期受教育程度等)进行了解和分析，以确定客户当前和未来的教育投资资金需求。其次，要分析客户当前的和未来预期的收入状况，并根据国情确定客户和子女教育投资资金的主要来源(如教育资助、奖学金、助学贷款、勤工俭学收入等)。最后，规划师应当分析客户教育投资资金供给与需求之间的差距，并在此基础上通过运用各种常用的投资工具和教育投资特有的投资工具来弥补客户教育投资资金供给与需求之间的差额，完成教育投资规划目标。由于教育投资本身的特殊性，它更加注重投资的安全性，因此要侧重于选择风险较低的保值工具。

2. 退休规划

一般而言，退休规划包括利用社会保障的计划，购买商业性人寿保险公司的年金产品的计划以及企业与个人的退休金计划等。

一个完整的退休规划，包括工作生涯设计、退休后生活设计及自筹退休金部分的储蓄投资设计。由客户的退休生活设计引导出退休后到底需要花费多少钱，由客户的工作生涯设计估算出可领多少退休金(企业年金或团体年金)，退休后需要花费的资金和可受领的资金之间的差距，就是客户应该自筹的退休资金。客户自筹退休金的来源，一是运用过去的积蓄投资；二是运用现在到退休前的剩余工作生涯中的储蓄来累积。退休规划的最大影响因素分别是通货膨胀率、工资薪金收入成长率与投资报酬率。

3. 遗产规划

遗产规划是将个人财产从一代转移给下一代，从而尽可能实现个人为其家庭所确定的目标而进行的一种合理安排。遗产规划的主要目标是高效率地管理遗产，并将遗产顺利转移到受益人的手中。这里的高效率包括两个方面的内容：一方面，遗产安排要花费一定的时间，应在最短的时间内完成；另一方面，处理遗产需要一笔费用而且可能面临遗产税(中国关于遗产税的立法正在讨论中)的征收，因此，应最大限度地减少遗产处理过程中的各种税费。

第五节 执行和监控客户理财规划书

在执行和监控客户理财规划书的过程中要注意以下几个方面的原则。

一、准确性原则

准确性原则主要是针对所制定的资产分配比例和所选择的具体投资品种而言的，如用于保险计划的资金数量，或者是具体的中长期证券投资品种。计划的执行者应该在资金数额分配和品种选择上准确无误地执行计划，才能保证客户既定目标的实现。

二、有效性原则

有效性原则是指要使实施计划能够有效地完成理财策划方案的预定目标,使客户的财产得到真正的保护或者实现预期的增值。例如,对于客户的保险计划而言,如果原来的策划方案并未选定具体的保险公司和保险产品,或者所选择的保险公司和保险产品发生了变化,计划的执行者有责任为客户选定能够有效地对客户的人身和财产进行保护的保险公司和保险产品,或者及时地将现实情况的变化告知客户,使其重新进行选择。

三、及时性原则

及时性原则是指计划执行者要及时地落实各项行动措施。很多影响理财策划方案的因素,如利率、汇率、证券价格、保险费用等,都会随着时间的推移而变化,从而使各种预期的结果与实际情况产生较大的差距。另外,客户自身各方面的情况也是不断变化的,如果执行者不能及时地执行计划,就可能对客户的人身或者财产的保护效果产生不利影响,甚至完全无法实现客户原来的目标。

本 章 小 结

个人理财规划	客户信息的收集与整理	个人理财规划流程的第一步是建立和界定理财规划师与客户的关系,建立客户关系的方式有许多种,如面谈、电话联系、电子邮件、信函沟通、网络联系等,其中与客户面谈是最基本也是最重要的一种方式。 在个人理财规划流程中,与客户面谈的终极目标是与其建立服务关系并获得有关的财务信息,为今后的服务奠定基础。因此是否能够形成有效沟通,将直接关系到今后合作关系的进展,以及个人理财规划服务的效果。 个人理财规划师在进行财务分析和个人理财规划之前收纳与整理有关的信息是一个十分重要的程序。通过对客户信息的及时保存和整理,才可以制定出一份全面、高质量的理财规划书。客户的信息主要包括个人信息和宏观经济信息两大类。
	客户财务状况分析	分析一个家庭的财务状况,需要全面了解家庭的资产、负债、收入和支出情况,预测这些财务要素未来的发展趋势,掌握家庭的整体财务特点,并找出存在的问题和需要改进的地方,从而为制定的理财规划方案奠定扎实的基础。
	客户理财需求和目标分析	确定客户的理财目标是个人理财规划过程中关键的步骤。只有评估和确定了客户各方面的需要,分析了客户当前的财务状况后,个人理财规划师才能和客户一起制定合理而可行的财务目标,而目标的确立将为整个个人理财规划指明了方向。
	客户理财规划	在对客户的基本信息、财务状况、理财目标等全面了解的基础上,个人理财规划下一流程就是具体理财规划的制定。一个全面的理财规划涉及个人/家庭的现金、消费和债务管理规划、风险管理和保险规划、投资规划、税收规划、人生事件规划等各个方面。
	执行和监控客户理财规划书	在执行和监控客户理财规划书的过程中要注意以下几个方面的原则:准确性原则、有效性原则、及时性原则。

一、选择题

1. 一般而言，失业保障月数维持(　　)个月左右就可以了。
   A. 2   B. 4
   C. 6   D. 8

2. 客户财务规划书执行中的(　　)是指计划执行者要及时地落实各项行动措施。
   A. 准确性原则   B. 有效性原则
   C. 及时性原则   D. 信用性原则

3. 个人/家庭财务报表与企业财务报表在记账方式上的差异主要表现在(　　)。
   A. 隐私性   B. 减值准备
   C. 公开性   D. 折旧计提

4. 衡量客户资产应急能力的指标有(　　)。
   A. 失业保障月数   B. 资产的流动性
   C. 意外或灾变承受能力指标   D. 资产的结构分析

5. 对普通家庭来说，家庭收入一般包括以下项目中的(　　)。
   A. 工作所得   B. 经营所得
   C. 各种利息   D. 偶然所得

6. 家庭生命周期可分为(　　)阶段。
   A. 青年单身期   B. 家庭形成期
   C. 家庭成长期   D. 子女教育期

7. 根据个人的条件与个性，其面对风险表现出来的态度通常有(　　)。
   A. 激进型   B. 中庸型
   C. 保守型   D. 极端保守型

8. 在执行财务规划书的过程中要注意(　　)的原则。
   A. 准确性   B. 及时性
   C. 可行性   D. 有效性

9. 退休计划的制订步骤主要有(　　)。
   A. 确定退休目标   B. 预测退休支出
   C. 预测退休收入   D. 预测储备金额度

10. 客户个性偏好分析模型中把客户类型划分为(　　)。
    A. 现实主义者   B. 理想主义者
    C. 行动主义者   D. 实用主义者

二、判断题

1. 客户信息的获取可以通过语言的沟通，也可以通过非语言的沟通。　　　　（　　）
2. 家庭负债是指家庭的借贷资金，包括所有家庭成员欠非家庭成员的所有债务。
　　　　　　　　　　　　　　　　　　　　　　　　　　　　　　　　　（　　）
3. 名誉、知识等无形的东西在理财活动中，归属资产的范畴。　　　　　　（　　）
4. 保险价值的评估中，如果保费支出是消费性的，到期是没有任何收益的，所以这种保险的价值我们作为"0"来处理。　　　　　　　　　　　　　　　　　　（　　）
5. 家庭资产负债表是一张静态的、反映时间点上财务状况的报表。　　　　（　　）
6. 一般而言，边际消费率处于 10%～60%之间，并随着收入水平的增加而呈现递减的趋势。　　　　　　　　　　　　　　　　　　　　　　　　　　　　　　　（　　）
7. 理财目标需具有可度量性和时间性。　　　　　　　　　　　　　　　　（　　）
8. 客户对投资回报的要求包括对回报类型和回报水平的要求。　　　　　　（　　）
9. 投机风险是指可能造成损失或者产生收益的风险，其结果有两种：获得收益和遭受损失。　　　　　　　　　　　　　　　　　　　　　　　　　　　　　　　（　　）
10. 风险转移的方式可以分为非保险转移和风险控制。　　　　　　　　　（　　）

三、简答题

1. 建立客户关系的方式有哪些？
2. 理财规划师向客户提问的方式有哪些？
3. 个人理财规划师需要的信息主要有哪几类？
4. 简述个人/家庭财务报表与企业财务报表的区别。
5. 客户资产负债表的财务分析主要包括哪几个方面？
6. 如何进行个人/家庭损益表的编制？
7. 个人/家庭损益表的财务分析主要包括哪几个方面？
8. 简述客户理财需求的内容。
9. 简述客户理财规划的流程。
10. 执行和监控客户理财规划书的过程中要注意哪几个原则？

第四章

个人储蓄与消费信贷计划

本章精粹：

- 储蓄的含义
- 储蓄的种类
- 储蓄的技巧
- 消费信贷的含义
- 消费信贷的主要类型
- 消费信贷的策略

"积谷防饥，养儿防老"反映了我国人们朴素的储蓄思想。储蓄可以帮助人们实现大件商品的消费和应对一般风险，但某些大件商品如房屋，由于金额巨大，如果仅靠储蓄来进行消费，则要等很多年才能实现，如果人们借助消费信贷，则可以使人们能提前获得这些商品。消费信贷的实质是用明天的收入完成今天的消费。本章主要向大家介绍储蓄和消费信贷的有关知识和技巧。

案例导入

某白领小曹感到非常困惑，父母是普通职工，收入并不高，现在也早就退休在家，可是他们不仅把家中管理得井井有条，还存下了不少的积蓄。可是自己呢？虽说收入不算少，用钱不算多，可是工作几年下来，竟然与"月光族"、"年清族"没有什么两样。不仅买房拿不出钱来供首付，而且没有储蓄和投资。如何买房、如何合理地安排消费信贷，小曹茫然无知。小曹应该如何做呢？

消费贯穿个人的一生，因此对现金、储蓄、消费及债务的管理非常重要，其目的在于合理地安排收入和支出，并达到个人财富积累的目标与投资获利的需求。一个全面的个人理财规划涉及现金、储蓄、消费及债务管理等解决客户资金节余的问题，这是做理财规划的起点。

核心概念

储蓄　储蓄策略　消费信贷　消费信贷策略

第一节　储蓄概述

一、储蓄的含义

储蓄是指居民将暂时不用或结余的货币收入存入银行或其他金融机构的一种存款活动。在我国，任何种类的储蓄都有利息收入，取用安全方便，保本安全性高，因而储蓄是人们进行理财的首要计划。

储蓄获得的利息收入主要取决于存款的类型、存款金额的大小、存期和利率。储蓄的基本原则是存期越长，利息收入越多。存款的利率一般由中央银行决定。国家根据经济发展形势，在不同的时期对利率进行调整，因而不同时期的利率是不一样的。

我国曾对储蓄存款的利息征收利息税，1999年将利息税定为20%，2007年8月税率由20%降至5%，2008年10月9日起暂免征收利息税。利息税是储蓄利息的理财成本，但并不是所有的利息收入都要纳税，国债、金融债券、教育储蓄存款以及国家确定的其他免税存款类型都属于免利息税的范围。

二、储蓄的意义

储蓄作为传统的理财方式，具有高流动性、固定收益和低风险的特点，如果合理利用这一理财工具，能够实现家庭或个人的理财目标。

首先，储蓄是所有理财的基础。个人或家庭在进行其他任何投资前，必须进行储蓄，否则，投资缺少资本来源。个人或家庭的储蓄还为建立备用金、购买大件商品，子女教育和养老基金积累金钱以实现理财目标。

其次，由于人的财务目标是多种多样的，有长期的(如养老、子女教育等)，有中期的(如购买大件商品、旅游、培训等)，还有一些不确定的需求(如医药费等)。在这些需求中，中短期的需求总是存在的，所以储蓄也就是我们经常要用到的理财方式。

最后，长期坚持合理的储蓄，能达成理财目标和人生目标。储蓄的收益虽然固定且较其他理财方式的收益要低，但如果我们长期坚持，并进行合理搭配，聚沙成塔，也能积累可观的资金，实现我们的理财目标和人生目标。改革开放前，有人将每月工资按一定比例固定的储蓄起来，坚持20年，后来存款加利息使他成为当时的"万元户"，然后他将这笔钱作为本钱，投资做小买卖，最后取得巨大的成功。

三、储蓄的特点

储蓄存款作为个人和家庭最基本的理财工具，具有以下特点。

1. 安全性高

储蓄是所有理财工具中最安全的，由于国家对金融机构的严格监管，把钱存放在银行是非常安全的。不管是国有商业银行还是股份制银行或其他吸收存款的金融机构，基本上不存在到时不能兑付的违约风险。

2. 方式期限灵活

储蓄存款的方式较多，有活期存款、定期存款、定活两便等方式，期限有不定期的活期、通知存款和定期的整存整取等，可以满足储户不同方式和时期的存款需要。

3. 操作简易

储蓄操作非常简单，开户、存取、销户，到特殊业务如挂失，流程都比较简单。对个人来说，开户和挂失等业务凭身份证即可办理。由于银行网点较多，存取业务非常方便。如果利用银行的自动存款机和自动取款机，随时随地都可以办理存款与取款业务。

4. 收益较低

相对其他的理财工具，储蓄的收益可能是最低的。由于储蓄的风险非常小，因而收益也低,储蓄的唯一收益是利息,如果国家不断降息,或征收利息税,收益就可能更低。当物价上涨的幅度大于存款的利率时,储蓄的收益将为负。

四、我国储蓄政策与原则

(一)储蓄的政策

为了发展储蓄事业,保护储户的合法权益,国家对居民储蓄一贯实行鼓励和保护的政策,保护个人合法储蓄存款的所有权以及其他合法的权益,鼓励个人参加储蓄。

(二)储蓄的原则

储蓄机构办理储蓄业务必须遵守"存款自愿,取款自由,存款有息,为储户保密"的原则。

1. 存款自愿

存款自愿,是指居民持有的现金是个人财产,参加储蓄必须出于存款人的自愿,存与不存,什么时候存,存在哪家银行,存多少,存的时间长短,选择什么储蓄种类,都由储户自己决定,银行或单位不得以任何理由加以干涉。

2. 取款自由

取款自由,是储户提取存款时,银行必须照章付款,储户可以根据需要时取出部分或全部存款,银行不得以任何理由拒绝、为难或限制,更不应加以查问或干预。

3. 存款有息

存款有息,是指银行按储户存款的期限长短和储蓄种类要支付相应的利息。银行必须按中国人民银行规定的存款利率计付利息,不能随意降低、提高利率,储户有取得利息的权利。

4. 为储户保密

为储户保密,是指储户的户名、账号、存款金额、期限、地址等均属于个人隐私,任何单位和个人没有合法手续不能查询储户的存款,银行必须为储户保密。如果因经济纠纷或案件涉及个人存款需要查询时,有关单位和个人必须依照法律程序进行。

五、个人储蓄计划的原则

1. 建立理财目标

储蓄是一项长期的投资规划,因此应该事先建立储蓄理财目标。根据理财的目标,制定自己近年内的积蓄数额,确定平时的储蓄数额。

2. 储蓄优先原则

在月初领到薪金后,首先将钱存入银行,这有利于抑制你的消费欲望,有效地控制你的支出。

3. 利率比较原则

要根据自己储蓄的用途或目的,按照各种储蓄利率的不同,采取"长短结合、统筹兼顾"的方法,尽量增加利息收益。如购买收益较高的国债,为子女就学可存些利率优惠、利息免税的教育储蓄。

4. 长期坚持原则

理财贯穿于你的一生,只要日积月累,你就一定能有一笔可观的积蓄。个人储蓄贵在坚持,尤其是零存整取储蓄更应坚持,否则收益就要大打折扣,不能完成理财目标。当然,理财就意味着善用钱财,你要根据自己的理财规划,做到适度消费,乐于享受钱财,乐于享受生活,去赢得身体的健康,去获取人生的乐趣。

【小资料】

利息税的沿革

我国现行的"利息税"实际是指个人所得税的"利息、股息、红利所得"税目,主要指对个人在中国境内储蓄人民币、外币而取得的利息所得征收的个人所得税。中国的利息税始于 1950 年,当年颁布的《利息所得税条例》规定,对存款利息征收 10%(后降为 5%)的所得税,1959 年利息税停征,1999 年根据第九届全国人民代表大会常务委员会第十一次会议《关于修改〈中华人民共和国个人所得税法〉的决定》再次恢复征收,税率为 20%,2007 年 8 月税率由 20%降至 5%,2008 年 10 月 9 日起暂免征收利息税。

(资料来源:新华网,www.xinhuanet.com,2008-07-20)

第二节 储蓄的类型

一、储蓄的种类

储蓄业务的划分有多种方式。根据客户存入的币种不同,可以分为人民币储蓄和外币储蓄;根据储户与储蓄机构的契约关系不同,可以分为活期储蓄和定期储蓄;根据储蓄的期限不同,可以分为短期储蓄和中长期储蓄;我国人民币储蓄从期限和功能角度进行分类,主要有活期储蓄、定期储蓄、通知储蓄、教育储蓄等类型。

(一)活期储蓄

活期储蓄是指不受金额和存期的限制，储户可以随时存取而又不定期限的一种储蓄存款。这种储蓄适合于个人生活待用和暂时不用款的存储。它的资金来源有个人生活待用款项和手头零星备用款、个体经营户的日常开支款项、个人证券投资的闲置款项和其他暂时不用款。

银行一般约定活期储蓄一元起存，多存不限，由银行发给储蓄卡，储蓄卡记名，凭卡支取，可以预留密码，储蓄卡可以挂失，可上银行网点存取，也可在通过网上银行转账。个人活期存款按季结息，按结息日挂牌活期利率计息。不到结息日清户时，按清户日挂牌公告的活期利率计算到清户前一日止。

活期存款用于日常开支，灵活方便，适应性强。一般将月固定收入存入活期存折作为日常待用款项，供日常支取开支，如将水电、电话等费用从活期账户中代扣代缴支付最为方便。

由于活期存款利率低，一旦活期账户结余了较为大笔的存款，应及时支取转为定期存款。另外，对于平常有大额款项进出的活期账户，为了让利息生利息，最好每两月结清一次活期账户，然后再以结清后的本息重新开一本活期存折。人民币存款利率如表4-1所示。

表4-1 金融机构人民币存贷款基准利率调整表(2014年11月22日起生效)

项 目	调整后利率/%
一、城乡居民和单位存款	
(一)活期存款	0.35
(二)整存整取定期存款	
三个月	2.35
半 年	2.55
一年	2.75
二年	3.35
三年	4.00
二、各项贷款	
一年以内(含一年)	5.60
一至五年(含五年)	6.00
五年以上	6.15
三、个人住房公积金贷款	
五年以下(含五年)	3.75
五年以上	4.25

(二)定期储蓄

定期储蓄是储户在存款开户时约定存期，一次或按期分次(在约定存期内)存入本金，整笔或分期、分次支取本金或利息的一种储蓄方式。个人定期储蓄可分为以下几种类型：整存整取、零存整取、整存零取、存本取息、定活两便和通知存款。其存取方式因类型不同而有区别。定期储蓄中，只有整存整取可办理一次部分提前支取，其他储种只能办理全部提前支取。

1. 整存整取定期储蓄

整存整取定期储蓄是指储户约定存期，整笔存入，到期一次整笔支取本金和利息的定期储蓄。

整存整取定期储蓄以 50 元起存，多存不限，其存期分为三个月、半年、一年、二年、三年、五年。本金一次存入，银行发给存单，凭存单支取本金和利息。在开户或到期之前可以向银行申请办理自动转入或约定转存业务。全部或部分提前支取的，支取部分按支取日挂牌公告的活期储蓄存款利率计息，未提前支取部分仍按原存单利率计息。逾期支取的，超过存单约定存期部分，除约定自动转存外，按支取日挂牌公告的活期储蓄存款利率计息。

整存整取定期储蓄具有如下特点。

(1) 利率较高，整存整取定期储蓄利率高于活期储蓄，是一种传统的理财工具，整存整取定期存款存期越长，利率越高。

(2) 可约定转存，储户可在存款时约定转存期限，整存整取定期储蓄到期后的本金和税后利息将自动按转存期限续存。

(3) 可质押贷款，如果定期存款临近到期，但又急需资金，储户可以办理质押贷款，以避免利息损失。

(4) 可提前支取，如果储户急需资金，亦可办理提前支取。未到期的定期储蓄，全部提前支取的，按支取日挂牌公告的活期储蓄利率计付利息；部分提前支取的，提前支取的部分按支取日挂牌公告的活期存款利率计付利息，剩余部分到期时按开户日挂牌公告的定期储蓄利率计付利息。

整存整取定期储蓄适用于较长时间不需要动用的款项。在高利率时代，存期要"中"，即将五年期的存款分解为一年期和两个两年期，然后滚动存储，如此可因利生利而收益效果最好。

在低利率时代，存期要"长"，能存五年的就不要分段存取，因为低利率取款下的储蓄收益特征是："存期越长、利率越高、收益越好"。对于那些较长时间不用，但不能确定具体存期的款项最好用"拆零"法，如将一笔 5 万元的存款分为 0.5 万元、1 万元、1.5 万元和 2 万元 4 笔，视具体情况支取相应部分的存款，避免利息损失。若遇到利率调整时，刚好有一笔存款要到期，此时若预见利率调高则存短期，若预见利率调低则要存长期，以让存款赚取高利息。

2. 零存整取定期储蓄

零存整取定期储蓄是指储户分期存入，到期一次提取本金和利息的定期储蓄存款。

零存整取定期储蓄以人民币5元起存，多存不限。零存整取存款存期分为一年、三年、五年。存款金额由客户、储户自定，每月存入一次，中途如有漏存，应在次月补齐。未补齐者视同违约，到期支取时对违约之前的本金部分按实存金额和实际存期计算利息；违约之后存入的本金部分，按实际存期和活期利率计算利息。

零存整取定期储蓄的特点有以下几点。

(1) 积少成多，可培养理财习惯，通过每月存入一定的资金可以培养理财意识和习惯，适合于中低收入者生活节余积零成整的需要。

(2) 可提前支取，虽可以办理提前支取，但需要全部取出所存资金。

(3) 可约定转存，储户可在存款时约定转存期限，零存整取定期存款到期后的本金和税后利息将自动按转存期限续存。

(4) 可质押贷款，如果定期存款临近到期，但又急需资金，储户可以办理质押贷款，以避免利息损失。

零存整取定期储蓄适用于较固定的小额余款存储，积累性强。由于这种储蓄较死板，最重要的技巧就是"坚持"，绝不能连续漏存两个月。如家庭需要添大件商品，就可以选取零存整取定期储蓄，每月坚持存入一笔钱，过一两年后，就可以实现愿望。有一些人存储了一段时间后，认为如此小额存储意义不大，就放弃了，这种前功尽弃的做法损失最大。

3. 整存零取定期储蓄

整存零取定期储蓄是指储户在存款时约定存期及支取方式，一次存入本金，分次支取本金和利息的定期储蓄。

起存金额为一千元，存期为一年、三年和五年，支取期分为一个月一次、三个月一次，半年一次。

整存零取定期储蓄的特点有以下两点。

(1) 多次支取本金，取款灵活，大额本金分为多次取出，有利于控制消费支出。

(2) 可质押贷款，如果存款临近到期，但又急需资金，储户可以办理质押贷款，以避免利息损失。

4. 存本取息定期储蓄

存本取息定期储蓄是指储户约定存期及取息期，存款本金一次存入，存款到期一次性支取本金，分期支取利息的定期储蓄。

存本取息指存款本金一次存入，约定存期及取息期，存款到期一次性支取本金，分期支取利息的业务。

存本取息定期储蓄5000元起存。存本取息定期储蓄存期分为一年、三年、五年。存本取息定期储蓄取息日由储户开户时约定，可以一个月或几个月取息一次；取息日未到不得提前支取利息；取息日未取息，以后可随时取息，但不计复息。

存本取息定期储蓄的特点有以下几点。

(1) 起存金额较高，存本取息定期储蓄款以5000元起存高于一般定期储蓄。

(2) 可多次支取利息，灵活方便。

(3) 可质押贷款，如果存款临近到期，但又急需资金，储户可以办理质押贷款，以避免利息损失。

(4) 可提前支取。储户需要提前支取本金时，按照整存整取定期储蓄的规定计算存期内利息，并扣除多支付的利息。

要使存本取息定期储蓄生息效果最好，就得与零存整取储种结合使用，产生"利滚利"的效果。即先将固定的资金以存本取息形式定期起来，然后将每月的利息以零存整取的形式储蓄起来。采取这种方式时，可与银行约定"自动转息"业务，免除每月跑银行存取的麻烦。

5. 定活两便储蓄存款

定活两便储蓄存款是指储户存款时不确定存期，一次存入本金随时可以支取的定期储蓄。

定活两便储蓄存款以50元起存，可以随时支取。储户开户时必约定存期，银行根据存款的实际存期按规定计算。存期不满三个月的，按天数计付活期利息；存期三个月以上(含三个月)，不满半年的，整个存期按支取日定期整存整取三个月存款利率打六折计息；存期半年以上(含半年)，不满一年的，整个存期按支取日定期整存整取半年期存款利率打六折计息；存期在一年以上(含一年)，无论存期多长，整个存期一律按支取日定期整存整取一年期存款利率打六折计息。打折后低于活期存款利率时，按活期存款利率计息。

定活两便储蓄的特点有以下两点。

(1) 存取灵活，流动性较好，既有定期之利，又有活期之便。

(2) 可质押贷款，如果存款临近到期，但又急需资金，储户可以办理质押贷款，以避免利息损失。

对于定活两便储蓄存款主要是要掌握支取日，确保存期大于或等于三个月，以避免利息损失。

(三)通知储蓄存款

通知储蓄存款是指储户存入款项时不约定存期，但约定支取存款的通知期限，支取时按约定期限提前通知银行，约定支取存款的日期和金额，凭存款凭证支取本金和利息的存款业务。

通知储蓄存款的最低存款金额为 5 万元，本金一次存入，可一次或分次支取，通知储蓄存款按提前通知的期限，分为一天通知和七天通知两个品种。支取之前必须向银行预先约定支取的时间和金额。

通知储蓄存款的特点有以下两点。

(1) 收益高，资金支取灵活，储户不仅可以获得高于活期存款的利率，并且可以随时支取存款。

(2) 专有积利存款计划，储户最短八天(七天通知存款)或两天(一天通知存款)为周期对通知存款的本金和利息进行自动滚存，并可根据实际需要定制通知存款转账周期和存期。银行还可提供自动转存定期存款服务。储户在通知存款存期结束后将本金和利息自动转存为定期存款。

通知存款最适合那些近期要支用大额活期存款但又不知道支用的确切日期的储户，例如个体户的进货资金、炒股时持币观望的资金或是节假日股市休市时的闲置资金。储户要尽量将存款定为七天的档次。假如你有 10 万元现金，拟于近期首付住房贷款，余款打算行情好时投入股市，这时就可以存七天通知存款。这样你既保障了用款时的需要，又可享受高于活期利率的利息。

(四)教育储蓄

教育储蓄是居民为其子女接受非义务教育(指九年义务教育之外的全日制高中、大中专学校、硕士和博士研究生教育)积蓄资金而每月固定存款，到期支取本息的一种零存整取储蓄存款。

教育储蓄以 50 元起存，每户本金最高限额为 2 万元，教育储蓄存期分为一年、三年、六年。六年期按开户日五年期整存整取定期储蓄存款利率计息。

教育储蓄的特点有以下两点。

(1) 税收优惠，按照国家相关政策规定，教育储蓄的利息收入可凭有关证明享受免税待遇。

(2) 积少成多，为子女积累学费，培养理财习惯。

居民有在校小学四年级(含四年级)以上学生，即可办理教育储蓄。销户时如能提供正接受非义务教育的学生身份证证明，则能享受利率优惠和免利息税的优惠，否则按零存整取储种计息。

教育储蓄的存储金额由储户自定，每月存入一次(本金合计最高为 2 万元)。中途如有漏存，须在次月补存，未补存者视为违约。到期支取时，违约之前存入的本金部分按实存金额和实际存期计息；违约之后存入的本金部分按实际存期和活期利率计息。

《教育储蓄管理办法》第七条规定：教育储蓄为零存整取定期储蓄存款，开户时储户与金融机构约定每月固定存入的金额，分月存入，但允许每两月漏存一次。因此，只要利用漏存的便利，储户每年就能减少 6 次跑银行的劳累，也可适当提高利息收入。

需要注意的是，教育储蓄逾期支取，超过原定存期的部分，按支取日活期储蓄存款利率计付利息，并按有关规定征收储蓄存款利息所得税；教育储蓄提前支取时必须全额支取。提前支取时，储户能提供"证明"的，按实际存期和开户日同期同档次整存整取定期储蓄存款利率计付利息，并免征储蓄存款利息所得税；客户未能提供"证明"的，按实际存期和支取日活期储蓄存款利率计付利息，并按有关规定征收储蓄存款利息所得税。

(五) 大额可转让定期存单储蓄

大额可转让定期存单储蓄是一种固定面额、固定期限、可以转让的大额存款定期储蓄。发行对象既可以是个人，也可以是企事业单位。大额可转让定期存单无论单位或个人购买均使用相同式样的存单，分为记名和不记名两种。两类存单的面额均有 100 元、500 元、1000 元、5000 元、10 000 元、50 000 元、100 000 元、500 000 元共八种版面，购买此项存单起点个人是 500 元，单位是 50 000 元。存单期限共分为三个月、六个月、九个月、十二个月共四种期限。大额可转让存单储蓄利率按同期同档次定期存款利率上浮 5%执行。该种存款逾期不计利息，也不得提前支取。

(六) 外币储蓄存款

外币储蓄存款包括外币活期储蓄存款和外币整存整取定期储蓄存款。

外币活期储蓄存款是指不规定存期，储户不需预先通知银行，以各币种外币随时存取款，存取金额不限的一种储蓄业务。

外币整存整取定期储蓄存款是指储户事先约定存期，以外币一次存入，到期后一次性支取本息的定期储蓄存款方式。外币整存整取定期储蓄存款期限有一个月、三个月、六个月、一年、二年。

目前我国开办的外币储蓄的品种有：美元、欧元、港币、日元、英镑、加拿大元、瑞士法郎、澳大利亚元等。外币储蓄实行与人民币存款不同的利率，如表 4-2 所示。

表 4-2　中国银行外汇存款利率表(2012 年 10 月 8 日)　　　　　年利率：%

货　币	活　期	七天通知	一个月	三个月	六个月	一　年	二　年
美元	0.0500	0.0500	0.2000	0.3000	0.5000	0.7500	0.7500
英镑	0.0500	0.0500	0.1000	0.1000	0.1000	0.1000	0.1000
欧元	0.0050	0.0050	0.0300	0.0500	0.1500	0.2000	0.2500
日元	0.0001	0.0005	0.0100	0.0100	0.0100	0.0100	0.0100
港币	0.0100	0.0100	0.1000	0.2500	0.5000	0.7000	0.7000
加拿大元	0.0100	0.0500	0.0500	0.0500	0.3000	0.4000	0.4000
瑞士法郎	0.0001	0.0005	0.0100	0.0100	0.0100	0.0100	0.0100
澳大利亚元	0.2375	0.2625	1.2400	1.3125	1.3250	1.5000	1.5000
新加坡元	0.0001	0.0005	0.0100	0.0100	0.0100	0.0100	0.0100

二、储蓄利息的计算

(一)储蓄利息的基本规定

1. 利率

储蓄存款利率由国家统一规定,中国人民银行挂牌公告。利率也称为利息率,是在一定日期内利息与本金的比率,一般分为年利率、月利率、日利率三种。年利率以百分比表示,月利率以千分比表示,日利率以万分比表示。如年利息 9 写为 9%,即每百元存款定期一年利息 9 元,月息六厘写为 6‰,即每千元存款一月利息 6 元,日息一厘五毫写为 1.5‰。目前我国储蓄存款用月利率挂牌。

为了计息方便,三种利率之间可以换算,其换算公式为

$$月利率=年利率÷12$$

$$日利率=月利率÷30$$

$$日利率=年利率÷360$$

2. 计息起点

储蓄存款利息计算时,本金以"元"为起息点,元以下的角、分不计息,利息的金额算至分位,分位以下四舍五入。分段计息算至厘位,合计利息后分以下四舍五入。

3. 不计复息

各种储蓄存款除活期(存折)年度结息可将利息转入本金生息外,其他各种储蓄不论存期如何,一律于支取时利随本清,不计复息。

4. 存期计算规定

存期计算规定如下。

(1) 算头不算尾,计算利息时,存款天数一律算头不算尾,即从存入日起算至取款前一天止。

(2) 不论闰年、平年,不分月大、月小,全年按 360 天,每月均按 30 天计算。

(3) 对年、对月、对日计算,各种定期存款的到期日均以对年、对月、对日为准。即自存入日至次年同月同日为一对年,存入日至下月同一日为对月。

(4) 定期储蓄到期日,如遇例假不办公,可以提前一日支取,视同到期计算利息,手续同提前支取办理。

(二)利息计算的方法

由于存款种类不同,具体计息方法也各有不同,但计息的基本公式不变,即利息是本金、存期、利率三要素的乘积,公式为

$$利息 = 本金 \times 利率 \times 时间$$

如用日利率计算,利息=本金×日利率×存款天数;如用月利率计算,利息=本金×月利率×月数。利息计算的方法主要分为以下几种。

(1) 一般储蓄:利息=本金×利率×存期。

(2) 零存整取储蓄:利息=月存金额×(存入的次数+1)×存入次数×月利率。

(3) 整存零取储蓄:利息=(全部本金+每次支取金额)÷2×支取本金次数×每次支取间隔×月利率。

(4) 定活两便储蓄:利息=本金×存期×利率(同档次定期利率×60%)。

【小资料】

存单安全小贴士

储蓄存单不宜和有效身份证件放在一起。储蓄存单要与身份证、印章等分开保管,以防被犯罪分子盗用后支取。要把存单的信息包括所存机构、户名、账号、存款日期、金额等记在记事簿上,以防万一,如果存单丢失或找不到,可以根据资料进行查找和办理挂失。密码勿选"特殊"数字。

(资料来源:金永红. 个人理财工具箱. 电子工业出版社,2008)

第三节 储蓄的策略

一、储蓄理财的指导思想

1. 要把储蓄作为投资的"蓄水池"

家庭除去日常开支的现金外,尽可能及时存入银行,因为手上的现金是没有任何收益的。当"蓄水池"中的金钱积累到一定程度时,再将它们转到收益更高的投资工具中。在其他投资收益兑现后,又可以转回来,等待下一个机会。由此可见,储蓄是一个资金的中转站。

2. 规划好储蓄的时间

定期储蓄存款如果提前支取,将按照活期计息,因而损失较大,所以尽量规划好资金

用度的时间，尽量避免提前支取。如遇特殊原因要提前支取定期储蓄，可采用两种办法，一是只取要用部分的金额，余款不动，继续按原储蓄存入；二是办理存单抵押贷款，对已存时间较长的存单，可采用此存单抵押贷款来解决急用资金问题。

3. 采用合理的储蓄组合

储蓄存款组合的原则是兼顾收益和日常开支的需要。定期存款利率高、收益好，而活期存款取款方便，所以一般来说应以定期为主，通知存款为辅，少量使用活期存款和定活两便存款。其中，对一时难以确定存期的大额资金应选择通知存款以兼顾收益和灵活性，较大额的存款宜开多张存单，减少提前支取的损失，对大笔长期闲置的资金应该考虑大额定期存单和大额可转让定期存单，采用零存整取的方式处理每月节余，定活两便和活期储蓄应以小额、少量为宜。

4. 充分利用优惠政策

了解国家储蓄的有关优惠政策，尽量使用免税储蓄获得较高的收益。如家庭有就读的小孩，可采用教育储蓄的方式来存款。这种储蓄有许多好处，如免除利息税、享受整存整取的利率、可申请助学贷款的优先权。

二、储蓄存款的技巧

1. 阶梯存储法

假如你持有 3 万元，可分别用 1 万元开设一至三年期的定期储蓄存单各一份。一年后，你可用到期的 1 万元，再开设一个三年期的存单，以此类推，三年后你持有的存单则全部为三年期的，只是到期的年限不同，依次相差一年。这种储蓄方式可使年度储蓄到期额保持等量平衡，既能应对储蓄利率的调整，又可获取三年期存款的较高利息。这是一种中长期投资，适宜工薪家庭为子女积累教育基金与婚嫁资金等。

2. 连月存储法

连月存储法即每月存入一定的钱款，所有存单年限相同，但到期日期分别相差一个月，也称 12 张存单法。这种存储方法能最大限度地发挥储蓄的灵活性，一旦急需，可支取到期或近期的存单，减少利息损失。此法不仅有利于帮助工薪家庭筹集资金，也能最大限度地发挥储蓄的灵活性。

3. 四分存储法

假如你持有 1 万元，可分存成 4 张定期存单，每张存款额应注意呈梯形状，以适应急需时不同的数额，即将 1 万元分别存成 1000 元、2000 元、3000 元、4000 元这 4 张一年期定期存单。此种存法，可避免需取小数额却不得不动用"大"存单的弊端，减少不必要的利息损失。

4. 组合存储法

组合存储法是一种存本取息与零存整取相组合的储蓄方法。假如你现有 5 万元，可以先存入存本取息储蓄户，在一个月后，取出存本取息储蓄的第一个月利息，再开设一个零存整取储蓄户，然后将每月的利息存入零存整取储蓄。这样，你不仅得到存本取息的储蓄利息，而且其利息在存入零存整取储蓄后又获得了利息。

5. 增收储蓄法

在日常生活中，遇到增薪、获奖、稿酬、亲友馈赠和其他临时性收入时，及时将这些收入存进银行，累计下来也是一笔可观的积蓄。

6. 折旧储蓄法

为了家用电器等耐用消费品的更新换代，可为这些物品存一些折旧费。在银行设立一个"定期一本通"存款账户，当家庭需要添置价值较高的耐用品时，可以根据物品的大致使用年限，将费用平摊到每个月。这样，当这些物品需要更换时，账户内的折旧金便能派上用场。

7. 缓买储蓄法

如果家庭准备添置一件高档耐用消费品或其他珍贵物品时，由于非迫切需要或实用价值不高，可缓一两年再买，先将这笔钱暂时存入银行，待消费高峰期过后，此类商品价格必然会回落，那时就可以买便宜货。

8. 降档储蓄法

在准备购买一件较贵重的物品时，也可以购买档次较低一些的商品，把省下来的钱存入银行。

9. 滚动储蓄法

每月将结余的钱存为一年期的整存整取定期储蓄，存储的数额可根据家庭的收入而定，存满一年为一周期。一年后第一张存单到期，便可取出储蓄本息，再凑个整数，进行下一轮的周期储蓄，一次循环往复，手头始终是 12 张存单，每月都可以有一定数额的资金收益，储蓄数额滚动增加。滚动储蓄可选择一年期，也可选择三年期或五年期定期储蓄。一旦有资金急需时，只要支取到期或近期所存的储蓄就可以，也可以减少利息损失。

【点石成金】

现在可以试着为本章开篇的白领小曹提出一些关于普通定期存款策略的建议，如下。

普通定期存款要多采用"自动续、转、存"方法。现代生活中由于人们工作生活事务繁忙，并不很清楚能记得家中哪几笔存款哪些天到期，而按银行计息规定到期后逾期未取时间一律按活期利率计息，故若你存款到期后忘记了去转存，且金额较大、又逾期时间很长的话将会蒙受较大的利息损失。因此，建议你在存定期储蓄时要多采用与银行约定"自动续(转)存"方法，银行对自动续(转)存的存款以转存日的利率为计息依据。这样既可避免到期后忘记转存而造成不必要的利息损失，又能为你省却跑银行转存的辛苦。特别是遇降息时，自动续(转)存可保证恰恰到期的大额储户的最大利益，如是期限长、金额大的自动续(转)存收益将更为可观。

三、家庭储蓄策略

1. 选择合理的存期

目前，人民币存款利率较低，再次降息的可能性已很小。存期的选择上应以存中短期为主，对大额不动的资金可选存一年至两年期，小额不动的资金可选存半年至一年期，届时可应急。

2. 大额短期存款采用通知存款

通知存款存款存取灵活、利率要高于同期的定活两便储蓄，是一年内难以确定存期的个人大额闲置资金的最佳储种。

3. 定期存款采用自动续存方法

按银行计息规定到期后逾期未取的时间一律按活期利率计息，如果储户存款到期后忘记了去转存，且金额较大，又逾期时间很长的话将会蒙受较大的利息损失。因此，在存定期储蓄时，要多采用与银行约定"自动续存"方法，银行对自动续(转)存的存款以转存日的利率为计息依据。这样既可避免到期后忘记转存而造成不必要的利息损失，又能省却跑银行转存的辛苦。

4. 多用储蓄卡

每月将必需的生活资金大部分都打入储蓄卡，对大到购买家用电器，平常出差、旅游、购衣、缴费等，小到在超市里买日用消费品、油米酱醋茶等，凡能使用储蓄卡结算的都全部划卡结账，既方便、清洁、安全，由此带来的额外收益也十分可观：一是储蓄卡内的活期资金存款可带来利息收入；二是银行对持卡消费实行"消费积分奖励"，可获得奖品。

5. 外币储蓄

外币存款存在利率差距，外币储蓄时要按货币汇率稳定，存款利率又高的选储原则，要选择利率浮动高的银行，存期选择应短平快，一般不要超过一年，以3~6个月较合适，一旦利率上调，就可到期转存。

6. 为孩子存教育储蓄

教育储蓄利率优惠、利息免税、收益高，与普通储蓄相比较为优惠。该储蓄存、贷结合，今后升学遇资金困难，可向开户银行优先申请"助学贷款"。其一年期、三年期适合有初中、高中以上学生的家庭开户，六年期的适合有小学 4 年级以上学生的家庭开户。

【小资料】

储蓄理财 5W 原则

储蓄理财 5W 原则帮助人们进行合理的储蓄存款安排。为什么要存款(Why)，也就是存款的用途；存什么(What)，日常生活的费用，需随存随取，可选择活期储蓄，长期不动的存款，根据用途合理确定存期是理财的关键；什么时候存(When)，利率相对较高的时候是存款的好时机，利率低的时候，则应多选择凭证式国债或中、短期存款的投资方式；在何处存(Where)，如今银行多过米铺，选择到哪家银行存款非常重要；什么人去存(Who)，夫妻双方对理财的认识和掌握的知识不同，会精打细算、擅长理财的一方，应作为和银行打交道的"内当家"。

(资料来源：经济参考报，2002-08-12)

第四节 消费信贷概述

一、消费信贷的含义

消费信贷是商业企业、银行或其他金融机构对消费者个人提供的贷款，主要用于消费者购买耐用消费品、房屋和各种劳务。消费信贷以消费者未来的收入作为发放贷款的基础，通过信贷方式预支远期消费能力，来满足消费者当前的消费需求。

1998 年以来，为支持扩大内需，我国商业银行开始大力拓展消费信贷业务，已经开办的消费贷款种类主要有住房贷款、汽车贷款、家电等耐用消费品贷款和助学贷款等。目前在商业银行贷款结构中，消费信贷比例明显上升，对促进消费、拉动经济增长起到了积极作用。

二、消费信贷的特点

和其他贷款相比，消费信贷具有如下特点。

1. 贷款的对象为个人与家庭

消费信贷以自然人为特定信用对象，而非一般的法人或组织。

2. 贷款用途的消费性

贷款用途的消费性是指消费信贷用于购买个人和家庭的各类消费品，以消费性需求为目的，而非以营利为目的。

3. 贷款额度的小额性

消费信贷一般只有较小信用额度，通常在 1000 元至 50 万元之间，不大量占用银行的信贷资金。

4. 贷款期限的灵活性

消费信贷期限灵活，一般在 6 个月至 5 年，部分信贷期限相对较长，如个人住房贷款期限最长可达 30 年。

三、消费信贷的分类

根据不同的分类标准，消费信贷可以分为以下几类。

1. 根据是否需要事先申请划分

根据是否需要事先申请划分，消费信贷可分为封闭式信贷和开放式信贷。

封闭式信贷的使用必须事先申请，用于特定的用途，以合同形式规定偿还金额、偿还条件、偿还次数等。封闭式信贷一般有各种抵押贷款等。开放式信贷无须像封闭式信贷那样需事先申请，只要不超过信用额度，可以循环发放，循环使用，部分付款根据定期邮寄的账单缴付。开放式信贷主要有旅游与娱乐卡、百货商店发行的卡和银行信用卡。

2. 根据消费信贷的提供者划分

根据消费信贷的提供者划分，消费信贷可分为商业信贷和银行信贷。

商业信贷是由零售商等向消费者提供的用于购买商品，主要是耐用消费品的贷款；银行信贷，是由银行和其他金融机构提供的用于购买各种消费品或其他用途的贷款。

3. 根据消费信贷的用途划分

根据消费信贷的用途划分，消费信贷可分为商品信贷、服务信贷和其他用途信贷。

商品信贷是指用于购买各种商品如住房、汽车、电脑等耐用消费品和非耐用消费品的贷款。服务信贷是指用于支付旅游、教育、医疗等服务费用的贷款。

4. 根据消费信贷的担保情况划分

根据消费信贷的担保情况划分，消费信贷可分为信用贷款和担保贷款。

信用贷款是消费信贷的提供者基于消费者的信用而发放的贷款，借款人仅仅提供一种书面的还款承诺就可以获得贷款。担保贷款除了书面承诺外，还需要由借款人提供某种财产作为抵押担保。

5. 根据消费信贷的还款方式划分

根据消费信贷的还款方式划分，消费信贷可分为分期付款贷款和非分期付款贷款。

分期付款贷款是一般按周、月偿还一定金额的贷款，主要用于支付消费者购买汽车、家电等耐用消费品。非分期付款贷款即为在规定的期限内一次还清贷款，一般用于低值商品贷款。

6. 根据消费信贷的期限划分

根据消费信贷的期限划分，消费信贷分为长、中、短期消费信贷。

长期消费信贷是指十年以上的贷款，主要是住房抵押贷款；中期消费信贷是指一年以上十年以下的贷款；短期消费信贷一般是指一年以内的贷款。

四、消费信贷的作用

消费信贷不管是对金融机构、生产部门和商业部门，还是对消费者，都起着重要的积极作用，它能促进生产与消费的良性互动，推动整个社会经济稳步发展。具体来说，消费信贷的作用主要体现在以下几方面。

1. 消费信贷促进了金融机构业务拓展

消费信贷业务的开展拓宽了金融机构的业务，金融机构从消费信贷业务中获得了不菲的收入。不仅如此，接受消费信贷的客户还有可能成为金融机构其他业务的潜在客户，为金融机构扩大其他新的服务业务，为占领新的金融市场打下坚实的客源基础。因此，金融机构对消费信贷的开展十分感兴趣，从而不断推出新的消费信贷品种，提高服务质量。

2. 消费信贷促进了商品在流通环节的顺利实现

生产部门是产品的生产者，商业部门是产品的销售者，如果没有实现从产品到商品转换，则生产者和销售者都不可能获取利润。消费信贷则能使购买力不足的消费者变成现实的消费者，成为实现从产品到商品转换的"助推器"。

3. 消费信贷促进了消费者生活水平的提高

消费信贷的蓬勃发展，主要在于它使消费者既能提前享受到高水平的物质文化生活，又不会对今后的生活水平造成多大的不利影响，使人们在自己的生命周期内基本上能保持一种较高且较平稳的生活水平，从而使消费者的整体生活质量达到令人满意的程度。

【小资料】

> **贷款中的基本术语**
>
> 贷款金额：借款的金额，也叫本金或贷款额；贷款利率：贷款利率一般由国家统一规定；贷款利息：由借款人支付给贷款人；贷款期限：还清本金和利息的时间长度；还款期：还款的周期；抵押：一种以还贷为前提条件、从借款人到贷款人的资产权利转移，该权利是对借款人享有赎回权的债权偿还的保证。
>
> (资料来源：韦耀莹. 个人理财. 东北财经大学出版社，2007)

第五节 消费信贷的主要类型

一、封闭式信贷

目前，我国商业银行个人消费信贷除信用卡外都是封闭式信贷，刚处于起步阶段，种类还不是很多，主要有以下几种类型。

1. 个人小额短期信用贷款

个人小额短期信用贷款是指银行为解决借款人临时性的消费需要发放的期限在一年以内、金额在2万元以下、无须提供担保的人民币信用贷款。

贷款对象：借款人是贷款银行所在地常住户口居民、具有完全民事行为能力的中国公民。

贷款条件：有正当的职业和稳定的经济收入(月工资性收入需在1000元以上)，具有按期偿还贷款本息的能力；借款人所在单位必须是由贷款人认可的并与贷款人良好合作关系的行政及企、事业单位且需由贷款人代发工资；遵纪守法，没有违法行为及不良信用记录。

贷款金额：起点为2000元，不超过借款人月均工资性收入的6倍，且最高不超过2万元。

贷款期限：小额短期信用贷款贷款期限在一年(含一年)以下，该贷款一般不能展期。

贷款利率：按照中国人民银行规定的同期贷款利率计算。

2. 个人综合消费贷款

个人综合消费贷款是贷款人向借款人发放的不限定具体消费用途、以贷款人认可的有效权利质押担保或能以合法有效房产作抵押担保，借款金额在 2000 元至 50 万元、期限在六个月至三年的人民币贷款。

贷款对象：在贷款银行所在地有固定住所、有常住户口或有效居住证明、年龄在 65 周岁(含 65 周岁)以下、具有完全民事行为能力的中国公民。

贷款条件：有正当职业和稳定的收入，具有按期偿还贷款本息的能力；具有良好的信用记录和还款意愿，无不良信用记录；能提供银行认可的合法、有效、可靠的担保；有明确的贷款用途，且贷款用途符合相关规定；符合银行规定的其他条件。

贷款金额：贷款额度由银行根据借款人资信状况及所提供的担保情况确定具体贷款额度。以个人住房抵押的，贷款金额最高不超过抵押物价值的 70%；以个人商用房抵押的，贷款金额最高不超过抵押物价值的 60%。

贷款期限：贷款期限最长不超过五年，贷款用途为医疗和留学的，期限最长可为八年(含八年)，不展期。

贷款利率：贷款利率按照中国人民银行规定的同期同档次期限利率执行。

还款方式：贷款期限在一年(含一年)以内的，可采用按月还息，按月、按季、按半年或一次还本的还款方式；期限超过一年的，采用按月还本付息方式。

3. 国家助学贷款

国家助学贷款是由政府主导、财政贴息，银行、教育行政部门与高校共同操作的专门帮助高校贫困家庭学生的银行贷款。借款学生不需要办理贷款担保或抵押，但需要承诺按期还款，并承担相关法律责任。借款学生通过学校向银行申请贷款，用于弥补在校学习期间学费、住宿费和生活费的不足，毕业后分期偿还。

贷款对象：中华人民共和国境内的(不含香港和澳门特别行政区、台湾地区)全日制普通本、专科生(含高职生)、研究生和第二学士学位学生。

贷款条件：具有完全民事行为能力(未成年人申请国家助学贷款须由其法定监护人书面同意)；诚实守信，遵纪守法，无违法违纪行为；学习努力，能够正常完成学业；因家庭经济困难，在校期间所能获得的收入不足以支付完成学业所需基本费用(包括学费、住宿费、基本生活费)。

贷款金额：按照每人每学年最高不超过 6000 元的标准，总额度按正常完成学业所需年度乘以学年所需金额确定，具体额度由借款人所在学校按本校的总贷款额度、学费、住宿费和生活费标准以及学生的困难程度确定。

贷款期限：借款学生应在毕业后六年内还清贷款本息。国家鼓励毕业后收入较好的借款学生提前还清贷款本息。

贷款利率：国家助学贷款利率按照中国人民银行公布的法定贷款利率执行。借款学生在校期间的国家助学贷款利息由国家财政全部补贴；借款学生毕业后的利息及罚息由学生本人全额支付。

贷款发放：分按年、按月两种方式发放。学费贷款按年发放，生活费贷款按月发放。

4．个人汽车贷款

个人汽车贷款是商业银行向个人发放的用于购买汽车的人民币贷款，也叫汽车按揭。

贷款对象：借款人是贷款行所在地常住户口居民、具有完全民事行为能力的中国公民。

贷款条件：借款人具有稳定的职业和偿还贷款本息的能力，信用良好，能够提供可被认可的资产作为抵押、质押，或有足够代偿能力的第三方作为还贷款本息并承担连带责任的保证人。

贷款金额：车辆为自用车的，贷款金额不超过所购汽车价格的80%；车辆为商用车的，贷款金额不超过所购汽车价格的70%。其中，商用载货车贷款金额不得超过所购汽车价格的60%。

贷款期限：车辆为自用车，最长贷款期限不超过五年；车辆为商用车，贷款期限不超过三年。

贷款利率：按照商业银行的贷款利率规定执行。

还款方式：贷款期限在一年以内的，可以采取按月还息任意还本法、等额本息还款法、等额本金还款法、一次性还本付息还款法等方式；贷款期限在一年以上的，可采取等额本息、等额本金还款法。具体还款方式由经办行与借款人协商并在借款合同中约定。

5．个人住房贷款

个人住房贷款是指银行向借款人发放的用于购买自用普通住房的贷款。借款人申请个人住房贷款时必须提供担保。目前，个人住房贷款主要有委托贷款、自营贷款和组合贷款三种。

贷款对象：具有完全民事行为能力的中国公民，在中国内地有居留权的具有完全民事行为能力的港澳台自然人，在中国内地境内有居留权的具有完全民事行为能力的外国人。

贷款条件：有合法的身份；有稳定的经济收入，信用良好，有偿还贷款本息的能力；有合法有效的购买、建造、大修住房的合同、协议以及贷款行要求提供的其他证明文件；有所购住房全部价款 30%以上的自筹资金(对购买自住住房且套型建筑面积 90 平方米以下的，自筹资金比例为 20%)，并保证用于支付所购住房的首付款；有贷款行认可的资产进行抵押或质押，或(和)有足够代偿能力的法人、其他经济组织或自然人作为保证人。

贷款额度：最高为所购(建造、大修)住房全部价款或评估价值(以低者为准)的 80%。

贷款期限：一般最长不超过 30 年。

贷款利率：按照中国人民银行和中国银行业监督管理委员会的相关利率政策执行。

6. 个人旅游贷款

个人旅游贷款是指贷款人向借款人发放的，用于本人或家庭共有成员支付特约旅游单位旅游费用的人民币贷款。

贷款对象：在中国境内有固定住所、具有完全民事行为能力的中国公民。

贷款条件：具有完全民事行为能力；有当地常住户口或有效居住身份，有固定的住所；有正当职业和稳定的收入来源，具备按期偿还贷款本息的能力；提供贷款人认可的财产抵押、质押或具有代偿能力的第三方连带责任的保证；在贷款人处开立专用存款账户和银行卡账户，并存有不低于旅游费用总额20%的首期付款额。

贷款额度：个人旅游贷款额度最高不得超过旅游费用总额的80%。

贷款期限：个人旅游贷款期限最长不超过两年。

贷款利率：个人旅游贷款利率按照中国人民银行规定的同期贷款利率执行。

二、开放式信贷

开放式信贷主要有旅游与娱乐卡、百货商店发行的卡和银行信用卡，本节主要介绍银行信用卡。

(一)信用卡的含义

信用卡是商业银行面向个人和单位发行的，凭以向特约单位购物、消费和向银行存取现金的信用凭证。

信用卡是具有消费信用的特制载体卡片，其形式是一张正面印有发卡银行名称、有效期、号码、持卡人姓名等内容，背面有磁条、签名条的卡片。

信用卡按是否向发卡银行交存备用金分为贷记卡、准贷记卡两类。其中，贷记卡是指发卡银行给予持卡人一定的信用额度，持卡人可在信用额度内先消费、后还款的信用卡；准贷记卡是指持卡人须先按发卡银行要求交存一定金额的备用金，当备用金账户余额不足支付时，可在发卡银行规定的信用额度内透支的信用卡。

(二)信用卡的功能

信用卡的主要功能包括支付结算和信用融资。

1. 支付结算功能

信用卡的支付结算功能主要表现为持卡人可以用信用卡在特约单位进行购物和消费。发卡机构根据承担的责任和业务成本向持卡人收取信用卡年费。目前，我国信用卡普通卡的年费一般介于20～200元之间。

2. 信用融资功能

信用卡的信用融资功能表现为发卡机构向持卡人核定一个信用额度，在额度内持卡人无须任何存款即可购物消费或提取现金(一般贷记卡取现额度为信用额度的 50%)。具体来讲，信用卡的信用融资功能表现在以下几方面。

1) 信用额度

信用额度指银行根据信用卡申请人的信用记录、财务能力等资料为申请人事先设定的最高信用支付和消费额度。发卡机构将根据持卡人信用状况的变化定期调整信用额度。

2) 免费融资

贷记卡持卡人用贷记卡进行支付，可享受免息还款期待遇。即持卡人用贷记卡消费后，从银行记账日至发卡银行规定的到期还款日之间为免息还款期。如果持卡人在发卡机构规定的还款日之前偿还所有消费融资，则享受免息还款期的优惠。一般情况下免息还款期最长为 50 余天，最短为 20 余天。

如果贷记卡持卡人在规定的还款日只偿还了最低还款额或未能支付上月所有信用卡消费，或超过发卡银行批准的信用额度用卡时，则不再享受免息还款期待遇，即从银行记账日起，所有消费金额均要支付利息。另外，贷记卡持卡人支取现金、准贷记卡透支，均不享受免息还款期和最低还款额待遇，应当支付现金交易额或透支额自银行记账日起的透支利息。发卡银行对贷记卡持卡人未偿还最低还款额和超信用额度用卡的行为，分别按最低还款额未还部分、超过信用额度部分的 5%收取滞纳金和超限费。

3) 循环信用功能

循环信用功能只适用于贷记卡，指持卡人在免息期内只需还一个最低还款额，便可重新恢复部分信用额度，在有效期内继续用卡。

(三)信用卡与借记卡的区别

借记卡是由商业银行向社会发行的，具有转账结算、存取现金、购物消费等功能的支付结算工具。借记卡不具备透支功能，持卡人须预先存入资金，卡内存款按相应存期支付存款利息。信用卡与借记卡的区别如表 4-3 所示。

表 4-3 信用卡与借记卡的区别

信 用 卡	借 记 卡
信用卡先消费后还贷	借记卡先存款后使用
信用卡可透支	借记卡不可透支
信用卡有循环信用额度	借记卡无循环使用额度
信用卡在最后还款日前全额还款的，享有免息还款期	借记卡没有免息期
信用卡存款不计息	借记卡存款按储蓄利率计息

(四)信用卡的使用

信用卡先消费后付款的性质实际上是为持卡人提供了信用融资服务,从某种意义上讲,它相当于个人向银行的"借款"。如果某人只用现金支付,那么当他发现钱包里的现金越来越少时,他会有意识地控制支出,但当他使用信用卡付款时,这种"自我约束机制"相对较弱,比较容易超出计划超出预算消费。因此,使用信用卡进行购物等消费支出时,一定要谨慎使用信用卡的融资功能。超计划消费很容易造成信用卡拖欠,给自己的信用记录造成不良影响。下面介绍几个信用卡融资功能中常用到的术语。

1. 可用额度

可用额度是指持卡人可使用的信用额度,是指在两次付款期间内,持卡人可以用信用卡支付的最高消费限额,即持卡人所持的信用卡还没有被使用的信用额度。若要超出此额度消费,一方面要获得发卡机构的授权,另一方面发卡机构要收取更高利息。

2. 免息还款期

贷记卡非现金交易中,从银行记账日起至到期还款日之间的日期为免息还款期,一般情况下最长 50 余天,最短 20 余天。在此期间,持卡人只要全额还清当期对账单上的本期应还金额,便不用支付任何非现金交易中由银行代垫给特约商户资金的利息(预借现金则不享受免息优惠)。

3. 最低还款额

最低还款额是指使用循环信用时最低需要偿还的金额。最低还款额计算公式为:信用额度内消费款的 10%+预借现金交易款的 100%+前期最低还款额未还部分的 100%+超过信用额度消费款的 100%+费用和利息的 100%=最低还款额。如果持卡人连续两次未能还清最低还款额,银行一般会将其记为不良记录。

4. 应付利息

如果贷记卡持卡人在免息还款期内未还清所有消费金额,发卡行要计收利息。贷记卡使用额度按月计收复利、准贷记卡透支按月计收单利,利率一般为日利率 0.5‰。对于贷记卡的信用消费,一般可以有最多 50 余天的免息期;但对于提取现金,从取现即日起按日利率 0.5‰收取利息,折合年利率为 18%,远高于银行的各种贷款利率。

如果使用循环信用功能,就会以每笔消费本金计算循环信用利息,一般是自交易记账日起至到期还款日为止计算计息天数。按照目前中国人民银行的规定,信用卡的循环年利率近 18%(一年短期贷款基准利率为 5.58%),是普通商业贷款利率的三倍多。因此,一旦动用循环信用,所付出的循环利息成本将十分巨大。

(五)巧用信用卡理财

每一张信用卡都特色鲜明，消费者只要稍加留意，使用得当，就能享受更多的方便快捷，享受这个省钱赚钱的理财好帮手，实现个人理财的目的。使用信用卡，并不是简单的支出，发挥其借贷功能，还可以换取资金的周转便利。同时，根据信用卡每月的对账单，可以对自己的消费形态有个基本认识，哪些该消费、哪些可以延后消费、哪些根本不必消费，从而看出每项支出的必要性，进而控制消费，节省费用，做到理性消费。

【小资料】

信用卡的申请

在中国内地依法成立的法人或其他单位组织可申领单位卡，单位持卡人须由申领单位法定代表人书面指定。具有完全民事行为能力和稳定可靠的经济收入来源的个人，可凭有效身份证申领个人卡主卡。申领贷记卡须填写申请表，提供有关资信证明，交发卡银行审批。发卡银行根据申请人的资信情况审批发卡，并有权在认为必要时，要求申请人提供保证人担保或交存一定数量的保证金。发卡银行对获准发卡的持卡人授予信用额度，并将其信用额度书面通知持卡人。

(资料来源：招商银行网站，www.cmbchina.com，2009-11-24)

第六节 消费信贷的策略

一、消费信贷的原则

1. 消费信贷需要在负债能力之内的原则

在进行消费信贷前，需要了解自己的负债能力。负债能力就是借款人现在及可预见的未来经济状况下，能够按照协议要求偿还借款的能力。借款人在借款时需要考虑自己目前的经济状况以及未来的经济状况，也就是短期还款能力和长期偿付债务的能力。例如，住房贷款的首付款，就是对短期流动性资金的考验，必须一次性付清首付款，才能获得住房贷款。同时，以后每个月的还款额，是未来支出中的经常项目，也必须有足够的收入来保障，只有满足这两个条件，财务状况才能保持平衡。否则，就会出现过度负债或借款太多的问题，如不及时平衡就会对财务状况造成不良影响。

2. 贷款期限与资产的生命周期相匹配的原则

贷款的期限就是还清本金和利息的时间长度。资产或商品的生命周期就是资产或商品的平均使用年限。如汽车，一般平均年限在 5～8 年，则汽车的生命周期为 5～8 年；住房至少使用 30 年以上，则房子的生命周期超过 30 年；一般百货或易耗品，基本就是现买现消费，所以它们的生命周期为零。根据贷款期限与资产的生命周期相匹配的原则，住房贷款期限最长，一般可达 30 年，汽车贷款的期限一般在 5 年以下，其他消费就不需要贷款，最好现金支付，就算信用卡透支消费的，也需要及时还款。

3. 保持良好的信用的原则

消费信贷就是消费信用贷款，其中的信用是贷款能实现的重要保证之一。所以怎么获得信用并保持良好的信用记录是以后贷款成功的关键。衡量信用的主要标准就是以往的还款记录以及家庭资产状况。如果以前所有的借款都能及时偿还，且保持健康的财务状况，则信用评分就高，获得贷款的机会就多。

【点石成金】

现在可以试着为本章开篇的白领小曹介绍个人申请综合消费信贷的过程。

个人申请综合消费信贷的过程如下：申请贷款前最好找咨询投资顾问咨询；准备提交个人材料前，信用调查记录是必须填写的，包括基本资料、收入情况、准备贷款的额度和期限、贷款用途等；如果信用调查记录显示没有问题，才可以提交身份证明和收入证明；提交个人材料后便可填写申请表，然后由银行审批，获批之后贷款将直接发到申请人的银行账户上，然后按月还款即可。

二、消费信贷的策略

1. 做好偿债计划

消费信贷的主要功能是帮助人们先获得享受后付款，比如，如果没有房贷则购房计划可能要延后很多年才能实现，汽车贷款与分期付款能让我们提前实现特定的目标，信用卡则让我们提前享受一般性需求的非特定目标。因而，要想先获得享受后付款，一定要做好偿债规划。

消费信贷有时是必要的理财方案，只要有合理的还款计划，就可以贷款。如果在任何情况下，都不贷款，会错失投资机会与降低整个人生生涯的效用。如果在收入持续增加的情况下，在能力许可的范围内，先享受后付款仍为合理的理财行为。如果非常确定自己的收入可持续增加时，为了平衡人生不同阶段的生活水准，即使是高利率消费贷款，也可以在一定时间还清，并开始积累净资产。

2. 搞好信用管理

（1）将贷款控制在合理的比例范围内，一般用贷款安全比率来衡量，计算公式为

$$贷款安全比率=每月还债支出/月现金净收入$$

消费信贷安全比率的上限，如果包括房贷一般可设定为35%，不包括房贷可设定为20%。若每月只还银行规定的最低还款金额，则贷款安全比率应该在5%，且这种情况不应该持续3个月以上。如果信用卡负债的最低还款额占净收入的比率已达30%以上，则信用危机迫在眉睫。

（2）做好贷款计划还清年数。低利率的房屋贷款建议用等额本息还款法，20年还清。高利率的信用卡贷款，建议用等额本金偿还法在一年以内加速还清，免得影响长期理财计划。

合理利用借款额度运用比率。假如银行给你的信用额度，已经运用超过50%，应该开始控制，不要再增加新增贷款。假如已经超过70%，则必须开始采取加速还本计划，否则额度运用到100%，那么刷爆信用卡只是时间问题。

（3）要建立良好的个人信用。信用卡的"信用"二字是有实质意义的。持卡人使用信用卡的消费状况及还款记录，都将成为日后银行评估消费者信用风险的重要依据。特别是，目前银行愈来愈重视对现有客户的再销售工作。如果能善用信用卡建立良好的信用记录，未来向银行申请其他种类的信贷(如房贷、车贷)时，会比没有信用记录的人享有更优惠的待遇或者条件，程序也会简便得多。

维持个人良好信用记录的最好办法就是准时还款。如果工作忙容易忘记还款，可办理自动转账扣款。如果确实存在客观原因无法准时还款，则应迅速与发卡银行联络并说明处境，发卡银行通常能配合持卡人生活上的改变或其他负债的产生而改变账单周期，且尽可能不影响持卡人的信用记录。

【小资料】

个人破产制度

个人破产，是指作为债务人的自然人不能清偿其到期债务时，由法院依法宣告其破产，并对其财产进行清算和分配或者进行债务调整，对其债务进行豁免以及确定当事人在破产过程中的权利义务关系的法律规范。目前我国尚没有个人破产制度，无法公平有序地处理个人资不抵债问题。所谓个人破产制度，通俗地讲，就是某个人在资产无法偿还自有全部债务时，通过法定程序宣布其破产并核销债务的法律制度。在裁定破产后的一定时期内，破产人只有权享受基本生活，不得进行奢侈消费和商业行为。建立个人破产制度，一方面可以使债务人摆脱旧债开始新的经济生活，另一方面也能使债权人公平获得赔偿。

（资料来源：百度百科，www.baike.baidu.com，2014-11-22）

第四章　个人储蓄与消费信贷计划

本 章 小 结

个人储蓄与消费信贷计划	储蓄概述	储蓄是指居民将暂时不用或结余的货币收入存入银行或其他金融机构的　种存款活动。 储蓄作为传统的理财方式，具有高流动性、固定收益和低风险的特点，但如果合理利用这一理财工具，能实现家庭或个人的理财目标。 储蓄具有以下特点：安全性高、方式期限灵活、操作简易、收益较低。
	储蓄种类	我国人民币储蓄从期限和功能角度进行分类，主要有活期储蓄、定期储蓄、通知储蓄、教育储蓄等类型。 储蓄利息的基本规定包括利率由国家统一规定，本金以"元"为起息点，不计复息、存期有规定。一般储蓄的计算是利息为本金、存期、利率三要素的乘积。
	储蓄策略	储蓄理财的指导思想：要把储蓄作为投资的"蓄水池"，规划好储蓄的时间，采用合理的储蓄组合，充分利用优惠政策。 储蓄存款的技巧有：存单分储法、阶梯存储法、连月存储法、四分存储法、组合存储法、增收储蓄法、折旧储蓄法、缓买储蓄法、降档储蓄法、滚动储蓄法。 家庭储蓄策略有：选择合理的存期、大额短期存款采用通知存款、定期存款采用自动续存方法、多用储蓄卡、外币储蓄、为孩子存教育储蓄。
	消费信贷概述	消费信贷是商业企业、银行或其他金融机构对消费者个人提供的贷款，主要用于消费者购买耐用消费品、房屋和各种劳务。 消费信贷具有如下特点：贷款的对象为个人与家庭、贷款用途的消费性、贷款额度的小额性、贷款期限的灵活性。
	消费信贷主要类型	封闭式信贷主要有：个人小额短期信用贷款、个人综合消费贷款、国家助学贷款、个人汽车贷款、个人住房贷款、个人旅游贷款。 开放式信贷主要有旅游与娱乐卡、百货商店发行卡和银行信用卡。
	消费信贷策略	消费信贷的原则：消费信贷需要在负债能力之内的原则，贷款期限与资产的生命周期相匹配的原则，保持良好的信用的原则。 消费信贷的策略，做好偿债计划、搞好信用管理。

思考题

一、单选题

1. 储蓄存款的特点不包括的是(　　)。
   A. 安全性高　　　　B. 操作简易　　　　C. 方式期限灵活　　D. 收益较高
2. 以下储蓄的种类中，流动性最强的是(　　)。

A. 活期储蓄存款　　B. 定期储蓄存款　　C. 通知储蓄存款　　D. 教育储蓄存款
3. 按是否需要事先申请划分，消费信贷可分为(　　)。
   A. 商业信贷和银行信贷
   B. 封闭式信贷和开放式信贷
   C. 信用贷款和担保贷款
   D. 分期付款贷款和非分期付款贷款
4. 信用卡(　　)。
   A. 无信用额度　　B. 无免息期　　C. 可以透支　　D. 存款计息

二、填空题

1. 储蓄是人们进行理财的_____计划。
2. 储蓄机构办理储蓄业务必须遵守_____、_____、_____、_____的原则。
3. 家庭暂时不用，难以确定存期的闲置资金应存_____。
4. 消费信贷以消费者_____作为发放贷款的基础。
5. 封闭式信贷的使用必须_____，用于特定的用途。
6. 消费信贷策略包括_____和_____。

三、问答题

1. 储蓄的含义及特点是什么？
2. 定期储蓄包括哪些？
3. 家庭的储蓄策略有哪些？
4. 什么是消费信贷？
5. 信用卡的使用要注意哪些事项？
6. 如何做好信用管理？

四、论述题

储蓄对个人理财为何具有重要意义？

第五章

个人风险管理与保险计划

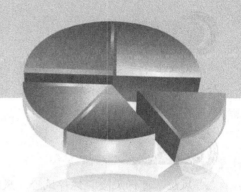

本章精粹：

- 风险的基本概念
- 保险的基本功能和类型
- 个人保险规划的基本原则和方法

人的一生中要经受各种不同的风险,风险管理的总原则是"以最小的成本获得最大的保障"。保险是处理某些纯粹风险的一种有效手段。

案例导入

刘女士今年 45 岁,先生 46 岁,有一个 18 岁的孩子。家庭年收入在 6 万左右,没有买房买车计划,只希望家庭生活稳定,听说保险可以提供风险保障,想购买又不了解,请问:刘女士一家该如何进行保险规划?

核心概念

风险　可保风险　纯粹风险　风险因素　风险事故　风险损失　风险频率　风险程度　风险成本

第一节　风险与可保风险

一、风险

"风险"一词的由来,最为普遍的一种说法是,在远古时期,以打鱼捕捞为生的渔民们,每次出海前都要祈祷,祈求神灵保佑自己能够平安归来,其中主要的祈祷内容就是让神灵保佑自己在出海时能够风平浪静、满载而归;他们在长期的捕捞实践中,深深地体会到"风"给他们带来的无法预测无法确定的危险,他们认识到,在出海捕捞打鱼的生活中,"风"即意味着"险",因此有了"风险"一词的由来。

另一种关于"风险"一词的"源出说"称,风险(RISK)一词是舶来品,比较权威的说法是来源于意大利语的"RISQUE"一词。在早期的运用中,也是被理解为客观的危险,体现为自然现象或者航海遇到礁石、风暴等事件。

作为国际标准术语的"风险",是风险管理标准的核心概念,多年来,各国对"风险"的定义存在很大的争议,各国提出的"风险"定义达十几种。大体上可概括为两种:一种定义强调风险表现为"不确定性",如 A. H. mowbray 认为"风险就是不确定性"、C. A. Williams 认为"风险是在给定的条件和某一特定的时期,未来结果的变动"、march & Shapira 认为"风险是事物可能结果的不确定性"等;而另一种定义则强调风险表现为"损失发生的不确定性",如 J. S. Rosenb 将风险定义为"损失的不确定性"、F. G. Crane 认为"风险意味着未来损失的不确定"。

若风险表现为不确定性,说明风险产生的结果可能带来损失、获利或是无损失也无获利,属于广义风险,金融风险属于此类;而风险表现为损失的不确定性,说明风险只能表现出损失,没有从风险中获利的可能性,属于狭义风险。不论是广义的定义,还是狭义的定义,都是将"风险"与"不确定性"联系在一起。

2007年召开的国际标准化组织(ISO)技术管理局风险管理工作组第四次工作组会议,采纳了我国代表提出的"风险"定义:不确定性对目标的影响,这也是从广义的角度定义的风险。

从风险管理的角度看,这个定义更具科学性。这个定义使我们认识到,风险不仅与"不确定性"相联系,而且与"目标"相联系。有些不确定性与目标并不相关,它们应该被排除在风险管理过程之外。例如,如果我们在中国某所大学实施一个校园网项目,那么华盛顿是否会发生地震这个不确定性就是不相关——谁会关心它呢?但是,如果我们的项目是重新规划中国在华盛顿的使馆,那么华盛顿是否发生地震的不确定性就相关了——它起作用了。在前一种情况下,地震仅仅是一个不相关的不确定性,而在后一种情况下,地震就是一个风险。

把风险与目标联系起来,可以使我们很清楚地看到,生活中风险无处不在。我们所做的一切事情都是为了达到一定的目标,包括个人目标(例如快乐和健康)、项目目标(包括准时并在预算内交付成果)、公司商业目标(例如增加利润和市场份额)。一旦确定了目标,在成功达到目标的过程中,就会有风险随之而来。

风险与目标之间的这种联系也可以帮助我们识别不同级别的风险,它们是基于组织中存在的不同层次的目标。例如,战略风险是指那些能够影响战略目标的不确定性,技术风险可能影响技术目标,而声誉风险则会影响声誉。

从风险的定义"不确定性目标的影响"来看,我们还可以提出另外一个问题——风险会产生什么样的影响?有些不确定性的发生会使得我们达到目标更加困难(即威胁),而有些不确定性事件的发生则会帮助我们达到目标(即机会)。当我们进行风险识别时,不仅要看到不确定性的负面影响,也需要看到不确定性的正面影响。

但是保险不是对所有的风险进行承保,存在收益性的投机风险一般不能列入可保风险之列,因此,从保险的角度看,采用狭义的风险定义更为实用。因此,本章中,我们将风险定义为"不确定性对目标造成的损失的可能性"。

二、风险因素、风险事故、风险损失

风险的组成要素包括风险因素、风险事故和风险损失。

风险因素(Risk Factor)是风险事故发生的潜在原因,是造成损失的内在或间接原因。

根据性质不同,风险因素可分为三种类型。

(1) 实质风险因素。
(2) 道德风险因素(故意)。
(3) 心理风险因素(过失、疏忽、无意)。

风险事故(Risk Accidents)是造成损失的直接的或外在的原因,是损失的媒介物,即风险只有通过风险事故的发生才能导致损失。

就某一事件来说,如果它是造成损失的直接原因,那么它就是风险事故;而在其他条件下,如果它是造成损失的间接原因,它便成为风险因素。

例如:①下冰雹,路滑发生车祸,造成人员伤亡。这里下冰雹是风险因素;②下冰雹,冰雹击伤行人。这里,下冰雹是风险事故。

在风险管理中,风险损失(Risk Loss)是指非故意的、非预期的、非计划的经济价值的减少。

通常我们将损失分为两种形式,即直接损失和间接损失。直接损失是指风险事故导致的财产本身损失和人身伤害,这类损失又称为实质损失;间接损失则是指由直接损失引起的其他损失,包括额外费用损失、收入损失和责任损失。在风险管理中,通常将损失分为四类:实质损失、额外费用损失、收入损失和责任损失。

风险是由风险因素、风险事故和风险损失三者构成的统一体,三者的关系为:风险因素是引起或增加风险事故发生的机会或扩大损失幅度的条件,是风险事故发生的潜在原因;风险事故是造成生命财产损失的偶发事件,是造成损失的直接的或外在的原因,是损失的媒介;风险损失是指非故意的、非预期的和非计划的经济价值的减少。

上述三者关系如图 5-1 所示。

图 5-1 风险组成要素之间的关系

风险是由风险因素、风险事故和风险损失三者构成的统一体,风险因素引起或增加风险事故;风险事故发生可能造成风险损失。

三、风险频率、风险程度、风险成本

风险频率(Risk-lose Frequency):又称损失频率,是指一定数量的标的,在确定的时间内发生事故的次数。

风险程度(Risk Degree):又称损失程度,是指每发生一次事故导致标的的毁损状况,即毁损价值占被毁损标的全部价值的百分比。

风险成本(Risk Cost):又称风险的代价,是指由于风险的存在和风险事故发生后人们所必须支出费用的增加和预期经济利益的减少。包括风险损失的实际成本、风险损失的无形成本、预防和控制风险损失的成本。

四、投机风险与纯粹风险

按风险的性质不同,可以把风险分为投机风险与纯粹风险。

投机风险(Speculative Risk)：是指既可能造成损害，也可能产生收益的风险，其所致结果有三种：损失、无损失和盈利。例如，有价证券，证券价格的下跌可使投资者蒙受损失，证券价格不变无损失，但是证券价格的上涨却可使投资者获得利益。还如赌博、市场风险等，这种风险都带有一定的诱惑性，可以促使某些人为了获利而甘冒这种损失的风险。在保险业务中，投机风险一般是不能列入可保风险之中的。

纯粹风险(Pure Risk)：是指只有损失可能而无获利机会的风险，即造成损害可能性的风险。其所致结果有两种，即损失和无损失。例如交通事故只有可能给人民的生命财产带来危害，而决不会有利益可得。在现实生活中，纯粹风险是普遍存在的，如水灾、火灾、疾病、意外事故等都属于纯粹风险。人们通常所称的"危险"，也就是指这种纯粹风险。由于纯粹风险只有损失的可能而无获利的机会，并且何时发生，损害后果多大，往往无法事先确定，因此，人们希望回避这种风险，如果回避不了，就设法将其转移。保险就是人们转移纯粹风险的一种主要手段。

五、风险管理

风险管理是经济单位和个人在对风险进行识别、预测、评价的基础上，优化各种风险处理技术，以一定的风险成本达到有效控制和处理风险的过程。风险管理总的原则是：以最小的成本获得最大的保障。

对风险的管理，主要是指对纯粹风险的管理。通常情况下，对风险的管理主要有以下几种途径。

1. 风险控制

风险控制(Risk Control)是指人们在面临潜在的风险时，采取措施来控制风险，即在风险发生之前，消减风险发生的条件，降低风险发生的概率；在风险发生之后，采取有效的措施，将风险可能造成的损失减少到最低限度。比如，在低层住房窗户外安上防护栏，减小失窃的可能；在易燃的物品旁边贴上小心烟火的警示标志，防止火灾的发生；安装避雷针以防雷击等。

2. 风险回避

风险回避(Risk Avoidance)是指采取措施直接回避风险，或者不去做可能导致风险的事，从而避免某种风险的发生以及由此带来的损失。比如，不将房屋建造在山谷中，而是建造在地势较高而且排水方便的地方，以回避洪灾风险；在驾驶汽车时放弃比较狭窄危险的捷径而选择比较远但是相对安全的大马路等。

风险回避是一种相对简单同时也比较彻底的风险管理方法。但是有时候消极地回避风险也意味着放弃利益。而且有时候在回避某种风险的时候，有可能产生其他新的风险。此外，有些风险是无法回避的。

3. 风险分散

风险分散(Risk Diversification)是指设法将同一风险分散到相关的多个个体上，从而使每一个体所承担的风险相对以前减少，比如通常所说的不能把鸡蛋放在同一个篮子里；或者是将具有不同风险的多个个体，按照一定的目标与规则进行排列组合，使之相互呼应与补充，从而提高每一个个体的应对风险能力，以此降低收益的不确定性，减少风险。这种管理方式最常用于资产组合投资策略的选择当中。

4. 风险保留

风险保留(Risk Retention)是指自己承担风险可能带来的损失。这种处理风险的方式常常发生在没有较好的办法处理风险的时候。比如风险回避或者转移的成本太高的时候，或者是风险损失的大小在自己的经济承受能力范围内的时候。

风险保留是一种自保险(Self Insurance)，这种处理办法比较方便和简单。比如人们常常自己承担由于感冒或者是牙痛等小疾病所带来的医疗费用。但是在风险所导致的损失较大或者无法预测的时候，这种方式的效果就会大打折扣。

5. 风险转移

风险转移(Risk Transfer)是指将风险及其可能造成的损失转移给他人。一般说来，风险转移的方式可以分为非保险转移和保险转移。

非保险转移是指通过订立经济合同，将风险以及与风险有关的财务结果转移给别人。在经济生活中，常见的非保险风险转移有租赁、互助保证、基金制度等。

保险转移是指通过订立保险合同，将风险转移给保险公司(保险人)。个体在面临风险的时候，可以向保险人交纳一定的保险费，将风险转移。一旦预期风险发生并且造成了损失，则保险人必须在合同规定的责任范围之内进行经济赔偿。

由于保险存在着许多优点，所以通过保险来转移风险是最常见的风险管理方式。但是，并不是所有的风险都能够通过保险来转移。

六、可保风险

1. 可保风险

可保风险(Insurable Risk)仅限于纯粹风险，但并非所有的纯粹风险都是可保风险。纯粹风险成为可保风险必须满足下列条件。

1) 损失程度较高

潜在损失不大的风险事件一旦发生，其后果完全在人们的承受限度以内，不会给人们带来过大的经济困难和不便。因此，对这类风险无须保险。但是对于那些潜在损失程度较高的风险事件,如火灾、盗窃等,一旦发生,就会给人们造成极大的经济困难。对此类风险事件,保险便成为一种有效的风险管理手段。

2) 损失发生的概率较小

可保风险还要求损失发生的概率较小。这是因为损失发生概率很大意味着纯保费相应很高,加上附加保费,总保费与潜在损失将相差无几。高额的保费使投保人无法承受,保险也就失去了转移风险的意义。如某地区自行车失窃率很高,有 40%的新车会被盗,即每辆新车有 40%的被盗概率,若附加营业费率为 10%,则意味着总保费将达到新车重置价格的一半。显然,自行车所有人不会愿意付出这样高的保费为自己的新车投保。

3) 损失具有确定的概率分布

计算保费时,保险人对客观存在的损失分布要能做出正确的判断。损失具有确定的概率分布是进行保费计算的首要前提。保险人在经营中采用的风险事故发生率只是真实概率的一个近似估计,是靠经验数据统计、计算得出的。因此,正确选取经验数据对于保险人确定保费至关重要。有些统计概率,如人口死亡率等,具有一定的"时效性",像这种经验数据,保险人必须不断做出相应的调整。

4) 存在大量具有同质风险的保险标的

保险的职能在于转移风险、分摊损失和提供经济补偿。所以,任何一种保险险种,必然要求存在大量保险标的。这样,一方面可积累足够的保险基金,使受险单位能获得充足的保障;另一方面根据"大数法则",可使风险发生次数及损失值在预期值周围能有一个较小的波动范围。换句话说,大量的同质保险标的会保证风险发生的次数及损失值以较高的概率集中在一个较小的波动幅度内。显然,距预测值的偏差越小,就越有利于保险公司的稳定经营。这里所指的"大量",并无绝对的数值规定,它随险种的不同而不同。一般的法则是:损失概率分布的方差越大,就要求有越多的保险标的。保险人为了保证自身经营的安全性,还常采用再保险方式,在保险人之间分散风险。这样,集中起来的巨额风险在全国甚至国际范围内得以分散,被保险人受到的保障度和保险人经营的安全性都得到提高。

5) 损失的发生必须是意外的

损失的发生必须是意外的和非故意的。所谓"意外",是指风险的发生超出了投保人的控制范围,且与投保人的故意行为无关。如果由于投保人的故意行为而造成的损失也能获得赔偿,将会引起道德风险因素的大量增加,违背了保险的初衷。此外,要求损失发生具有偶然性(或称为随机性)也是"大数法则"得以应用的前提。

6) 损失是可以确定和测量的

损失是可以确定和测量的,是指损失发生的原因、时间、地点都可被确定以及损失金额可以测定。因为在保险合同中,对保险责任、保险期限等都做了明确规定,只有在保险期限内发生的、保险责任范围内的损失,保险人才负责赔偿,且赔偿额以实际损失金额为限,所以,损失的确定性和可测性尤为重要。

7) 损失不能同时发生

这是要求损失值的方差不能太大。如战争、地震、洪水等巨灾风险，发生的概率极小，由此计算的期望损失值与风险一旦发生所造成的实际损失值将相差很大。而且，保险标的到时势必同时受损，保险分摊损失的职能也随之丧失。这类风险一般被列为不可保风险。

可保风险与不可保风险间的区别并不是绝对的。例如地震、洪水这类巨灾风险，在保险技术落后和保险公司财力不足、再保险市场规模较小时，保险公司根本无法承保这类风险，它的潜在损失一旦发生，就可能给保险公司带来毁灭性的打击。但随着保险公司资本日渐雄厚，保险新技术不断出现，以及再保险市场的扩大，这类原本不可保的风险已被一些保险公司列在保险责任范围之内。可以相信，随着保险业和保险市场的不断发展，保险提供的保障范围将越来越大。

2. 影响风险可保性的因素

1) 保费附加成本(Additional Premium Cost)

根据保险机制的内在机理，合理保费或者说公平保费可作如下分解：期望索赔成本、管理成本和公平利润。通常将期望索赔成本称为净保费或者纯保费，将其他因素统称为附加保费。纯保费用于保险事故发生后对被保险人进行赔偿和给付。附加保费以保险人的营业费用为基础计算，用于保险人的业务费用支出、手续费支出以及提供部分保险利润等。如果某种风险的附加保费成本高，将导致保险价格高昂，保险需求不多，从而影响保险损失的分摊和保险人的经营稳定。

2) 道德风险(Moral Risk)

道德风险是 20 世纪 80 年代西方经济学家提出的一个经济哲学范畴的概念，即"从事经济活动的人在最大限度地增进自身效用的同时做出不利于他人的行动"。

在保险市场，道德风险的发生有两种类型。第一种称为事前道德风险。它是指被保险人会以危险的态度来行动，而导致保险公司必须支付更多的负面结果。例如，在购买汽车的保险后，有些人可能较少锁车子或更多选择驾驶，因此增加车子被偷或发生车祸的危险性；在购买火险后，有些人可能会较少关注防火措施，有可能在床上抽烟，或忘了替换火警的电池；在有了医疗保险后，消费者对疾病发生的预防意识会降低，进而提高罹病的概率。

第二种称为事后的道德风险。它是指被保险人不用危险的态度来导致更多负面的结果，但当保险范围增加时，他们要求保险公司支付更多。例如，没有健康保险时，由于费用太高或患病不严重，有些人可能放弃医药治疗。但是健康保险变得可利用后，有些人可能要求保险提供人支付没必要发生的医药治疗费用，即在有医疗保险的情况下，消费者就医时所面对的价格降低了，因此消费者的医疗需求会增加。

3) 逆选择(Adverse Selection)

逆选择是指在买卖双方信息不对称的情况下，投保人或被保险人为获得保险金而故意隐瞒被保险人或投保人某些具有高风险因素的情况逆向选择保险公司，而使保险公司遭受的风险。例如，在根据平均疾病风险设定的费率下，因平均疾病风险大于低风险，低风险者并不愿意投保，但此平均费率却会引来大批高风险者投保，使保险公司亏本退出市场。这个问题主要是保险公司与消费者所拥有的信息不对称造成的，也就是保险公司无法区分谁是低风险者，谁是高风险者。

【小资料】

风险管理经典案例

近年来我们看到，国际上多家跨国公司因风险管理不善及欺诈事件而引致严重亏损或倒闭，同时我们也看到，企业及监管机构都在推行改革，希望能恢复投资者的信心。在此我们想通过审视安然公司、世通公司、巴林银行3个案例的事件发生经过，了解导致公司倒闭或严重损失的内控缺陷，从而总结一下应该从案例中吸取什么教训。

案例1：美国安然公司(Enron)为什么会出事儿

在2000年，安然是美国最大的石油和天然气企业之一，当年的营业收入超过1000亿美元，雇佣员工2万人，是美国《财富500强》中的第七大企业。

但就在2001年末，安然宣布第三季度获得6.4亿美元的亏损，美国证监会进行调查，发现安然以表外(投资合伙)形式，隐瞒了5亿美元的债务，亦发现该公司在1997年以来虚报利润5.8亿美元。

在此同时，安然的股价暴跌，由2001年初时的80美元跌至80美分。同年12月，安然申请破产保护令，但在之前10个月内，公司却因为股票价格超过预期目标而向董事及高级管理人员发放了3.2亿美元的红利。

安然事件发生后，在对其分析调查时发现：安然的董事会及审计委员会均采取不干预("hands—off")监控模式，没有对安然的管理层实施有效的监督，包括没有查问他们所采用"投资合伙"的创新的会计方法。事件发生之后，部分董事表示不太了解安然的财务状况，也不太了解他们的期货及期权业务。

由于安然重视短期的业绩指标，管理层的薪酬亦与股票表现挂钩，这诱发了管理层利用创新的会计方法做假，以赢取丰厚的奖金和红利。虽然安然引用了非常先进的风险量化方法监控期货风险，但是营运风险的内部控制形同虚设，管理高层常常藐视或推翻公司制定的内控制度，这是最终导致安然倒闭的重要因素。

案例2：美国世通公司(Worldcom)为什么会倒闭

世通是美国第二大电信公司，事发前他在美国《财富500强》中排名前100位。

然而就在2002年，世通被发现利用把营运性开支反映为资本性开支等弄虚作假的方法，在1998年至2002年期间，虚报利润110亿美元。

事发之后，世通的股价从最高的96美元暴跌至90美分。世通于2002年末申请破产保护令，成为美国历史上最大的破产个案，该公司于2003年末完成重组。世通的4名主管(包括公司的CEO和CFO)承认串谋讹诈,被联邦法院刑事起诉。

这是美国最大的个案,美国证监会和法院在调查中发现:世通的董事会持续赋予公司的CEO(Bernard Ebbers)绝对的权力,让他一人独揽大权,而Ebbers却缺乏足够的经验和能力领导世通。美国证监会的调查报告指出:世通并非制衡机制薄弱,而是完全没有制衡机制。世通的董事会并没有负起监督管理层的责任,该公司的审计委员会每年召开会议仅花3~5个小时,会议记录草草了事,每年只审阅内审部门的最终审计报告或报告摘要,多年来从未对内审的工作计划提出过任何修改建议。

由于世通为公司的高级管理层提供的丰厚薪酬和奖金,远多于他们对公司的贡献,这使得他们形成了一个既得利益的小圈子。这种恶性循环,最终导致世通倒闭。

案例3: 200年的英国巴林银行(Barings Bank)为何会破产

巴林银行在20世纪90年代前是英国最大的银行之一,有超过200年的历史。

1992—1994年期间,巴林银行新加坡分行总经理里森(Nick Lesson)从事日本大阪及新加坡交易所之间的日经指数期货套期对冲和债券买卖活动,累积亏损超过10亿美元,导致巴林银行于1995年2月破产,最终被荷兰ING收购。

调查中发现:巴林银行的高层对里森在新加坡的业务并不了解,在事发三年内居然无人看出里森的问题。其实,巴林银行1994年就已经发现里森在账上有5000多万英镑的差额,并对此进行了几次调查,但都被里森以非常轻易地解释蒙骗过去。

造成巴林银行灾难性厄运的原因是,巴林银行缺乏职责划分的机制,里森身兼巴林新加坡分行的交易员和结算员,这使他有机会伪造存款和其他文件,把期货交易带来的损失瞒天过海,最终造成了不可收拾的局面。

另外一个致命问题是,巴林银行的高层对财务报告不重视。巴林银行董事长Peter Barings曾在1994年说:若以为审视更多资产负债表的数据就可以增加对一个集团的了解,那真是幼稚无知。但如果有人在1995年2月之前,认真看一下巴林银行任何一天的资产负债表,里面都有明显记录,可以看出里森的问题。遗憾的是,巴林银行高层对财务报表的不重视,使之付出了高昂的代价。

新加坡政府在巴林银行调查报告结论中有这样一段话:"如果巴林集团在1995年2月之前能够及时采取行动,那么他们还有可能避免崩溃。截至1995年1月底,即使已发生重大损失,这些损失毕竟也只是最终损失的1/4。如果说巴林的管理层直到破产之前还对这件事情一无所知,我们只能说他们一直在逃避事实。"

里森在自传中也说:"有一群人本来可以揭穿并阻止我的把戏,但他们没有这么做。我不知道他们在监督上的疏忽与罪犯级的疏忽之间的界限何在,也不清楚他们是否对我负有什么责任。"

(资料来源:艾亚.安永专家剖析八大风险案例.国际融资,2005年第2期)

第二节 保险的功能及类型概述

一、保险的功能

2003年9月,保监会主席吴定富首次提出了"现代保险功能理论",认为保险的主要功能是经济补偿功能、资金融通功能和社会管理功能。根据保险的本质,保险的功能主要划分为保障功能、资金融通功能和社会管理功能。

1. 保障功能

保障功能是保险业的立业之本,最能体现保险业的特色和竞争力。保险保障功能具体体现为财产保险的补偿功能和人身保险的给付功能。

1) 财产保险的补偿

"无损失,无保险"。保险的机能在于损失的补偿,当特定灾害事故发生时,在保险的有效期和保险合同约定的责任范围以及保险金额内,按其实际损失金额给予补偿。通过补偿使得已经存在的社会财富因灾害事故所致的实际损失在价值上得以减少,在使用价值上得以恢复,从而使社会再生产过程得以继续进行。保险的这种补偿既包括对被保险人因自然灾害或意外事故造成的经济损失的补偿,也包括对被保险人依法应对第三者承担的经济责任的经济补偿,还包括对商业信用中违约行为造成的经济损失的补偿。

2) 人身保险的给付

人身保险是与财产保险性质完全不同的两种保险。由于人的生命价值很难用货币来计价,所以,人身保险的保险金额是由投保人根据被保险人对人身保险的需要程度和投保人的缴费能力,在法律允许的范围和条件下,与保险人双方协商约定后确定。因此,在保险合同约定的保险事故发生或者约定的年龄到达或者约定的期限届满时,保险人按照约定进行保险金的给付。

2. 资金融通功能

资金融通功能是保险的衍生功能。保险人为了使保险经营稳定,必须保证保险资金的保值和增值,这就要求保险人对资金进行运用。保险资金的运用不仅是必要的,而且也是可能的。一方面,由于保险保费收入与赔付支出之间存在时间滞差,为保险人进行保险资金的融通提供了可能;另一方面,保险事故的发生也不都是同时的,保险人收取的保险费不可能一次性全部赔偿出去,也就是保险人收取的保险费与赔付支出之间存在数量滞差,也为保险人进行保险资金的融通提供了可能。但是,保险资金的融通应以保证保险的赔偿与给付为前提,同时也要坚持合法性、流动性、安全性和效益性的原则。

3. 社会管理功能

保险的社会管理功能是在保险业逐步发展成熟并在社会发展中的地位不断提高和增强之后的衍生功能，具有十分丰富的内涵。

1) 社会保障管理

社会保障被誉为"社会减震器"，是保持社会稳定的重要条件。商业保险是社会保障体系的重要组成部分，在完善社会保障体系方面发挥着重要的作用。一方面，商业保险可以为城镇职工、个体工商户、农民和机关事业单位等没有参加社会基本保险制度的劳动者提供保险保障，有利于扩大社会保障的覆盖面。另一方面，商业保险具有产品灵活多样、选择范围广等特点，可以为社会提供多层次的保障服务，提高社会保障水平，减轻政府在社会保障方面的压力。此外，目前我国保险从业人员达 200 多万人，为缓解社会就业压力，维护社会稳定，保障人们安居乐业做出了积极的贡献。

2) 社会风险管理

保险公司不仅具有识别、衡量和分析风险的专业知识，而且积累了大量风险损失资料，为全社会风险管理提供了有力的数据支持。同时，保险公司能够积极配合有关部门做好防灾防损，并通过采取差别费率等措施，鼓励投保人和被保险人主动做好各项预防工作，实现对风险的控制和管理。

3) 社会关系管理

由于保险介入灾害处理的全过程，参与到社会关系的管理之中，所以逐步改变了社会主体的行为模式，为维护政府、企业和个人之间正常、有序的社会关系创造了有利条件，减少了社会摩擦，起到了社会润滑剂的作用，大大提高了社会运行的效率。

4) 社会信用管理

保险公司经营的产品实际上是一种以信用为基础、以法律为保障的承诺，在培养和增强社会的诚信意识方面具有潜移默化的作用。保险在经营过程中可以收集企业和个人的履约行为记录，为社会信用体系的建立和管理提供重要的信息资料来源，实现社会信用资源的共享。

保障是保险最基本的功能，是保险区别于其他行业的一个最基本的特征。资金融通功能是在保障功能的基础上发展起来的，是保险金融属性的具体体现，也是实现社会管理功能的重要手段。正是由于具有资金融通功能，才使保险业成为国际资本市场的重要资产管理者，特别是通过管理养老基金，使保险成为社会保障体系的重要力量。现代保险的社会管理功能是保险业发展到一定程度，并深入到社会生活诸多层面之后产生的一项重要功能。社会管理功能的发挥，有许多方面都离不开保障和资金融通功能的实现。同时，随着保险社会管理功能逐步得到发挥，将为保障和资金融通功能的发挥提供更广阔的空间。因此，保险的三大功能之间既相互独立，又相互联系、相互作用，形成了一个统一、开放的现代保险功能体系。

二、保险的类型

根据不同的标准，我们可以将保险分为若干类型。保险的分类标准很多，不同的学者、不同的教科书有不同的分法。这里主要使用以下五个标准：保险标的、被保险人、实施的形式、业务承保方式、盈利与否。

1. 财产保险与人身保险

根据保险的标的不同，保险可分为财产保险和人身保险。

财产保险是指投保人根据合同约定，向保险人交付保险费，保险人按保险合同的约定对所承保的财产及其有关利益因自然灾害或意外事故造成的损失承担赔偿责任的保险。

财产保险业务包括财产损失保险、责任保险、信用保险等保险业务。可保财产，包括物质形态和非物质形态的财产及其相关利益。以物质形态的财产及其相关利益作为保险标的的，通常称为财产损失保险，例如，飞机、卫星、电厂、大型工程、汽车、船舶、厂房、设备以及家庭财产保险等；以非物质形态的财产及其相关利益作为保险标的的，通常是指各种责任保险、信用保险等，例如，公众责任、产品责任、雇主责任、职业责任、出口信用保险、投资风险保险等。但是，并非所有的财产及其相关利益都可以作为财产保险的保险标的。只有根据法律规定，符合财产保险合同要求的财产及其相关利益，才能成为财产保险的保险标的。

财产保险的核心原则是损失补偿原则。损失补偿原则是指在财产保险中，当保险事故发生导致被保险人经济损失时，保险公司给予被保险人经济损失赔偿，使其恢复到遭受保险事故前的经济状况。简单地说，损失补偿原则包括两层含义：一是"有损失，有补偿"；二是"损失多少，补偿多少"。在实施损失补偿时，保险公司的赔偿金额将以实际损失为限、以保险金额为限、以保险利益为限，三者不一样时以低者为限。坚持损失补偿原则，一方面可以保障被保险人的利益，另一方面可以防止被保险人通过赔偿而得到额外利益，从而避免道德风险的发生。

损失补偿原则派生出来的两条重要原则：重复保险分摊原则和代位求偿原则。重复保险是指投保人就同一保险标的、同一保险利益、同一保险事故分别向两个以上保险人订立保险合同的保险。重复保险的投保人应当将重复保险的有关情况通知各保险人。在重复保险的情况下，当重复保险的保险金额总和超过保险价值，而被保险人因发生保险事故向数家保险公司提出索赔时，其损失赔偿必须在保险人之间进行分摊，被保险人所得赔偿总额不得超过其保险价值。实行重复保险分摊原则，一方面，可以防止被保险人恶意利用重复保险，在保险公司之间进行多次索赔，以获得额外利益；另一方面，可以保持保险公司应有的权利与义务的对等。常用的分摊方式有保险金额比例责任制、赔款限额比例责任制和顺序责任制。除合同另有约定外，各保险公司之间一般按照其保险金额与保险金额总和的比例承担赔偿责任。

保险代位权，又称"权益转让"，它是指由于第三者的过错致使保险标的发生保险责任范围内的损失的，保险人按照保险合同给付了保险金后，有权把自己置于被保险人的地位，获得被保险人有关该项损失的一切权利和补偿。保险人可以用被保险人的名义向第三者直接索赔或提起索赔诉讼，保险人的这种行为，就称为代位求偿；其所享有的权利，称为"代位求偿权"。保险代位权是各国保险法基于保险利益原则，为防止被保险人获得双重利益而公认的一种债权移转制度。

人身保险是以人的寿命和身体为保险标的的保险。当人们遭受不幸事故或因疾病、年老以致丧失工作能力、伤残、死亡或年老退休时，根据保险合同的约定，保险人对被保险人或受益人给付保险金或年金，以解决其因病、残、老、死所造成的经济困难。

人身保险包括人寿保险、健康保险、意外伤害保险等。人寿保险简称寿险，是以人的生死为保险标的，被保险人在保险责任期内生存或死亡，由保险人根据契约规定给付保险金的保险；健康保险也叫疾病保险，是以人的身体为保险标的，以非意外伤害而由被保险人本身疾病导致的伤残、死亡为保险条件的保险；人身意外伤害保险，是以人的身体为保险标的，以人的身体遭受意外伤害为保险条件的保险。

人身保险的给付条件是，当被保险人遭受保险合同范围内的保险事件，并由此导致死亡、伤残、疾病、丧失工作能力或保险期满、年老退休时，保险人根据保险合同的有关条款，向被保险人或受益人给付保险金。

人身保险与财产保险相比较具有一定的特殊性，主要表现在以下几个方面。

(1) 保险金额的确定。人身保险的保险标的是人的生命和身体，而人的生命或身体不是商品，不能用货币衡量其实际价值大小，因此保险金额确定不能用财产保险方法衡量。一般情况下，保险金额由投保人和保险人共同约定，其确定取决于投保人的设计需要和交费能力。

(2) 保险金的给付。人身保险属于定额给付性保险(个别险种除外，如医疗保险，可以是补偿性保险)，保险事故发生时，被保险人既可以有经济上的损失，也可以没有经济上的损失，即使有经济上的损失，也不一定能用货币来衡量。因此，人身保险不适用补偿原则，也不存在财产保险中比例分摊和代位求偿原则的问题。被保险人可同时持有若干份相同的有效保单，保险事故发生后，可从若干保单同时获得保险金。如果保险事故是由第三方造成，并依法应由第三方承担赔偿责任，那么被保险人可以同时获得保险人支付的保险金和第三方支付的赔偿金，保险人不能向第三方代位求偿。

(3) 保险利益的确定。人身保险的保险利益不同于财产保险，主要表现为：在财产保险中，保险利益具有量的规定性，而在人身保险中，人的生命或身体是无价的，保险利益也不能用货币估算，因此，人身保险没有金额上的限制；财产保险的被保险人在保险事故发生时，对保险标的应当具有保险利益；人身保险的投保人在保险合同订立时，对被保险人应当具有保险利益。

(4) 长期性。财产保险如火险等保险期间大多为一年，而人身保险大都为长期性保单，长则十几年、几十年甚或人的一生。

(5) 储蓄性。财产保险的保险期间一般较短，根据大数法则，在保险期间内(有些情况例外，如保险期间内无法确定损失程度等)，保险人向同一保单的所有投保人收取的纯保费等于保险人的赔付总额。因此，保险人无法将纯保费用于长期投资，财产保险不具有储蓄性。人身保险，尤其是人寿保险，具有明显的储蓄性。一般而言，人寿保险期间较长，采取了不同于自然保费的均衡保费交费方法，这使得在投保后的一定时期内，投保人交付的纯保费大于自然纯保费，对于投保人早期交付的纯保费大于自然纯保费的部分，保险人可以充分利用，并且获得投资收益。被保险人或投保人在保单生效的一定时间后，就可以对其保单享有一定的储蓄利益，如保单贷款、领取退保金或其他选择。

2. 个人保险与团体保险

根据承保方式的不同，保险可分为个人保险和团体保险。

个人保险是为了满足个人和家庭的人身和财产保险保障的需要，以个人作为承保对象的保险。

团体保险一般用于人身保险，它是用一份总的保险合同，向一个团体中的众多成员提供人身保险保障的保险。在团体保险中，投保人是"团体组织"，如机关、社会团体、企事业单位等独立核算的单位组织，被保险人是团体中的在职人员。已退休、退职的人员不属于团体的被保险人。它不是一个具体的险种，而是一种承保方式。团体保险包括团体人寿保险、团体年金保险、团体人身意外伤害保险、团体健康保险等。

团体保险与个人保险相比具有如下特点。

(1) 团体保险的危险选择的对象基于团体。团体保险的保险人在承保时选择的对象是团体而不是个人。因此，进行对象选择的重点是审查团体的合法性和团体成员的比例。投保团体必须是依法成立的合法组织，如各种企业、国家机关、事业单位等。投保团体中参加保险的人数，与团体中具有参加资格的总人数的比例，必须达到保险人规定的比例。通常规定，如果团体负担全体保险费，符合条件的人必须全部参加；如果团体与个人共同负担保险费，投保人数必须达到合格人数的75%以上。

(2) 团体保险的被保险人不需体检。对投保团体进行选择后，可以确保承保团体的死亡率符合正常水平，对个别具体的被保险人就不需体检了。由此，既方便了被保险人，也节省了成本费用。

(3) 团体保险的保险费率低。由于团体保险的保险手续简化，节约了大量的费用，从而降低了附加保费，毛保费自然降低。而且，团体保险的死亡率比较稳定，与个人保险的死亡率基本一致，甚至低于个人保险的死亡率，也使得团体保险的费率低于个人保险的费率。

(4) 团体保险采用经验费率。由于针对团体设定保险费率，其团体的死亡率随团体人员的工作性质不同而不同，因此，不同行业类别的团体适用不同的费率。

(5) 团体保险使用团体保险单。团体保险以集体的名义投保，投保人是组织，其使用的保险单为团体保险单，即一份总的保险单，被保险人团体成员只可以获得保险凭证，而不像个人保单那样，通常针对单个的被保险人分别开立保险合同。在团险的保险单中要明确投保人与保险人的权利与义务关系，其变更等合同行为在投保人与保险人之间进行。通常，被保险人的保险金给付通过投保人或专门的账户进行，不直接面对单个的被保险人。

(6) 团体保险的保险计划具有灵活性。团体保险的投保人是单位团体，保单使用团保单，保费统一缴纳，因此，保险人对于团体保险给予了一定的灵活性。例如，在保险期限上，可以是定期、终身、定期与终身相结合等多种方式；在保费缴纳上，投保人可以选择是趸缴、分期缴纳、趸缴与分期缴纳相结合等多种缴费方式；在被保险人方面，被保险人可以是确定的个人，也同以是约定条件下不确定的个人；在保险金的给付上，可以是定额给付，也可以是根据被保险人不同而不同的非定额给付。

3．强制保险与自愿保险

根据实施形式的不同，保险可分为强制保险和自愿保险。

强制保险又称法定保险，它是国家通过法律或行政手段强制实施的保险。强制保险的保险关系虽然也是产生于投保人与保险人之间的合同行为，但是，合同的订立受制于国家或政府的法律规定。强制保险的实施方式有两种选择：一是保险标的与保险人均由法律规定；二是保险标的由法律规定，但投保人可以自由选择保险人。强制保险具有全面性与统一性的特征，例如，机动车辆第三者责任保险、雇主责任保险、损害责任险等都属于强制保险。

自愿保险是在自愿的原则下，投保人与保险人双方在平等的基础上，通过订立保险合同而建立的保险关系。投保人根据自身需要可以自主决定是否投保、向谁投保、中途是否退保等，也可以自由选择保险金额、保障范围、保障程度和保险期限等，保险人也可以根据情况自愿决定是否承保、怎样承保。

4．原保险与再保险

根据业务承保方式的不同，保险可分为原保险和再保险。

原保险是指保险人对被保险人因保险事故所致的损失承担直接的、原始的赔偿责任的保险。

再保险是原保险人以其所承保的风险，再向其他保险人进行投保，与之共担风险的保险。

原保险与再保险之间区别有以下几点。

(1) 合同当事人不同。原保险合同的双方当事人是投保人和保险人；再保险合同的双方当事人都是保险人，即分出人与分入人，与原投保人无关。

(2) 保险标的不同。原保险合同的保险标的是被保险人的财产或人身，也就是被保险人的财产及相关利益或者人的寿命和身体;而再保险合同的保险标的是原保险人分出的责任,分出人将原保险的保险业务部分地转移给分入人。

(3) 保险合同的性质不同。原保险合同具有经济补偿性或者保险金给付性;而再保险合同具有责任分摊性或补充性。其直接目的是要对原保险人的承保责任进行分摊。

(4) 再保险合同是以原保险合同为基础的合同,但它又是脱离原保险合同的独立合同,主要表现在:再保险合同有自己独立的当事人,即原保险人和再保险人;一般情况下,再保险人不得请求原投保人交付保险费,原保险的被保险人也不得向再保险人提出赔偿要求;不论再保险人是否履行再保险赔偿义务,原保险人都应对原被保险人履行赔偿义务;当原保险人因破产或其他原因未履行赔偿原被保险人的义务时,再保险人不得因此而免除对原保险人履行的再保险赔偿义务。

5. 商业保险与社会保险

根据是否盈利的标准,保险可分为商业保险和社会保险。

商业保险是指通过订立保险合同运营,以营利为目的的保险形式,由专门的保险企业经营。商业保险关系是由当事人自愿缔结的合同关系,投保人根据合同约定,向保险公司支付保险费,保险公司根据合同约定的可能发生的事故,因其发生所造成的财产损失承担赔偿保险金责任,或者当被保险人死亡、伤残、疾病或达到约定的年龄、期限时承担给付保险金责任。

社会保险,是指收取保险费,形成社会保险基金,用来对其中因年老、疾病、生育、伤残、死亡和失业而导致丧失劳动能力或失去工作机会的成员提供基本生活保障的一种社会保障制度。社会保险是不以营利为目的的保险。

商业保险与社会保险的主要区别有以下几点。

(1) 商业保险是一种经营行为,保险经营者以追求利润为目的,独立核算、自主经营、自负盈亏;社会保险是国家社会保障制度的一种,目的是为人民提供基本的生活保障,以国家财政支持为后盾。

(2) 商业保险依照平等自愿的原则,是否建立保险关系完全由保险双方当事人自主决定;社会保险具有强制性,凡是符合法定条件的公民或劳动者,其缴纳保险费用,接受保障,都是由国家立法直接规定的。

(3) 商业保险的保障范围由投保人、被保险人与保险公司协商确定,不同的保险合同项下,不同的险种,被保险人所受的保障范围和水平是不同的;社会保险的保障范围一般由国家事先规定,风险保障范围比较窄,保障的水平也比较低,这是由它的社会保障性质所决定的。

第三节 个人保险规划的制定

一、个人风险的基本形式

从风险所损害的对象来分类,人们在日常生活中可能遇到的主要的纯粹风险有以下几种。

1. 人身风险

人身风险(Personal Risk)是指由于人的生老病死或者残疾所导致的风险。这种风险常常会造成预期收入的减少,或者是额外费用的增加。它主要表现为以下几点。

1) 意外伤害风险

意外伤害风险是指我们在日常生活中因遭受意外伤害导致收入能力丧失的风险。所以也叫收入损失风险。发生意外伤害的概率虽然较小,但它给个人及家庭带来的伤害却是巨大的。比如,假如你是你家庭的主要劳动力,如果你丧失劳动能力,对你家庭将是致命的打击,一个幸福家庭就这样毁了。我们遭遇车祸的概率是4‰,这样的概率是较小的,但是,对于你个人来说,那就是50%,即要么发生,要么不发生。

有一个奇怪的现象:飞机失事的概率是百万分之一,也就是说,你坐一百万次飞机,才有可能遭遇一次事故。这样的概率比买彩票中大奖的概率还小。但是,人们坐飞机的时候都知道要买一份意外保险,万一飞机失事,可以留一笔赔款给家人。但是,我们遭遇交通意外的概率是4‰,比飞机失事的概率要大4000倍,为什么人们坐飞机的时候想到买保险,而平时不知道给自己买一份意外险呢?

人一年中遇到的主要意外伤害事件的概率如表5-1所示。

表5-1 主要意外伤害事件概率

意外事件	危险概率	意外事件	危险概率
受伤	1/3	车祸	1/12
死于车祸	1/5000	因坠落摔死	1/20000
死于工伤	1/26000	走路时被汽车撞死	1/40000
死于火灾	1/50000	溺水而死	1/50000
骑自行车时死于车祸	1/130000	死于飞机失事	1/250000
被空中坠落的物体砸死	1/290000	触电而死	1/350000

(数据来源:(美)拉里·苏丹,马越译. 一生风险知多少. 信息大观报,总第173期)

2) 疾病风险

疾病风险是指生病及因此遭受经济损失或者丧失劳动能力的风险。人吃五谷杂粮,没有不生病的。生了病要治疗,治疗就需要医疗费用,这就是疾病风险。一场大病能使一个家庭多年的积蓄一扫而光，这样的风险够不够大呢？你不知道你什么时候会生病，生什么病，要花多少钱，所以，你要及早准备，给自己一份医疗保障，这样就不至于一场大病花光了自己的积蓄。

3) 生存风险

生存风险是指因为年老而导致丧失劳动能力的风险。个人长寿与否是不确定的，假如你真的长寿，能不能老有所养也是不确定的，因为人年老时一般会因丧失劳动能力而使得收入减少，但人年老时医疗费用却会大幅上涨，因此长寿也有风险。如何避免，有很多方法，社会养老保险，商业保险，企业年金，长期投资等，都可以作为养老的方法。至于你老年的生活水准如何，就要看你什么时候准备的了。准备得越早，积累的钱就越多。

4) 死亡风险

死亡风险是指因为供养者的死亡而导致被供养者经济困难的风险。一个人死亡，对于他个人来说也许是一种解脱，但是对于需要他抚养或供养的人来说一定是一场灾难，因为收入来源的中断，会使被抚养或供养者的生活水平急剧下降。例如，小孩在成年前应该要享受正常的教育，但因为家庭支柱死亡而导致家庭经济困难从而可能使孩子丧失教育。

2. 财产风险

财产风险(Property Risk)是指造成个人或家庭实物财产的贬值、损毁或者灭失的风险。它主要表现为以下几点。

1) 自然风险

个人所拥有的房屋、家具、衣物、家用电器以及车辆等，可能会因为火灾、水灾等自然灾害而造成损失的风险。

2) 人为风险

个人所拥有的房屋、家具、衣物、家用电器以及车辆等，可能会因为失窃或者是遭受抢劫而丢失的风险。

3) 社会风险

对于个人来说，主要的社会风险有责任风险和传承风险。

责任风险是指因为自身或者被监护人的行为对他人造成伤害或者损失而必须承担责任的风险。比如，因为疏忽或者过失而造成对他人的人身伤害或者财产损失所应担负的法律责任的风险，或者因为未能履行合同而导致对方遭受损失所应担负的赔偿责任的风险，以及孩子损坏别人的东西，家长所应担负的赔偿责任的风险等，都属于责任风险。

现代社会被称为风险社会，是因为风险因素越来越多，风险事故带来的损失越来越大，发生风险事故的概率越来越高。因此，家庭主动做好风险管理，对于家庭的稳定具有十分重要的意义。

传承风险是指按照法律规定，家庭成员的私有财产在家庭成员间转移的损失。例如，因赠与税和遗产税、所得税等造成财产的损失。

【案例点击】

截至 2008 年 8 月 20 日,保险业向四川汶川地震支付赔款已增至 6.1 亿元,共接到客户报案 12.4 万件,主动联系客户 14.9 万件。已初步核查 25.9 万件,其中有效赔案 18.1 万件;涉及被保险人死亡 1.19 万人,伤残 214 人,医疗 3316 人。目前已结案 16.5 万件,已赔付保险金 6.1 亿元,已预付保险金 3.72 亿元。结案率 89%。据了解,意外伤害保险和农房保险是汶川地震中已付赔款最高的险种,分别赔款 1.76 亿元和 1.04 亿元。但实际损失最大的险种可能是企业财产保险,目前该险种预付保险金总额已达 3.28 亿元。

(资料来源:新浪财经,新浪网,finance.sina.com.cn,2008-08-28)

【点石成金】

中国巨灾经济损失中,保险赔付与直接经济损失的比例一般很小。根据慕尼黑再保险公司公布的数据,自 1980—2008 年间,在中国发生的大灾害数量共有 745 次,灾害直接经济损失共计 3640 亿美元,保险赔付共计 52 亿美元,保险赔付与直接经济损失的比例只有 1.43%。

(资料来源: Original Values As at January 2009, ©2009 Münchener Rückversicherungs-Gesellschaft, Geo Risks Research, Nat Cat SERVICE)

二、个人保险规划的基本原则

个人或家庭在制定保险规划时,可以遵循以下几个基本原则。

1. 整体原则

应该将家庭所有成员视为一个整体来考虑。家庭成员互相之间都承担有一定的家庭责任,因此我们在规划保险时应该把所有的家庭成员视为一个整体,这样才能更好地体现家庭成员之间相互的责任与关爱,规划出最适合自己家庭情况的保险计划。例如,刚出来参加工作的人认为自己不需要购买保险,原因一个是因为钱比较少,更主要的是认为自己没有什么责任,反正就一个人,没有什么责任,其实这样是不对的,作为家庭的一员,应该要赡养父母以及其他家庭成员,如果没有保障,万一有什么事情,谁来完成他肩负的责任?

2. "四个先保"原则

(1) 遵循家庭无法承担的风险或者对家庭财务影响大的风险先保的原则。风险管理的目的是"用最小的经济成本获得最大的经济保障",家庭风险管理规划要求我们对家庭风险进行分析,找出可能对家庭造成严重影响的风险因素,优先制订合理的风险管理规划来规避风险。

(2) 先大人后小孩的原则。大人是家庭经济的支柱,应优先为大人投保高保障的寿险或健康保险，然后为小孩投保教育和医疗险。

（3）先保障后储蓄的原则。优先选择纯保障型的险种，如疾病和意外等险种，再考虑利用寿险储蓄一笔急用的免税的现金。一般的，我们选择保险主要是选择保险保障产品，如果选择理财产品，可以买基金、国债、股票等。当然，保险公司的许多产品也会有理财功能，也有分红或投资的字眼，但是"保险保障为主、投资理财为辅"则是我们在选择保险产品过程中不能本末倒置的理性思考点。

（4）先家庭支柱人员后其他人员的原则。家庭支柱人员一旦发生事故，会使家庭收入大幅下降，从而使家庭生活水平急剧下降。

3. 合理确定保险金额原则

一是要应根据自己的收入水平，来确定投保的险种、交费方式、保险金额和保险期限，保费以不超过家庭年收入的 20%为宜；二是要根据不同的人生阶段，以及所承担的家庭责任的大小来确定合理的保险金额。比如说一个单身青年和一个 40 岁左右上有老下有小的市民所承担的家庭责任是截然不同的，因此他们的保险金额是不一样的。

三、个人保险规划的基本方法

1. 个人保险的流程

个人保险的基本流程可以概括为以下七个步骤，如图 5-2 所示。

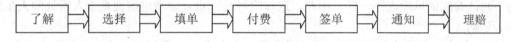

图 5-2　个人保险的基本流程

1）了解

个人购买保险时，首先要了解自己面临的风险状况，确认自己有哪方面的保险需求；其次是了解自己的财务状况，确认自己可以支出多少保费；再次是了解当前市场上有哪些能满足保障自己的风险需要的保险品种。

2）选择

首先是选择适合为自己风险提供保障的保险品种；其次是计算和选择自己需要缴纳的保费，可以获得的保障金额；再次是选择值得信赖的保险代理人和保险公司。

3）填单

投保单是投保人向保险公司的保险要约。所以填写投保单时一定要认真。特别是填写投保单时，针对保险代理人的询问，一定要如实告知，并注意投保人、被保险人以及受益人的相关资料是否正确，确认投保书上产品内容与你所需购买的无误。

4) 付费

付费也就是投保人向保险公司缴付保费。投保人可以亲自前往保险公司营业厅或指定的银行缴费，也可以委托保险代理人代缴。

5) 签单

签单即保险公司向你(投保人)签发保险单。要注意的，一是在拿到保单并且在签了保险单签收单之后开始算起，投保人可以有一定的反悔期，如 7 天；二是以后每年或者你的生活遇到重大改变时就应该要检视一次你的保单，看看是否有需要调整的地方。

6) 通知

通知即一旦发生保险事故，或者被保险人或被保险标的等个人资料有所变动时，应当及时通知保险公司。

7) 理赔

理赔即保险公司经过查勘，确认保险事故和保险责任后，向受益人理赔。

2. 险种的选择

保险险种的选择是个人保险规划的重要内容，对于不怎么熟悉保险的投保人来说也是最困难的事。

选择合适险种的依据是个人面临的风险。不同的险种所处理的风险不同，所以，进行个人保险规划时，必须清楚地分析和认识到个人所面临的风险类型。

人的一生中所处的时期不同，面临的风险也不一样；所处的环境(生活环境、工作环境等)不同，面临的风险也不一样。因此，选择险种时，重点要考虑的便是个人所处的人生阶段与环境。

人生每个阶段面临着不同的风险。从保险规划的角度，我们可以将人生分为成年之前、单身贵族、二人世界、为人父母和退休养老五大阶段。

1) 成年之前

参考年龄段为 0～18 周岁。这是由父母替孩子买保险的阶段。一般来说，保险买得越早，费率越低，孩子也越早获得了保障。但是，这个阶段一般不建议家长替孩子买终身险，买终身险的事应该是孩子成人后自己去考虑的，父母针对孩子的成长过程主要应考虑三方面的需要：意外、医疗和教育。如果在这个阶段考虑为孩子进行保险规划，还须依孩子的年龄进行细分。

0～8 岁属于幼儿时期，由于学龄前儿童抵抗能力差，容易得一些流行性疾病，所以建议以购买住院医疗补偿型的险种为主，购买教育保险为辅。

8～17 岁属于少年时期，少年的身体抵抗力明显增强，但少年多动，意外伤害风险加大，同时教育费用大幅上升，由于学生在校期间大多已经购买有附加住院医疗的意外保险，所以建议以购买教育保险为主。

2) 单身贵族

参考年龄段为18～30周岁。这段时期的年轻人收入较低且不稳定，但花销较大，保险的需求应以自身保障为主。由于年轻人喜欢户外运动、旅游、追求刺激，因此风险主要来自意外伤害，所以意外险是必不可少的。可以选择定期寿险附加意外伤害保险和意外伤害医疗保险的组合。万一发生意外，可以得到充分的赔偿用于治疗和渡过受伤后的难关，万一身故，也可为父母提供抚恤金用于晚年的生活费。当然，虽然年轻人身体健康，发生疾病的概率相对较小，但如果资金预算充裕，也别忘购买重大疾病保险，万一得了重大疾病，可分担一部分庞大的医疗费用。

3) 二人世界

参考年龄段为28～35周岁。相爱的两个人结合，风险不会因为爱情的美好而离开，所以，除了对自己父母负责之外，多了一项责任，就是对爱人负责。由于家庭负担变重，购买保险时应考虑到整个家庭的风险和责任。所以建议夫妻双方可选择保障性高的终身寿险，附加上定期寿险、意外险、重大疾病险和医疗保险。另外，可以购买适量的两全保险储备将来有孩子以后的教育经费以及自己年老以后的养老金。一般来讲，夫妻双方的保险总额应达到家庭年收入的5～8倍，保费支出应控制在家庭年收入的10%以内，因此调整好储蓄型和保障型险种的比例比较重要。如果预算有限，这一时期保险规划的设计原则应是以为家庭收入贡献较大者为主。这一阶段可适当选择适合长期投资、保费和保险金额灵活可变的万能寿险。

4) 为人父母

参考年龄段为35～45周岁。这是人生最辛苦的"上有老，下有小"的"夹心"时代，要考虑面面俱到，所以家庭投保的方式要以家庭保险套餐的形式。针对这段时间的三口之家、四口之家的特点，目前部分寿险公司推出适合全家投保的家庭保障计划。只要一人投保了储蓄性质较重的主险，其他家庭成员即可投保保障性较强的附加险，获得高额的保障，从而可以有效解决保费预算不足的问题。保险金额和保费的比例要优先为家庭经济支柱做好保险保障。另外，这段时期家庭设施也越来越齐全，不妨每年投保一份家财险，以减少发生意外事故或失窃以后给家庭财产带来的损失。

5) 退休养老

参考年龄段为45～60周岁。主打险种为养老保险、避税。随着现代人平均寿命的延长，退休后的生活保障在迈向人口老龄化的今天显得十分重要。如何提前为自己安排好老年生活是关系未来生活保障的一件大事，也能在一定程度上减轻子女的经济负担。在这一年龄阶段，原先压在身上的抚养子女、赡养老人的担子逐渐移除，而收入水平也逐渐发展到最高点，但距离退休的日子也越来越近了，为自己做好养老规划是必需的。因此，在前几个年龄阶段延续下来的人身、意外、医疗保障都比较充分的情况下，此时购买保险，要以年金型养老保险为主。在制定保险规划时，最好将日后的交际费用与疾病医疗费用都列入计算范围。45岁后购买养老保险，有强迫储蓄的功能，为了维持契约的持续有效，会督促自己按时缴纳保费。而老年规划的另一个重点是税赋问题，按国际惯例，保险金一般是不作为遗产继承的，将不计入遗产总额扣税，所以成功的保险单也是留给子女最好的财富。

3. 保险金额的确定

保险金额的确定是制定个人保险规划的另一项重要内容。

对于家庭财产来说，所需要的保险额度，主要依据家庭财产价值的多少和个人收入的多少。家庭财产价值和个人收入都是可以比较容易计量的，所以所需要的保险额度一般比较容易确定。

但是对于人寿保险来说，由于人的价值是无法计量的，所以，选择合理保险金额的依据主要是个人的收入。如果保险金额定得过高，一旦未来家庭或个人经济状况突然变化，就会因无力缴纳保费而中断保险，影响保障的程度；而保险金额定得过低，则不足以保障受益人的家庭生活的安定。所以制定保险规划，一定要深思熟虑，既有长远打算，又要根据家庭实实在在的需要和能力确定适度的保险金额。对于人寿保险，有两种测算方法可以帮助测算人寿保险的额度，一种是收入法，另一种是支出法。

收入法是指通过计算被保险人预期未来收入的现值来估算人寿保险的额度。从概念上看，这是一种理论上正确的方法。被保险人的预期未来收入也就是被保险人的人力资本。即使人力资本不能在市场上交易，它仍具有理论上的价值。人寿保险可以看作是对某种资产(此时是被保险人的人力资本)的损失进行保障的保单。由此看来，要投保的额度就是被保险人的人力资本价值，即被保险人预期终身收入的现值。

【小资料】

王先生现年 35 岁，年收入是 3 万元，他预计他的收入每年会以通货膨胀率(预计 5%)增长。他打算 30 年后的 65 岁时退休。请用收入法来估算王先生要购买的人寿保险的金额。

处理通货膨胀的最便利方法是采用实际数据——实际收入和实际利率。尽管在此后的 30 年中，王先生的年收入名义上在增长，但考虑通货膨胀后的实际年收入仍是 3 万元。我们可以将 30 年、每年 3 万元的年金按实际利率来贴现。实际利率是名义利率减去预期通货膨胀率后得到。经济学家估计年实际利率处于 2%～4%之间。假定今后 30 年中的实际利率是 3%。王先生终身收入等于每年 3 万元期限为 30 年的年金的现值。按照 3%的贴现率，这一年金的现值是：$3000\times[1/0.03-1/(0.03\times1.03^{30})]=588\ 000$，所以，王先生应购买的人寿保险金额为 588 000 元。

支出法，又分简单法和复杂法。简单法虽然简单，却非常有效。它的理论依据是保险界的一种经验判断，即一个普通的家庭(普通的三口之家)要从你去世带来的财务冲击中恢复过来，必须在头七年维持相当于 70%的原家庭收入水平。换句话说，要简单预测你的人寿保险需求，只要把你当前的年总收入乘以 7(7 年)再乘以 70%，也就是通常说的 "5 倍年收入法"。

简单法是一种粗略的估计，复杂一点，可以具体解析如下：家人首先需要在被保险人离开后继续维持基本的生活状态，所以首先需要把个人年收入乘以 5 倍左右；其次被保险人的离去可能给家人带来负债，所以要加上属于他的贷款数额(如一半或更多比例的家庭房屋贷款、信用卡未还款、各种借款等)；再次被保险人的家人可能因为他的离去需要准备一笔丧葬费用，以及影响他们短期的生活和工作状态，所以可以再加上 3~6 个月的家庭紧急备用金和丧葬费用；当然，被保险人的离去也可能为家人留下流动性较好的资产，如各类存款、基金等，所以应该减去这部分。

所以，个人的寿险额度需求应为"个人年收入×5+个人部分的负债金额+家庭紧急备用金+丧葬费用-个人部分的流动性资产"。当然可以根据自身情况作一定幅度的灵活调整，比如子女年纪较小，未来需要的教育金更多，那么应该把这一项费用也加入公式中。

而对于意外伤害保险的保险金额，通常的建议为人寿保险金额的"2 倍"。

对于住院医疗保险的保险金额的安排，通常的建议是以现阶段持有社会保险身份前往各医疗院所就医时，住进一人一间病房(单人房)时，以自己所要负担贴补的"差额"为"标准"。

而保费支付的总金额，通常的建议为年缴付的保费占年收入的比例 7%~10%为恰当。

本 章 小 结

个人风险管理与保险计划	风险与可保风险	风险是"不确定性对目标造成的损失的可能性"。风险的组成要素包括风险因素、风险事故和风险损失。 风险管理总的原则是：以最小的成本获得最大的保障。对风险的管理，主要是指对纯粹风险的管理。通常情况下，对风险的管理主要有以下几种途径：风险控制、风险回避、风险分散、风险保留、风险转移。由于保险存在着许多优点，所以通过保险来转移风险是最常见的风险管理方式。
	风险与可保风险	可保风险仅限于纯粹风险。但纯粹风险成为可保风险必须满足下列条件：①损失程度较高；②损失发生的概率较小；③损失具有确定的概率分布；④存在大量具有同质风险的保险标的；⑤损失的发生必须是意外的；⑥损失是可以确定和测量的；⑦损失不能同时发生。 影响风险可保性的因素有保费附加成本、道德风险、逆选择。
	保险的功能及类型	根据保险的本质，保险的功能主要划分为保障功能、资金融通功能和社会管理功能。

个人风险管理与保险计划	保险的功能及类型	根据不同的标准，我们可以将保险分为若干类型。根据保险的标的不同，保险可分为财产保险和人身保险；根据承保方式的不同，保险可分为个人保险和团体保险；根据实施形式的不同，保险可分为强制保险和自愿保险；根据业务承保方式的不同，保险可分为原保险和再保险；根据是否盈利的标准，保险可分为商业保险和社会保险。 个人或家庭在制定保险规划时，应该遵循将家庭所有成员视为一个整体来考虑的原则；遵循家庭无法承担的风险或者对家庭财务影响大的风险先保的原则；遵循先大人后小孩的原则；遵循先保障后储蓄的原则；遵循先家庭支柱人员后其他人员的原则；遵循合理确定保险金额原则。
	个人保险规划的制定	保险险种的选择是个人保险规划的重要内容。选择合适险种的依据是个人面临的风险。选择险种时，重点要考虑的是个人所处的人生阶段与环境。 保险金额的确定是制定个人保险规划的另一项重要内容。对于家庭财产保险来说，所需要的保险额度，主要依据家庭财产价值的多少和个人收入的多少；对于人寿保险来说，由于人的价值是无法计量的，所以，选择合理保险金额的依据主要是个人的收入；对于意外伤害保险的保险金额，通常的建议为人寿保险金额的"2倍"；对于住院医疗保险的保险金额的安排，通常的建议是以现阶段持有社会保险身份前往各医疗院所就医时，住进一人一间病房(单人房)时，以自己所要负担贴补的"差额"为"标准"。

思考题

一、案例分析题

一个三口之家的保险规划

基本情况

张先生 40 岁，年收入 8 万元，太太 38 岁，年收入 4 万元，家庭年收入为 12 万元，子女 2 人分别是女孩 5 岁、男孩 7 岁，每个月生活费约 0.5 万元。

家庭人寿保险需求分析

以支出法计算：

五年的生活费：0.5 万元×12 个月×5 年=30 万元

子女生活教育费：2 人，5 岁、7 岁=70 万元

房屋贷款：0 万元

亲属扶养金：0 万元

生意资金：0 万元

各项税金：0 万元

其他：0 万元

此家庭的人寿保险需求为：100 万元

个人人寿保险需求分析

目前家庭的人寿保险需求为：100 万元。

先生：

年收入 8 万元，占家庭年收入 12 万元的 67%。

7.2 万÷12 万=0.67=67%

家庭基本保险需求 100 万元×67%=67 万元=先生的人寿保险需求，即其所需投保的人寿保险金额为 67 万元。

太太：

年收入 4 万元，占家庭年收入 12 万元的 33%。

4 万÷12 万=0.33=33%

家庭基本保险需求 100 万元×33%=33 万元=太太的人寿保险需求，即其所需投保的人寿保险金额为 33 万元。

所缴付的保费占家庭年收入之比例

家庭的年收入为 12 万元，保费支付占家庭年收的 7%～10%，所以，此家庭在保险规划时，预计缴付的保险费用最好控制在 0.84 万～1.2 万元之间。

先生与太太的意外保险安排

意外保险为寿险的 2 倍左右。

先生的人寿保险金额为 67 万元，意外险的投保金额安排即为 134 万，太太的人寿保险金额为 33 万元，意外险的投保金额安排即为 66 万元。日后，倘若人寿保险金额调整，意外险的投保金额亦可同时随之调整。

先生与太太的住院医疗保险安排

依据目前中国各大医院的收费标准，安排每日单间病房费 300 元的住院医疗保险，比较符合在现阶段社会保险下之医疗保障的需求，以达到规避住院期间所造成的财务损失及提高医疗品质的目的。

先生与太太其他险种的安排

重大疾病保险、意外失能保险、意外住院日额给付等险种，如预算许可，被保险人亦有意愿表示希望规划进其保险内容者，当然可以规划和安排，以增加保障与此保单的周延性。

两个孩子的保险安排

从保险的角度来看，一般而言，子女在还未成年时乃属于被扶养者，不需分摊家庭的经济收入，但是，如果因为疾病或意外而产生的"病痛"，其所产生的医疗或其他费用，同样会损害到家庭的财务，所以，必须增加些许的预算在子女的保险安排上，意外险、医疗险等，都是必须规划的险种。因此，两个孩子的保险险种与保险金额安排可如表5-2所示。

表 5-2　两个孩子的保险内容明细　　　　　　　　　　　　　　　　　　　单位：万元

保险内容明细	女　孩	男　孩
终身寿险(缴费 20 年)	20	20
意外保险	10	10
医疗保险	10	10

二、实训题

1. 李先生42岁，某公司高级管理人员，年收入40万元，家庭基本生活支出每月5000元，另外目前住房贷款每月还款2000元，汽车消费每月1500元。李太太为一般公司管理人员，38岁，年收入4万。李先生有一儿一女，儿子13岁，女儿7岁。目前李先生除了公司给其购买的社保外没有其他保险保障。自己擅长股票投资，近两年收益相当丰厚，估计股票账户有资金100万左右。试为李先生做一份保险规划。

2. 张先生：34岁，有社保，IT技术人员，没有供房和赡养父母的压力，已有20万意外伤害、4万意外医疗、5万保障养老险和1万住院费用补偿险和住院津贴，年收入15万；

张太太：33岁，有社保，内勤主管，有5万保障养老险和住院津贴，年收入10万；

宝宝：40天，女孩，父母公司能报销80%医疗费用。

家庭生活月开支约5000元。

请为张先生一家设计一份保险规划。

第六章

股票投资计划

本章精粹：

- 股票的含义和特征
- 股票的分类
- 股票的发行和流通
- 股票投资的基本分析
- 股票投资的技术分析

多元化理财实际上是一种投资行为，要根据个人的资金实力来对存款、保险、国债、基金、股票等选择合适的组合搭配。其中，股票是常见的家庭投资组合中风险最大的项目，也是最灵活，盈亏幅度最大的一种选择。怎样在风云变幻的股市中完成自己的理财计划，是一个值得我们思考的问题。

 大时代下的A股何去何从？

"习近平总书记说，大时代需要大格局，大格局需要大智慧。同理，在这样一个A股大时代，也需要大格局、大智慧、大牛市。不要纠结于点位，不要纠结于时间，只要意识到一个大时代已经开始：这是一个经济转型和政府转型的大时代，也是一个资产配置转移的大时代，更是一个属于中国股市的大时代。大时代意味着长夜将尽的大希望，也意味着上天入地的大波动，意味着分娩中有着不可避免的阵痛，道路曲折，有暴涨，有暴跌，然而前途光明，山河壮阔。让我们趁着牛市的台风，飞出命运的墙。"摘自银河证券A股收盘点评(2014年12月5日)。

(资料来源：网易新闻，www.money.163.com，2014-12-5)

股票　优先股　股票的除权价格　K线　波浪理论

第一节　股票概述

一、股票的含义和特征

(一)股票的含义

股票是股份有限公司在筹集资本时向出资人发行的股份凭证，是由股份有限公司发行的，用以证明投资者的股东身份和权益，并据以获得股息、红利和其他投资者权益的可转让凭证。股票本身没有价值，是一种独立于实际资本之外的虚拟资本。

据文献记载，早在1611年就曾有一些商人在阿姆斯特丹进行荷兰东印度公司的股票买卖交易，形成了世界上第一个股票市场，即股票交易所。目前，股份有限公司已经成为资本主义国家最基本的企业组织形式，股票已经成为资本主义国家业筹资的重要渠道和方式，亦是投资者投资的基本选择方式，而股票的发行和市场交易亦已成为资本主义国家证券市场的基本经营内容，成为证券市场不可缺少的重要组成部分。

【小资料】

股票最早出现于资本主义国家

在17世纪初,随着资本主义大工业的发展,企业生产经营规模不断扩大,由此而产生的资本短缺、资本不足便成为制约着资本主义企业经营和发展的重要因素之一。为了筹集更多的资本,于是出现了以股份公司形态、由股东共同出资经营的企业组织,进而又将筹集资本的范围扩展至社会,产生了以股票这种表示投资者投资入股,并按出资额的大小享受一定权益和承担一定责任的有价凭证,并向社会公开发行,以吸收和集中分散在社会上的资金。世界上最早的股份有限公司制度诞生于1602年,即在荷兰成立的东印度公司。股份有限公司这种企业组织形态出现以后,很快为资本主义国家广泛利用,成为资本主义国家企业组织的重要形式之一。伴随着股份公司的诞生和发展,以股票形式集资入股的方式也得到发展,并且产生了买卖交易转让股票的需求。这样,就带动了股票市场的出现和形成,并促使股票市场完善和发展。

(二)股票的特点

1. 不可偿还性

股票的不可偿还性是指股票投资资金的不可偿还性。股票是一种无偿还期限的有价证券,投资者认购了股票后,就不能再要求退股,只能到二级市场卖给第三者,不能够要求发行公司偿还股票的投资。股票的转让只意味着公司股东的改变,并不减少公司资本。从期限上看,只要公司存在,它所发行的股票就存在,股票的期限等于公司存续的期限。

2. 参与性

股票投资者是公司的权益投资者即公司的股东。股东有权出席股东大会,选举公司董事长,参与公司重大决策。股票持有者的投资意识和享有的经济利益,通常是通过行使股东参与权来实现的。股东参与公司决策的权利大小,取决于其所持有的股份的多少,股东按照自己所持有的股份数参与股东代表大会。从实践中看,只要股东持有的股票数量达到能左右决策结果所需的实际数量时,就能掌握公司的决策控制权。

3. 收益性

收益性是指股票投资者拥有对公司经营收益的分配权,可以根据公司章程从公司领取股息和红利,从而获得投资的经济利益。持有股票就有权享有公司收益,这既是股票持有者向公司投资的目的,也是公司发行股票的必备条件。股票的收益性,还表现在股票投资者可以获得价差收入或实现资产保值增值。通过低价买入和高价卖出股票,投资者可以赚取价差利润。

4. 流通性

股票的流通性是指股票在不同投资者之间的可交易性。流通性通常以可流通的股票数量、股票成交量以及股价对交易量的敏感程度来衡量。可流通股数越多，成交量越大，价格对成交量越不敏感(价格不会随着成交量一同变化)，股票的流通性就越好，反之就越差。股票的流通，使投资者可以在市场上卖出所持有的股票，取得现金。

5. 价格波动性和风险性

股票在交易市场上作为交易对象，同商品一样，有自己的市场行情和市场价格。由于股票价格要受到诸如公司经营状况、供求关系、银行利率、大众心理等多种因素的影响，其波动有很大的不确定性。正是这种不确定性，有可能使股票投资者遭受损失。

6. 股份的可伸缩性

股份的可伸缩性是指股票所代表的股份既可以拆分，又可以合并。股份的拆分，即是将原来的一股分为若干股。股份拆分并没有改变资本总额，只是增加了股份总量和股权总数。股份的合并，即是将若干股股票合并成较少的几股或一股。股份合并一般是在股票面值过低时采用。公司实行股份合并主要出于如下原因：公司资本减少；公司合并；或是股票市价由于供应减少而回升。

【小资料】

股份的合并

股份合并的目的是为了提高股价。根据香港联交所的交易规则，港股的最低交易价为 0.01 港元(即一"仙"，cent 的谐音)，在此价附近，如果连续多日没有成交，该股票将会被停牌，甚至摘牌。为了"保壳"，不少上市公司实行自救，并股即是其中的一种方式。如某只股票并股前每股股价为 0.01 港元，十股并一股，复牌后的理论价格应该为 0.1 港元，并股使其暂时脱离被摘牌的困境。

(资料来源：中国证券网，www.cnstock.com)

二、股票分类

(一)按是否记名分类

按是否记名分类，股票可分为记名股票和无记名股票。这主要是根据股票是否记载股东姓名来划分的。

1. 记名股票

记名股票，是指在股票票面和股份公司的股东名册上记载股东姓名的股票。

在很多国家的公司法中，对记名股票的有关事项做出了具体规定。一般来说，如果股票是归某人单独所有，应记载持有人的姓名；如果股票持有者因故改换姓名或者名称，就应到公司办理变更姓名或者名称的手续。

2. 不记名股票

不记名股票也称无记名股票，是指在股票票面和股份公司股东名册上均不记载股东姓名的投票。它与记名股票比较，差别不是在股东权利等方面，而是在股票记载方式上。

不记名股票发行时一般留有存根联，它在形式上分为两部分：一部分是股票的主体，记载了有关公司的事项，如公司名称、股票所代表的股数等；另一部分是股息票，用于进行股息结算和行使增资权利。

(二)按票面是否标明金额分类

按票面是否标明金额分类，股票可分为有面额股票和无面额股票。

1. 有面额股票

有面额股票，是指在股票票面上记载一定金额的股票。这一记载的金额也称之为股票票面金额、股票票面价值或股票面值。股票票面金额的计算方法是用资本总额除以股份数，而实际上很多国家通过法规予以直接规定，而且一般是限定了这类股票的最低票面金额。另外，同次发行的面额股票其每股票面金额是等同的。票面金额一般是以国家的主币为单位，大多数国家的股票都是有面额股票。

2. 无面额股票

无面额股票是指股票票面不记载金额的股票，只记载股数以及占总股本的比例，又被称为比例股票或股份股票。这种股票并非没有价值，而是不在票面上标明固定的金额，只记载其为几股或版本总额的若干分之几。因此，无面额股票的价值将随股份公司资产的增减而相应增减，公司资产增加，每股价值上升；反之，公司资产减少，每股价值下降。但是，无面额股票与有面额股票的差别仅在表现形式上，也就是说，它们都代表着股东对公司资本总额的投资比例，两者的股东享有同等的股东权利。

(三)根据股票代表的股东权利划分

根据股票代表的股东权利来划分，股票可分为普通股票、优先股和后配股。

1. 普通股票

普通股是指在公司的经营管理和盈利及财产的分配上享有普通权利的股份，代表满足所有债权偿付要求及优先股东的收益权与求偿权要求后对企业盈利和剩余财产的索取权。普通股构成公司资本的基础，是股票的一种基本形式。目前，在上海和深圳证券交易所上交易的股票都是普通股。

普通股股东按其所持有股份比例享有以下基本权利。

(1) 公司决策参与权。普通股股东有权参与股东大会,并有建议权、表决权和选举权,也可以委托他人代表其行使其股东权利。

(2) 利润分配权。普通股股东有权从公司利润分配中得到股息。普通股的股息是不固定的,由公司盈利状况及其分配政策决定。普通股股东必须在优先股股东取得固定股息之后才有权享受股息分配权。

(3) 优先认股权。如果公司需要扩张而增发普通股股票时,现有普通股股东有权按其持股比例,以低于市价的某一特定价格优先购买一定数量的新发行股票,从而保持其对企业所有权的原有比例。

(4) 剩余资产分配权。当公司破产或清算时,若公司的资产在偿还欠债后还有剩余,其剩余部分按先优先股股东后普通股股东的顺序进行分配。

2. 优先股

优先股是相对于普通股而言,在利润分红及剩余财产分配的权利方面优先于普通股。优先股股东有两种权利。

(1) 优先分配权。在公司分配利润时,拥有优先股票的股东比持有普通股票的股东,分配在先,但是享受固定金额的股利,即优先股的股利是相对固定的。

(2) 优先求偿权。若公司清算,分配剩余财产时,优先股在普通股之前分配。注:当公司决定连续几年不分配股利时,优先股股东可以进入股东大会来表达他们的意见,保护他们自己的权利。

3. 后配股

后配股是在利益或利息分红及剩余财产分配时比普通股处于劣势的股票,一般是在普通股分配之后,对剩余利益进行再分配。如果公司的盈利巨大,后配股的发行数量又很有限,则购买后配股的股东可以取得很高的收益。发行后配股,一般所筹措的资金不能立即产生收益,投资者的范围又受限制,因此利用率不高。

【小资料】

后配股的发行

后配股一般在下列情况下发行。

(1) 公司为筹措扩充设备资金而发行新股票时,为了不减少对旧股的分红,在新设备正式投用前,将新股票作后配股发行。

(2) 企业兼并时,为调整合并比例,向被兼并企业的股东交付一部分后配股。

(3) 在有政府投资的公司里,私人持有的股票股息达到一定水平之前,把政府持有的股票作为后配股。

(四)根据上市地区划分

我国上市公司的股票有 A 股、B 股、H 股、S 股和 N 股等的区分。

1. A 股

A 股的正式名称是人民币普通股票。它是由我国境内的公司发行,供境内机构、组织或个人(不含台、港、澳投资者)以人民币认购和交易的普通股股票。

2. B 股

B 股也称为人民币特种股票。它是指那些在中国内地注册、在中国内地上市的特种股票。以人民币标明面值,只能以外币认购和交易。

3. H 股

H 股也称为国企股,是指国有企业在香港(Hong Kong)上市的股票。

4. S 股

S 股是指那些主要生产或者经营核心业务在中国内地,而企业的注册地在新加坡(Singapore)或者其他国家和地区,但是在新加坡交易所上市挂牌的企业股票。

5. N 股

N 股是指那些在中国内地注册、在纽约(New York)上市的外资股。

三、股票的价值和价格

(一)股票的价值

1. 股票的票面价值

股票票面价值又称"股票票值"、"票面价格",是股份公司在所发行的股票票面上标明的票面金额,它以"元/股"为单位,其作用是用来表明每一张股票所包含的资本数额。在我国上海和深圳证券交易所流通的股票的面值均为每股一元。股票面值的作用之一是表明股票的认购者在股份公司的投资中所占的比例,作为确定股东权利的依据。第二个作用就是在首次发行股票时,将股票的面值作为发行定价的一个依据。一般来说,股票的发行价格都会高于其面值。当股票进入流通市场后,股票的面值就与股票的价格没有什么关系了。

2. 股票的账面价值

股票的账面价值又称股票净值或每股净资产,是每股股票所代表的实际资产的价值。每股账面价值是以公司净资产除以发行在外的普通股票的股数求得的。其计算方法是用公司的净资产(包括注册资金、各种公积金、累计盈余等,不包括债务)除以总股本,得到的就是每股净值。股份公司的账面价值越高,则股东实际拥有的资产就越多。由于账面价值是财务统计,计算的结果、数据较精确而且可信度高,是股票投资者评估和分析上市公司实力的重要依据之一。

3. 股票的内在价值

股票的内在价值是指股票未来现金流入的现值。它是股票的真实价值,也叫理论价值。股票的未来现金流入包括两部分,一是预期股利,二是出售时得到的收入。股票的内在价值的计算方法有现金流贴现、市盈率估价等。不过在股票的实际交易中,未必都会反映出自己的内在价值,它还受到市场情绪等因素影响。

4. 股票的清算价值

股票的清算价值,是指股份公司破产或倒闭后进行清算之时每股股票所代表的实际价值。从理论上讲,股票的每股清算价值应当与股票的账面价值相一致,但企业在破产清算时,其财产价值是以实际的销售价格来计算的;而在进行财产处置时,其售价都低于实际价值。所以股票的清算值就与股票的净值不相一致,一般都要小于净值。股票的清算价值只是在股份公司因破产或因其他原因丧失法人资格而进行清算时才被作为确定股票价格的根据,在股票发行和流通过程中没有什么意义。

(二)股票的价格

1. 股票发行价格

股票发行价格是指股份有限公司出售新股票的价格。在确定股票发行价格时,可以按票面金额来确定,也可以超过票面金额确定,但不得以低于票面金额的价格发行。股票发行一般就是公开向社会募集股本,发行股份,这种价格的高低受市场机制的影响极大,取决于公司的投资价值和供求关系的变化。如果股份有限公司发行的股票,价格超过了票面金额,被称为溢价发行,至于高出票面金额多少,则由发行人与承销的证券公司协商确定,报国务院证券监督管理机构核准。这种决定股票发行价格的体制,就是发挥市场作用,由市场决定价格,但是受证券监管机构的监督。当股票发行公司计划发行股票时,就需要根据不同情况,确定一个发行价格以推销股票。一般而言,股票发行价格有以下几种:面值发行、时价发行、中间价发行和折价发行等。

2. 股票的流通价格

股票的流通价格即股票在股票市场交易过程中交易双方达成的成交价,又称"股票行市",有时也简称"股价"。对于投资者来说,股价是"生命线",它可以使投资者破产,也可以使投资者发财。股价表示为开盘价、收盘价、最高价、最低价和市场价等形式,其中收盘价最重要，它是人们分析行情和制作股市行情表时采用的基本数据。

3. 股票的除权价格

除权是由于公司股本增加，每股股票所代表的企业实际价值(每股净资产)有所减少，需要在发生该事实之后从股票市场价格中剔除这部分因素，而形成的剔除行为。除权价格是在公司除权后，股票的价格即反映为除权价格。

除权当天会出现除权报价，除权报价的计算会因分红或有偿配股而不同，其全面的公式如下。

除权价=(除权前一日收盘价+配股价×配股比率-每股派息)/(1+配股比率+送股比率)

除权日的开盘价不一定等于除权价，除权价仅是除权日开盘价的一个参考价格。当实际开盘价高于这一理论价格时，就称为填权，在册股东即可获利；反之实际开盘价低于这一理论价格时，就称为贴权，填权和贴权是股票除权后的两种可能，它与整个市场的状况、上市公司的经营情况、送配的比例等多种因素有关，并没有确定的规律可循。但一般来说，上市公司股票通过送配以后除权，其单位价格下降，流动性进一步加强，上升的空间也相对增加。

四、股票的投资收益

股票投资收益是指投资者投资行为的报酬。一般情况下，股票投资的收益主要有两大类：货币收益和非货币收益。

1. 货币收益

货币收益是指投资者购买股票后在一定的时期内获得的货币收入，它由两部分组成。一是投资者购买股票后成为公司的股东，他以股东的身份，按照持股的多少，从公司获得相应的股利，包括股息、现金红利和红股等。在我国的一些上市公司中，有时还可得到一些其他形式的收入，如配股权证的转让收入等。二是因持有的股票价格上升所形成的资本增值，也就是投资者利用低价进高价出所赚取的差价利润，这正是目前我国绝大部分投资者投资股票的直接目的。

2. 非货币收益

非货币收益的形式多种多样，例如，投资者购买股票成为股东后，可以参加公司的股东大会，查阅公司的有关数据资料，获取更多的有关企业的信息，在一定程度上参与企业的经营决策，在企业重大决策中有一定的表决权，这在一定程度上可满足投资者的参与感。大额投资者购买到一定比例的公司股票后，可以进入公司的董事会，可影响甚至决定公司的经营活动。

第二节 股票的发行和流通

一、股票的发行

股票的发行是指股份公司发行的股票，在经有关部门批准后，就可以在股票市场(证券交易所)公开挂牌进行上市交易活动。

(一)股票发行的原则

1. 公开性原则

公开性原则是指股票上市时应遵循的基本原则，要求上市公司必须连续地、及时地公开公司的财务报表、经营状况及其他相关的资料信息，使投资者能够获得足够的信息进行分析和选择，以维护投资者的利益。

2. 公平性原则

公平性原则是指股票上市交易中的各方，包括各证券商、经纪人和投资者，在买卖交易活动中的条件和机会应该是均等的。

3. 公正性原则

公正性原则是指参与证券交易活动的每一个人、每一个机构或部门，均需在公正、客观的立场上反映情况，不得有隐瞒、欺诈或弄虚作假的行为。

4. 自愿性原则

自愿性原则是指在股票交易的各种形式中，必须以自愿为前提，不能硬性摊派、横加阻拦，也不能附加任何条件。

(二)股票发行的制度

从各国证券市场的实践来看，股票发行监管制度主要有四种类型：审批制、核准制、保荐人制度和注册制。

1. 审批制

审批制是一国股票市场的发展初期，为了维护上市公司的稳定和平衡复杂的社会经济关系，采用行政和计划的方法分配股票发行的指标和额度，由地方政府或行业主管部门根据指标推荐企业发行股票的一种发行制度。审批制的行政干预程度最高，适用于刚起步的资本市场。在2000年以前，我国新股的发行监管制度主要以审批制为主，实行"额度控制"，即拟发行公司在申请公开发行股票时，要征得地方政府或中央企业主管部门同意后，向所属证券管理部门正式提出发行股票的申请，经所属证券管理部门受理审核同意转报中国证监会核准发行额度后，公司可正式制作申报材料，提出上市申请，经审核、复审，由中国证监会出具批准发行的有关文件，方可发行。

但是随着资本市场的发展，审批制的弊端越来越明显。第一，在审批制下，企业选择行政化，资源按行政原则配置。上市企业往往是利益平衡的产物，担负着为地方或部门内其他企业脱贫解困的责任，这使他们难以满足投资者的要求，无法实现股东的愿望。第二，企业规模小，二级市场容易被操纵。第三，证券中介机构职能错位、责任不清，无法实现资本市场的规范发展。第四，一些非经济部门也获得额度，存在买卖额度的现象。第五，行政化的审批在制度上存在较大的寻租行为。

2. 核准制

核准制又称为"准则制"或"实质审查制"，是指发行人发行证券，不仅要公开全部的、可以供投资人判断的材料，还要符合证券发行的实质性条件。证券主管机关有权依照公司法、证券交易法的规定，对发行人提出的申请以及有关材料进行实质性审查，发行人得到批准以后，才可以发行证券。

核准制下的实质性审核主要是考察发行人目前的经营状况，但据此并不能保证其未来的经营业绩，也不能保证其募集资金不改变投向，更不能在改变投向的情况下保证其收益率。中国有相当比例的上市公司，在上市当年，或者上市后一年内出现亏损或业绩大幅下滑(即媒体所称的"变脸")、募集资金变更等现象，有些上市公司内部运作还很不规范，存在比较多的大股东侵犯小股东利益的情形。

3. 保荐人制度

新股发行的"保荐人制度"指由保荐人(券商)负责发行人的上市推荐和辅导，核实公司发行文件与上市文件中所载资料是否真实、准确、完整，协助发行人建立严格的信息披露制度，并承担风险防范责任。保荐机构及其保荐代表人履行保荐职责，但也不能减轻或者免除发行人及其高管人员、中介机构及其签名人员的责任。

保荐制度最引人注目的规定就是明确了保荐机构和保荐代表人责任并建立责任追究机制，将建立保荐机构和保荐代表人的注册登记管理制度、明确保荐期限、确立保荐责任、引进持续信用监管和"冷淡对待"的监管措施。据此，保荐机构或保荐代表人与发行人的任何合谋行为，最终都逃脱不了市场的惩罚。

2003年12月28日，我国证监会公布了《证券发行上市保荐制度暂行办法》(以下简称《暂行办法》)，决定从2004年2月1日起在中国内地施行保荐人制度。这也是世界上第一次在主板市场实行保荐人制度。

4. 注册制

证券发行注册制又叫"申报制"或"形式审查制",是指政府对发行人发行证券,事先不作实质性审查,仅对申请文件进行形式审查,发行者在申报申请文件以后的一定时期以内,若没有被政府否定,即可以发行证券。

在证券发行注册制下,证券机关对证券发行不作实质条件的限制。凡是拟发行证券的发行人,必须将依法应当公开的、与所发行证券有关一切信息和资料,合理制成法律文件并公之于众,其应对公布资料的真实性、全面性、准确性负责,公布的内容不得含有虚假陈述、重大遗漏或信息误导。

证券主管机关不对证券发行行为及证券本身做出价值判断,其对公开资料的审查只涉及形式,不涉及任何发行实质条件。发行人只要依规定将有关资料完全公开,主管机关就不得以发行人的财务状况未达到一定标准而拒绝其发行。

在一段时间内,在未对申报书提出任何异议的情况下,注册生效等待期满后,证券发行注册生效,发行人即可发行证券。

(三)股票发行的方式

在各国不同的政治、经济、社会条件下,特别是金融体制和金融市场管理的差异使股票的发行方式也是多种多样的。

1. 根据发行的对象不同来划分

根据发行的对象不同来划分,股票发行的方式可以分为公开发行与不公开发行。

(1) 公开发行又称公募,是指事先没有特定的发行对象,向社会广大投资者公开推销股票的方式。采用这种方式,可以扩大股东的范围,分散持股,防止囤积股票或被少数人操纵,有利于提高公司的社会性和知名度,为以后筹集更多的资金打下基础,也可增加股票的适销性和流通性。公开发行可以采用股份公司自己直接发售的方法,也可以支付一定的发行费用通过金融中介机构代理。

(2) 不公开发行又叫私募,是指发行者只对特定的发行对象推销股票的方式。通常在两种情况下采用:一是股东配股,又称股东分摊,即股份公司按股票面值向原有股东分配该公司的新股认购权,动员股东认购。这种新股发行价格往往低于市场价格,事实上成为对股东的一种优待,一般股东都乐于认购。如果有股东不愿认购,他可以自动放弃新股认购权,也可以把这种认购权转让他人,从而形成了认购权的交易。二是私人配股,又称第三者分摊,即股份公司将新股票分售给股东以外的本公司职工、往来客户等与公司有特殊关系的第三者。

2. 根据发行者推销出售股票的方式不同来划分

根据发行者推销出售股票的方式不同来划分,股票发行可以分为直接发行与间接发行。

(1) 直接发行又叫直接招股。是指股份公司自己承担股票发行的一切事务和发行风险,直接向认购者推销出售股票的方式。采用直接发行方式时,要求发行者熟悉招股手续,精通招股技术并具备一定的条件。如果当认购额达不到计划招股额时,新建股份公司的发起人或现有股份公司的董事会必须自己认购来出售的股票。因此,只适用于有既定发行对象或发行风险少、手续简单的股票。在一般情况下,不公开发行的股票或因公开发行有困难(如信誉低所致的市场竞争力差、承担不了大额的发行费用等)的股票;或是实力雄厚,有把握实现巨额私募以节省发行费用的大股份公司股票,才采用直接发行的方式。

(2) 间接发行又称间接招股。是指发行者委托证券发行中介机构出售股票的方式。这些中介机构作为股票的推销者,办理一切发行事务,承担一定的发行风险并从中提取相应的收益。

股票的间接发行有三种方法。一是代销,又称为代理招股,推销者只负责按照发行者的条件推销股票,代理招股业务,而不承担任何发行风险,在约定期限内能销多少算多少,期满仍销不出去的股票退还给发行者。由于全部发行风险和责任都由发行者承担,证券发行中介机构只是受委托代为推销,因此,代销手续费较低。二是承销,又称余股承购,股票发行者与证券发行中介机构签订推销合同明确规定,在约定期限内,如果中介机构实际推销的结果未能达到合同规定的发行数额,其差额部分由中介机构自己承购下来。这种发行方法的特点是能够保证完成股票发行额度,一般较受发行者的欢迎,而中介机构因需承担一定的发行风险,故承销费高于代销的手续费。三是包销,又称包买招股,当发行新股票时,证券发行中介机构先用自己的资金一次性地把将要公开发行的股票全部买下,然后再根据市场行情逐渐卖出,中介机构从中赚取买卖差价。若有滞销股票,中介机构减价出售或自己持有,由于发行者可以快速获得全部所筹资金,而推销者则要全部承担发行风险,因此,包销费更高于代销费和承销费。

3. 按照投资者认购股票时是否缴纳股金来划分

按照投资者认购股票时是否缴纳股金来划分,股票发行方式可以分为有偿增资、无偿增资和搭配增资。

(1) 有偿增资就是指认购者必须按股票的某种发行价格支付现款,方能获得股票的一种发行方式。一般公开发行的股票和私募中的股东配股、私人配股都采用有偿增资的方式,采用这种方式发行股票,可以直接从外界募集股本,增加股份公司的资本金。

(2) 无偿增资,是指认购者不必向股份公司缴纳现金就可获得股票的发行方式,发行对象只限于原股东,采用这种方式发行的股票,不能直接从外办募集股本,而是依靠减少股份公司的公积金或盈余结存来增加资本金,一般只在股票派息分红、股票分割和法定公积金或盈余转作资本配股时采用无偿增资的发行方式，按比例将新股票无偿交付给原股东，其目的主要是为了股东分益，以增强股东信心和公司信誉或为了调整资本结构。由于无偿发行要受资金来源的限制，因此，不能经常采用这种方式发行股票。

(3) 搭配增资，是指股份公司向原股东分摊新股时，仅让股东支付发行价格的一部分就可获得一定数额股票的方式。例如，股东认购面额为100元的股票，只需支付50元，其余部分无偿发行，由公司的公积金充抵。这种发行方式也是对原有股东的一种优惠，只能从他们那里再征集部分股金，很快实现公司的增资计划。

二、股票的流通

(一) 股票的交易市场

股票交易市场是指进行发行股票买卖流通的市场，为已经从一级市场获得股票的投资者和想要购买已发行股票的投资者提供交易平台。在这个市场里，证券在各个投资者之间流通转让时所获得的收益和损失，都由股票现在的持有者享有和承担，不再属于最初的发行公司。

股票交易市场主要由证券交易所和场外市场构成。

1. 证券交易所

证券交易所，又称场内交易市场，是依据国家有关法律，经政府证券主管机关批准设立的集中进行证券交易的有形场所，是一个有组织、有固定地点的，在集中的时间内进行证券交易的市场，是整个证券市场的核心。在我国，根据《证券法》的规定，证券交易所是为证券集中交易提供场所和设施，组织和监督证券交易，实行自律管理的法人。证券交易所的设立由国务院决定。

证券交易所作为证券交易的场所，其本身并不持有证券，不进行证券买卖，也不能决定证券交易的价格。证券交易所应该秉持公开、公平、公正的原则，创造良好的市场环境，保证证券交易的正常进行。为此，在我国的《证券交易所管理办法》中，具体规定了证券交易所的职能和不得从事的事项。

【小资料】

股票交易所的产生

有些国家最初的股票交易所是自发产生的，有些则是根据国家的有关法规注册登记设立或经批准设立的。今天的股票交易所有严密的组织，严格的管理，并有进行集中交易的固定场所。在许多国家，交易所是股票交易的唯一合法场所。在我国，1990年年底，上海证券交易所正式成立，深圳证券交易所也开始试营业。

2. 场外交易市场

场外交易市场即 OTC 市场，又称柜台交易市场或店头交易市场，指在交易所外由证券买卖双方当面议价成交的市场。它没有固定的场所，交易的证券以不在交易所上市的证券为主，在某些情况下也对在证券交易所上市的证券进行场外交易。场外交易市场是证券交易市场不可或缺的一部分，其历史早于证券交易所。在证券市场发达的国家，其场外交易市场成交量远远超过证券交易所的成交量，在证券交易市场中占有极其重要的位置。

场外交易市场类型有以下几种。

柜台交易市场。又称店头交易市场，它是通过证券公司、证券经纪人的柜台进行证券交易的市场。柜台交易市场上交易的证券主要是按照相关法律公开发行但未在证券交易所上市的证券，另外还有一些债券和开放式基金也是其交易的对象。

第三市场。第三市场是指那些已经在证券交易所上市交易的证券却在证券交易所外进行交易而形成的市场。这一部分交易原属于柜台市场范围，但其近年来发展迅速，市场地位日益提高，逐渐被作为一个独立的市场类型对待，交易的主体多为实力雄厚的机构投资者。

3. 创业板市场

创业板市场，又称二板市场、另类股票市场、增长型股票市场等，是指专门协助高成长的新兴创新公司特别是高科技公司筹资并进行资本运作的市场。创业板市场是证券交易所主板市场以外的另一个证券市场，是一个具有前瞻性的市场，其注重于公司的发展前景与增长潜力，其上市标准要低于主板市场。

(二)股票的交易方式

1. 现货交易

现货交易亦称现金现货交易，它是指证券的买卖双方在成交后，按照成交价格及时办理实物交割手续和资金清算的交易方式。即在证券交易成交后，买方付出现金取得证券，卖方付出证券取得现金，买卖双方当场结清。它是证券交易中最古老的交易方式，也是证券交易所采用的最基本、最常用的交易方式。但是，随着证券业的发展，由于交易数量的增加等多方面的原因使得当场交割有一定困难，因此，一般规定在成交后的较短时间内交割清算。我国《证券法》规定，证券交易均以现货交易的方式进行。我国证券交易所规定，我国证券交易实行 T+1 的交割制度。

2. 证券期货交易

证券期货交易是指证券买卖双方成交后，按契约中规定的价格延期交割。期货交易是相当于现货交易而言的。现货交易是成交后即时履行合约的交易，期货交易则将订约与履行的时间分离开来。在期货交易中买卖双方签订合同，并就买卖股票的数量、成交的价格及交割日期达成协议，买卖双方在规定的交割日期履行交割。比如，买卖双方今日签订股票买卖合约而于30日后履约交易就是期货交易。在期货交易中，买卖双方签订合约后不用付款也不用交付证券，只有到了规定的交割日期买方才交付货款，卖方才交出证券。结算时是按照买卖契约签订时的股票价格计算的，而不是按照交割时的价格计算，对于买卖双方来讲，在签订期货合约后，双方都要承担相应的义务，即买方有到期买进的义务、卖方有到期卖出的义务，不管交割时的价格高低，自己是否亏本或盈利。在实际生活中，由于种种原因，股票的价格在契约签订时和交割时常常是不一致的，当股票价格上涨时，买者会以较小的本钱带来比较大利益；当股票价格下跌时，卖者将会取得较多的好处。所以，这种本小利大的可能性，对买者和卖者都有强烈的吸引力。

3. 证券期权交易

期权又称选择权，是指在确定的日期或在这个日期之前，按照事先确定的价格买卖特定商品或金融工具的权利。期权实际上是一种与专门交易商签订的契约，规定持有者有权在一定期限内按交易双方所商订的"协定价格"，购买或出售一定数量的证券。

证券期权交易就是买卖在未来一定时期内按一定价格买进或卖出一定数量证券或期货合约的权利的交易。期权交易的对象买卖一定数量证券或合约的权利，这种权利通过买卖双方签订的合同而确定。期权合同赋予买方的是在确定的时间内按照一定的执行价格购买或售出证券(或合约)的权利，但并不承担必须购买或出售的义务。因此，期权购买者可以在该项期权合同到期时或之前行使、转卖或放弃这项权利。但对出售期权的专门交易商来说，则有义务按契约规定出售或购进股票，买方拥有权利而义务的代价是期权购买者要向期权卖方支付一笔费用即期权费(也称保险费)。证券的期权交易并不是以证券为标的物的进行交易，而是以期权为中介的投机技巧。

4. 证券信用交易

证券信用交易，又称垫头交易，是指证券公司或金融机关供给信用，使投资人可以从事买空、卖空的一种交易制度。在这种方式下，股票的买卖者不使用自己的资金，而通过交付保证金得到证券公司或金融机关的信用，由证券公司或金融机关垫付资金或证券，进行的买卖的交易。各国因法律不同，保证金数量也不同，大都在 30%，而我国要求保证金数量不少于 50%。证券信用交易分为两种形式，即保证金多头交易和保证金空头交易。

5. 证券回购交易

证券回购交易是指债券买卖双方在卖出或买入债券的同时就约定于未来某一时间以某一价格双方再进行反向成交。美国称为回购交易，在日本称为现先交易。

其实质是：证券的持有方以持有的证券做抵押，获得一定期限内的资金使用权，期满后则需归还借贷的资金，并按约定支付一定的利息；而资金的贷出方则暂时放弃相应资金的使用权,从而获得融资方的证券抵押权,并于回购期满时归还对方抵押的证券,收回融出资金并获得一定利息。

(三)股票交易程序

证券的交易程序,是指在证券交易市场买进或者卖出证券的具体步骤。与证券的发行程序相比较,证券交易程序具有一定复杂性。因为就证券交易市场而言,其包括场内交易市场和场外交易市场,不同的证券交易市场交易程序不尽相同。这里主要介绍我国场内交易市场,即证券交易所的证券交易程序,在证券交易所条件下的证券交易。以 A 股为例。

1. 开户

开立证券交易账户,是证券投资者在进行证券买卖前到证券公司开设证券账户和资金账户的行为。这是投资者进行证券交易的前提。投资者要想在证券交易所进行证券投资,首先必须选定一家可靠的经纪商,并在该证券商处办理开户手续,开设证券交易账户。证券交易账户根据规定包括证券账户和资金账户。

2. 委托

交易委托是指投资者决定买卖证券时,通过委托单、电话等形式向证券商发出买卖指令的过程。由于投资者不能进入交易所直接交易,所有的买卖都是通过证券商来完成的。投资者进行证券交易委托前,必须与证券公司签订委托协议。委托协议是一种格式合同,由中国证券业协会规定,主要有《风险提示书》《证券交易委托代理协议》《授权委托书》《网上委托协议书》等。投资者向证券商下达委托指令时,须凭交易密码或证券账户卡,有时还需要资金账户和有效身份证件等。证券商没有收到明确的委托指令,不得动用投资者的资金和账户进行证券交易。

投资者在交易委托指令中,应当详细说明买卖方向、证券名称、买卖数量、证券代码、及买卖价格等因素。

委托买卖证券出价方式一般分为市价委托和限价委托两种。市价委托即委托人向证券商发出买卖某种证券的指令时,只指定交易数量而不给出具体的交易价格,但要求按该委托进入交易大厅或交易撮合系统时以市场上最好的价格进行交易。限价委托是指委托人向证券经纪商发出买卖某种股票的指令时,对买卖的价格做出限定,即在买入股票时,限定一个最高价,只允许证券经纪人按其规定的最高价或低于最高价的价格成交,在卖出股票时,则限定一个最低价。

目前,我国证券交易的委托方式主要有递单委托、电话委托、自助终端委托和网上委托。

递单委托,又称"柜台递单委托"或"柜台委托",是指投资者到证券部营业柜台填写书面买卖委托单,委托证券商代理买卖股票的方式。

电话委托,电话委托是指投资者通过拨打券商开设的专项委托电话线路而进行买卖申报的一种委托方式,无须到证券营业柜台填买卖委托单。

【小资料】

电话委托与递单委托的比较

电话委托与递单委托相比较而言,电话委托的安全性要优于递单委托,而且较为节省时间。但是营业部的交易电话都设有一定数量的线路,电话委托容易占线,在市场出现异动时,交易电话线路繁忙,打不通的情况经常出现,可能会给投资者带来损失。如2007年5月30日国家要调控股市过热,将印花税调至3‰,导致股市暴跌,即我们常说的"5·30",很多股民在急于"割肉"离场的时候,却遇到了电话委托交易受阻的情况,损失惨重。

(资料来源:赵文君. 证券投资基础与实务(第二版). 北京:清华大学出版社,2009)

自助终端委托,是指投资者通过证券商在其营业厅或专户室内设置的与证券商自动委托交易系统联结的电脑终端,按照系统发出的指示输入买入或卖出证券的委托指令,以完成证券买卖委托和有关信息查询的一种先进的委托方式。

网上委托,目前有很多客户通过与证券商柜台电脑系统联网的远程终端或互联网下达买进或卖出的指令,也就是我们常说的网上委托。

此外,还有可视电话、STK 手机等委托方式,这里不加以详细介绍。随着经济的发展和科学技术手段的不断提高,新的交易方式会不断产生。

3. 竞价成交

目前,我国证券交易所一般采用两种竞价方式,即在每日开盘时采用的集合竞价方式和在日常交易中采用的连续竞价方式。

所谓集合竞价,是指每个交易日上午9:25,交易所电脑主机对9:15~9:25接受的全部有效委托进行一次集中撮合处理的过程,在这个过程中产生对证券交易影响比较大的开盘价。

所谓连续竞价,是指对申报的每一笔买卖委托,由电脑交易系统按照以下两种情况产生成交价:最高买进申报与最低卖出申报相同,则该价格即为成交价格;买入申报高于卖出申报时,或卖出申报低于买入申报时,申报在先的价格即为成交价格。集合竞价结束、交易时间开始时(上午9:30~11:30,下午13:00~15:00),即进入连续竞价,直至收市。连续竞价有口头竞价、牌板竞价、专柜书面竞价、计算机终端申报竞价几种方式。竞价成交须遵循价格优先、时间优先的原则。

竞价的结果有三种可能:全部成交、部分成交、不成交。

4. 结算

证券结算业务主要是指在每一营业日中每个证券经营机构成交的证券数量与价款分别予以轧抵,对证券和资金的应收或应付净额进行计算的处理过程。证券买卖双方在证券交易所进行的证券买卖成交以后，通过证券交易所将各证券商买卖证券的数量和金额分别予以抵销，计算应收、应付证券和应收、应付股款的差额。包括证券清算和价款清算两个方面。

5. 交割

证券交割是指证券买卖双方交付实际成交的证券和资金的过程，是投资者与接受委托的证券商就已成交的买卖办理股款以及证券数量清算的手续。在我国，由于上海和深圳证券交易所都已实现了无纸化交易，证券交易已不再是一手交钱，一手交货的实物形式。证券和资金都记录在证券交易账户中，因此投资者之间的交割是通过转账方式完成的。

6. 过户

证券登记过户是指投资者从证券市场上买入证券后，到该证券发行公司办理变更持有人姓名的活动，是证券所有权的转移。过户的目的在于保护新投资者的权益，投资者如果买入股票，只有经过过户登记被记载在股东名册上，成为合法持有人才能领取股息和红利，获得参加公司股东大会的股东权利。

(四)股票交易的费用

投资者在委托买卖股票时，需支付多项费用和税款，如委托手续费、佣金、过户费、印花税等。

委托手续费是证券公司经有关部门批准，在投资者办理委托买卖时，向投资者收取的，主要用于通信、设备、单证制作等方面的费用。现在我国证券公司基本上不再收取此项费用。

佣金是投资者在委托买卖证券成交后按成交金额一定比例支付的费用，是证券公司为客户提供证券代理买卖服务收取的费用。

过户费是委托买卖股票后，买卖双方为变更证券登记所支付的费用。在上海证券交易所，A股的过户费为成交面额的1‰、起点为1元，B股为成交金额的0.5‰；在深圳证券交易所，免收A股的过户费，B股为成交金额的0.5‰，最高不超过500港元。

印花税是根据国家税法规定，在A股和B股成交后买卖双方投资者按照规定的税率分别征收的税金。

第三节 股票投资分析

股票投资是指投资者(法人或自然人)购买股票，以获取红利、利息及资本利得的投资行为和投资过程，是直接投资的重要形式。股票投资分析是指人们通过各种专业性分析方法对影响股票价值或价格的各种信息进行综合分析以判断股票价值或价格及其变动的行为，是股票投资过程中不可或缺的一个重要环节。

一、基本分析法

基本分析又称基本面分析，是指证券分析师根据经济学、金融学、财务管理学及投资学等基本原理，对决定证券价值及价格的基本要素如宏观经济指标、经济政策走势、行业发展状况、产品市场状况、公司销售和财务状况等进行分析，评估证券的投资价值，判断证券的合理价位，提出相应的投资建议的一种分析方法。

基本分析方法以宏观经济形势、行业特征及上市公司基本财务数据作为投资分析对象与投资决策基础，体现以价值分析理论为基础，以统计方法和现值计算方法为主要分析手段的基本特征。基本分析基于两个假设：一是股票的价值决定其价格；二是股票的价格围绕其价值波动。基本分析法包括宏观分析、行业分析、公司分析。

(一)宏观分析

宏观分析主要探讨各经济指标和经济政策对证券价格的影响。经济指标分为先行性指标、同步性指标和滞后性指标。经济政策则主要包括货币政策、财政政策、税收政策、利率与汇率政策、产业政策和收入分配政策等。具体来说可以从经济周期、通货膨胀、市场利率、汇率波动和经济政策等方面来进行分析。

1. 经济周期分析

经济周期的循环、波动与股价之间存在着紧密的联系。一般情况下，股价总是伴随着经济周期的变化而升降。经济周期包括复苏、繁荣、衰退和萧条四个阶段，这四个阶段对股票市场的影响也是不一样的。股票市场素有"经济晴雨表"之称。

2. 通货膨胀分析

通货膨胀是影响股票市场以及股票价格的一个重要宏观经济因素。这一因素对股票市场的影响比较复杂。它既有刺激股票市场的作用，又有压抑股票市场的作用。通货膨胀主要是由于过多地增加货币供应量造成的。货币供应量与股票价格一般是呈正比关系，即货币供应量增大使股票价格上升，反之，货币供应量缩小则使股票价格下降，但在特殊情况下又有相反的作用。

通货膨胀不仅产生经济影响，还可能产生社会影响，并影响公众的心理和预期。通货膨胀使得各种商品价格具有更大的不确定性，也使得企业未来经营状况具有更大的不确定性，从而影响市场对股息的预期，并增大获得预期股息的风险，从而导致股价下跌。

我国在2007年、2008年和2009年就面临通货膨胀的影响。为了应对通货膨胀的影响，政府采取紧缩的货币政策，导致市场流动性下降，证券价格发生较大波动，我们也可以自己结合当前实际情况来分析。

3. 市场利率分析

利率政策在各国存在差异，有的采用浮动利率制，此时利率是作为一个货币政策的中介目标，直接对货币供应量做出反应；有的实行固定利率制，利率作为一个货币政策工具受政府(央行)直接控制。利率对证券市场的影响是十分直接的。

我国自1996年5月至1999年7月，连续7次下调利率，伴随每一次降息，股票市场都有不俗表现。从2007年开始我国进入加息通道，这对证券市场产生的影响是有目共睹的。

4. 汇率波动分析

汇率是两国货币的兑换比率或换算关系。在直接标价法中，汇率上升表示外币升值，本币贬值；汇率下降表示本币升值，外币贬值。一般来讲，一国的经济越开放，证券市场的国际化程度越高，证券市场受汇率的影响越大。

5. 货币政策分析

货币政策是指政府为实现一定的宏观经济目标所制定的关于货币供应和货币流通组织管理的基本方针和基本准则。从总体上来说，松的货币政策将使得证券市场价格上扬；紧的货币政策将使得证券市场价格下跌。

6. 财政政策分析

财政政策是政府依据客观经济规律制定的指导财政工作和处理财政关系的一系列方针、准则和措施的总称。各种财政政策都是为相应时期的宏观经济控制总目标和总政策服务的。

7. 战争及政治局势分析

国际经济因素的变化，也会影响股票市场的稳定。市场经济发展到今天已经跨出一国狭小的范围，出现国际联动的效应，一国经济发生的问题会在国际上引起连锁反应。如1987年纽约股票市场暴跌，很短时间内就殃及伦敦、法兰克福、东京等主要国际证券市场，酿成一场全球性的股灾。目前国际经济中的不确定因素对我国国内股票市场投资的冲击，主要通过对我国宏观经济的干扰间接地传递进来，其影响程度尚不大。不过，随着我国进一步对外开放，加入国际贸易组织以及实现人民币经常项目下的自由兑换；随着我国企业更多的去海外证券市场上市以及国内市场与国际市场的联系进一步密切，国际经济中的不确定因素对我国股票投资的影响会越来越明显。

各种政治的、社会的和经济的事件都会对投资者的心态产生影响，投资者会根据他们自己对这些事件的看法作出判断和反应。

(二)行业分析

行业分析是介于宏观经济分析与公司分析之间的中观层次的分析。前者主要分析行业所处的不同生命周期以及行业的业绩对于证券价格的影响；后者主要分析区域经济因素对证券价格的影响。

一般而言，每个行业都要经历一个由成长到衰退的发展演变过程，这个过程称为行业的生命周期。行业的生命周期通常可以分为四个阶段，即初创阶段、成长阶段、成熟阶段和衰退阶段。

1. 初创阶段

在这一阶段，新行业刚刚诞生或初建不久，只有为数不多的创业公司投资于这个新兴的产业，由于初创阶段行业的创立投资和产品的研究、开发费用较高，而产品市场需求狭小(因为大众对其尚缺乏了解)，销售收入较低，因此这些创业公司财务上可能不但没有盈利，反而普遍亏损；同时，较高的产品成本和价格与较小的市场需求还使这些创业公司面临很大的投资风险。另外，在初创阶段，企业还可能面临因财务困难而引发破产的危险，因此，这类企业更适合投机者而非投资者。在初创阶段后期，随着行业生产技术的提高、生产成本的降低和市场需求的扩大，新行业便逐步由高风险低收益的初创期转向高风险高收益的成长期。

2. 成长阶段

在这一个时期，拥有一定市场营销和财务力量的企业逐渐主导市场，这些企业往往是较大的企业，其资本结构比较稳定，因而它们开始定期支付股利并扩大经营。在成长阶段，新行业的产品经过广泛宣传和消费者的试用，逐渐以其自身的特点赢得了大众的欢迎或偏好，市场需求开始上升，新行业也随之繁荣起来。与市场需求变化相适应，供给方面相应地出现了一系列的变化。由于市场前景良好，投资于新行业的厂商大量增加，产品也逐步从单一、低质、高价向多样、优质和低价方向发展，因而新行业出现了生产厂商和产品相互竞争的局面。这种状况会持续数年或数十年。由于这一原因，这一阶段有时被称为投资机会时期。

在成长阶段，虽然行业仍在增长，但这时的增长具有可测性。由于受不确定因素的影响较少，行业的波动也较小。此时，投资者蒙受经营失败而导致投资损失的可能性大大降低，因此，他们分享行业增长带来的收益的可能性大大提高。

3. 成熟阶段

行业的成熟阶段是一个相对较长的时期。在这一时期里，在竞争中生存下来的少数大厂商垄断了整个行业的市场，每个厂商都占有一定比例的市场份额。由于彼此势均力敌，市场份额比例发生变化的程度较小。厂商与产品之间的竞争手段逐渐从价格手段转向各种非价格手段,如提高质量、改善性能和加强售后维修服务等。行业的利润由一定程度的垄断达到了很高的水平;风险却因市场占有率比较稳定,新企业难以打入成熟期市场而较低,其原因是市场已被原有大企业比例分割,产品的价格比较低。因而,新企业往往会由于创业投资无法很快得到补偿或产品的销路不畅,资金周转困难而倒闭或转产。

4. 衰退阶段

这一时期出现在较长的稳定阶段后由于新产品和大量替代品的出现,原行业的市场需求开始逐渐减少,产品的销售量也开始下降,某些厂商开始向其他更有利可图的行业转移资金。因而原行业出现了厂商数目减少,利润下降的萧条景象。至此,整个行业便进入了生命周期的最后阶段。在衰退阶段里,厂商的数目逐步减少,市场逐渐萎缩,利润率停滞不前或不断下降。当正常利润无法维持或现有投资折旧完毕后,整个行业便逐渐解体了。

衰退阶段的行业发展前景黯淡,企业收益低,风险高,投资者不应选择处于该阶段的企业的证券进行投资。

(三)公司分析

公司分析属于微观分析,侧重对公司的竞争能力、盈利能力、经营管理能力、发展潜力、财务状况、经营业绩以及潜在风险等进行分析,借此评估和预测证券的投资价值、价格及其未来变化的趋势。

1. 公司竞争地位分析

公司竞争地位的判断是投资者对公司基本素质分析的首要内容。公司无论是在技术更新方面的发展状况,还是在管理方面的优势,都能通过公司在同行业中的竞争地位得以综合体现。一般来说,一个极具竞争能力的上市公司,其在同行业中的竞争地位是通过规模优势、较高的产品质量、不断的技术革新、市场熟悉情况、注意产品需求动态、推销技术高超等条件的具备而获得的。

2. 公司财务分析

上市公司必须遵守财务公开的原则,定期公开自己的财务状况,提供有关财务资料,便于投资者查询。上市公司公布的财务资料中,主要是一些财务报表。在这些财务报表中,最为重要的有资产负债表、利润表和现金流量表等指标。

3. 公司经营管理能力分析

公司经营管理能力分析包括公司管理人员的素质和能力、从事管理工作的愿望、专业技术能力、良好的道德品质修养、沟通协调能力等多个方面。

二、技术分析法

技术分析是通过对市场行为本身的分析研究来预测市场价格的变动方向,即根据证券价格的历史数据,运用图表进行归纳分析和研究,以推测未来价格的趋势。技术分析理论的研究内容是市场行为,即市场价格、成交量和成交价的变化,以及完成这些变化所经历的时间等。技术分析理论分为K线理论、切线理论、形态理论、技术指标理论、波浪理论和循环周期理论等。与基本分析法相比,技术分析具有使用简单方便、适用性强的特点,更适用于短期行情预测,是中短线证券投资者必须掌握的分析方法。

技术分析是证券投资分析中最常用的分析方法之一,与基本分析法并称为证券投资的两大基本分析方法。各种技术分析理论和指标经过了几十年甚至上百年的实践检验,在今天看起来还是具有极为重要的指导和参考意义。

(一)技术分析的三大假设

技术分析的三大假设是技术分析理论的基础和前提,只有承认这三大假设,技术分析得出的结论才是有效的。

1. 市场行为涵盖一切

这一假设是技术分析理论的基础。技术分析认为一切能够影响价格的因素(经济的、政治的、心理的以及其他方面的因素)都已经完全反映在了证券价格表现之中,所以要做投资决策只需要研究证券价格就够了。这一假设的实质是价格变化必定反映供求关系。所有的技术分析实际上都是利用价格与供求之间的相互表现或影响的关系来进行下一步行情的分析和预测。

2. 股价以趋势形式运动

这一假设是技术分析的核心因素。技术分析派认为如果反向因素不出现,股价将延续原来的发展方向按既有趋势运动。必须接受这一前提,即市场确实有趋势可循,技术分析也才能有用武之地。

3. 历史往往重演

历史往往重演,说得具体点就是打开未来之门的钥匙隐藏在历史里,或者说将来是过去的翻版,过去导致股价上涨或者下跌的因素在重复出现时仍然会带给人们酷似原来走势的趋势。技术分析与市场行为学及人类心理学有着千丝万缕的联系。技术分析派认为,市场行为归根到底是买卖双方争斗的心理过程的外在表现,而人们对特定的行为往往会有同样的心理反应,所以股市历史常常会有惊人的相似。

但是,由于人们心理活动的复杂性,历史的重演其实往往并不是简单的重复,新环境下同样因素的出现引起的股价变动的幅度及其持续性往往是千变万化的，因此，绝对不能说股市只是在简单地重复过去。

(二)技术分析的要素

成交量、价格、时间和空间是进行技术分析的四个基本要素，简称为量、价、时、空。这几个要素的表现情况以及相互间的关系所揭示出来的投资者心理、动向规律就是技术分析所要研究的、用来作为投资决策参考的重要依据。用简单的话说，这四方面其实就是市场行为的整体表现。

(三)技术分析的类型

1. 道氏理论

趋势理论是技术分析的精髓。技术分析的三大假设中的第二条明确说明价格的变化是有趋势的，没有特殊的情况，价格将沿着已形成的趋势继续运动。这是技术分析法中最朴素也是最基本的认识。从该理论来讲，只要投资者做到顺势而为，就能够在证券投资中战无不胜。

根据道氏理论，股票价格运动总共有三种趋势，主要趋势、次要趋势以及短暂趋势，所谓的技术分析就是要区分清楚当前的股价正处于的是那一种趋势。

2. K线分析

K线，也称蜡烛线、阴阳线(港台多此类称呼方法)，它起源于日本德川幕府时期，被当时日本米市的商人用来记录米市的行情与价格波动，后来被引入股票市场及期货市场，演变完善成今天的K线图，并成了股价技术分析的基础。

根据计算周期的不同，我们可以将K线分类为日K线、周K线、月K线、日内K线(即分钟K线或者小时K线)。这些不同计算周期的K线可以供不同操作习惯周期的投资者运用在行情研判中。一般来说，5分钟K线、15分钟K线、30分钟K线和60分钟K线等日内K线对于短线操作者具有重要的参考价值，而周K线、月K线常用于研判中期行情。

K线图最大的优点就是可以很直观地表达出证券每天、每周、每月的开盘、收盘、最高、最低等价的情况，充分反映出股价的变动历史和方向。

K线的意义在于它可以记录行情的历史，是迄今为止人类发明的用来表现股价走势最精炼的表达形式；提供了投资者辨别多空双方力量大小的工具；方便投资者和政策制定者根据其判断行情未来涨跌，为决策提供参考。

3. 缺口理论

一般而言，如果没有极特殊的情况，股指或股价的变动都应该是连续进行的。但在实际的操作过程中，投资者却经常遇到相邻的两根K线之间出现了没有交易的空白区，这就是我们常提到的跳空缺口。

缺口是指股价在连续的波动中有一段价格没有任何成交,在股价的走势图中留下空白区域,又称为"跳空"。在K线图中,缺口反映出某天股价最高价比前一天最低价还低或者最低价比前一天最高价还高。

从技术分析的角度来看,跳空缺口一般是一种比较明显的趋势信号。股价向上跳空,则表示强烈的上涨趋势;若股价出现向下跳空,则表示强烈的下降趋势。抛开股票每年分红派息、配股或增发等导致的对股价重新计算而形成的除权缺口外,我们所遇到的跳空缺口一般可分为四种类型,即普通缺口、突破性缺口、持续缺口和衰竭性缺口。

4. 波浪理论

波浪理论是技术分析大师艾略特(R.E.Elliot)发明的一种分析工具,它是投资分析中运用最多,而又最难于了解和精通的分析工具,主要用于分析指数。

艾略特认为,不管是股票还是商品价格的波动,都与大自然的潮汐——波浪一样,一浪跟着一浪,周而复始,具有相当程度的规律性,以一种"可识别的模式"前进和反转,这些模式在形态上不断重复(不一定在时间和幅度上重复)被称作"波浪"。其优势是,与其他追随趋势的技术方法不同的是,波浪理论可以在趋势确立之前预测趋势何时结束,是目前最好的一种预测工具。

艾略特认为证券市场应该遵循一定的周期周而复始地向前发展,股价的上下波动也是按照某种规律进行的。通过多年的实践,艾略特发现每一个周期(无论是上升还是下降)可以分成8个小过程,这8个小过程一结束,一次大的行动就结束了,紧接的是另一次大的行动。这8个小过程,如图6-1所示。这是一个上升阶段的8个浪的全过程。

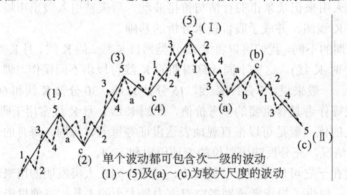

图6-1 一个上升阶段的8个浪的全过程

注:(1)是第一浪;(2)是第二浪;(3)是第三浪;(4)是四浪;(5)是第五浪。这5浪中,第(1)、第(3)和第(5)浪称为上升主浪,而第(2)和第(4)浪称为是对第(1)和第(3)浪的调整浪。上述5浪完成后,紧接着会出现一个3浪的向下调整,这3浪是:从(5)到(a)的(a)浪、从(a)到(b)的(b)浪和从(b)到(c)的(c)浪。

考虑波浪理论必须弄清一个完整周期的规模大小，因为趋势是有层次的，每个大的层次包括一到几个小的层次，就像图中所反映的那样。每个层次的不同取法，可能会导致我们在使用波浪理论时发生混乱。但是，我们应该记住，无论我们所研究的趋势是何种规模，是原始主要趋势还是日常小趋势，8 浪的基本形态结构是不会变化的。

5. 切线分析

切线理论目前是一种较为常用的技术分析理论，它主要是按一定方法和原则在股票价格运行轨迹图中画出一些直线，利用这些直线来判断股价未来的趋势，支撑线与压力线是其主要应用之一。因为得到普遍的运用而成为非常灵验的技术分析方法。

支撑线又称为"抵抗线"，是指股价下跌到某个价位时，会出现买方增加而卖方减少，从而使股价停止下跌，甚至有可能回升。这个起着阻止股价继续下跌的价格就是支撑线所在的位置，在这个价位做条水平线，就是一条支撑线。支撑线起阻止股价继续下跌的作用。压力线又称阻力线，是指当股价上升到某价位附近时，会出现卖方增加而买方减少的情况，股价会停止上涨，甚至回落。这个起着阻止或暂时阻止股价继续上升的价位就是压力线所在的位置，从这个价位做出的一条水平线，就是一条阻力线。

在某一价位附近之所以形成对股价运动的支撑和压力，主要由投资者的筹码分布、持有成本以及投资者的心理因素所决定的。支撑线和压力线具有非常重要的技术意义。在支撑线和压力线的制约作用被有效突破的前后，这两条线将发生相互的转化，原有的支撑线转化为股价后期运行的压力线，而原有的压力线则转化为股价后期运行的支撑线。这些曾经有过大成交量的价位时常由阻力线变为支撑线或由支撑线变为阻力线：阻力线一旦被冲破便会成为下一个跌势的支撑线；而支撑线一经跌破，将会成为下一个涨势的阻力线。这种现象被称之为支撑线和压力线的相互转化。

6. 形态分析

趋势的方向发生变化一般不是突然来到的，变化都有一个发展的过程。而 K 线理论的预测结果只适用于往后很短的时期，有时仅仅是一两天。为了弥补这种不足，我们将 K 线组合中所包含的 K 线根数增加，这样众多的 K 线组成一定的曲线形状，这条曲线描述了股价在这段时间移动的轨迹，比少数几根 K 线包含的内容要全面得多。通过研究股价曲线的这些形状、察知股价走过的轨迹、分析和挖掘多空力量对比的结果，我们可以发现股价正在选择的行动方向，这就是形态理论的研究内容。

股价长期波动，涨跌过程中会在 K 线图上某个价位区停留一段时间，少则几根，多则几十根 K 线聚在一起，形成一定的图形，这些图形就被称为形态。

股价的移动是由多空双方力量大小决定的。一个时期内，多方处于优势，股价将向上移动；在另一个时期内，如果空方处于优势，则股价将向下移动。但是多空双方力量的优劣势转变不是在一朝一夕之间发生的，而是在变化的过程中呈现出各种各样的反复。如果多空力量差异比较小,那么趋势转变的阻力就会比较强大,转势的股价向原趋势的恢复就会强烈一些,反之就比较弱,转势就会发生得比较顺利。股价移动的规律就可以用持续整理→保持平衡→打破平衡→新的平衡→再打破平衡→再寻找新的平衡→……的方式发展。

根据股价移动的规律,我们可以把股价曲线的形态分成两大类型:持续整理形态和反转突破形态。前者保持股价的平衡,在一定时期内没能做出明显的趋势性选择,反映了多空双方力量比较均衡的状态;后者是打破股价平衡的情况,运行趋势发生了比较显著的转变,反映了多空双方力量对比悬殊。

形态分析的目的,是要在形态形成的过程中尽早地判断出当前属于那种形态,以便预测下一步走势,做出先于市场反应的投资决策。

7. 指标分析法

技术指标法是技术分析中极为重要的分支,技术指标的流行是在计算机被广泛使用之后,因为计算技术指标需要涉及巨大的计算。在计算机使用不普遍的时候,用"手工"计算技术指标是不可想象的。大约在 20 世纪 70 年代之后,技术指标逐步得到流行。全世界各种各样的技术指标至少有 1000 个,它们都有自己的拥护者,并在实际应用中取得一定的效果。

1) MACD 指标

MACD 是中长期趋势分析的主要技术工具。它主要是利用两条不同速度的线,即快速移动平均线与慢速移动平均线之间聚合与分离的征兆,来研判买进与卖出的时机和信号。MACD 由快速线与慢速线之差即正负差(DIF)和异同平均数(DEA)两部分组成,快速线采用的是短时间参数,慢速线采用的是长时间参数,以 DIF 值作为判断走势的基础。

DIF 和 DEA 均为正值时,属多头市场,DIF 和 DEA 均为负值时,属空头市场。

DIF 上交叉 DEA 线,形成黄金交叉,同时 BAR(绿色柱状线)缩短,发出买入信号。

DIF 下交叉 DEA 线,形成死亡交叉,同时 BAR(红色柱状线)缩短,发出卖出信号。

顶背离:股价上涨,DIF 线及 DEA 线却逐渐下降,预示着股价将下跌,如果此时出现 DIF 线两次向下交叉 DEA 线,即两次死亡交叉,股价将大幅下跌。

底背离:股价下跌,DIF 线及 DEA 线却逐渐上升,预示股价将上涨,如果此时出现 DIF 线两次向上交叉 DEA 线,即两次黄金交叉,股价将大幅上涨。

2) RSI 强弱指标

相对强弱指数(RSI)主要是通过比较一段时期内的平均收盘涨跌家数来分析市场买卖双方的意向和实力,预测未来市场的走势。

$$RSI(N) = \frac{N 天内收盘上涨平均数}{N 天内收盘上涨平均数 + N 天内收盘下跌平均数} \times 100\%$$

由计算公式可看出,不论价位如何变动,强弱指标(RSI)的值均在 0 与 100 之间。

短期 RSI>长期 RSI,则属多头市场;短期 RSI<长期 RSI,则属空头市场。

根据 RSI 取值的大小判断行情：当 RSI>80，表示市场已经出现超买现象，价格随时会因买意减弱而回跌，此时应该卖出。当 RSI 小于 20，表示市场已经出现超卖现象，价格距离底部已经不远，随时会因为买意的增强而使价格上升，此时应该买入。

3) 随机指标 KDJ

KDJ 指标或 KD 线，简称随机指数，在计算过程中主要研究高价位与收盘价之间的关系，度量股价脱离价格正常范围的变异程度。

随机指数作为短期技术分析工具，相当实用有效，最早也应用于期货市场。

在使用 KD 指标时，我们往往称 K 指标为快指标，D 指标为慢指标。K 指标反应敏捷，但较易出错；D 指标反应稍慢，但可靠。

随机指数可以选择任何一种日数作为计算基础，例如 5 日 KD 公式为：

$$K = \frac{C - L_5}{H_5 - L_5} \times 100$$

$$D = \frac{H_3}{L_3} \times 100$$

$$J = 3D - 2K$$

公式中：C 为最后一日收市价；L_5 为最后 5 日内最低价，H_5 为最后 5 日内最高价；H_3 为最后 3 个($C - L_5$)数的总和；L_3 为最后 3 个($5H_5 - L_5$)数的总和。

J 值即 K 与 D 的乖离程度。

KD 指标在应用时主要从 4 个方面进行考虑：第一，KD 的取值大小；第二，KD 曲线的形态；第三，K 与 D 指标的交叉；第四，KD 指标的背离。

三、股票投资的策略

投资策略是指在投资种类选择的基础上，按照一定的决策方法来选择合适的投资时机或资产组合。决策方法的正确与否，将会直接影响到投资者股票投资的成败和理财的效益。对于选择股票买卖的时机，一般有两种基本策略：一是进取性策略，另一种是防守策略。

(一)几种基本的股票投资决策方法

1. 定额投资成本平均法

在这种方法下能使投资者各期购入股票的平均成本低于股票的平均价格。在操作中投资者可每期以固定的金额去购入所选定的一种或几种股票，这样在股价下跌时买入的股数就多，而在股价上涨时买入的股数就少。所以在买入的总股数中自然低价股的数量大于高价股的数量。因此，一定时期后每股的平均成本就自然会低于股票平均市场价格。这要求投资者要有一定的信心，不能在股价下跌时便不敢投资或急于抛出，如果在股价下跌时投资者以低于平均成本的进价出卖股票，就会使该方法失去效力。

2. 方程式投资法

方程式投资法实际是一种"证券组合"方法，它分为"固定金额计划""固定比率计划"和"变动比率计划"投资法三种。

第一种方法是指投资者应持有固定金额的股票。例如用 10 000 元投资，其中 8000 元购买股票，2000 元购买债券。当股票价格上涨到 9000 元时，可卖掉 1000 元股票而购入债券，相反在股价下跌到 7000 元时则可卖掉 1000 元债券来补足股票。按这样程序自动轮番进行，确保证券组合金额的固定性。但其关键要确定这种组合中股票与债券所占金额，这主要根据投资者的投资偏好而定，但是计划一经确定后，就不能因市价稍有涨跌就加以调整，否则就会使该方法失效。

第二种方法与第一方法原理相似，只是将固定金额转化为固定比率，不过计划在运用时更为灵活，更适应股票市场的周期变化。

第三种方法是指在股价变动较大情况下适当调整证券组合的比率。其实质是在股价明显上升时多出售股票、获得较大收益，适当减少股票比率。相反在股市有下跌趋势时，抛出债券，而适度调高股票投资比率，这符合股票"低买高卖"原则。可见此方法的灵活性更大，但要根据具体情况，做一定的控制，不能过于冒进。

3. "渔翁撒网"法与"反式渔翁撒网"法

"渔翁撒网"法是指投资者有选择地购入多种股票，哪一种或几种股票价格上涨能获利时便抛出哪种或哪些股票。这种方法虽然一定时期收益能抵偿损失，但可能投资者在好股票价格稍有上升之时就出卖，丧失了更大盈利机会，反而将长期劣势股票持在手中。因为在实际中不可能指望各种股票轮番上涨。对这一点，许多投资者采用"反式渔翁撒网"方法，就是当某一种或几种股票价格上升时，便多购入这些股票，对那些价格不涨或下跌的股票及时卖出，从而使手中长期持有优势股，保持较强的获利能力。使用这种方法时，一定要看准股票的趋势，一旦失误，可能造成较大的损失。这两种方法主要适用较短期的股票投资。

4. 顺势投资法

对于投资额较小的投资者，根据股票走势投资也不失为一种简便实用的方法，即在股市上涨时买进，在股市下跌时卖出。这种跟随大势的方法一般是相当保险的。然而股市变幻无常，有时短暂的上扬常被误认为涨势已到，但只是短暂的冲高；有时在涨势初期，又犹豫不决而错失良机，待要入市却已到回落边缘；也有在跌势中抛出，但已到回升边缘，结果卖出个最低价。凡此种种，都说明顺势投资法同样是应对股市走势并结合各种技术分析方法做出的合理判断。"顺势"是顺"股势"而不是顺"人势"，人买我买，人卖我卖，则会造成重大损失。

5. "买平均高"和"买平均低"法

"买平均高"法是指投资者分阶段买进股票,即在股票上涨时先买进第一批,等到股价再上升一段后再分别买进第二、第三批。待其上扬到一定价位呈下跌趋势时,将其抛出获利。"买平均低"方法是指股票看跌时先买进一批,等到再跌一段后再买进第二、第三批。待股价回升时,将其抛出获利。这两种方法主要用于投资期较长的中长期股票投资,不太适用于短期股票投资。

(二)不同类型股票的投资策略

1. 大型股票投资策略

大型股票是指股本额在 12 亿元以上的大公司所发行的股票。这种股票的特性是:其盈余收入大多呈稳步而缓慢的增长趋势。由于炒作这类股票需要较为雄厚的资金,因此,一般投机者都不轻易介入这类股票的炒买炒卖。

对应这类大型股票的买卖策略是:可在不景气的低价期间买进股票,而在业绩明显好转、股价大幅升高时予以卖出。同时,由于炒作该种股票所需的资金庞大,故较少有主力大户介入拉升,因此可选择在宏观经济已恢复景气的初期入市投资。

大型股票在过去的最高价位和最低价位上,具有较强支撑阻力作用,因此其过去的高价价位是投资者现实投资的重要参考依据。

2. 中小型股票投资策略

中小型股票的特性是:由于炒作资金较之大型股票要少,较易吸引主力大户介入,因而股价的涨跌幅度较大,其受利多或利空消息影响股价涨跌的程度,也较大型股票敏感得多,所以经常成为多头或空头主力大户之间互打消息战的争执目标。对应中小型股票的投资策略是耐心等待股价走出低谷,开始转为上涨趋势,且环境可望好转时予以买进;其卖出时机可根据环境因素和业绩情况,在过去的高价圈附近获利了结。一般来讲中小型股票在 1~2 年内,大多有几次涨跌循环出现,只要能够有效把握行情和方法得当,投资中小型股票,获利大都较为可观。

3. 成长股投资策略

成长股是指迅速发展中的企业所发行的具有报酬成长率的股票。成长率越大,股价上扬的可能性也就越大。投资成长股的策略是:要在众多的股票中准确地选择出适合投资的成长股;要恰当地确定好买卖时机。

4. 投机股买卖策略

投机股是指那些易被投机者操纵而使价格暴涨暴跌的股票。投机股通常是内地的投机者进行买卖的主要对象，由于这种股票易涨易跌，投机者通过经营和操纵这种股票可以在短时间内赚取相当可观的利润。投机股的买卖策略是：选择公司资本额较少的股票作为进攻的目标，选择优缺点同时并存的股票，选择新上市或新技术公司发行的股票，选择那些改组和重建的公司的股票。

需要特别指出的是，由于投机股极易被投机者操纵而人为地引起股价的暴涨与暴跌，一般的投资者需采取审慎的态度，不要轻易介入，若盲目跟风，极易被高价套牢，而成为大额投机者的牺牲品。

5. 蓝筹股投资策略

蓝筹股的特点是：投资报酬率相当优厚稳定，股价波幅变动不大，当多头市场来临时，它不会首当其冲而使股价上涨。通常的情况是其他股票已经连续上涨一截，蓝筹股才会缓慢攀升；而当空头市场到来，投机股率先崩溃，其他股票大幅滑落时，蓝筹股往往仍能坚守阵地，不至于在原先的价位上过分滑降。

对应蓝筹股的投资策略是：一旦在较适合的价位上购进蓝筹股后，不宜再频繁出入股市，而应将其作为中长期投资的较好对象。虽然持有蓝筹股在短期内可能在股票差价上获利不丰，但以这类股票作为投资目标，不论市况如何，都无须为股市涨落提心吊胆。而且一旦机遇来临，也能收益甚丰。长期投资这类股票，即使不考虑股价变化，单就分红配股，往往也能获得可观的收益。

对于缺乏股票投资手段且愿作长线投资的投资者来讲，投资蓝筹股不失为一种理想的选择。

6. 个股买卖选择策略

个股买卖策略是投资者买卖个别股票的方法和技巧。从事个股股票投资，对于买卖时机的掌握很重要，除了要看准大势外，还必须对个别股票的"买进时点"和"卖出时点"进行最优的选择。

7. 股票投资组合策略

股票投资组合策略是投资者依据股票的风险程度和年获利能力，按照一定的原则进行恰当的选股、搭配以降低风险的投资策略。

股票投资组合策略的基本原则是：在同样风险水平之下，投资者应选择利润较大的股票；在相同利润水平的时候，投资者应选择风险最小的股票。股票投资组合的核心和关键是有效地进行分散投资，因为通过分散投资，将投资广泛地分布在不同的投资对象上，可以降低个别股票风险而减少总风险。分散投资主要包括：投资行业的分散，投资企业的分散，投资时间的分散，投资地区的分散。

总之，只要在进行股票投资中能有效地进行投资组合，就能在降低风险的同时，获取较大的收益。

8. 保守型投资组合策略

保守型投资组合策略是投资者以选择较高股息的投资股作为主要投资对象的股票组合策略。这种投资策略的主要依据是，由于将资金投向具有较高股息的股票，在经济稳定成长的时期，能够获取较好的投资回报，即使行情下跌，仍能够获取较为可观的股息红利。

保守型投资组合策略的资金分布是将80%左右的资金用于购买股息较高的投资股，以领取股息与红利，而只将20%左右的资金用作投机操作。

保守型投资组合主要适用于经济稳定增长时期采用，但在经济结构的转型与衰退期要谨慎使用。因为在经济结构的转型与衰退期，原先投资价值较高的投资股，有可能由于经济结构的转型和不景气，使发行这些股票的公司获利大幅降低甚至是转盈为亏，这样就会使所持股票的价值大幅下降而使投资者蒙受损失。

9. 投机型投资组合策略

投机型投资组合策略是投资者以选择价格起落较大的股票作为主要投资对象的股票组合策略。

投机型投资组合的资金分布是将80%左右的资金用于购买价格波动频繁且涨跌幅度很大的股票，而将20%左右的资金用作买进其他比较稳定的投资股。或为准备再作追价与摊平用。由于这种组合方式的投机比重很大，故称作投机型投资组合策略。

采用投机型投资组合策略的投资者通常以"见涨抢进、见跌卖出"的追价方式买卖股票。由于此种方式的买卖进出较为敏感，故经常能在股价上涨之初，买到日后涨幅很高的黑马股票，给投资者带来极为可观的差价收益，而见跌卖出的结果，也能使股价持续下跌时，不至于亏损太多。

采用此种组合方式进行投资的人若判断正确，往往比其他组合方式收益更丰，但倘若判断失误，当刚追价买到某种股票时，股价却大幅下跌，或者是刚追价卖出，股价却迅速上涨，这种状况又极易给投资者带来惨重的损失。此外，采用投机型投资组合策略进出股市频繁，累计交纳的手续费和印花税的数额也较多，其操作成本就十分高昂。

投机型投资组合策略不适宜于初涉股市的投资者，中小额投资者应谨慎使用。

10. 随机应变型投资组合策略

随机应变型投资组合策略是投资者根据股市走向变化而灵活调整证券组合的投资策略。当判定股市走向看好时，则将资金的大部分投放在投资股上；而若认为股市走向是看跌时，则将大部资金转入购买公债等风险较小的证券或持有现金以待买入时机。

随机应变型的投资组合策略具有机动灵活、能适应市场变动的特点，是一种较为证券投资者推崇的投资组合策略。

本 章 小 结

股票投资计划	股票概述	股票是股份有限公司在筹集资本时向出资人发行的股份凭证，是由股份有限公司发行的，用以证明投资者的股东身份和权益，并据以获得股息、红利和其他投资者权益的可转让凭证。股票本身没有价值，是一种独立于实际资本之外的虚拟资本。
	股票的发行和流通	股票的发行是指股份公司发行的股票，在经有关部门批准后，就可以在股票市场(证券交易所)公开挂牌进行上市交易活动。它必须遵循公开、公平、公正和自愿的原则。股票交易市场是进行发行股票、买卖流通的市场，为已经从一级市场获得股票的投资者和想要购买已发行股票的投资者提供交易平台。
	股票投资分析	股票投资是指投资者(法人或自然人)购买股票，以获取红利、利息及资本利得的投资行为和投资过程，是直接投资的重要形式。股票投资分析是指人们通过各种专业性分析方法对影响股票价值或价格的各种信息进行综合分析以判断股票价值或价格及其变动的行为，是股票投资过程中不可或缺的一个重要环节。

思考题

一、选择题

1. 集合竞价的时间是在(　　)。
   A. 9:20～9:30　　　　　　　　B. 9:15～9:25
   C. 9:25～9:30　　　　　　　　D. 9:10～9:30
2. 当证券的卖方将卖出的证券交付买方，买方将买进证券的价款交付给卖方，此种行为属于(　　)。
   A. 清算　　　　B. 交割　　　　C. 过户　　　　D. 成交
3. 每股股票所代表公司实际资产的价值称为(　　)。
   A. 股票的票面价值　　　　　　B. 股票的内在价值
   C. 股票的账面价值　　　　　　D. 股票的清算价值

4. N 股的上市地点为( )。
   A. 纽约证券交易所   B. 新加坡证券交易所
   C. 香港证券交易所   D. 伦敦证券交易所
5. 我国现行 A 股股票交易实行( )交割制度。
   A. T+1   B. T+2   C. T+3   D. T+0
6. 投资者买入某种证券后,长期持有,这种投资方式称为( )。
   A. 长期投资   B. 短线投资   C. 灵活投资   D. 控股投资
7. 投资者在证券市场上频繁地进行证券买进和卖出的投资行为称( )。
   A. 长期投资   B. 短线投资   C. 灵活投资   D. 控股投资
8. 股票所代表的股份拆细和合并时,属下列( )特点。
   A. 可变性   B. 价格波动性   C. 股份可伸缩性 D. 收益性
9. 收入相当稳定,价格变动较小的股票称为( )。
   A. 收入股   B. 防守股   C. 投机股   D. 周期股
10. 用现金以外的其他资产向股东分派的股息是( )。
    A. 财产股息   B. 负债股息   C. 建业股息   D. 现金股息

二、判断题

1. 一般来说,股票的风险要大于债券的风险。   (   )
2. 股票是虚拟资本。   (   )
3. 我国目前投资者只能进行当日限价委托。   (   )
4. 从位置上看,缺口可以分为:普通缺口、突破缺口、持续缺口和竭尽缺口等四种。
                                                            (   )
5. 影响股票收益率最突出和直接的因素是公司盈利水平。   (   )
6. 支撑线和压力线是可以相互转化的。   (   )
7. K 线理论是建立在分析 K 线形态和组合基础上的。   (   )
8. 集合竞价是交易所主机随时接受指令随时撮合,而连续竞价是接受指令后,先存储然后再集中撮合。   (   )
9. 优先股同普通股一样具有选举权。   (   )
10. 技术分析的基本要素有空间,成交量和时间。   (   )

三、简答题

1. 股票的含义及特征。
2. 股票的分类。
3. 什么是技术分析方法?技术分析法主要分为哪几类?
4. 技术分析的三条假设前提是什么?
5. 股票发行的原则。

第七章

证券投资基金投资计划

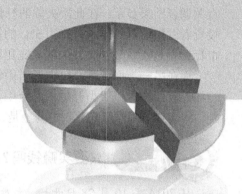

本章精粹:

- 证券投资基金的概念
- 证券投资基金的特点
- 证券投资基金与股票、债券的区别
- 证券投资基金的种类
- 证券投资基金的投资策略

在2006年以来的中国内地股市中，由于行情赚钱效应的显现，投资者的热情再度高涨。从股票指数上看到股市增长了一倍以上，按理说，持有股票的投资者理应大赚特赚。可据有关调查结果显示：在此次火爆的行情中，被调查者中约30%没有取得收益，更有近2%的投资者亏损超过50%，只有约5%的投资者收益率在100%以上。由此可见许多投资者在牛市行情中光赚指数不赚钱的现象比比皆是。

而在另一方面，基金可谓股市中领涨的最大赢家。据统计，截至2006年底，在成立满一年的股票型和偏股型开放式基金中，收益率超过100%的基金就达到一半。基民们喜笑颜开，体会到了与炒股相比，买基金是一种又省心又赚钱的投资方式。那么，什么是基金呢？

 **只要买赚钱吗？**

从2014年10月28日开始，大盘开始飙涨之路，截至12月5日，在不足40天时间内，狂飙28.26%。统计数据显示，在这波疯狂拉升行情中，公募基金大幅跑输上证指数，从主动型管理基金表现看，基本与创业板指数涨幅相当，跑赢大盘的仅有3%。

涨幅较高的基金期间其涨幅为46.71%，而与此同时，在大盘飙涨的5个多星期中，依然有20只基金遭遇负收益。

在某基金公司业内人士看来，如果从近期基金的表现看，虽然大部分基金跑输大盘，但是从长期来看，尤其是最近两年的整体表现看，公募基金的表现依然可圈可点，也给投资者带来了丰厚的回报，"基金投资不能看短期业绩，关键是要看长期稳定的收益。"

我们应该从中获得什么启发呢？我们又应该怎么样去制定自己的证券投资基金投资策略呢？

核心概念

证券投资基金　证券投资基金的特点　证券投资基金与股票、债券的异同点　证券投资基金的种类　投资策略

第一节　证券投资基金概述

基金从广义上讲分为信托投资基金、单位信托基金、保险基金等。狭义的基金则专指证券投资基金。

证券投资基金是一种间接的证券投资方式。基金管理公司通过发行基金单位，集中投资者的资金，由基金托管人(即具有资格的银行)托管，由基金管理人管理和运用资金，从事股票、债券、外币等金融工具投资，然后分享收益，共同承担投资风险。

一、证券投资基金的产生与发展

在不同的国家和地区,证券投资基金的称谓也不尽相同。例如,英国和我国的香港称之为"单位信托基金",美国则称之为"共同基金"或"投资公司",而日本和韩国等国家则称之为"证券投资信托基金"。确切地说,这些称谓仅仅反映这些国家和地区基金业的主要特征。

一般认为,基金发源地在英国,是在18世纪末、19世纪初产业革命的推动下出现的。产业革命的成功,使英国生产力水平迅速提高,工商业都取得较大的发展,其殖民地和海外贸易遍及全球,大量的资金为追逐高额利润而涌向其他国家。可是大多数投资者缺乏国际投资知识,又不了解外国的情况,难以直接参加海外投资。于是,人们便萌发了众人集资、委托专人经营和管理的想法,这一想法得到了英国政府的支持。1868年由政府出面组建了海外和殖民地政府信托组织,公开向社会发售受益凭证。它是公认的最早的基金机构,以分散投资于国外殖民地的公司债为主,其投资地区遍及南北美洲、中东、东南亚和意大利、葡萄牙、西班牙等国,当时的投资总额共达48万英镑。该基金类似股票,不能退股,亦不能兑现,认购者的权益仅限于分红和派息。

20世纪70年代以来,随着世界投资规模的剧增,现代金融业的创新,品种繁多、名目各异的基金风起云涌,形成了一个庞大的产业。以美国为例,2005年底,美国共同基金的净资产总额已达8.9万亿美元,2006年这一数据达到10.4万亿美元,超过了商业银行的资产规模。基金产业已经与银行业、证券业、保险业并驾齐驱,成为现代金融体系的四大支柱之一。

由此可见,推动投资基金发展的动力主要有以下几个方面。

首先是经济发展。经济发展是以生产力水平迅速提高为标志,带来的就是国民生产总值飞速增长,人均国民收入水平也得以提升,由此个人投资能力相应提高,出现了众多中小投资者。

其次是证券市场的直接推动。没有市场经济的发展,不可能有各种货币市场、资本市场,也不会有股票、债券等有价证券的产生,更不会有从事有价证券买卖的交易市场出现。而证券投资基金的投资对象就是各种有价证券,其经营方式是将这些证券加以组合,以此分散投资者的风险,获取更大得收益。所以,只有活跃的、健康的、高效的证券市场,证券投资基金才能得以正常发展。

第三是法律的外在作用力。法律的权威性、强制性及公正性使得参与证券市场及投资基金的人们得到平等竞争的机会,获取公平的投资收益。例如早期在证券投资基金发达的美国,最初由于缺乏有效、严格的有关证券市场及投资基金配套的法律、法规,各种操纵股市的行为及信息随处可见,股市投机活动异常猖獗,股价暴涨暴跌,最终导致了1929年的股市的大崩溃,证券投资基金公司也随之纷纷倒闭,剩下的为数不多的也备受冷遇。由此事件，人们得到的教训是：只有严格的、完备的法律规范才能保证交易市场的公开、公正、公平，才能使证券市场得以健康发展。此后，美国政府制定、颁布了一系列的法律、法规对维护证券市场正常交易，促进证券投资基金的健康发展起到了很好的推进作用。

最后是证券投资基金的自身创新。一种金融产品能否被投资者所接受，并得以迅速发展，最根本的原因还在于这种产品的自身创新能力，看它是否能满足投资者的需求。在如今的金融市场中，证券投资基金以其种类繁多、投资项目范围广泛吸引着广大的投资者。而证券投资基金也在进行着不断地创新，以满足不同消费者、不同市场的需求。创新主要的目的是增加基金的流动性、安全性及营利性。只有流动性强、安全性好、营利性高，投资者才会趋之若鹜，从而推动它的健康发展。

我国相对于国外的基金史相对起步较晚，但发展却较为迅猛。中国的证券投资基金初创于20世纪90年代初期，规范于90年代末期，在短短的十余年里，中国证券投资基金从无到有，经历了初创到规范、规范与发展并重的历程。1992年至1997年，各地批设了79只证券投资基金，总资产90多亿元，投资者约120万。由于对基金认识和理解的不足、监管体制的不顺等历史原因和市场环境的影响，这些基金普遍存在设立和运作不规范、资产质量差等问题。从1999年3月起，证监会按照国务院的要求组织对老基金的清理规范。截至2003年9月，全国79只老基金，4只清盘，75只清理规范合并为29只封闭式证券投资基金，上市扩募后总规模达197亿元。1997年11月，经国务院批准，国务院证券委发布了《证券投资基金管理暂行办法》。1998年4月，规范的、严格意义的证券投资基金正式开始试点。2000年10月，证监会发布《开放式证券投资基金试点办法》。2001年9月，首只开放式基金"华安创新"的发行拉开了我国的开放式基金试点热潮的序幕，但由于证券市场持续低迷，2002年起基金普遍遭遇发行难。2002年12月，首家中外合资基金公司——国安基金管理有限公司成立，基金业成为履行我国证券服务业入世承诺的先锋。

2006年以来，开放式基金愈来愈受到普通投资者的青睐。2007年年末，我国开放式基金的账户数达到了9912万户，个人投资者持有基金的比例达到了87%，标志着我国证券投资基金的投资者结构发生了质的变化。证券投资基金在稳定市场、倡导理性投资等方面发挥着越来越重要的作用。

【小资料】

余额宝与货币基金

2013年6月17日，余额宝正式上线。余额宝是由第三方支付平台支付宝打造的一项余额增值服务。通过余额宝，用户不仅能够得到较高的收益，还能随时消费支付和转出，用户在支付宝网站内就可以直接购买基金等理财产品，获得相对较高的收益，同时余额宝内的资金还能随时用于网上购物、支付宝转账等支付功能。转入余额宝的资金在第二个工作日由基金公司进行份额确认，对已确认的份额会开始计算收益。

与余额宝挂钩的，是增利宝货币基金。增利宝货币基金，全称是天弘增利宝货币市场基金，是由天弘基金管理有限公司发行的一款货币型基金。天弘基金是增利宝货币基金的唯一销售机构，以支付宝为唯一直销推广平台，用户转入余额宝的资金，即为购买了增利宝货币基金，并享有货币基金的投资收益。

(资料来源：新浪博客，2014-06-30)

二、证券投资基金的特点

与股票、债券、定期存款、外汇等投资工具一样，证券投资基金也为投资者提供了一种投资渠道。与其他的投资工具相比，证券投资基金具有以下特点。

1. 集合理财、专业管理

对中小投资者来说，存款或购买债券较为稳妥，但收益率较低；投资于股票有可能获得较高收益，但风险较大。证券投资基金作为一种新型的投资工具，把众多投资者的小额资金汇集起来进行组合投资，由专家来管理和运作，经营稳定，收益可观。证券投资基金是由专家运作、管理并专门投资于证券市场的基金。基金资产由专业的基金管理人负责管理。基金管理人配备了大量的投资专家，他们不仅掌握了广博的投资分析和投资组合理论知识，而且在投资领域也积累了相当丰富的经验。可以说是专门为中小投资者设计的间接投资工具，大大拓宽了中小投资者的投资渠道。

2. 规模经营、成本较低

证券交易的平均成本随证券交易数量的增加而递减。证券投资基金由于集合众多投资者的资金，通常进行大宗交易来买卖证券，证券公司在手续费方面也会给予证券投资基金一定的优惠，因而可以实现规模经济、降低交易成本；很多国家和地区对证券投资基金在税收上也给予一定的优惠，其最终结果是证券投资基金的投资者在交易费用方面得到实惠。

3. 组合投资、分散风险

证券投资基金具有组合投资、分散风险的好处。根据投资专家的经验，要在投资中做到起码的分散风险，通常要持有 10 只左右的股票。投资学上有一句谚语："不要把你全部的鸡蛋放在同一个篮子里。"然而，中小投资者通常无力做到这一点。如果投资者把所有资金都投资于一家公司的股票，一旦这家公司破产，投资者便可能尽失其所有。而证券投资基金通过汇集众多中小投资者的小额资金，形成雄厚的资金实力，可以同时把投资者的资金分散投资于各种股票，使某些股票跌价造成的损失可以用其他股票涨价的盈利来弥补，分散了投资风险。

4. 资产管理与财产保管相分离

证券投资基金的管理操作者和基金的保管者相对独立，管理操作者只负责基金的投资操作，本身并不经手基金的财产保管，没有权力从保管者那儿取走基金的财产。同时，证券投资基金的保管者虽然掌握基金的财产，但不能具体进行投资运用。这样有利于各机构间的相互监督，防止将基金的资金财产挪作他用，以确保投资者利益。

三、证券投资基金的作用

1. 有利于证券市场的稳定和发展

（1）基金的发展有利于证券市场的稳定。证券市场的稳定与否同市场的投资者结构密切相关。基金的出现和发展，能有效地改善证券市场的投资者结构，成为稳定市场的中坚力量。基金由专业投资人士经营管理，其投资经验比较丰富，信息资料齐备，分析手段较为先进，投资行为相对理性，客观上能起到稳定市场的作用。同时，基金一般注重资本的长期增长，多采取长期的投资行为，较少在证券市场上频繁进出，能减少证券市场的波动。

（2）基金作为一种主要投资于证券的金融工具，它的出现和发展增加了证券市场的投资品种，扩大了证券市场的交易规模，起到了丰富活跃证券市场的作用。随着基金的发展壮大，它已成为推动证券市场发展的重要动力。

2. 有利于证券市场的国际化

很多发展中国家对开放本国证券市场持谨慎态度，在这种情况下，与外国合作组建基金，逐步、有序地引进外国资本投资于本国证券市场，不失为一个明智的选择。与直接向投资者开放证券市场相比，这种方式使监管当局能控制好利用外资的规模和市场开放程度。

四、证券投资基金与股票、债券的区别

股票是股份公司签发的证明股东所持股份的凭证，是公司股份的表现形式。投资者通过购买股票成为发行公司的股东，依法享有资产收益、参与重大决策和选择管理者等权利。

债券是指依法定程序发行的，约定在一定期限还本付息的有价证券，其特点是收益固定，风险较小。

证券投资基金与股票、债券相比，存在以下的区别。

1. 投资者地位不同

股票持有人是公司的股东，有权参与公司的重大决策；债券的持有人是债券发行人的债权人，享有到期收回本息的权利；基金份额的持有人是基金的受益人，与基金管理人和托管人之间体现的是信托关系。

2. 风险程度不同

一般情况下，股票的风险大于基金。对中小投资者而言，由于受可支配资产总量的限

制,只能直接投资于少数几只股票,当其所投资的股票因股市下跌或企业财务状况恶化时,资本金有可能化为乌有;而基金的基本原则是组合投资,分散风险,把资金按不同的比例分别投于不同期限、不同种类的有价证券,把风险降至最低程度;债券在一般情况下,本金可以得到保证,收益相对固定,风险比基金要小。

3. 收益情况不同

基金和股票的收益是不确定的,而债券的收益是确定的。

4. 投资方式不同

股票和债券是直接投资工具,筹集的资金主要投向实业;与股票、债券的投资者不同,证券投资基金是一种间接的证券投资方式,基金的投资者不再直接参与有价证券的买卖活动,而是由基金管理人具体负责投资方向的确定、投资对象的选择。

5. 价格取向不同

在宏观政治、经济环境一致的情况下,基金的价格主要取决于资产净值,而影响债券价格的主要因素是利率,股票的价格则受供求关系和公司基本面(经营、财务状况等)的影响巨大。

6. 投资回收方式不同

债券有一定的存续期限,期满后收回本金。股票一般无存续期限,除公司破产、清算等法定情形外,投资者不得从公司收回投资,如要收回,只能在证券交易市场上按市场价格变现。证券投资基金则要视所持有的基金形态不同而有区别:封闭式基金有一定的期限,期满后,投资者可按持有的份额分得相应的剩余资产,在封闭期内还可以在交易市场上变现;开放式基金一般没有期限,但投资者可随时向基金管理人要求赎回。

虽然几种投资工具有以上的不同,但彼此间也存在着联系。

基金、股票、债券都是有价证券,对它们的投资均为证券投资。基金份额的划分类似于股票:股票是按"股"划分,计算其总资产;基金资产则划分为若干个"基金份额"或"单位",投资者按持有基金份额或单位分享基金的增值收益。另外,股票、债券也是证券投资基金的主要投资对象。

【案例点击】

别把基金当股票炒

基金和股票同样作为一种有价证券,再加上基金中有股票型基金、指数型基金,很多投资者开始不知不觉地把基金当股票来炒。实际上,这是完全错误的,这种不正确的操作方式很有可能为投资者带来亏损。

【点石成金】

投资者应谨记：基金持有数量不必要太多，2~3只基金就足够了；而股票持有数量多则属正常。

要知道，基金与股票都有自己独特的特点。市场上，股票数以万计，每一只股票都对应着一家独具特色的公司，上市公司的行业前景、经营状况以及它的投资风格、风险程度等都各不相同，可以说将任意两只股票归属为同一品种都是不科学的。而基金却不一样！虽然基金公司有很多，但是却可以大致可以分成股票型基金、债券型基金和货币市场基金三种，即使是相对复杂的股票型基金，也可以再进一步细分成主动型、被动型（指数基金）等几种类型，并且同一品种的基金的投资风格和风险程度很相似。即基金的持有数量由类型来决定，而股票的持有数量主要依赖于发行公司。

也就是说，我们可以拥有几十只股票，这是正常的，却不鼓励投资者拥有几十只基金。

生活中，很多人手里握着十几只甚至几十只基金，易方达的、广发的、博时的、华夏的……几乎每个基金公司的都有，并且偏重于持有股票型基金，希望通过低买高卖的方式在短时间内实现财富增值。这样的基金投资方式不仅没有意义，而且有可能会带来损失。

首先这样的做法会让基金投资管理起来更加烦琐，从而提高管理失误的发生概率。而且，还会使资金过于分散，导致整个投资结构不合理，最后影响自己的投资收益。要知道如果将资金集中在不同类型的几只优质基金上，不仅管理起来相对容易，方便投资者精细化管理，而且资金集中，收益也多。

一般来说，投资基金，对基金的持有数量以2~3只为宜，最多不要超过5只。但如果基金持有数量过少，只有一只的话，也是不正确的。如果手上只有一只基金，不仅错失了通过其他基金获得收益的机会，而且也使得投资的风险不能有效分散，从而加重了风险。也就是说，你投资基金不能只选择一只，这样的投资方式不仅在获取收益方面有局限性，而且在规避风险方面的能力也不足。

第二节 证券投资基金的投资渠道

一、证券投资基金的种类

虽然各种基金都是进行有价证券的买卖交易，都是为了追求利润的最大化，但由于投资对象的不同、募集方式的不同、资本来源与投资理念等的不同，它们可分为以下几点。

(一)根据募集方式不同划分

根据募集方式不同划分，证券投资基金可分为公募基金和私募基金。

公募基金，是指以公开发行方式向社会公众投资者募集基金资金并以证券为投资对象的证券投资基金。它具有公开性、可变现性、高规范性等特点。

私募基金,指以非公开方式向特定投资者募集基金资金并以证券为投资对象的证券投资基金。它具有非公开性、募集性、大额投资性、封闭性和非上市性等特点。

(二)根据能否在证券交易所挂牌交易划分

根据能否在证券交易所挂牌交易划分,证券投资基金可分为上市基金和非上市基金。

上市基金,是指基金单位在证券交易所挂牌交易的证券投资基金。例如交易型开放式指数基金(ETF)、上市开放式基金(LOF)、封闭式基金。

非上市基金,是指基金单位不能在证券交易所挂牌交易的证券投资基金。包括可变现基金和不可流通基金两种。可变现基金是指基金虽不在证券交易所挂牌交易,但可通过"赎回"来收回投资的证券投资基金,如开放式基金。不可流通基金,是指基金既不能在证券交易所公开交易又不能通过"赎回"来收回投资的证券投资基金,如某些私募基金。

(三)根据运作方式的不同划分

根据运作方式的不同划分,证券投资基金可分为封闭式基金和开放式基金。封闭式基金是指基金的发起人在设立基金时,限定了基金单位的发行总额,筹足总额后,基金即宣告成立,并进行封闭,在一定时期内不再追加发行新基金单位的一种基金。基金单位的流通在证券交易所进行,投资人必须通过二级市场进行基金的交易。

开放式基金是基金发行总额不固定,基金设立后投资人可以随时申购或赎回基金单位的一种基金。开放式基金的基金单位总额可以追加,不封闭的。投资人根据市场状况和自己的投资决策决定是否申购或赎回。

封闭式基金和开放式基金的主要区别如表 7-1 所示。

表 7-1 封闭式基金和开放式基金的主要区别

区别\类型	封闭式基金	开放式基金
存续期限	有固定期限	无期限
基金规模	固定	不固定
交易方式	上市流通	不上市,通过基金管理公司申购赎回
交易价格	受二级市场供求关系影响	基金每日的单位资产净值
投资策略	可进行长期投资	保留一定现金和流动性的金融资产

【小资料】

开放式基金的发展

2001 年 9 月,经管理层批准,由华安基金管理公司成立了我国第一支开放式证券投资基金——华安创新,我国基金业的发展进入了一个崭新的阶段。2002 年,开放式基金在我国出现了超常规式的发展,规模迅速扩大,截至2002年底,开放式基金已猛增到17只。2003年10月28日由全国人大常委会通过的《证券投资基金法》的颁布与实施,是中国基金业和资本市场发展历史上的又一个重要的里程碑,标志着我国基金业进入了一个崭新的发展阶段。

在开放式基金快速增长的情况下,封闭式基金的市场份额继续趋于缩小,其数量占基金总数的比例从2004年的33.54%下降到了24.77%。资产规模占基金行业的比例从2004年的24.96%下降到了17.52%。在开放式基金中,股票仍然是基金公司最为热衷的产品,其数量从2004年年底的60只增加到2005年年底的95只。2005年中国开放式基金的持有人户数达到了441.94万户,比2004年增长10.3%,机构持有资产的比例从2004年年底的38.81%上升到了2005年年底的47.22%。2005年我国又成立了8家新的基金管理公司,使基金管理公司的数量达到了53家。合资基金管理公司数量占基金管理公司的比例上升到37.7%。

到2013年年末,我国基金总数为2102只,其中,开放式基金1887只,基金净资产为35428亿元,封闭式基金171只,基金资产净值为1956亿元。

(四)根据组织形式的不同划分

根据组织形式的不同划分,证券投资基金可分为公司型证券投资基金和契约型证券投资基金。

公司型证券投资基金,简称公司型基金,在组织上是指按照公司法(或商法)规定所设立的、具有法人资格并以盈利为目的的证券投资基金公司(或类似法人机构);在证券上是指由证券投资基金公司发行的证券投资基金证券。

契约型证券投资基金,简称契约型基金。在组织上是指按照信托契约原则,通过发行带有受益凭证性质的基金证券而形成的证券投资基金组织;在证券上是指由证券投资基金管理公司作为基金发起人所发行的证券投资基金证券。契约型基金与公司型基金的主要区别如表7-2所示。

表7-2 契约型基金与公司型基金的主要区别

类型 区别	契约型基金	公司型基金
资金性质	通过发行受益凭证筹集的信托财产	通过发行股票筹集公司的法人资本
投资者地位	契约关系的当事人	公司股东
基金运行依据	基金契约	公司章程

(五)根据投资对象的不同划分

根据投资对象的不同划分,投资基金可分为股票基金、债券基金、混合基金、货币市场基金、期货基金、期权基金、认股权证基金等。

股票基金是指以股票为投资对象的投资基金(股票投资比重占60%以上);债券基金是指以债券为投资对象的投资基金(债券投资比重占80%以上);混合基金是指股票和债券投资比率介于以上两类基金之间可以灵活调控的;货币市场基金是指以国库券、大额银行可转让存单、商业票据、公司债券等货币市场短期有价证券为投资对象的投资基金;期货基金是指以各类期货品种为主要投资对象的投资基金;期权基金是指以能分配股利的股票期权为投资对象的投资基金;认股权证基金是指以认股权证为投资对象的投资基金。

另外,根据不同的投资风格,我们专门把股票基金分为成长型、价值型和混合型基金。成长型股票基金是指主要投资于收益增长速度快,未来发展潜力大的成长型股票的基金;价值型股票基金是指主要投资于价值被低估、安全性较高的股票的基金。价值型股票基金风险要低于成长型股票基金,混合型股票基金则是介于两者之间。

■ 案例点击

余额宝的优势与其投资与基金密不可分

余额宝自2013年6月推出,发展的速度大大超过了很多人的预期,推出半年,截至2013年年底,规模达到1800多亿,用户规模4303万人,开年15天,余额宝资金规模超过2500亿元,客户数超过4900万户,一举超越盘踞在基金排名首位7年之久的华夏基金,成为新的行业第一。随着余额宝的横空出世,将互联网与金融相结合的大众理财方式迅速走红,日益成为百姓的重要理财方式。余额宝为什么会发展如此之快,它有何优势?

【点石成金】

余额宝的优势表现为如下几方面。①收益高。收益较高是余额宝吸引投资者的一个关键点,与同期的银行活期储蓄相比,余额宝的收益水平远高出一大截,甚至高出一般的银行理财产品,这与其投资于基金是密不可分的。②最低购买金没有限定。余额宝的购买最低限额为1元,如此低的起购资金实现了人人都可以投资的亲民理财,给手头拥有较少现金的人群提供了投资机会。③操作流程简单。余额宝的注册和投资流程类似于支付宝充值和网购,简便快捷,易于操作,5~10秒之内便可以完成申购。与传统的理财产品相比,剔除了手续烦琐的弊端。此外,用户能随时登陆客户端进行收益额的查询,方便理财。④流动性强、使用灵活。余额宝可随时支持网购消费,支付宝转账,这一大特点的优势表现在余额宝中的资金一方面可以保持增值,另一方面又可以随时支取。

(六)根据投资理念的不同划分

根据投资理念的不同划分,证券投资基金可分为主动型基金与被动(指数型)基金。

主动型基金是一类力图取得超越基金组合表现的基金。与主动型不同,被动型基金并不主动寻求取得超越市场的表现,而是试图复制指数的表现。被动型基金一般选取特定的指数作为跟踪对象,因此通常又被称为指数基金。

(七)根据投资目标的不同划分

证券投资基金按投资目标不同又可划分为成长型基金、收入型基金与平衡型基金。

1. 成长型基金

成长型基金是基金中最常见的一种,它追求的是基金资产的长期增值。为了达到这一目标,基金管理人通常将基金资产投资于信誉度较高、有长期成长前景或长期盈余的所谓成长公司的股票。成长型基金又可分为稳健成长型基金和积极成长型基金。

2. 收入型基金

收入型基金主要投资于可带来现金收入的有价证券,以获取当期的最大收入为目的。收入型基金资产成长的潜力较小,损失本金的风险相对也较低,一般可分为固定收入型基金和股票收入型基金。固定收入型基金的主要投资对象是债券和优先股,因而尽管收益率较高,但长期成长的潜力很小,而且当市场利率波动时,基金净值容易受到影响。股票收入型基金的成长潜力比较大,但易受股市波动的影响。

3. 平衡型基金

平衡型基金将资产分别投资于两种不同特性的证券上,并在以取得收入为目的的债券及优先股和以资本增值为目的的普通股之间进行平衡。这种基金一般将25%~50%的资产投资于债券及优先股,其余的投资于普通股。平衡型基金的主要目的是从其投资组合的债券中得到适当的利息收益,与此同时又可以获得普通股的升值收益。投资者既可获得当期收入,又可得到资金的长期增值,通常是把资金分散投资于股票和债券。平衡型基金的特点是风险比较低,缺点是成长的潜力不大。

(八)根据投资货币种类的不同划分

根据投资货币种类不同,投资基金可分为美元基金、日元基金和欧元基金等。

美元基金是指投资于美元市场的投资基金;日元基金是指投资于日元市场的投资基金;欧元基金是指投资于欧元市场的投资基金。

(九)根据资本来源和用途的不同划分

根据资本来源和用途的不同,证券投资基金可分为在岸基金、离岸基金、国际基金和区域基金。

在岸基金是指在本国募集资金并投资于本国证券市场的证券投资基金。离岸基金是指一国的证券投资基金组织在他国发售证券投资基金份额,并将募集的资金投资于本国或第三国证券市场的证券投资基金,比如 QFII。国际基金是指资本来源于国内,并投资于国外市场的投资基金,比如 QDII。区域基金是指投资于某个特定地区的投资基金。

(十)特殊类型基金

(1) 对冲基金,是指以私募方式募集资金并利用杠杆融资通过投资于公开交易的证券和金融衍生产品来获取收益的证券投资基金。

(2) 套利基金,又称套汇基金,是指将募集的资金主要投资于国际金融市场利用套汇技巧低买高卖进行套利以获取收益的证券投资基金。

(3) 基金中的基金,顾名思义,这类基金的投资标的就是基金,因此又被称为组合基金。基金公司集合客户资金后,再投资自己旗下或别家基金公司目前最有增值潜力的基金,搭配成一个投资组合。国内目前尚无这个品种基金。

(4) 伞形基金又被称为系列基金。伞形基金的组成,是基金下有一群投资于不同标的的子基金,且各子基金的管理工作均进行。只要投资在任何一家子基金,即可任意转换到另一个子基金,不需额外负担费用。

(5) 保本基金。保本基金是指通过采用投资组合保险技术,保证投资者在投资到期时至少能够获得投资本金或一定回报的证券投资基金。保本基金的投资目标是在锁定下跌风险的同时力争有机会获得潜在的高回报。

(6) 交易所交易基金。交易所交易基金(Exchange-Traded Funds,ETFs)是 20 世纪 90 年代末在北美逐渐流行的新型基金产品,它是可以在交易所交易的、跟踪某个市场指数的开放式基金。故它既有封闭式基金在交易所交易的特征,又有开放式基金的申购、赎回机制。从法律结构上说它仍然属于开放式基金,但它主要是在二级市场上以竞价方式交易,并且通常不准许现金申购及赎回,而是以一篮子股票来创设和赎回基金单位。对一般投资者而言,交易所交易基金主要还是在二级市场上进行买卖。

【案例点击】

交易型货币基金

2013 年 6 月,交易型货币基金上市,受到许多投资者的追捧。交易型货币基金相对传统货币市场基金有如下优势。

优势一:"卖出并申购"无风险套利

交易型货币基金同时开通一、二级市场交易,与 ETF、分级基金一样,提供了一、二级市场间的套利机会。当交易型货币基金的二级市场价格明显大于净值,即二级市场价格相对一级市场价格发生高额溢价时,投资者可以通过"卖出并申购"的操作进行无风险套利。在这种套利方式下,投资者可自"卖出并申购"的下一交易日开始享受基金收益,申购的基金份额 T+2 日可用。在基金本身收益之外,参与交易的每份基金份额还可额外获取(二级市场卖出价-100元/份)的交易差价。"卖出并申购"的前提是，交易之前投资者需拥有交易型货币基金的份额存量。

　　优势二：二级市场价差套利

　　每周五和公共长假前的最后一个交易日，交易型货币基金二级市场交易价格都会明显走高。这是因为，买入交易型货币基金当日即可开始享受收益，而此时场外货币基金均已暂停申购，回购市场利率也走至非常低的水平。以机构为主的闲置资金愿意以较高价格在二级市场买入，获得买入当日以及节假日休市期间的多天收益。对于普通投资者而言，可以借助这种价格规律，在周一到周四之间买入交易型货币基金，周五卖出，如此，在获得货币基金持有期收益的同时，还能博取一定的二级市场差价。长假休市时间越长，二级市场价格超出净值就会越多，可赚取的差价空间也越大。

　　优势三：交易型货币基金与隔夜回购之间的套利

　　交易型货币基金不仅可与债券回购无缝对接，相比隔夜回购还具有参与门槛更低、预期收益更高、操作更便利等优势。交易型货币基金二级市场价格也受到隔夜回购利率的影响，一旦隔夜回购利率走低，更多客户将从隔夜回购转向华宝添益，并将进一步推高交易型货币基金交易价格。因此，投资者可以把握该价格规律，在隔夜回购和交易型货币基金之间进行逆向买卖操作，获取两个品种之间的套利收益。

(资料来源：中国证券报，2013-03-28)

【点石成金】

　　货币基金是理财市场中的高安全性品种，也是重要的现金管理工具。通过对交易型货币基金进行合理的套利操作，既能享受到货币基金相对稳固的持有期收益，又拥有实现超额收益的更多可能，可为投资锦上添花。

二、证券投资基金的发行

　　证券投资基金的发行也叫基金的募集，它是指基金发起人在其设立或扩募基金的申请获得国家主管部门批准之后，向投资者推销基金单位、募集资金的行为。发行方式就是指基金募集资金的具体办法。

　　在国外，常见的基金发行方式有四种：直接销售发行、包销方式发行、销售集团方式发行和计划公司方式发行。

　　(1) 直接销售方式。直接销售方式是指基金不通过任何专门的销售部门直接销售给投资者的销售办法。

　　(2) 包销方式。包销方式是指基金由经纪人按基金的资产净值买入，然后再以公开销售价格转卖给投资人，从中赚取买卖差价的销售办法。

　　(3) 销售集团方式。销售集团方式是指由包销人牵头组成几个销售集团，基金由各销售集团的经纪人代销,包销人支付给每个经纪人一定的销售费用的销售方式。

(4) 计划公司方式。计划公司方式是指在基金销售过程中,有一公司在基金销售集团和投资人之间充当中间销售人,以使基金能以分期付款的方式销售出去的方式。

在我国,证券投资基金的发行方式主要有两种:上网发行方式和网下发行方式。

第一种上网发行方式。是指将所发行的基金单位通过与证券交易所的交易系统联网的全国各地的证券营业部,向广大的社会公众发售基金单位的发行方式。网下发行方式,是指将所要发行的基金通过分布在一定地区的证券或银行营业网点,向社会公众发售基金单位的发行方式。

上网发行时,投资者申购基金的程序主要可以分为两个步骤。

第一步,投资者在证券营业部开设股票账户(或基金账户)和资金账户,这就获得了一个可以买基金的资格。基金发行当天,投资者如果在营业部开设的资金账户存有可申购基金的资金,就可以到基金发售网点填写基金申购表申购基金。

第二步,投资者在申购日后的几天内,到营业部布告栏确认自己申购基金的配号,查阅有关报刊公布的摇号中签号,看自己是否中签。若中签,则会有相应的基金单位划入账户。

第二种是网下发行方式,投资者在规定的时间里到当地的证券登记公司开设股票账户(或基金账户),并将申购资金直接存入指定的银行或证券营业网点;随后,负责发售的机构按照规定的程序进行比例配售。投资者获得配售的基金将自动转入账户,未获配售的余款将在规定的时间内退还给投资者。基金的交易是在基金成立之后进行的买卖活动。封闭式基金一般是在证券交易所申请挂牌上市的。由于封闭式基金的封闭性,即买入的封闭基金只能通过证券经纪商再通过证券交易所的交易主机进行撮合转让给其他投资者;若想买入,也要通过证券交易所从其他投资者手中买进。开放式基金一般不在证券交易所挂牌上市交易,而是通过指定的销售网点进行申购或赎回。开放式基金的开放性对于投资者来说,就是可以随时从基金发起人和基金管理公司申购或赎回。

三、证券投资基金的交易

基金交易方式因基金的性质不同而有所不同。封闭式基金因有封闭期规定,在封闭期内基金规模稳定不变,既不接受投资者的申购也不接受投资者的赎回。因此,为满足投资者的变现需要,封闭式基金成立后通常申请在证券交易所挂牌,交易方式类似股票,即是在投资者之间转手交易。而开放式基金因其规模是"开放"的,在基金存续期内其规模是变动的,除了法规允许自基金成立日始到基金成立满 3 个月期间,依基金契约和招募说明书规定,可只接受申购不办理赎回外,其余时间如无特别原因,应在每个交易日接受投资者的申购与赎回。因此,开放式基金的交易方式为场外交易,在投资者与基金管理人或其代理人之间进行交易,投资者可至基金管理公司或其代理机构的营业网点进行基金券的买卖，办理基金单位的随时申购与赎回。

(一)封闭式基金的交易及交易价格

1. 封闭式基金的上市申请及审批

如前所述，封闭式基金的交易方式为在证券交易所挂牌上市，因此，封闭式基金在募集成立后，应及时向证券交易所申请上市。上市申请及主管机关审批的主要内容包括：基金的管理和投资情况；基金管理人提交的上市可行性报告；信息披露的充分性；内部机制是否健全；能否确保基金章程及信托契约的贯彻实施等。上述材料必须真实可靠，无重大遗漏。

2. 封闭式基金的交易规则

(1) 基金单位的买卖遵循"公开、公平、公正"的"三公"原则和"价格优先、时间优先"的原则。

(2) 以标准手数为单位进行集中无纸化交易，电脑自动撮合，跟踪过户。

(3) 基金单位的价格以基金单位资产净值为基础，受市场供求关系的影响而波动，行情即时揭示。

(4) 基金单位的交易成本相对低廉。

3. 影响封闭式基金价格变动的因素

基金单位净资产和市场供求关系是影响封闭式基金市场价格的主要因素，但其他因素也会导致其价格波动。

(1) 基金单位净资产值。基金单位净资产值是指某一时点上某一基金每份基金单位实际代表的价值，是基金单位的内在价值。由于基金单位净资产值直接反映一个基金的经营业绩和相对于其他证券品种的成长性，同时，也由于基金单位净资产值是基金清盘时，投资者实际可得到的价值补偿。因此，基金单位净资产值是构成影响封闭式基金市场价格的最主要因素。在一般情况下，基金单位的市场价格应围绕基金单位净资产值而上下波动。

(2) 市场供求关系。由于封闭式基金成立后，在存续期内其基金规模是稳定不变的，因此，市场供求状况存在对基金交易价格产生重要影响。一般而言，当市场需求增加时，基金单位的交易价格就上升；反之，就下跌，从而使基金价格相对其单位净值而言经常出现溢价或折价交易的现象。

(3) 市场预期。市场预期通过影响供求关系而影响基金价格。当投资者预期证券市场行情看涨，或基金利好政策将出台，或基金管理人经营水平提高基金净资产值将增加，或基金市场将"缩容"等时，将增加基金需求从而导致基金价格上涨；反之，将减少基金需求从而导致基金价格下跌。

(4) 操纵。如同股票市场一样，基金市场也存在着"坐庄"操纵现象。由于封闭式基金的"盘子"是既定的,因此资金实力大户往往通过人为放大交易量或长期单向操作来达到影响市场供求关系及交易价格,达到从中获利的目的。

(5) 开放式基金的出现及基金清算。由于开放式基金的交易价格是完全由基金单位净资产值决定的,因此,当同为证券投资基金的开放式基金出现时,封闭式基金的投资将逐渐趋向理性,基金交易价格将逐渐与基金净资产值趋于一致。同样,随着封闭式基金存续期逐渐走向完结,基金终止清算期的来临,基金交易价格也将逐渐回复到其净资产值。

(二)开放式基金的交易及交易价格

1. 开放式基金的认购、申购、赎回

投资者在开放式基金募集期间,基金尚未成立时购买基金单位的过程称为认购。通常认购价为基金单位面值(1元)加上一定的销售费用。基金初次发行时一般会对投资者有费率上的优惠。投资者在认购基金时,应在基金销售点填写认购申请书,交付认购款项,注册登记机构办现有关手续并确认认购。只有当开放式基金宣布成立后,经过规定的日期,基金才能进入日常的申购和赎回。

在基金成立后,投资者通过基金管理公司或其销售代理机构申请购买基金单位的过程称为申购。投资者办理申购时,应填写申购申请书并交付申购款项。申购基金单位的金额是以申购日的基金单位资产净值为基础计算的。

投资者为变现其基金资产,将手持基金单位按一定价格卖给基金管理人,并收回现金的过程称为赎回。赎回金额是以当日的单位基金资产净值为基础计算的。

2. 开放式基金申购、赎回的限制

根据有关法规及基金契约的规定,开放式基金的申购与赎回主要有如下限制。

(1) 基金申购限制。基金在刊登招募说明书等法律文件后,开始向法定的投资者进行招募。依据国内基金管理公司已披露的开放式基金方案来看,首期募集规模一般都有一个上限。在首次募集期内,若最后一天的认购份额加上在此之前的认购份额超过规定的上限时,则投资者只能按比例进行公平分摊,无法足额认购。开放式基金除规定有认购价格外,通常还规定有最低认购额。另外,根据有关法律和基金契约的规定,对单一投资者持有基金的总份额还有一定的限制,如不得超过本基金总份额的10%等。

(2) 基金赎回限制。开放式基金赎回方面的限制,主要是对巨额赎回的限制。根据《开放式证券投资基金试点办法》的规定,开放式基金单个开放日中,基金净赎回申请超过基金总份额的10%时,将被视为巨额赎回。巨额赎回申请发生时,基金管理人在当日接受赎回比例不低于基金总份额的10%的前提下,可以对其余赎回申请延期办理。也就是说,基金管理人根据情况可以给予赎回,也可以拒绝这部分的赎回,被拒绝赎回的部分可延迟至下一个开放日办理,并以该开放日当日的基金资产净值为依据计算赎回金额。当然,发生巨额赎回并延期支付时,基金管理人应当通过邮寄、传真或者招募说明书规定的其他方式,

在招募说明书规定的时间内通知基金投资人，说明有关处理方法，同时在指定媒体及其他相关媒体上公告。通知和公告的时间，最长不得超过3个证券交易日。

3. 开放式基金的申购、赎回价格

开放式基金的交易价格即为申购、赎回价格。开放式基金申购和赎回的价格是建立在每份基金净值基础上的，以基金净值再加上或减去必要的费用，就构成了开放式基金的申购和赎回价格。

基金的申购价格，是指基金申购申请日当天每份基金单位净资产值再加上一定比例的申购费所形成的价格，它是投资者申购每份基金时所要付出的实际金额。基金的赎回价格，是指基金赎回申请日当天每份基金单位净资产值再减去一定比例的赎回费所形成的价格，它是投资者赎回每份基金时可实际得到的金额。

【小资料】

如何购买基金？

1. 券商代销——免开户麻烦

投资者如果有股票账户，可通过在证券公司的证券交易账户和资金账户进行基金投资，这里的品种多，尤其是大型券商如银河、华夏、国泰等证券公司几乎代销所有品种的基金，像个"基金超市"，无须另外开设专门账户。

2. 银行柜台交易——适合寻求稳定的保守型投资者

如果说证券公司是一个大的基金超市，那么银行就是一个小的基金超市。各大银行都会代理发行多种基金产品，它们依托散户客源广泛和网点众多的优势，成了大众购买基金的一大中心。但在银行购买基金无法享受到费率的优惠和方便快捷的数据查询服务，更适合寻求稳定的保守型投资者。

3. 基金网上交易——费率低、方便、快捷

基金公司网上直销费率优惠，多数申购费可以打4折，且24小时可操作，还可进行基金转换。

首先需要携带身份证件到基金公司所要求的银行申请银行卡。大多数开通网上基金交易的基金公司会有使用指定银行的银行卡账号开户和使用兴业银行银行卡的银联通业务开户两种支付方式。使用基金公司指定银行的银行卡交易认/申购基金，无须支付转账费用，但通过兴业银行卡认/申购基金则需要支付一定的转账费用。

在开卡建立账户之后需要开通此账户的转账业务功能，只有此功能开通之后才可以进行所有的网上资金转账。如果您原来办有相关银行的银行卡，可以直接到该银行柜台开通转账业务(转账金额小于等于5000元每笔2元；5000元至50000元每笔3元；5万元以上至10万元每笔5元；10万元以上每笔8元)。

(资料来源：股城证券教学网站)

【案例点击】

证券投资基金禁忌：短线操作开放式基金

李先生，他曾有过一段对开放式基金频繁进行短线操作的经历。下面我们将李先生进行操作的过程描述出来，然后我们计算一下李先生到底赚了多少钱？某年年初，李先生购买了净值为 1.1000 元/份的开放式基金 A 两万份，短期持有后，该基金净值上升为 1.1500 元/份，李先生将该基金出售；同时，李先生申购了净值为 0.9500 元/份的开放式基金 B 两万份，短期持有后，该基金净值上升为 0.9800 元/份，李先生再次将该基金抛售。下面我们计算一下李先生经过两次短线操作后到底赚了多少钱？

【点石成金】

申购基金单位金额计算方法如下：

申购金额＝申购份额×交易日基金单位净值＋申购费用

申购费用＝申购份额×交易日基金单位净值×申购费率

赎回基金单位金额计算方法如下：

赎回金额 ＝ 赎回份额×交易日基金单位净值 － 赎回费用

赎回费用 ＝ 赎回份额×交易日基金单位净值 × 赎回费率

假设开放式基金的赎回费率为 1.5%左右，申购费率为 1.0%。那么我们可以计算出来：

李先生申购开放式基金 A 的价格为：

开放式基金 A 的申购费用为：20 000 份×1.1000 元/份×1.0%＝220 元

开放式基金 A 申购价为：20 000 份×1.1000 元/份＋220 元＝22 220 元

开放式基金 A 的赎回费用为：20 000 份×1.1500 元/份×1.5%＝345 元

开放式基金 A 的赎回金额为：20 000 份×1.1500 元/份－345 元＝22 655 元

李先生对开放式基金 A 的短线操作利润为：22 655 元－22 220 元＝435 元

而李先生申购、赎回基金 A 的交易费用共计：220 元＋345 元＝565 元

交易费用是所获利润的 1.30 倍

开放式基金 B 的申购费用为：20 000 份×0.9500 元/份×1.0%＝190 元

开放式基金 B 的申购价为：20 000 份×0.9500 元/份＋190 元＝19 190 元

开放式基金 B 的赎回费用为：20 000 份×0.9800 元/份×1.5%＝294 元

开放式基金 B 的赎回价格为：20 000 份×0.9800 元/份－294 元＝19 306 元

李先生对开放式基金 B 的短线操作利润为：19 306 元－19 190 元＝116 元

李先生申购、交易基金 B 的交易费用共计：190 元＋294 元＝484 元

李先生对基金 B 的交易费用是其利润的 4.17 倍。

假如不存在交易费用，李先生所获得的毛利是多少呢？是 1600 元。而实际上扣除交易费用后李先生获得了多少利润呢？仅仅 551 元！毛利中的 65.6%就这样被交易费用所吞噬。

【点石成金】

讨论题

李先生对开放式基金投资操作的亲身经历给我们带来怎样的启示呢?

李先生对开放式基金的投资经历属于"短线操作开放式基金"行为,是在基金投资过程中,某些投资者经常触犯到的一个投资禁忌,属于一种"短视"的证券投资基金操作行为,投资者应该在基金投资活动中尽量避免该现象的发生。"短线操作开放式基金"的危害主要包括以下两个方面。

(1) 对投资者来讲,能够找到一个优秀的基金管理者是个非常幸运的事情,就如同你找到了一个可靠而且非常善于理财的"管家"。"短线操作开放式基金"就如同投资者频繁地更换"管家",其投资效果可想而知。

(2) 开放式基金为了防止投资者频繁更换基金而设置了一种障碍:开放式基金的交易价格则取决于基金每单位净资产值的大小,其申购价一般是基金单位净资产值加一定的申购费,赎回价是基金单位净资产值减去一定的赎回费。由此可见,开放式基金虽然给了投资者随时申购和赎回的权力,但是却用申购费和赎回费来对投资者滥用权力的行为加以制约。也就是说,如果投资者"短线操作开放式基金",会花掉相当部分的"交易费用"。

综上所述,对于投资者来讲,频繁短线操作是开放式基金投资的一大禁忌。这中间既有更换基金存在的"看走眼"的风险在其内,更有基金更换所需要的"交易费用"较高的原因。选择一个对自己最合适的基金进行长期投资,与该基金共同成长,不轻易赎回,以避免交易费用过高,这对投资者是一种有利的投资策略。至少,短线操作,对开放式基金的投资者来讲,是非常不利的。

(资料来源:互联网综合)

第三节 证券投资基金的投资策略

我们知道很少有一只股票能在任何时间都表现优秀。同样,基金的表现也呈现一定的阶段化特征。当然,基金有悖于股票的是专家理财,基金经理会根据市场行情进行投资组合的调整,它是中长线投资产品,但这并不意味着放置不理。定时对投资组合进行跟踪,并相应做出调整是重要和必要的,只有这样,才可能获取更大的收益。但值得关注的是:基金不同于股票投资,不适宜进行频繁地调整。原因如下。

首先,基金的申购/赎回费用较高。一般来说,基金的申购需要1.5%的手续费,赎回需要0.5%的手续费,如频繁地调整,会产生很高的调整成本,得不偿失。

其次,基金的申购/赎回时间没有股票快捷,虽然基金也是流动性很好的投资工具。目前基金申购/赎回执行的是 T+2 日交易，申购往往需要在两天后确认，而赎回却需要近一周的时间。

那么，作为普通投资者的我们，如想投资基金获取收益，就要将成本控制在最低范围内。我们来看一看基金投资的费用：一类是由投资者直接负担的费用，即申购费、赎回费；另一类是基金运作费，它包括基金管理费、托管费、交易费、信息披露费、市场营销费等，这些费用从基金资产中剔除。

一、投资证券投资基金的原则

(一)选择优秀的基金管理公司

基金的业绩表现与服务好坏与基金公司的管理分不开，因此选择优秀的基金公司对保障投资者的收益至关重要。投资者应选择业绩良好、管理规范、服务全面、实力雄厚的基金管理公司作为证券基金投资的原则之一。

(二)选择适合自己的证券投资基金

不同的证券基金投资的目标和策略不同，其风险和收益也不一样。投资者的经济实力、投资风格、风险承受能力以及心理素质也相差甚远，因而投资者必须了解自己的资金实力和风险承受能力，选择适合自己的投资证券基金。

(三)长期投资原则

证券投资基金是专家理财，只有长期持有才能得到充分的反馈，因而证券投资基金应采取长期投资的策略。长期投资可以减少交易费用，降低基金投资成本，只要资本市场长期向好，长期持有能获得更多的收益。投资者如过分在意基金的短期波动，往往会失去最佳获利机会，收益反而会更低。

二、投资证券投资基金的策略

(一)分期购入策略

投资者如果准备做长期的投资，并且投资者拥有相当数量的闲置资金可以用于经常而固定的投资，可以采用分期购入法进行证券基金投资。具体方法是投资者每隔一个固定的时期(一个月、一个季度或半年)，以一固定等额资金购买一定数量的基金单位。在市场行情较高时，同样的资金购买的基金单位较少，市场行情较低时，同样的资金能够购买到更多的基金单位。这样，可以使得购买的基金单位平均成本保持较低。分期购入法不仅可以用于投资某一单独基金,也可以用来建立投资组合或将投资资金从某一种投资转到另一种投资中。

(二)固定比例投资策略

投资者将一笔资金按固定比例分散投资于股票基金、债券基金、货币市场基金等各种不同类型的基金上,当某类基金净值发生变动而使投资比例发生变化时,就卖出或买入这种基金,从而使投资比例维持原有的固定比例。这样可以分散投资成本,抵御投资风险,还可以见好就收,保住投资已经赚来的钱。例如,投资者决定分别把50%、30%、20%的资金各自买进股票型基金、债券型基金和货币市场基金,当股票型基金上涨 20%,投资者便可以卖掉20%股票型基金,使其50%的比例不变,或追加买进债券型基金和货币市场基金,使它们的投资比例各自上升 20%,从而保持原有的比例。如果股票型基金下跌,投资者可以购进一定比例的股票型基金或卖掉部分比例的债券型基金和货币市场基金,保持原有的比例。当然,这种方法并不适合行情持续上升或下跌的情况,投资者的买入时机也非常重要,要避免价格最高时买入的风险,最好要确定一个适当的买卖时间表。

(三)更换操作策略

随着市场状况的变化,每种基金价格会发生相应的升降。投资者应在市场上购入强势基金,抛掉业绩表现不佳的弱势基金。这种方法在多头市场上运用的较多,而在空头市场则不一定行得通,因为空头市场不存在优良的基金可以转换。

(四)适时进出投资策略

投资者完全依据市场行情买卖基金。当投资者预测市场行情要上升时,就增加投资额;当投资者预测市场行情要下跌时,就减少投资额。投资者可以将全部资金适时进出,也可以将部分资金适时进出。它要求投资者必须具备一定的投资经验,能够对市场行情做出大致准确的判断,才能适时进行投资。

(五)分散投资策略

投资者将资金分成几部分,分别投资于风险差异很大、收益水平不同的各种基金,使投资风险得以降低的投资策略。对于资金实力雄厚的投资者采用这种策略比较有利,因为基金本身就降低了风险,投资的多元化更进一步降低了风险。

三、不同类型基金的投资策略选择

因基金的风险程度不同,故对于不同类型的基金要有不同的投资策略。

1. 股票型基金和偏股型基金的投资策略

股票型基金和偏股型基金是当前基金市场上最大的一类，无论从市场投资上看，还是从收益情况上看，此类基金都应该是投资的重点。但在具体实施操作的时候，投资者一定要对股票市场的行情趋势有个大致的研判。也就是说，只有认为股票市场的盈利空间大于下跌空间时，才可以进行对于股票型基金和偏股型基金的投资，否则，在下跌趋势中，股票型基金很难独善其身。

但是，就股票市场情况来看，如果市场下跌时间已经持续很长一段时间，那么股票型基金、偏股型基金就出现了一定的投资机会，股票投资能力较强的基金产品就会脱颖而出。投资者应选择具有较好历史业绩表现的基金。

2. 债券型基金和偏债型基金的投资策略

债券型基金虽然属于风险相对较小的理财方式，但还是有一定风险的。它主要与央行的利息率挂钩，尤其是在升息的环境中。当利率上行的时候，债券的价格会下跌，这样一来债券基金可能会出现亏损。在国内，大多数债券基金持有不少可转债，有的还投资少量股票，股价尤其是可转债价格的波动会加大基金回报的不确定性。所以，投资者在操作时一定要随时关注银行的利率变化。购买债券型基金之前一定要弄清其信用度。可以通过基金招募说明书，也可以通过基金投资组合报告进行前期了解。另外，对于国内的组合类债券基金，投资者还需要了解其所投资的可转债以及股票的比例关系。基金持有比较多的可转债，可以提高收益能力，但也放大了风险。因为可转债的价格受正股波动影响，波动要大于普通债券，尤其是集中持有大量可转债的基金，其回报率受股市和可转债市场的影响可能远大于债市。

3. 指数型基金的投资策略

股市中存在着大量的上市公司，信息量极为庞杂，普通投资者很难从中甄别。由于指数基金的绩效表现与标的指数代表是大势一致，也就是说，投资者只要看准了大势的趋势，就可以投资指数基金，因为指数上扬就可以获取收益。

指数基金的业绩表现决定于它所选择的标的指数，所以我们首先需要评估现有指数的市场品质，因此，对于指数基金应选所跟踪指数表现优越的基金。评价指数基金及其基金经理，不能过分看重短期业绩，而应将跟踪误差当作重要指标，所以，要选跟踪误差小的指数基金。

在掌握以上投资策略的基础上，还要把握在投资基金过程中怎样获利了结，把握好基金卖出或赎回的最佳时机以及设定心理预期等策略。

四、购买开放式基金及封闭式基金应采取的投资策略

对于开放式基金应注意分散风险,可分散投资于两三只基金,并要选择好买入时机和买入优良的基金品种。

因为购买基金相对于购买股票来说,已经分散了风险。根据不同的基金的特点,可选择不同类型的基金,但也要掌握适度,购买太多既不好管理也无必要。在股市低迷,大多数投资者悲观绝望时,正是买入之时;在市场人气高涨,股指大幅攀升、屡创新高之际,你就要保持清醒头脑,果断地抛售。

对于封闭式基金应选择小盘封闭式基金且折价率较大的基金。因为如果基金的流通市值很小,且持有人较分散,则有可能出现主力为了争夺提议表决权的收购行为,从而基金价格出现急速上升,给投资者带来短期获利的可能。另外,封闭式转为开放式之后,基金的价格趋向其价值,折价率越大,价值回归的空间也愈发增大。

五、其他的投资策略

如基金红利转投资策略、定期定额投资策略、基金投资中途获利了结策略、基金赎回最佳时机策略等。

因为证券市场是一种在反复波动中长期向上的市场,但市场短期的波动是很难掌控的,所以我们应以平常心看待市场的周期波动。

总之,我们投资是为了追求资本的稳定增值,我们只有真正了解证券投资基金知识,才能运用所掌握的知识为我们的理财服务。

本 章 小 结

证券投资基金投资计划	证券投资基金	证券投资基金是一种间接的证券投资方式。基金管理公司通过发行基金单位,集中投资者的资金,由基金托管人(即具有资格的银行)托管,由基金管理人管理和运用资金,从事股票、债券、外币等金融工具投资,然后分享收益,同担投资风险
	证券投资基金特点	证券投资基金具有以下特点:①集合理财,专业管理;②是一种间接的证券投资方式;③具有投资小、费用低的优点;④组合投资,分散风险;⑤流动性强
	证券投资基金投资策略	①长期投资策略;②选择好适合自己的基金资产组合;③对待不同类型的基金投资策略不同;④开放式基金与封闭式基金不同的投资策略;⑤其他基金产品的投资策略

第七章 证券投资基金投资计划

一、单选题(以下答案只有一项是正确的，请选出)

1. 一般认为，基金的发源地产生在( )。
   A. 美国　　　　　　　　　　B. 英国
   C. 中国　　　　　　　　　　D. 日本

2. 基金( )是基金产品的募集者和基金的管理者，其最主要职责就是按照基金合同的约定，负责基金资产的投资运作，在风险控制的基础上为基金投资者争取最大的投资收益。
   A. 份额持有人　　　　　　　B. 管理人
   C. 托管人　　　　　　　　　D. 注册登记机构

3. 在我国，证券投资基金的发行方式有上网发售和( )。
   A. 上网发售　　　　　　　　B. 网下发售
   C. 回拨机制　　　　　　　　D. 回购机制

4. 以下不属于证券投资基金特征的是( )。
   A. 集合理财，专业管理　　　B. 组合投资，分散风险
   C. 投资较小，费用较低　　　D. 独立托管，保障安全

5. 下面不是证券投资基金的作用是( )。
   A. 有利于市场的稳定　　　　B. 有利于股市的投机行为
   C. 有利于市场的发展　　　　D. 有利于证券市场的国际化

6. 证券投资基金的风险程度较股票( )、较债券( )。
   A. 大　小　　　　　　　　　B. 小　大
   C. 大　大　　　　　　　　　D. 相等　相等

7. 开放式基金的申购、赎回价格是( )。
   A. 申购当日每份基金单位净资产值+申购费；赎回当日每份基金单位净资产值-赎回费
   B. 申购当日每份基金单位净资产值-申购费；赎回当日每份基金单位净资产值-赎回费
   C. 申购当日每份基金单位净资产值+申购费；赎回当日每份基金单位净资产值+赎回费
   D. 申购当日每份基金单位净资产值-申购费；赎回当日每份基金单位净资产值+赎回费

8. 影响封闭式基金价格变动的因素不包括( )。

A. 基金单位净资产值 B. 市场供求关系
C. 市场预期 D. 股票价值

9. 根据《开放式证券投资基金试点办法》的规定，开放式基金单个开放日中，基金净赎回申请超过基金总份额的(　　)时，将被视为巨额赎回。

A. 5% B. 10%
C. 20% D. 30%

10. ETF 是(　　)。

A. 交易型开放式指数基金 B. 上市开放式基金
C. 封闭式基金 D. 债券基金

二、填空题

1. 在不同的国家和地区，证券投资基金的称谓也不尽相同。_____和我国的香港称之为"单位信托基金"，_____则称之为"共同基金"或"投资公司"，而日本和韩国等国家则称之为"_____"。

2. 推动投资基金发展的动力主要有：首先是经济发展；其次是证券市场的_____；第三是_____的外在作用力；第四是证券投资基金的_____。

3. 证券投资基金按投资目标又可划分为_____基金、_____基金与_____基金。

4. 根据运作方式的不同，证券投资基金可分为_____基金和_____基金。

5. 现代金融体系的四大支柱分别是证券业、_____、_____、保险业。

6. 2001 年 9 月，首只开放式基金"_____"的发行拉开了我国的开放式基金试点热潮的序幕。

7. 封闭式基金应遵循的交易规则是：基金单位的买卖应遵循"_____、_____、_____"原则和"_____、_____"的原则。

8. 伞形基金的投资优势：①_____；②_____；③_____。

9. 基金组合的一般原则：①_____组合；②_____组合与非核心组合相结合；③组合的_____程度的重要性；④_____观察各个基金的业绩表现。

10. 投资者如赎回某基金 1 万份基金单位，若该基金当日单位资产净值为 1.0198 元，则其可得到的赎回金额为_____元。

三、简答题

1. 简述证券投资基金的特点。
2. 简述证券投资基金与债券、股票的区别。
3. 封闭式基金的交易方式有哪些？
4. 开放式基金的交易方式有哪些？
5. 证券投资基金有哪些投资策略？

第八章

债券投资计划

本章精粹：

- 债券的含义
- 债券的交易
- 债券的收益与定价
- 债券投资策略

人类社会在漫长的发展过程中，经历了无数次战争。战争需耗费大量的财富，债券最开始是英、法等国家为筹措战争经费而发行的债务凭证，由于收益高，有国家信誉做保证，因而吸引了许多投资者。现在，债券已经发展成多种形式，成为人们的一种主要投资渠道。本章主要介绍债券投资的一些基本知识和投资方法。

案例导入

王先生今年50多岁了，再过几年就退休了，手中有10万元闲钱，至今没有投资方向，平常都把钱存入银行。由于现在银行存款利率不断调低，收益太低了，王先生想把钱拿出来做点投资，提高收益率。但是，他听说股市风险大，而且要有相关知识，所以不愿拿养老的钱去炒股。那么，有没有收益高些、安全性又强些的投资呢？经过了解和咨询，王先生发现债券投资的收益稳定且风险小，比较适合他，他感到很开心，因为找到了投资的途径。

核心概念

债券　债券的基本要素　债券收益率　债券定价　债券投资策略

第一节　债　券　概　述

一、债券的含义

债券是社会经济主体，如政府、企业等，为筹措资金而向债券投资者出具和承诺按约定的时间和方式支付利息和偿还本金的一种债权债务凭证。债券包含以下四层含义。

(1) 债券发行人(政府、金融机构、企业等)是资金的借入者。

(2) 债券投资者是资金的借出者。

(3) 发行人需要按约定的条件还本付息。

(4) 债券是债的证明书，具有法律效力，债券投资者与发行人是债权债务关系，债券发行人即债务人，投资者(或债券持有者)即债权人。

二、债券和股票的比较

1. 债券与股票的相同点

债券与股票的相同点如下。

(1) 两者都是筹集资金的手段。债券和股票都是有关经济主体为筹集资金而发行的有价证券。从资金融通的角度来看，债券和股票都是直接融资的手段，直接融资的特点是资金数额大、时间较长，成本低廉，而且相比向银行贷款等间接融资的手段而言，发行债券和股票不受贷款银行的条件限制。

(2) 两者都是有价证券。债券和股票均是有价证券。债券本身反映和代表一定的价值，并且债券持有人可按期获得利息收入；此外，债券投资者拥有债权，转让债券代表债权起转让。股票是代表财产权的有价证券，股东可以根据持有的股票要求股份有限公司按规定分配股息和红利；另外，股东拥有财产权，股票的转让就是股东权的转让。

(3) 两者的收益率相互影响。从单个债券和股票来看，它们的收益率经常会发生差异。而且有时差异还很大，因为债券是获得固定利息收入，而股票的收益随公司经营情况而定。但是，在市场规律的作用下，证券市场上一种证券收益率的变动，必然会引起另一种证券收益率同向变动。也就是说，当证券市场上股票的收益率走高时，必然也会带动债券的收益率走高。

2. 债券与股票的区别

债券与股票的区别有以下几点。

(1) 两者权利不同。债券反映了投资者和发行人的债权债务关系，债券投资者可按期获得利息和本金，但无权参与公司的经营管理和分红。而股票反映的是所有权的关系，股票投资者是股份有限公司的股东，股东可以通过参加股东大会参与公司的经营管理，发表自己的表决权并且获得分红。

(2) 两者期限不同。债券有固定的偿还期限，到期时债券发行人必须偿还本金，并且按约定的方式支付利息。而股票一般是永久性的，无须偿还。

(3) 两者收益不同。债券有固定的票面利率，债券投资者可从公司税前利润中获得固定利息收入，债券价值波动性相对较低，风险较小。而股票的收益情况完全随公司经营情况而定，股东从公司税后利润中分享股利，利大多分，利小少分，无利不分，股票本身增值和贬值的可能性较大，风险相对较大。

(4) 两者发行目的不同。发行债券属于公司的负债，不是资本金。发行股票是股份有限公司增加资本的需要，所筹集的资金属于公司的资本。

(5) 两者发行主体不同。债券的发行主体有很多，比如政府、金融机构和股份有限公司。而发行股票的主体只能是股份有限公司。

(6) 两者求偿顺序不同。当公司破产清算时，股东的求偿等级列在债权人之后，也就是说，债权人有优先取得公司财产的权力，其次是优先股股东，最后才是普通股股东。

三、债券的基本要素

债券的基本要素主要有票面价值、偿还期限、票面利率和发行人名称。

1. 债券的票面价值

债券的票面价值包括币种和票面金额两个方面内容。债券币种的选择主要依据债券发行的对象和需要来确定。若是在国内发行，债券的币种就是本币；如果在国际金融市场筹集资金，一般以债券发行地国家或国际通用货币如美元、欧元作为计量标准。

债券票面金额的大小对债券的发行成本、发行数量和持有者的分布会产生不同的影响。如果票面金额较小，小额投资者也能购买，持有者分布面广，但可能会增加债券的发行费用，加大发行的工作量；如果票面金额较大，则购买者为大额投资者，有利于降低发行工作量，但可能会减少债券的发行量。

2. 债券的偿还期限

债券的偿还期限是指债券从发行之日起至偿清本息之日止的时间。发行人在确定债券期限时，要根据不同的条件来确定发行的期限。首先，发行人根据资金使用的目的和周期，来安排发行不同时期的债券以满足需要。其次，要考虑市场利率的变化情况，选择发行不同期限的债券，一般来说，市场利率趋于下降时，应选择发行期限较短的债券；反之，则选择发行长期债券，这样既可避免利率风险，又可减少因利率上升引起的发行成本增加；最后，还要考虑债券的变现能力，如果流通市场发达，债券变现能力强，长期债券发行则较易实现；如果流通市场不发达，债券变现不易，长期债券销售将受影响。

3. 债券的票面利率

债券的票面利率是债券的利息和债券票面价值的比率，通常年利率用百分比表示。债券利息对于债务人来说是筹资成本，利率高则负担重，利率低则负担轻。反过来，债券利息对于债权人来说是其投资收益，利率高则收益大，利率低则收益小。债券利率的高低受到市场利率水平、筹资者的资信、债券期限和资本市场资金供求状况等影响。

4. 债券发行人名称

债券发行人是债券的债务主体，债券发行人必须具备公开发行债券的法定条件，并对债券到期还本付息承担法律责任。

四、债券的特征

债券作为金融工具，具有以下特征。

1. 收益性

收益性是指债券能为投资者带来一定的收益。债券的收益来自于两个方面，一是投资者可以按约定的条件分期分次取得利息或者到期一次性取得利息；二是投资者可以通过二级市场买卖获得买卖差价。债券的市场价格随着市场利率变化而变化。当市场利率下跌时，债券的价格上涨；反之，当市场利率上涨时，债券的价格下跌，两者呈负相关关系。

2. 偿还性

偿还性是债务人必须按规定的期限向债权人支付利息和偿还本金。债券的偿还性使得资金的筹措者不能无限期地占用债券购买者的资金，两者之间的借贷关系将随偿还期的到来和还本付息而不复存在。

3. 流动性

流动性是指债券持有人能在市场中转让自己的债券收回资金。流动性取决于市场的状况、发行人的资信和债券期限的长短。如果证券市场较为发达，债券发行人的资信较高，或债券的期限较短，投资者购买踊跃，则该种债券的流动性就强；反之，如果证券市场不发达，发行人资信较差，或债券的期限较长，投资者不愿购买，则该种债券流动性就弱。

4. 安全性

安全性是指债券的投资风险较小，还款有保障。债券的安全性主要是由于债券的发行要经过严格的审查，一般只有信誉较高的发行人才能发行债券，而且债券的票面利率固定，市场价格也较为稳定，可避免因价格波动而遭受严重损失，当企业破产时，债券的持有者享有优先于股票持有者对企业的剩余资产的索取权。

五、债券的种类

按照不同的标准分类，可以将债券分为不同的类型。

(一)按发行主体分类

按发行主体不同，债券可以分为政府债券、金融债券和公司债券。

1. 政府债券

政府债券的发行主体是政府，包括中央政府和地方政府，它以政府信誉做保证，因而不需要抵押担保，信用级别最高，因此政府债券是一种流通性强、收益稳定的债券。投资者购买政府债券一般享受免税待遇。政府债券通常分为中央政府债券(又称国债)和地方政府债券。

2. 金融债券

金融债券的发行主体是银行或非银行金融机构。金融机构一般实力雄厚、信用较高，且本身是社会信用的中介，因此，金融债券往往有良好的信誉。在我国，目前金融债券主要由国家开发银行、进出口银行、农业发展银行等政策性银行发行。

3. 公司债券

公司债券的发行主体是股份公司，其发行的目的主要是为了经营需要而筹措资金。按照有关规定，公司发行债券必须参加信用评级，级别达到一定标准才能发行。因为公司的资信比不上金融机构和政府，所以公司债券的风险相对较大，其收益也相对较高。

【小资料】

垃圾债券

垃圾债券又称劣等债券，是指信用评级甚低的企业所发行的债券。一般而言，BB级或以下的信用评级属于低。信用评级低的企业所发行的债券的投资风险较高，因此，需要以较高的利息率吸引投资者认购。以标准普尔的信用评级估计，投资于BB级、B级、CCC级、CC级或C级的债项或发行人，具有一定的投机性，而在不稳定的情况下，即使发行人或公司为投资者提供了一些保障，有关保障的作用也会被抵消。质素最低的债券，即标准普尔评级BBB级及以下，所获评级一般较低及不能履行偿还本金之风险较高。在Baa级或BBB级以下的债券，是属于违约风险较高的投机级债券。

(资料来源：人民网，2013-04-19)

(二) 按债券形态分类

按债券形态分类，债券可以分为实物债券、凭证式债券和记账式债券。

1. 实物债券

实物债券是一种具有标准化格式的实物券面。在债券券面上，标有债券的票面金额、票面利率、到期期限、利息支付方式等。实物债券一般不记名、不挂失，但可以上市流通。现阶段，无记名国债就属于实物债券。

2. 凭证式债券

凭证式债券的形式是债权人认购债券的收款凭证，而不是债券发行人指定的标准化的债券。凭证式债券一般不印制票面金额，而是根据认购者的认购款填写实际的缴款金额。凭证式债券可记名、可挂失、可提前兑取，但不能上市流通。

3. 记账式债券

记账式债券是没有实物形态的债券，而是利用账户通过计算机系统完成债券发行、交易和兑付的全过程。债券购买者进行记账式债券买卖，必须在证券交易所开设账户。记账式债券的发行和交易均实行无纸化，因此发行时间短，发行效率高，成本低，交易安全。记账式债券可记名、可挂失、可上市流通，但不能提前兑付。

(三)按利息支付方式分类

按利息支付方式分类,债券可以分为附息债券、零息债券和息票累积债券。

1. 附息债券

附息债券是指债券的券面上附有息票的债券,息票上标有利息额、支付利息的期限和债券的号码等内容。息票一般以 6 个月为一期,息票到期时,持有人可从债券上剪下息票并凭此领取本期利息。

2. 零息债券

零息债券也称"贴现债券",是发行时按规定的折扣率,以低于债券面值的价格发行,到期时按债券的面值兑付而不另付利息,其发行价和面值的差额即为当付的利息,也是债券到期偿还时应得到的投资收益。

3. 息票累积债券

息票累积债券是指在存续期间内没有利息支付,但当债券合约到期时,债权人一次性获得利息和本金收入。

(四)按利率是否固定分类

按利率是否固定分类,债券可分为固定利率债券和浮动利率债券。

1. 固定利率债券

固定利率债券是指债券的票面利率在整个债券期限内保持不变。固定利率债券不考虑市场变化的因素,发行成本和投资收益可以事先预计,不确定性较少,但债券发行人和投资者仍必须承担市场利率的风险。

2. 浮动利率债券

浮动利率债券是指其票面利率随市场利率或通货膨胀率的变动而相应变动,也就是说,浮动利率债券的利率通常是根据市场基准利率加上一定的利率差(通货膨胀率)来确定的。由于债券利率随市场浮动,使发行人成本和投资者的收益与市场变动趋势相一致。

(五)按有无担保分类

按有无担保分类,债券可分为信用债券和担保债券。

1. 信用债券

信用债券也称无担保债券,仅凭发行人的信用而发行,没有抵押物做担保。一般国债、金融债券、信用良好的公司发行的公司债券大多为信用债券。

2. 担保债券

担保债券是指以抵押财产为担保而发行的债券。按担保品的不同，分为抵押债券、质押债券和保证债券。抵押债券以不动产作为担保，质押债券以动产或权利作为担保，保证债券以第三人作为担保。一般公司债券大多为担保债券。

(六)按偿还期限长短分类

按偿还期限长短分类，债券可分为短期、中期和长期债券。

一般划分标准是偿还期限在1年以下的为短期债券，偿还期限在1年至10年间的为中期债券，偿还期限在10年以上的为长期债券。

(七)其他分类

债券还可按发行方式分为公募债券和私募债券；按是否记名分为记名债券和不记名债券；按是否可转换分为可转换债券和不可转换债券。

【小资料】

我国地方政府债券模式演变

地方政府债券改革沿着"代发代还、自发代还、自发自还"的路径不断深化。2008年年底，为解决4万亿元地方政府配套资金，国务院通过特别批准的方式允许发行地方政府债券2000亿元，正式开启了我国地方政府债券之门。2011年，在"代发代还"地方政府债券成功运行2年后，国务院批准上海、浙江、广东、深圳试点在国务院批准的额度内自行发行债券，但仍由财政部代办还本付息，并于2013年批准新增江苏和山东试点。2014年5月22日，财政部印发《2014年地方政府债券自发自还试点办法》，允许十个省、市发行自发自还地方政府债券，继续推进地方政府债券改革。

(资料来源：中债资信评估有限责任公司，http://www.chinaratings.com.cn/news/6075.html，2014-07-17)

第二节　债券发行与交易

债券市场包括发行市场和流通市场。债券发行市场是发行者以发行债券的方式募集资金的市场，又称为债券的一级市场。债券发行市场是债券市场的重要组成部分，是债券流通市场的基础。债券流通市场是买卖已发行债券的市场，又称为二级市场、交易市场等。

一、债券的发行

债券发行市场主要由发行者、投资者和承销机构组成。债券发行人在发行债券筹集资金时必须考虑采用何种方式发行和承销债券以及发行价格的确定。

(一)债券的发行方式

债券发行的方式主要有以下三种。

(1) 定向发行。定向发行又称私募发行或私下发行，即面向特定的个人、机构等少数投资者发行。一般是债券发行人与某些机构投资者如保险公司、社保基金、养老基金等直接洽谈发行条件和具体事务，是一种直接发行的方式。

(2) 承购包销。承购包销是指债券发行人和大型金融机构组成的承购包销团，按一定条件签订承购包销合同，并由承销团负责在市场上转售债券的形式。

(3) 招标发行。招标发行是指通过招标方式确定债券承销商和发行条件的发行方式。根据中标规则不同，可分为荷兰式招标和美式招标。荷兰式招标是单一价格招标。当标的物为价格时，最低中标价格为当期债券的承销价格，全体中标者的中标价格是单一的；当标的物为收益率时，最高中标收益率为当期债券的最终收益率，所有中标者的认购成本是相同的。美式招标是多种价格招标制，当标的物为价格时，各中标机构依各自投标价格作为各中标者的最终中标价，各中标者的认购价格是不相同的；当标的物为收益率时，各中标机构以各自所投标的各个价位上的中标收益率作为中标者各自的最终中标收益率。一般而言，短期零息债券多采用单一价格的荷兰式招标，长期付息债券多采用多种收益率的美式招标。

(二)债券的承销方式

债券发行的最后环节是将债券出售给投资者。债券发行人出售债券有两种方法：一种是自销，即自己销售；另一种是承销，即委托他人代为销售。

承销是将债券销售业务委托给专门的债券承销机构销售。根据发行承担的风险和手续费的高低等因素，承销方式有包销和代销两种。

1. 包销

包销是指发行人与承销机构签订合同，由承销机构买下全部或在承销期结束时将售后剩余证券全部自行购入的承销方式。承销商与发行人商定发行底价并签订承销协议书，然后组织力量在证券市场以某种方式进行销售。如果证券不能全部销完，所剩余的未售出部分就作为资产归承销者所有或任其降价出售，自行承担损失。对承销商来说，包销所获丰厚，但风险很大，所以，在新发债券数额较大时，一般由几家承销机构来共同包销，这就是所谓的银团包销。

包销可以分为全额包销和余额包销两种。全额包销是由承销商先全额购买发行人所发行的全部债券,然后再向投资者出售。余额包销实际上是先代理发行,后全额包销,是代销和全额包销的结合。

2. 代销

代销是指承销机构代债券发行人发售债券,在承销期结束时,将未售出的债券全部退还给发行人的承销方式。对承销商来说,代销的风险较小。

(三)债券的发行价格

债券的发行价格是指债券投资者认购新发行的债券实际支付的价格。债券的发行价格受供求关系、市场利率、宏观经济状况、相对风险程度、市场条件等多种因素的影响。债券的发行价格可以分为:平价发行、溢价发行和折价发行。平价发行即债券的发行价格和面值相等;溢价发行即债券的发行价格高于面值;折价发行是债券的发行价格低于面值,零息债券是折价发行的。

(四)债券的信用评级

债券的信用评级是将债券发行人的信誉和偿债的可靠程度公布给投资者,使投资者尽量避免由于掌握的信息不全面或判断不准确而造成损失,以保护债券投资者的利益。债券信用评级的主要内容是对债券的发行质量、发行人的资信状况以及投资者所承担的投资风险等进行评价,而对债券的市场价格、收益率等内容不予评价。

目前国际上公认的最具权威性的信用评级机构,主要有美国标准普尔公司和穆迪投资者服务公司。上述两家公司负责评级的债券很广泛,包括地方政府债券、公司债券、外国债券等。由于它们占有详尽的资料,采用先进科学的分析技术,又有丰富的实践经验和大量专门人才,因此它们所做出的信用评级具有很高的权威性。标准普尔公司信用等级标准从高到低可划分为:AAA级、AA级、A级、BBB级、B级、CCC级、C级、D级。穆迪投资者服务公司信用等级标准从高到低可划分为:Aaa级、Aa级、A级、Baa级、Ba级、B级、Caa级、Ca级、C级。两家机构信用等级划分大同小异。前四个级别债券信誉高、风险小,是"投资级债券";从第五级开始信誉渐次降低,是"投机级债券"。

二、债券的交易

(一)债券流通市场的种类

债券流通市场一般可以分为场内交易市场和场外交易市场。

1. 场内交易市场

证券交易所是专门进行证券买卖的场所，如上海证券交易所和深圳证券交易所。在证券交易所内买卖债券，称为场内交易市场。这种市场组织形式是债券流通市场较为规范的形式。交易所作为债券交易的组织者，本身不参加债券的交易和价格决定，只是为债券买卖双方创造条件，提供服务，并进行监管。在证券交易所申请上市的债券主要是公司债券，国债不用申请就可直接上市，享有上市豁免权。然而，上市债券和非上市债券相比，它们在债券总量中所占的比重较小，大多数债券的交易是在场外交易市场进行的。

2. 场外交易市场

场外交易市场是在证券交易所以外进行债券买卖的市场，包括银行间交易市场和柜台交易市场。银行间交易市场是债券市场的批发市场，成员均为商业银行、信用社、证券公司、保险公司、财务公司和基金公司等金融机构投资者，个人和非金融的机构投资者不能进入。交易方式为询价方式，交易金额较大。而柜台交易市场为债券的零售市场，投资者为个人投资者和非金融机构投资者，交易金额相对较小。柜台交易是场外交易的主体。债券的柜台交易就是参与债券投资的个人和机构投资者通过商业银行柜台进行的债券交易。同时，许多证券经营机构也都设有专门的证券柜台，通过柜台进行债券买卖。在柜台交易中，证券经营机构既是交易的组织者，又是交易的参与者。

(二)债券的交易程序

证券交易所与柜台交易市场的债券交易程序是有区别的。

1. 证券交易所债券交易的一般程序

证券交易所债券交易的一般程序如下。

(1) 投资者委托证券经纪商买卖债券，签订开立债券交易账户的契约，填写开户的有关内容，明确经纪商与委托人之间的权利和义务。投资者以书面、电话、计算机等方式向证券经纪商下达委托指令。

(2) 证券经纪商立即通过它在证券交易所内的代表或代理人按照委托指令实施债券买卖业务。

(3) 办理成交后的手续。成交后，经纪人应于成交的当日填制买卖报告书，通知委托人按时将交割的款项或债券交付委托的经纪商。

(4) 经纪商核对交易所记录办理清算交割手续。委托经纪商于营业终了时按债券类别与交易所记录核对无误后，就受托成交的同种债券买卖双方数额进行抵消，抵消后的差额在证券交易所办理清算交割手续。随后受托经纪商再与委托人办理交割债券过户。

2. 柜台交易市场的交易

柜台交易市场的交易分为自营买卖和代理买卖两种业务。

(1) 自营买卖。自营买卖是指证券公司先用自己的资金买入债券，然后再以略高于买入的价格卖出债券，从中赚取价差。其程序是：证券公司以批发价格从其他证券公司买入债券，然后再以零售价格将债券出售给客户；或者证券公司以零售价格向客户买入债券，然后再以较高的价格批发给其他证券公司。

(2) 代理买卖。代理买卖是指证券公司作为经纪人，根据客户的委托，代理客户买卖债券，赚取佣金。其程序与证券交易所交易类似。

(三) 债券的交易形式

债券的交易形式主要有现货交易、期货交易、期权交易、信用交易和回购协议交易等。

1. 现货交易

现货交易是指交易双方在成交后立即交割或在极短的期限内进行交割的交易方式。在债券交易的实际过程中，由于种种原因，现货交易中的交割又分为当日交割、次日交割、例行日交割和特约日交割等。

2. 期货交易

期货交易是指债券交易双方在成交后按照合约规定的条件在未来某一确定的日期进行交割的交易形式，但期货交易是以期货合约为交易对象的一种交易形式。债券期货合约是标准化的契约。

3. 期权交易

期权交易又称选择权交易，投资者在给付一定的期权费后，取得一种可按约定的价格在规定期限内买进或卖出一定数量的债券的权利，买卖这一权利的交易即为期权交易。

4. 信用交易

信用交易又称垫头交易，是投资者凭自己的信誉，通过缴纳一定数额的保证金取得经纪人信用进行债券买卖的交易方式，信用交易可以分为保证金买空和卖空两种。保证金买空是指当某种证券行情看涨时交易者通过缴纳一定数额的保证金，由经纪人垫款代其购入证券的交易方式；保证金卖空是指当证券行情看跌时，交易者通过缴纳一定数额的保证金，向经纪人融券并向市场抛售的交易方式。

5. 回购协议交易

回购协议交易是指在卖出(买入)债券的时候，事先约定到一定时期后按规定的价格再买回(卖出)同一品种的债券。回购协议的利率是由协议双方根据回购期限、货币市场行情以及回购债券的信用级别等因素议定，与债券票面利率无直接关系。债券回购交易的主体为中央银行、商业银行、非银行金融机构、企业等。在我国，债券回购交易分为质押式回购和买断式回购。

【小资料】

债券回购的操作技巧

(1) 回购后获得资金的投资回报要确保远高于所付出的利息。这是做回购的出发点也是对正回购的基本要求。

(2) 回购到期，可以用现金还款，也可以债券出库卖出还钱。比如 1 日回购，则 T+1 日晚要准备足够的现金，也可在 T+1 日申报债券出库卖出还钱。

(3) 回购一般可以续作。续作就是指在质押债券到期时可以继续回购获得的资金来归还上次的融入资金。比如 T+1 日没法还款，就可继续做 1 日或 7 日正回购，如此循环。这样就无须用现金或卖出债券还款。

(4) 回购一般也可以套作。套作就是回购融入资金后继续买入债券，然后继续质押回购，如此循环。一般券商要求套作不允许超过 5 倍，有的券商甚至不允许套作。

(5) 回购打新股 T+2 日一般不用再做回购。由于 T+2 日晚间打新股的资金会回到账户上，这笔资金刚好可以用来归还上一日融入的资金(1 日回购)。但要切记在账户里还要提前预留好中签的资金。

(资料来源：债券投资网，2012-10-17)

第三节 债券收益与价格

债券收益率是衡量债券投资收益的常用指标。债券收益率是债券收益与本金的比率，通常用年利率表示。债券收益不同于债券利息，债券利息仅指债券票面利率与债券面值的乘积，债券的收益除利息收益以外还包括买卖盈亏的价差。

一、影响债券收益率的因素

1. 债券的票面利率

债券的票面利率越高，债券利息收入就越高，债券的收益率也就越高。债券的票面利率取决于债券发行时的市场利率、债券期限、发行者的信用水平、债券的流动性水平等因素。

2. 市场利率与债券价格

市场利率的变动与债券价格的变动呈负相关关系，即当市场利率上升时债券价格下降，市场利率下降时债券价格上升。市场利率的变动会导致债券价格的变动，从而给债券的交易带来差价。当债券价差为正数时，债券的投资收益增加；当债券的价差为负数时，债券的投资收益减少。当债券价格高于其面值时，债券收益率低于票面利率；反之，则高于票面利率。

3. 债券的投资成本

债券的投资成本主要指购买成本和交易成本。债券的购买成本就是人们买卖债券的本金，交易成本包括债券交易时的佣金及各种费用。债券的投资成本越高，其投资收益也就越低。

4. 市场需求因素

市场对债券的需求会影响债券的收益率。如果对某种债券的需求增加，其收益率可能下降。而某种债券如果有违约的风险以及需求下降，其收益率反而会上升。

【小资料】

乌克兰局势趋紧，美债收益率跌至三个月低位

2014年8月7日，美国国债价格上涨，指标10年期国债收益率降至5月以来最低，因有消息称乌克兰医用直升机和战机先后被击落，令本已因俄罗斯禁止进口西方食品的做法而担心不已的国际投资者更加不安，因此，更多资金流入了避险美债。之前，欧洲央行行长德拉基在政策讲话中亦提到了乌克兰危机威胁到欧元区经济的状况，使得投资者更加倾向于买入避险资产。因投资人担忧乌克兰危机以及西方同俄罗斯相互制裁可能威胁到欧洲脆弱的经济复苏。在巨大的利差推动下，美国国债收益率随之走低也就顺理成章。

(资料来源：汇通网，2014-08-08)

二、债券收益率的计算

1. 票面收益率

票面收益率又称名义收益率，是指债券年利息收入与债券票面金额的比值。债券票面收益率的计算公式为：

$$票面收益率 = \frac{债券年利息收入}{票面金额} \times 100\%$$

例如，某债券票面金额为1000元，年利息收入80元，则票面收益率为 $\frac{80}{1000} \times 100\% = 8\%$。

票面收益率反映了债券投资者以票面金额的价格买进债券，持有至期满并以票面金额的价格卖出的收益率。

2. 直接收益率

直接收益率又称当期收益率或本期收益率，是指债券年利息收入与债券当前市场价格的比值。债券直接收益率的计算公式为：

$$直接收益率 = \frac{债券年利息收入}{买入价} \times 100\%$$

例如，某债券票面金额为 1000 元，投资者以 920 元的市场价格买进，年利息收入 80 元，则直接收益率为 $\frac{80}{920} \times 100\% \approx 8.70\%$。

3. 持有期收益率

持有期收益率是指债券投资者在一定时间内买入债券，而没有持有至期满即出售该债券所获得的收益，也就是债券投资者在债券买卖过程中所获得的收益。不同计息方式的债券的持有期收益率的计算公式不同，付息债券由于定期支付利息的特点，其收益不仅包括了资本损益，还包括了利息收入。以下分别列出零息债券、付息债券和息票累积债券的持有期收益率的计算公式。

零息债券、息票累积债券持有期收益率的计算公式分别为：

$$持有期收益率 = \frac{(卖出价 - 买入价) \div 持有年限}{买入价} \times 100\%$$

例如，某企业债券为息票累积债券，票面金额为 1000 元，期限 5 年，票面利率为 5%，投资者以 980 元的发行价格买进，持有两年后又以 1100 元的市价卖出，则持有期收益率为 $\frac{(1100 - 980) \div 2}{980} \times 100\% \approx 6.12\%$。

付息债券持有期收益率的计算公式：

$$持有期收益率 = \frac{债券年利息收入 + (卖出价 - 买入价) \div 2}{买入价} \times 100\%$$

例如，某企业债券为付息债券，一年付息一次，票面金额为 1000 元，期限 5 年，票面利率为 5%，某投资者以 980 元的市场价格买进，持有两年后又以 1002 元的价格卖出，则持有期收益率为 $\frac{1000 \times 5\% + (1002 - 980) \div 2}{980} \times 100\% \approx 6.22\%$。

4. 到期收益率

到期收益率又称内部收益率或最终收益率，是衡量投资者以市场价买进债券，持有至期满时其获得的收益率，其中的收益包括两部分，即利息收入(零息债券除外)和资本损益。

零息债券到期收益率的计算公式为:

$$到期收益率 = \frac{(债券面额-买入价)}{买入价} \times \frac{365}{到期年限(天)} \times 100\%$$

付息债券到期收益率的计算公式为:

$$到期收益率 = \frac{债券年利息收入+(债券面额-买入价)\div 到期年限}{买入价} \times 100\%$$

例如,某企业债券为付息债券,一年付息一次,票面金额为 1000 元,期限 5 年,票面利率为 5%,债券发行两年后,某投资者以 990 元的价格买入,持有至期满,则到期收益率为 $\frac{1000 \times 5\% + (1000-990) \div 3}{990} \times 100\% \approx 5.39\%$。

息票累积债券到期收益率的计算公式为:

$$到期收益率 = \frac{[债券面额 \times (1+票面利率 \times 债券年限)-买入价] \div 2}{买入价} \times 100\%$$

三、债券定价

债券的价格包括内在价值和市场交易价格。债券的内在价值等于其预期的现金流现值。市场交易价格是债券在市场交易中的挂牌价格。投资者通过分析比较债券的内在价值和市场价格的差异,从而判断出哪只债券的价值被高估从而卖出,哪只债券的价值被低估从而买入以赚取收益。

债券的本金和利息收入均发生在未来,所以债券的内在价值就是未来现金流的现值之和。债券的内在价值依赖两个因素:一个是预期未来的现金流,即本利和;另一个是贴现率,即投资者的必要收益率。

债券所产生的预期现金流包括到期之前支付的利息与到期时最终支付的面值。因此:

债券的价值=利息的现值+面值的现值

即

$$P = \sum_{t=1}^{T} \frac{CF_t}{(1+r)^t} + \frac{P_T}{(1+r)^t}$$

式中:P 为债券的内在价值;T 为距离到期日的期数;CF_t 为债券 t 年的利息收入;r 为贴现率;P_T 为债券面值。

公式右端的第一项说明将各个时间段的利息的现值相加,第二项是最后支付的债券面值的现值。从式中可以看出,债券的价格和市场利率成反比关系,当市场利率上升时,债券的价格就降低,反之债券的价格就上升。

我们用票面利率为 8%,期限 30 年,票面价值 1000 元,每半年支付一次利息的附息债券来说明这个公式。假定年利率为 10%,则 6 个月的利率为 5%,每次获得利息收入 40 元,该债券的内在价值就可以这样计算:

$$P = \sum_{t=1}^{60} \frac{40}{(1+0.05)^t} + \frac{1000}{(1+0.05)^{60}} = 757.17 + 53.54 = 810.71 \text{ 元}$$

如果该债券的市场价格高于 810.71 元就卖出该债券，如果市场价格低于 810.71 元就可买入该债券以获得收益。

四、影响债券价格的主要因素

债券的理论价格由债券的内在价值所决定，但债券的市场价格经常背离它的理论价值而不断波动。影响债券市场价格的因素有很多，主要有市场利率和债券的供求关系，其他一切影响市场利率和债券供求关系的因素都会影响债券的价格。

1. 市场利率

债券的市场价格和利率呈负相关关系，若市场利率上升，超过债券票面利率，债券持有人将以较低价格出售债券，将资金转向其他利率较高的金融资产，从而引起债券的需求减少，价格下降；反之，若市场利率下降，债券利率相对较高，则资金流向债券市场，引起债券价格上升。

2. 供求关系

供求关系导致包括债券在内的一切商品价格的波动。债券的供给是指新债券的发行和已发债券的出售。如果新债券的发行量适中，发行条件适合，则它可以被顺利的吸收，不会对市场构成压力；反之，若发行量过大，发行条件不适合，则会给债券市场带来不利影响。已发债券的出售同样会在一定程度上影响债券市场行情。

3. 社会经济发展状况

债券价格会伴随社会经济发展不同阶段而波动。在经济景气时，企业会增加投资，从而增加对资金的需求。企业首先会减少持有的国债、金融债券和其他公司债券，将它们转变为现金，其次会增加银行借款，或是发行新的企业债券。银行等金融机构也会因企业贷款增加而感到资金紧张，从而减少对证券的投资或发行金融债券以筹措资金。因此，在经济发展阶段，对债券的需求减少，供应增加，这样必然使债券价格下降，利率上升；相反，在经济衰退阶段，对资金需求减少，企业和金融机构都会出现资金过剩，不仅会把闲置的资金转向债券投资，而且会减少对债券筹资的需求。此时对债券的需求增加，供给减少，使债券价格上升，利率下降。

4. 财政收支状况

财政收支状况对债券有重大影响，财政资金宽松，经常有剩余资金，会增加银行存款，并有可能买入一些金融债券和公司债券以提高资金效益，这样会增加对债券的需求并推动债券价格上升；当财政资金紧张并有赤字时，财政会减少结余或减少各项支出，或发行政府债券以弥补财政赤字,这样会带来整个社会资金紧张并大量增加债券供应,从而促使债券价格下跌。

5. 货币政策

货币政策工具包括存款准备金制度、再贴现政策、公开市场业务等。当中央银行提高存款准备金率时,资金会趋于偏紧,利率会上升,债券发行增加,对债券的需求下降,债券价格也会下降;反之,当中央银行降低存款准备金率时,债券价格会上升。中央银行提高再贴现率会直接引起市场利率相应提高,债券价格会下降;反之,当再贴现率下降时,市场利率随之下降,债券价格上升。中央银行采取公开市场业务,会直接影响债券供求状况。为实施紧缩货币政策,中央银行会在金融市场抛售债券,从而引起债券价格下跌;反之,为放松银根,中央银行会在公开市场买入债券,从而引起债券价格上升。

6. 国际间利差和汇率变化

对于开放型的金融市场来说,本国货币与外国货币的汇率变化以及国内市场与国外市场利率的变化也是影响债券价格的主要因素。当本国货币有升值预期时,国外资金会流入本国市场,从而增加本币债券的需求;当本国货币有贬值预期时,国内资金又会转移到国外而减少对本币债券的投资。同样,投资者也会对本国市场与外国利率市场加以比较,资金会流向利率高的国家和地区,导致国内债券市场供求的变化和价格变化。

五、债券投资的风险

债券投资风险是指影响债券价格的不确定性因素。投资者投资债券的主要目的在于获得收益,而债券收益受许多不确定因素的影响,这就产生了债券投资的风险。一般来说,债券投资的风险主要有以下几种。

1. 利率风险

利率风险是指利率变动对债券价格波动的影响,也是各种债券都面临的风险。债券的市场价格和利率呈负相关关系,即市场利率上升,债券价格下降;反之,当市场利率下降,债券价格上升。因此,尽管债券的票面利率是固定的,债券投资者能获得相对稳定的票面利息,但是在资本收益方面的收益是不确定的。

不同债券的利率风险是不同的。期限越长的债券,其利率风险也最大;期限越短,债券的利率风险越小,即债券的利率风险与期限成正比。

2. 信用风险

信用风险是指借款人不能履行合同规定的义务,不能偿付利息和本金的可能性。从债券种类角度来看,政府债券是以国家信用为基础发行,因此信用风险最小。金融债券的发行主体本身是社会信用的中介,其信用风险相对较小。公司债券的信用风险最大。判断一种债券信用风险的大小,可以参考信用评级机构对发行债券主体或债券本身所做的信用评级,高信用评级的公司债券的信用风险要小于低信用等级的公司债券。

风险越大,投资者为弥补承担更大的风险要求的风险补偿就越高。因此,信用等级低的公司债券的票面利率通常要高于信用等级高的公司债券。政府债券的信用等级最高,利率水平比其他债券要低,因此被称为无风险利率。

3. 收益率曲线风险

收益率曲线风险是指收益率曲线形状发生变化,从而影响债券现金流的现值发生变化,影响债券价格变动。在对债券的现金流进行贴现时,尽管所用的贴现率都一样,但如果债券的每一笔现金流的到期日不同,其收益率将不一样。收益率和到期日的这种关系即为收益率曲线。如果收益率曲线发生了变化,将使债券现金流的现值发生变化,从而使债券价格发生变化。

4. 通货膨胀风险

通货膨胀风险又称购买力风险,是指未预期到的通货膨胀率变动而造成的债券实际购买力的不确定性,即从债券投资中获得的收益不足以弥补由通货膨胀带来的损失。在债券期限内,投资者对通货膨胀率有一个预期,这一预期会影响投资者对于发行者每期固定利息支付的满意程度。如果投资者预期在债券期限内有4%的通货膨胀率,那么投资者就会要求到期收益率在弥补债券其他风险的基础上,再增加4%的通货膨胀风险补偿额。而在债券期限内,实际的通货膨胀率有可能高于预期通货膨胀率,那么投资者获得的本金和利息的实际购买力就会下降,投资者的收益就有可能为负。所有固定利率债券都面临通货膨胀风险,期限越长,这种风险越大。

5. 汇率风险

汇率风险又称货币风险,当投资者投资某种外国债券时,汇率的变化就会使投资者不能获得预期收益。如果在到期日前本币对外币升值,到期收回本金和利息时就会受到外币贬值的损失。另外,本币升值,国外资本流入本国资本市场,从而增加对本币债券的需求,本币债券价格上涨,与此同时购买外国债券的投资者就丧失了这一获利机会。汇率风险又可分为交易风险和结算风险。交易风险是汇率变化对日常交易收入产生的风险,结算风险是汇率变化对资产价值和负债成本产生的风险。

6. 流动性风险

流动性风险是指债券在不受损失的情况下能否及时变现的风险,即投资者不能按市价及时卖出债券而遭受损失的可能。流动性风险主要取决于流通市场的发达程度和债券本身特点。一般来说,流通市场越发达,债券的流动性越强,其流动性风险越小;反之,流动性风险越大。债券的信用等级越高,其流动性越强,流动性风险越小;反之,流动性风险越大。

7. 再投资风险

再投资风险是从债券投资中获得的现金流再投资时面临的风险。债券利息的再投资要面临利率变动的风险,由于利率变动,再投资收益率可能与原来的收益率不同,从而影响整个投资的收益率,这种因为再投资收益率变动造成的风险称为再投资风险。

8. 提前赎回风险

提前赎回风险来源于债券赎回导致现金流的不确定性。提前赎回条款是在债券发行一段时间后,赋予发行人按约定价格在到期前部分或全部偿还债券。这一条款有利于发行人,而不利于投资者。因为当市场利率下降,债券价格上涨,当债券的市场价值高于该债券的偿还价值时,债券发行人就可以行使提前偿还,清偿高息债券,转而发行低息债券再融资,从而使投资者面临较低的再投资收益率这一不利局面。

9. 突发事件风险

突发事件风险是指发生某些突发事件,从而影响债券价格变化的可能性。例如,税率、宏观经济政策等变动或公司的特殊事件如公司兼并等均可能引起突发事件风险。

【小资料】

欧洲债务危机

始于希腊的债务危机,2009 年 12 月 8 日全球三大评级公司下调希腊主权评级。2010 年起欧洲其他国家也开始陷入危机,希腊已非危机主角,整个欧盟都受到债务危机困扰。伴随德国等欧元区的龙头国开始感受到危机的影响,由于欧元大幅下跌,加上欧洲股市暴挫,整个欧元区正面对成立十一年以来最严峻的考验,有评论家更推测欧元区最终会以解体收场。2010 年 5 月 9 日,国际货币基金组织(IMF)批准向希腊提供 300 亿欧元(约合 400 亿美元)救助贷款,帮助这个深陷债务危机中的欧洲国家。2011 年 7 月 22 日召开欧洲峰会,就希腊救助问题进一步达成共识,欧元区领导人统一向希腊提供 1000 亿欧元新融资。欧盟峰会草案显示,暂定将欧洲金融稳定机构(EFSF)期限从 7.5 年延长至最少 15 年,将 EFSF 贷款利率下调至 3.5%。2013 年 4 月 12 日,希腊重新返回国际金融市场,重新发债;2013 年 12 月 16 日,爱尔兰退出欧债危机纾困机制,成为首个脱困国家。这表明欧债危机最严重的时期已经过去。

(资料来源:互联网综合)

第四节 债券投资策略

一、债券投资的一般原则

1. 收益性原则

债券投资必须讲究收益,但不同的债券的收益性是不同的,政府债券一般用政府的税收作为担保,具有充分安全的偿还保证,一般认为是没有风险的投资;金融债券由于国家对金融机构的严格监管,风险也很小,收益要高于政府债券;公司债券则存在着是否按时偿付本息的风险,作为对这种风险的报酬,公司债券的收益必然要高于政府债券和金融债券。收益性原则要求在进行债券投资时,要根据预期的投资收益率来合理地选择各种债券。

2. 安全性原则

投资债券相对于其他投资工具要安全得多,但这仅仅是相对的。由于经济环境变化,经营状况的变化以及债券发行人资信等级的变化,其安全性问题依然存在。政府债券的安全性要高于金融债券,金融债券的安全性要高于公司债券。公司债券由于存在违约的风险,当其经营不善甚至倒闭时,偿还本息的可能性不大。其安全性远低于金融债券和政府债券。对于信用债券和抵押债券,抵押债券的安全性相对高一些。

3. 流动性原则

债券的流动性是指投资者收回债券本金的速度。影响债券流动性的主要因素是债券的期限,期限越长,流动性越差;期限越短,流动性越强。不同类型的债券的流动性也是不同的,如政府债券,在发行后就可上市转让,故流动性强;公司债券的流动性往往有很大的差别,对于资信卓著的大公司或经营规模小但经营良好的公司,他们发行的债券流动性是很强的;反之,那些经营规模小且经营差的公司发行的债券流动性就要差很多。因此,投资者购买债券时,评估公司债券的流动性,除对资信等级考虑之外,还需对公司经营业绩进行考察和评估。

二、债券投资应考虑的主要问题

1. 债券的品种

不同的债券的安全性不同,投资者面临的风险也不同,不同的债券的票面利率也不同,因而需要选择适合自己的债券品种。投资者在购买公司债券品种时,要考虑收益率、期限、信誉质量担保以及债券对利率变动的敏感程度和交易的活跃度。

2. 债券的投资渠道

人们可以在一级市场认购债券，也可在二级市场进行债券的买卖交易，一级市场和二级市场分别有不同的交易渠道，如个人进行国债投资的主要渠道有买卖交易所国债、购买凭证式国债、银行柜台买卖记账式国债，其成本和风险也不同，投资者要根据自身的情况及风险承担能力进行投资选择。

3. 债券的投资时机

债券流通上市后，其价格受多种因素的影响，反复波动，因而投资者需要选择债券的投资时机。机会选择得当，就能提高投资收益率；反之，投资效果就要差一些。但要正确把握债券投资时机，需要了解和掌握债券价格波动的规律。

三、债券投资策略

(一) 债券投资的组合策略

债券组合策略主要是运用组合投资理论，在进行债券投资决策时，可以选择不同的债券，综合利用各个债券品种之间、不同期限之间、不同公司之间、不同国家之间的合理搭配，以达到有效降低投资中的风险，增加投资收益。

1. 品种组合策略

债券由于其发行人、期限、偿还方式等方面条件的不同，风险和收益的程度也各不相同。因此有选择性地或随机购买各种不同种类的债券，可以使风险和收益多次排列组合，能够最大限度地减少风险或分散风险。投资者在进行债券组合时，应根据不同债券的不同特点进行适当的选择，通过分散投资，达到既减少风险，又获得较高收益的目的。

2. 期限组合策略

一般来说，债券期限长，利率高，风险也高；期限短，利率低，风险也低。如果把全部资金都投在期限长的债券上，一旦发生风险，就会猝不及防，其损失就难以避免。因此，在购买债券时，应选择不同期限的债券，以降低风险。期限组合策略有梯形组合策略和杠铃组合策略。其中梯形组合策略的操作是，均等持有长期和短期债券，使债券不断保持梯形的期限结构。杠铃组合策略是投资者将资金投资于债券的两个极端：为保证债券的流动性而投资于短期债券；为确保债券的收益性而持有长期债券，不买入中期债券。

3. 不同公司债券的组合

不同行业的公司，其经营效益各不相同，即使同一行业的公司，差别也很大，因此，选择公司债券的组合投资中，既要选安全性高收益率低的大公司债券，也要选安全性低但收益率高的小公司，这样的组合既可保证投资的安全性，又获得较高的投资收益。

(二)消极的债券投资技术

消极的债券投资是一种认为债券的市场价格已是公平的价格，因而只注重控制债券组合风险的策略。这种策略的特点是资金流动性差。购买持有法和债券指数法是消极的债券投资技术常用的方法。

1. 购买持有法

购买持有法是最简单的债券投资策略，其操作步骤如下：第一步，对债券市场上所有的债券进行分析；第二步，根据投资者的爱好和需要，买进能够满足自己需求的债券持有至期满。在持有期间，并不发生任何债券的交易行为。这种投资策略的优点是带来固定的收益和交易成本很低。因为投资者在做投资决策的时候就完全知道，且不受市场行情变化的影响，在持有期内，没有任何买卖行为，手续费很低，从而也有利于提高投资收益率。因此，这种投资适用于不熟悉市场或不善于使用各种投资技巧的投资者。在采取这种投资策略时，投资者要根据投资者资金的特点来选择适当期限的债券。一般而言，期限越长，债券的收益率也越高。但是期限越长，占用投资者资金的时间也就越长，因此，投资者最好根据可投资资金的时间长短来选择债券，使债券的到期日与投资者资金的利用期限相匹配。

购买持有法的关键是寻找的投资工具要有理想的收益率和到期日，因此投资者要寻找具有合适特征和质量标准的有吸引力的高收益债券。例如，机构发行的债券比国库券的收益率要高，在质量差不多的情形下，投资者就可以选择高收益的机构发行的债券。

2. 债券指数法

大量研究表明，大部分资金管理人的风险-收益绩效都不如股票指数和债券指数。因此，许多投资者倾向根据所选择的债券市场指数将其债券投资组合的一部分指数化，也就是选择债券市场指数所包含的债券作为自己的债券投资组合，各种债券的投资比例也和指数所包含的债券在指数中的权重完全吻合。这样，能保证和市场整体收益率相同的收益率。

当投资者采用指数化策略时，选择合适的市场指数非常重要，指数要能够始终满足投资者的风险-收益偏好和投资计划的要求。

(三)积极的债券投资技术

积极的债券投资技术是指运用各种信息和预测技术，积极主动地寻找市场机会的策略。积极的债券投资技术主要有以下几种方法。

1. 利率预测法

利率预测法即利率预测互换，是一种主要用于国债投资的积极债券投资技术。投资者通过主动预测市场利率的变化，采取出售一种债券并购买另一种债券方式来获得差价收益，即不同期限的债券之间的交换。如果投资者预期利率下降，则卖出期限较短的债券买进期限较长的债券。例如，投资者会卖出 10 年期国债，买进 30 年期国债。买进的国债与卖出的国债信用风险相同，但期限较长。

2. 替代互换

替代互换是一种债券与另一种相似的替代债券的互换。这两种相互替代的债券具有大致相同的票面利率、期限、信用级别等。如果投资者相信市场中这两种债券价格存在暂时的失衡，而价格的不一致就能带来获利机会，因此互换就产生了。例如，卖出票面利率为 9%、票面金额为 1000 元，20 年期 A 公司债券，该债券在 5 年后被 A 公司以 1050 元的价格赎回，到期收益率为 9.05%。与此相对应，买进具有相同赎回条款、票面利率为 9% 的 B 公司债券，到期收益率为 9.15%。如果这两种债券具有相同的信用等级，B 公司债券更高的收益率就在市场中更具有吸引力。

3. 市场间利差互换

市场间利差互换是债券市场两个部门之间债券相互交换的行为。当投资者认为债券市场两个部门之间的收益率出现差异时，互换就会出现。例如，如果现在 10 年国债和等级为 A 的 10 年期公司债券之间的收益率差为 4%，而历史上的差异仅为 3%，那么投资者就会考虑卖出国债，买进公司债券。

4. 纯收益率增长互换

纯收益率增长互换是卖出期限较短的债券，买进期限较长的债券。这种互换是通过持有更高收益率的长期债券来增加收益率的方式。这一策略预示投资者愿意承担更大的利率风险。例如，投资者会卖出 10 年期国债，买进收益率更高的 30 年期国债。

5. 价值分析

价值分析是指投资者通过分析债券的内在价值来选择债券。通过比较各种债券的期限、收益率以及利息支付方式等因素，发现市场上同类债券中哪些是被低估的，哪些是被高估的，然后再进行相应的投资。这一策略即买进低估的债券而出售或不购买高估的债券。

6. 信用分析

信用分析主要是参考债券评级机构对债券的评级变化，包括对债券发行人进行详细分析，以确定其信用风险的预期变化。一般而言，债券的信用等级越高，其市场价格越高，投资回报率就较低。如果投资者属于风险厌恶型，则可以投资信用等级高的债券，但获得相对较低的收益;如果投资者倾向于获得较高的收益,则可投资信用等级较低的债券,但风险很大。

【小资料】

债券指数

债券指数是反映债券市场价格总体走势的指标体系。和股票指数一样,债券指数是一个比值,其数值反映了当前市场的平均价格相对于基期市场平均价格的位置。

2002年12月31日,中央登记公司开始发布中国债券指数系列,该指数体系包括国债指数、企业债指数、政策性银行金融债指数、交易所债券指数、银行间债券指数、中短期债券指数和长期国债指数等,覆盖了交易所市场和银行间市场所有发行额在50亿元人民币以上、待偿期限在一年以上的债券,指数样本债券每月调整一次。该指数系列以2001年12月31日为基日,基期指数为100,每个工作日计算一次。

(资料来源:中国证券业协会. 证券市场基础知识[M]. 北京:中国金融出版社,2012)

【案例点击】

"11超日债"违约风波

2014年3月4日晚,深圳证券交易所披露的《上海超日太阳能科技股份有限公司2011年公司债券第二期利息无法按期全额支付的公告》称,超日太阳于2012年3月7日发行的2011年公司债券(简称"11超日债")第二期利息原定金额共计人民币8980万元,但由于各种不可控的因素,公司付息资金仅落实人民币400万元。因此,"11超日债"本期利息将无法于原定付息日按期全额支付,仅能够按期支付共计人民币400万元。

3月7日当天,上述公告中所述事实兑现。至此,"11超日债"正式违约,成为国内首例债券违约事件。

2014年10月23日下午,超日公司第二次债权人会议召开,超日公司披露管理人制定的重组计划方案获得通过,而且由于得到了长城资产和上海久阳两家资管公司提供的全额担保,"11超日债"的所有债权人也将得到全额偿付,这意味着原本已经出现的违约再度回到刚性兑付的安全区中。

(资料来源:南方财富网,2014-10-28)

【点石成金】

"11超日债"虽然最终避免了违约,但从另一方面告诉我们,公司债券收益高,风险也高。目前我国一些公司债券的发行并不规范,也增加了投资者购买公司债券的风险。投资者在购买公司债券的同时,一定要对公司的实力、公司所处的行业以及募集资金的用途进行了解,降低自己的投资风险。

本 章 小 结

债券投资计划	债券概述	债券是社会经济主体，如政府、企业等，为筹措资金而向债券投资者出具和承诺按约定的时间和方式支付利息和偿还本金的一种债务凭证。 债券的基本要素主要有票面价值、偿还期限、票面利率和发行人名称。 债券具有的特征为收益性、偿还性、流动性、安全性。 按照不同的标准分类，可以将债券分为不同的类型。
	债券发行与交易	债券发行的方式有：定向发行、承购包销、招标发行。 债券的发行价格可以分为：平价发行、溢价发行和折价发行。 债券流通市场一般可以分为场内交易市场和场外交易市场。证券交易所与柜台交易市场的债券交易程序是有区别的。债券的交易形式主要有现货交易、期货交易、期权交易、信用交易和回购协议交易等。
	债券收益与价格	债券收益率是债券收益与本金的比率，通常用年利率表示。债券的收益率通常有票面收益率、直接收益率、持有期收益率、到期收益率。 债券的价格包括内在价值和市场交易价格。债券的内在价值等于其预期的现金流现值。市场交易价格是债券在市场交易中的挂牌价格。
	债券投资策略	债券投资的原则有：收益性原则、安全性原则、流动性原则。债券投资应考虑的主要问题有：债券的品种、债券的投资渠道、债券的投资时机。 债券投资的策略有：组合策略、消极策略和积极策略。组合策略有品种组合策略、期限组合策略、不同公司债券的组合策略。消极策略主要有购买持有法和债券指数法。积极策略主要有利率预测法、替代互换、市场间利差互换、纯收益率增长互换、价值分析和信用分析法几种。

思考题

一、单选题

1. 债券的票面价值的含义除了票面金额还包括(　　)。
   A. 债券的偿还期限　　　　　　　　B. 债券的票面利率
   C. 债券的票面币种　　　　　　　　D. 债券的发行者
2. 债券的市场价格和市场利率的关系是(　　)。

A. 正向关关系 B. 负相关关系
C. 无关系 D. 因宏观经济状况而定
3. 影响债券价格的主要的两个因素，除了债券的供求关系外还有(   )。
   A. 汇率的变化 B. 货币供给量
   C. 财政收支状况 D. 市场利率
4. 债券到期不能还本付息，属于债券的(   )。
   A. 利率风险　　B. 信用风险　　C. 汇率风险　　D. 流动性风险
5. 下面证券中流动性风险最小的是(   )。
   A. 商业票据　　B. 公司债券　　C. 政府债券　　D. 企业股票

二、填空题

1. 债券的基本要素主要有＿＿＿、＿＿＿、＿＿＿和＿＿＿。
2. 债券发行的方式有＿＿＿、＿＿＿、＿＿＿。
3. 影响债券收益率的因素有＿＿＿、＿＿＿和＿＿＿。
4. 债券投资应考虑＿＿＿、＿＿＿和＿＿＿。

三、问答题

1. 简述债券的含义及特征。
2. 债券的交易形式主要有哪些？
3. 影响债券价格的因素有哪些？
4. 试述债券特征策略。

四、论述题

应如何防范债券投资的风险。

第九章

房地产投资计划

本章精粹：

- 房地产的含义
- 房地产价格的影响因素
- 房地产投资规划流程
- 租房与购房的决策方法

越来越多的人已经意识到，存钱已不是使钞票保值增值的最佳选择了。于是，有人走进股市，但股市充满风险；有人炒起了外汇，但那需要相当强的专业知识。如果你既想赚钱又不想冒太大风险，那么，可以考虑投资房地产。本章主要介绍了房地产的基本知识，以期解决这方面投资的相关问题。

案例导入 租房还是买房

吴女士一家住在北京通州区，她的儿子考上了人大附中，可是由于学校宿舍比较紧张，不能住校，回家住又很不方便，于是吴女士打算在学校周边买套房或租房。目前对于租还是买，在什么区域租房、买房，吴女士还拿不定主意。

核心概念

房地产　价格　投资规划　购房　租房

第一节　房地产概述

一、房地产的基本含义

(一)房地产的概念

房地产是房产和地产的合称。地产是指购买土地使用权的开发投资；房产是指物业建成后的置业投资。对个人投资者来说，所说的房地产一般是指房产。家庭购买房产的目的一般有两个：一是自己居住；二是获得预期收益。前者是消费行为，后者是投资行为。在现实生活中，自住和投资并不是区分得很严格，有时自住房产也可作为投资对象，如出租、出售等；同样，投资性的房产也可自住(如在出售前)。

(二)房地产的类型

1. 按照性质分类

按照性质分类，房地产主要分为以下几种。
(1) 商品房。商品房是指由房地产开发企业开发建设并出售、出租的房屋。
(2) 房改房。房改房是指城镇职工根据国家和县级以上地方人民政府有关城镇住房制度改革政策规定，按照成本价或者标准价购买的已建公有住房。按照成本价购买的，房屋所有权归职工个人所有；按照标准价购买的，职工拥有部分房屋所有权，一般在 5 年后归职工个人所有。

(3) 解困房。解困房是指各级地方政府为解决本地城镇居民中特别困难户、困难户和拥挤户住房问题而专门修建的住房。

(4) 安居房。安居房是指直接以成本价向城镇居民中低收入家庭出售的住房，优先出售给无房户、危房户和住房困难户，在同等条件下优先出售给离退休职工、教师中的住房困难户，不售给高收入家庭。

(5) 廉租房。廉租房是指政府和单位在住房领域实施社会保障职能，向具有城镇常住居民户口的最低收入家庭提供的租金相对低廉的普通住房。

(6) 经济适用房。经济适用房是指根据国家经济适用住房建设计划安排建设的住宅。由国家统一制定计划，用地一般实行行政划拨的方式，免收土地出让金，对各种经批准的收费实行减半征收，出售价格实行政府指导价，按保本微利的原则确定。

【小资料】

保障性安居工程

我国保障性安居工程主要分为三大类：第一类是城市廉租住房、经济适用住房；第二类是"非城非乡"的煤矿、林区棚户区和垦区危旧房改造；第三类是农村危房改造、游牧民定居工程。

2. 按照取得的时间分类

按照取得的时间分类，房地产主要分为以下几种。

(1) 期房。期房是指从开发商取得《商品房预售许可证》可以公开发售开始，直至取得《房地产权证》之前的商品房。期房一般没有整体竣工，购房者在购买期房时签订的是《商品房预售合同》，购买后一般需要等待一段时间后才能入住。

(2) 现房。现房是指开发商已办妥所售项目的《房地产权证》的商品房。现房必须是整体竣工并通过验收，购房者在购买现房时签订《商品房买卖合同》，购买后即可入住。

【小资料】《商品房预售许可证》

商品房预售实行许可证制度。开发企业进行商品房预售，应当向房地产管理部门申请预售许可，取得《商品房预售许可证》。未取得《商品房预售许可证》的，不得进行商品房预售。

二、房地产的特性

1. 固定性

由于土地具有不可移动性，所有的房产，不论其外形如何、性能怎样、用途是什么，都只能固定在一定的地方，无法随便移动其位置。房地产的固定性可以从三个方面来理解，即自然地理位置的固定性、交通位置和社会经济位置的相对固定性。由于房地产自然地理位置的固定性，使得房地产的开发、经营等一系列经济活动都必须就地进行，从而使房地产具有区域性的特点。

2. 异质性

由于每一栋房屋都会因用途、结构、材料和面积以及建造的地点、时间和气候条件等的不同而产生诸多的相异之处，因此，在经济上不可能出现大量供应同一房地产的情况，这就是房地产的异质性。房地产的异质性产生了房地产投资的级差效益性，即地域的不同决定了房地产的价格的不同。例如，处于一个城市市区的房地产，其价格就远远高于郊区的房地产。即使在市区，也会因离市中心的远近、人口的密集程度、文化教育的发展程度等不同而不同，黄金地段的房地产价格必然昂贵。

3. 有限性

土地自然供给的绝对有限性决定了房地产供给的有限性。虽然人类可以不断地改变和提高土地利用的技术，如移山填海、提高容积率、利用地下空间等方法来改变土地用途和利用强度，但这并不能有效地增加土地面积总量。土地面积总量的一定性，使得附着于土地的房屋等建筑物不能无限地发展和扩张。

【小资料】

容 积 率

容积率是指在城市规划区的某一宗地内，房屋的地上总建筑面积与宗地面积的比值，分为实际容积率和规划容积率两种。通常所说的容积率是指规划容积率，即宗地内规划允许地上总建筑面积与宗地面积的比值。容积率的大小反映了土地利用强度及其利用效益的高低，也反映了地价水平的差异。因此，容积率是城市规划管理中所采用的一项重要指标，也是从微观上影响地价最重要的因素。

4. 耐久性

一般认为，作为有形资产和合法权益的载体的土地成分是不可毁灭的。土地可能被开采、腐蚀、淹没或者荒废，但是在地球表面上指定的位置是永远存在的。同时，土地在正常情形下是不会损坏的，它具有永恒的使用价值。土地上的建筑物一经建成，只要不是天灾人祸或人为的损坏，其使用期限一般都可达数十年甚至上百年。因此，房地产具有比一般的商品更长久的使用期限。

5. 可分割性

所有权是法定权力的结合体，它包括占有权、使用权、受益权和处置权。在必要及法律许可的情况下，所有权中的这些权利可以分别出售或转让给不同的生产者和消费者。例如，当国家将土地使用权以一定的方式赋予土地使用者时，其法律意义不仅仅是土地所有权和使用权的分离，而是将土地使用权的一部分有条件地转让了。根据《中华人民共和国城镇土地使用权出让和转让条例》的有关规定，土地使用者合法得到的土地使用权可以依法出售、交换、赠与、出租和抵押。这意味着土地使用者在获得土地使用权的同时，也获得了该土地的部分处置权。同时，土地使用者通过这些处置行为又可得到经济和非经济上的利益，从而享有一定的受益权。

6. 保值增值性

房地产的保值性是指投入到房地产领域的资金的增值速度能抵消货币的贬值速度，或者说将资金投入到某宗房地产一段时间后所收回的资金，可保证完全能够买到当初的投资额可以购买到的同等的商品和服务。由于土地是不可再生的自然资源，而随着社会的发展、人口的不断增长，经济的发展和对土地需求的日益扩大，建筑成本的提高，房地产价格总的趋势是不断上涨，从而使房地产有着保值和增值的特性。

三、房地产投资的方式

房地产投资是以获取期望收益为目的，将货币资本投入房地产开发、经营、中介服务和房地产金融资产的经营活动。目前，房地产市场上出现的投资方式归纳起来大致可分为两类：一类是房地产实物投资；另一类是房地产金融投资。

(一)房地产实物投资

1. 直接购房

投资者用现款或分期付款的方式向房主或房地产开发商直接购置房屋，可自住，也可出租或出售。这是一种传统的投资方式，也是迄今为止房地产投资者最常用的一种方式。当然，根据风险与收益对称的原理，投资者在可能获取较高收益的同时也面临较大的风险。如果投资者完全用自有资金买房，若房屋不能及时变现，投入的资金就被套牢，如果是通过贷款支付房款，就背上了长期支付利息的包袱。

2. 以租代购

开发商将闲置待售的商品房出租给租户，并签订购租合同，租户可在一定期限内购买此房，并以租金抵销部分房款。这种方式不需交纳首付款，即住即付，每月交纳一定的租金即可入住新居。对于中低收入家庭而言，通过这种投资方式购买住房是一种比较好的选择。对希望购买住房的人们而言，通过在租期内亲自入住有利于及时发现住房质量问题，待感到满意时再购买，可避免因住房质量问题自找麻烦，使投资受损失。

3. 以租养贷

投资者先付首期房款(一般是全部房款的 20%～30%)，其余部分通过银行贷款解决。然后出租此房屋，用租金来偿还贷款，贷款还清后将完全拥有此套房屋。此种方式花费少量的资金即可拥有自己的房屋，同时又没有长期的还款负担，适合当前已有相当大数量资金、但以后收入可能不稳定的家庭。

4. 买"楼花"

买"楼花"即投资者购买预建的楼盘，只需支付房款的 10%，待到建成一半时，再支付 10%，当房屋完全建成交付使用时，再交纳余下的房款。这种投资方式的好处之一是资金成本较低，首期付款只为楼价的 10%；其次是利润高，楼价只要上涨 10%，与所付的首期相比，资本报酬率可高达 100%。当然，买"楼花"也有较大风险，其中主要是来自市场方面的风险。从购买"楼花"到房屋建成一般需要 2～3 年，这期间房地产市场很难预料，因此，洞悉住房价格的走势是这种投资方式成功的前提。

(二)房地产金融投资

1. 房地产投资券

房地产投资券是由房地产开发公司发行的一种债券。与住房实物投资不同，购买了房地产投资券的投资者不是通过出租或出售住房而获利，而是在投资券到期清盘时，由房地产开发公司与其结清本息。其特点是：流动性较好、收益稳定。

2. 房地产证券

房地产证券是指将房地产按价值单元分割成小的单位，每一单位都是具有一定价值的所有权凭证。它与普通股票有相似之处，都表明拥有所投资金的产权，但是对中小投资者而言，购买股票只能通过变现获利，不可能真正成为公司的一员，而房地产的使用性决定了房地产证券的持有者既可在其升值时将其变现，又可根据个人需要按约定价格购买房产，真可谓一举两得。

由于目前我国房地产金融投资还处于研讨和摸索阶段，所以本章讨论的房地产投资主要指实物投资。

四、房地产投资的风险

投资的风险是指投资收益的不确定性，房地产投资与其他的投资一样具有投资风险。具体地说，房地产投资面临的风险主要有以下几种。

1. 流动性风险

房地产是一种比较特殊的商品，它不能移动和运输，属于不动产。因此，投资于房地产项目中的资金流动性差，变现性也差，不像其他商品那样，可以轻松脱手，容易收回资金。另外，房地产企业从获得土地使用权到开发建设房屋，最后向客户出售或出租，这一过程需要很长时间，有的甚至需要几年。投资者如果急需用钱，不能像其他商品的投资一样，能迅速地将商品转手变现。由于房地产存在这种不动产及买卖具有区域固定性的特征，因此，房地产投资者应该注意流动性及变现性差所带来的风险。

2. 购买力风险

由于房地产建设周期较长，占用资金又较多，因此，投资房地产还需要承担经济周期性变动所带来的购买力下降的风险。当整个社会经济出现繁荣景象时，需求的增长将促进房地产保值并有一定幅度的增值；当整个社会经济出现萧条或通货膨胀时，房地产本身也不会因此而大幅度贬值，投资于房地产的资金还仍然能够起到保值的作用。但由于社会整体受到通货膨胀的冲击和影响，同样数量的货币能够购买的商品数量，可能已远不如通货膨胀之前，无形之中，使得人们的购买力水平明显下降，这一下降就会直接影响到人们对房地产的消费水平。这样，虽然房地产本身能保值，但由于人们已降低了对它的消费需求，也会导致房地产投资者因房地产闲置和无人问津等因素遭受一定的损失。

3. 市场风险

任何国家的房地产都会受到社会经济发展趋势和国家相关政策的影响，如果经济繁荣，政策鼓励支持，则房地产价格看涨；相反，则会看跌。因此，对投资者来说，这些因素是应该充分考虑的，若投资者不注意经济形势和宏观政策形势的变化，很可能遭受跌价带来的巨额损失。

4. 交易风险

目前，我国的房地产市场还是一个不充分的市场，其特征就是缺乏信息，许多房地产的交易和定价是悄悄进行的，这种交易行为往往忽视它们涉及的法律条文、城市规划、税费等规定。由于投资者对交易过程中的诸多细节了解不详尽，有可能造成不必要的损失。例如，投资者购置一套住宅，由于在房屋的上、下水管道和结构上存在风险，不管是自用还是出租，都会使投资者承受一定的风险，甚至遭到巨大的损失。另外，房地产商品不同于一般的商品，即使是外形、尺寸、年代、风格、建筑标准或任何方面都相同的建筑，只要建设位置不同，其价值就将有很大差异，这种特征也是一个投资者需要注意的不确定因素。所以投资者在投资房地产时，一定要注意不同位置上同一类房屋价格的差距，以免遭受损失。

5. 自然风险

房地产投资者还要承担自然灾害等人力不可抗拒因素所带来的风险，如地震、洪涝、飓风等自然现象都会使投资者遭受损失。这种风险虽不常发生，但一旦发生，所带来的危害是巨大的，投资者在心理上应有所准备。

第二节　房地产价格的构成及影响因素

一、房地产价格的构成

房地产价格是房屋建筑物价格和地产价格的统一，是开发、建设、经营房地产过程中，所耗费的全部社会必要劳动所形成的价值与地租资本化价格的综合性货币表现。因此，在房地产价格的构成中，有一部分来源于土地开发和房屋建造安装所形成的价值，另一部分来源于土地租赁的资本化收入。

(一)房地产价格构成的基本要素

1. 土地价格或使用费

土地所有权转让或使用权出让的价格在房地产中占很大的比重，它主要取决于土地的地理位置、用途、使用时间、建筑容积率、建筑安装造价等因素。一般而言，地价在房地产价格中所占的比重随着地价的上涨和房屋的陈旧而相应的提高，随着容积率和建筑安装造价的增加而下降。

2. 房屋建筑成本

房屋建筑成本主要包括土地开发费、勘察设计费、动迁用房建筑安装工程费、房屋建筑安装工程费、管理费和贷款利息等。其中，土地开发费主要包括临时房屋搭建费、自行过渡补贴费、临时接水、电、煤气和平整土地费等；管理费主要是指房屋建设中支付的各项管理费用，包括职工工资、办公费、差旅费、车辆使用费和广告费等。

3. 税金

税金主要包括营业税、企业所得税、房产税、土地使用税、印花税、土地增值税、契税、城市维护建设税等。这部分税种和税率经常调整，因此，不同时期的税种和税率往往不同。

4. 利润

房地产开发企业作为一个相对独立的利益主体，其开发经营目标也和其他利益主体一样，追求利润最大化，因此，利润也就成了房地产价格不可或缺的一部分。

(二)房地产价格构成的其他要素

房地产价格的构成除了上述四大基本要素之外，还有其他一些次要要素。如房屋装修费，建筑地段、楼层和朝向差价、房屋的折价和完好程度、房屋附属设施的完备程度等，这些因素在一定程度上也构成了房地产的价格。

1. 房屋装修费

随着房屋装修的普及，人们的房屋装修标准也日益提高，房屋装修成为房地产价格的重要构成要素。

2. 建筑地段、楼层和朝向差价

地段差价是指同一地区的同类房地产，由于所处地段不同而引起的价格差异。楼层差价是根据高层或多层房屋的间距、总层数、提升工具、光照时间等具体情况的差异而引起的价格差异。朝向差价是根据当地的气候、主风向、光照以及当地人们生活习惯等确定的房屋朝向差价。

3. 房屋的折旧和完好程度

房屋的折旧主要是指因时间的因素所造成的房屋价值的降低。房屋的完好程度主要是指在具体的使用过程中，由于使用方法不同而造成的相同房屋的不等量磨损程度。在具体的操作中，可以根据房屋的自然损耗、房屋维修和保养情况来确定房屋完损的等级。

二、房地产价格的影响因素

房地产价格受多种因素的影响，根据各种影响房地产价格因素自身的性质，可以将其分为经济因素、社会因素、行政因素、自然因素和其他因素。

1. 经济因素

经济因素对房地产价格的影响是多方面的，而且较为复杂，各种经济因素影响的程度和范围也不尽相同。影响房地产价格的经济因素主要有供求状况、物价水平和利率水平等。

1) 供求状况

房地产的供求状况是国民经济发展的重要反映，无论是供过于求还是供不应求，都不利于国民经济的发展和人民生活条件的改善。供求关系的平衡状况直接影响价格的变动和走势，从而促使市场趋于供求均衡的状态。

2) 物价水平

房地产的物价水平是整个社会物价水平的组成部分，社会物价水平的变动将直接影响货币的实际购买力状况和人们对商品的需求，并进而影响到房地产价格。

3) 利率水平

房地产的利率水平是资金的使用成本的反映，利率的上升不仅带来房地产开发成本的提高，也将提高房地产投资者的机会成本，进而降低房地产的社会需求，导致房地产价格的下降。但是，这种影响并不是一个必然的规律，房地产的价格是受多种因素的影响，在市场投机状况严重或者利率水平较低的情况下，利率的上升并不必然使房地产价格下降。

2. 社会因素

影响房地产价格的社会因素主要有社会治安状况、居民法律意识、人口因素、风俗习惯、投机状况和社会偏好等多个方面。

1) 社会治安状况

社会治安状况直接影响到居民人身安全及财产的保障问题，从而对房地产的需求产生推动或抑制的作用。

2) 居民法律意识

居民法律意识是指居民遵纪守法的自觉程度，这主要和居民的素质有密切关系。例如，一些开发商为了促进房地产的销售就打出教授住宅区等宣传口号来吸引投资者的购买。

3) 人口因素

人口因素包括人口密度、人口素质和家庭规模等相关内容，房地产的需求主体是人，因此人口因素对房地产的价格至关重要。人口数量与房地产价格呈正相关。随着外来人口或流动人口的增加，房地产的需求也会上升。人口数量的衡量指标是人口密度。人口密度对房地产价格的影响是双向的：一方面，人口密度有可能刺激商业、服务业等产业的发展，提高房地产的价格；另一方面，人口密度过高造成生活环境恶化，有可能降低房地产价格，特别是在大量低收入者涌入某一地区的情况下会出现这种现象。

4) 风俗习惯

在风俗习惯方面，一些地区的居民有"看风水"的习惯，凡是被"风水先生"判定为好的房产，购买者往往愿意支付高于正常水平的价格进行购买，否则，即使价格很低也有可能销售不出去。

5) 投机状况

房地产投机是建立在对未来房地产价格预期的基础上的。当房地产价格节节上升时，那些预计房地产价格还会进一步上涨的投机者纷纷抢购，哄抬价格，造成一种虚假需求，无疑会促使房地产价格进一步上涨。而当情况相反时，那些预计房地产价格还会进一步下跌的投机者纷纷抛售房地产，则会促使房地产价格进一步下跌。另外，当投机者判断失误，或者被过度的热烈(乐观)或恐慌(悲观)的气氛或心理所驱使时，也可能造成房地产价格的剧烈波动。

6) 社会偏好

对于买房还是租房，国与国之间，随国情的不同有很大差异。而在买房时，不同收入、年龄、职业的人群对交通、小区环境、配套设施、房型、价格、区域、楼型、学区、开发商和物业等关注程度又有所不同。

社会因素对房地产价格的影响具有多方面、复杂性和综合性等特征，它的作用方式不如经济因素那样直截了当，作用过程也比较长，是一种渗透性的影响。

3. 行政因素

影响房地产价格的行政因素，是指影响房地产价格的制度、政策、法规等方面的因素，包括土地制度、住房制度、城市规划、税收政策与市政管理等方面。土地制度明确了土地的使用权、所有权和限转期限等方面的内容，对房地产的价格将产生直接的影响。我国住房制度的改革，使住宅走向社会化、市场化和商品化，从而推动了房地产价格的市场回归，而经济适用房制度、安居工程等又对房地产的价格起到了调节的作用。城市规划中确定的地块的规定用途、容积率、覆盖率等指标对房地产价格也有很大的影响。税收政策直接影响了房地产开发、购置和投资的成本，从而对房地产的供给和需求价格产生双向的影响。此外，市政设施的配套程度和管理水平也将直接影响房地产的环境水平，并进而影响到房地产的价格。

【小资料】

哪些房地产不能转让？

根据《中华人民共和国城市房地产管理法》的规定，下列房地产不得转让：①以出让方式取得土地使用权的，没有按约定支付全部土地使用权出让金并取得土地使用权证书，或者没有按照出让合同的约定进行投资开发的；②司法机关和行政机关依法裁定、决定查封或者以其他形式限制房地产权利的；③依法收回土地使用权的；④共有房地产，未经其他共有人书面同意的；⑤权属有争议的；⑥未依法登记领取权属证书的；⑦法律、行政法规规定禁止转让的其他情形。

4. 自然因素

自然因素主要是指房地产所处的位置、地质、地势、气候条件和环境质量等因素。房地产所处的位置是房地产区位的反映，位置的优劣直接影响房地产所有者或使用者的经济效益、社会影响和生活的满足程度。

房地产业有一句名言："第一是地段，第二是地段，第三还是地段。"地段的好与差决定了楼价的高低。地段是决定物业能否保值、升值的关键因素之一。一般而言，居住用房地产的价格通常与周围环境、交通状况及距市中心的远近程度有密切的关系。商业用房地产的区位优劣则主要看其繁华程度及临街状况。房地产中的地段并不是一个简单的空间位置概念，它不单单指房地产的自然地理位置，更多的是指房地产的经济地理位置、环境地理位置和文化地理位置，或者说是它们的综合。我们说一宗土地、一幢房屋地段好，不仅是因为它位处城市中心，更主要的是因为该地段商业繁荣、交通便利、生活服务及文化娱乐配套设施完善等；同样，地段不好，也不是因为该房屋(土地)位处偏远，更主要的是因为经济欠发达、交通不方便、缺少生活服务及文化娱乐设施等。此外，地段是发展变化的。地段的好坏优劣是城市在长期发展中形成的，是地理条件及经济、文化、社会等多种因素相互影响、共同作用的结果，必将随着城市经济、文化、人口、市政基础设施等的发展变化而变化。自然环境的改变、经济水平的不均衡发展、社会环境的变迁、人口的迁移、市政基础的改变等都会导致地段等级的升降。

交通状况对房地产价格的影响也是非常重要的，它包括区外交通和区内交通两个方面。交通方便，社区才有发展空间，也才有升值空间。在区外交通方面，应主要考虑小区出入是否方便，公共交通网络是否发达，交通网络与住宅区的相连是否合理、方便，未来市政发展是否有利于此处交通的改善等。居住区内交通分为人车分流和人车混行两类。目前作为楼盘卖点的"人车分流"，即汽车在小区外直接进入小区地下车库，车行与步行互不干扰，因小区内没有汽车穿行、停放、噪音的干扰，小区内步行道兼有休闲功能，可大大提高小区环境质量，但这种方式造价较高。人车混行的小区要考察区内主路是否设计得"通而不畅"以防过境车流对小区的干扰。是否留够了汽车的泊位，停车位的位置是否合理，一般的原则是露天停放的汽车尽量不进住宅片区，停车场若不得不靠近住宅，应尽量靠近山墙而不是住宅正面。

5. 其他因素

除了前述的几种影响因素外，房地产的价格还受住房质量、开发商实力、房型设计、市政配套等因素的影响。

1) 住房质量和开发商实力

建筑质量和装修标准是物业的内在品质。建筑方面主要考察建筑商是否拥有相应的施工资质，是否是国内外知名企业等。在装修上则要考察大堂、过道、外墙、窗、电梯的档次、质量是否达到一定的标准。

开发商的实力、信誉是一个项目成功与否的关键。投资者应该着重考察的是开发商是否是国内外知名企业，在国内外曾成功开发过哪些项目，特别要考察的是开发商的承诺可兑现性有多大，信誉有多高。对开发商实力的考察，综合起来要看七证：开发商的营业执照、国有土地使用证、建设规划许可证、建设开工许可证、预售许可证、销售许可证和银行按揭协议书。

2) 房型设计

优质的房型一方面讲究实用性与美观性兼顾，不仅满足自住更能兼顾出租的需要；另一方面也讲究房型设计的超前性，能适应未来家庭结构的变化。

3) 市政配套

齐全的市政配套是生活的保障。市政配套功能是否齐全，能否到位，能否在近、远期符合需求，居住区内配套公建是否方便合理，是衡量居住区质量的重要标准之一。

此外，房屋的朝向、楼层、住户档次和周边文化环境等都是影响房价的因素。好的朝向及楼层不仅决定了室内的采光、风景及通风条件，更与楼价及有无升值潜力有着密切的关系。周边文化氛围主要考察小区周围的学校和其他文化设施，以及该地区未来发展是否有利于改善其文化水平的档次。

第三节 房地产投资规划

一、房地产投资规划的重要性

"衣、食、住、行"是人们生活最基本的四大需求,其中"住"又是所需金额最大的一项。在个人理财规划中与"住"相应的就是房地产规划。

随着我国住房政策从福利分房向货币分房转化,以及按揭购房的普遍推广,人们对住房的选择更加灵活多样,住房支出在个人或家庭支出的比重也越来越大。购房首付款及贷款偿还,对人们未来生活水平的影响深远,只有事先进行规划,才不至于陷入购房困境。

1. 可以迫使个人或家庭有目的地储蓄

随着成家立业,人们更愿意结束居无定所的生活,因此购房与教育、退休等其他规划相比,可供准备的时间最短,在短期内为购房而储蓄的压力也最重。个人或家庭如果能在购房前几年就制订计划,并有目的地进行储蓄以及投资,未来购房款项的支付也就更轻松。

2. 可以科学地选择合适的住房

要做出是否买房、买房的价位和区域选择等决策,就必须有细致而周全的规划。如果一味追求豪华、舒适、大面积的房子,而不考虑未来的支付能力或其他因素(如教育、交通等条件),必将给未来生活带来极大的财务风险或困扰。尤其是当房贷、教育等各项重大支出同时存在时,家庭极有可能陷入财务困境。

3. 可以合理地选择贷款计划

只有事先规划购房现金流量,才能确定是否能够如数归还银行贷款,并据此做出还贷方式、贷款年限的决策,使偿还贷款更加轻松、自如。

二、房地产投资规划的流程

个人房地产投资规划在很大程度上就是根据自己的居住需求进行购房或者租房的决策。居住需求主要取决于两个因素:一是空间需求,主要受家庭人口数量影响;二是环境需求,主要受到生活品质要求影响。满足居住需求的途径是租房或购房,在进行租房和购房决策时,主要考虑房租增长率、房价增长率、居住年数、利率水平、负债能力等。如果租房更合算,则选择租房;如果决定购房,则要根据房屋所处区位、类别、户型、大小、用途等进行选择,并考虑首付款和贷款的承受能力。个人房地产投资规划的流程如图9-1所示。

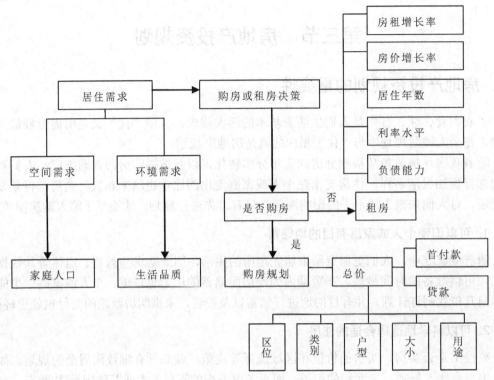

图9-1 个人房地产投资规划流程图

三、租房与购房决策

(一)租房与购房的比较

在决定居住的决策时,租房还是购房是一个基本的选择。投资者可以通过多种因素的对比来解决这个问题。租房与购房各自的优缺点如表9-1所示。

表9-1 租房与购房选择的比较

	优 点	缺 点
租公寓房	方便迁移、灵活 不需负维修责任 财务负担较小	没有自己的产业 无法重新布置 房租可能提高
租别墅房	居住环境好 财务负担相对较小 方便迁移、灵活 不需负维修责任	没有自己的产业 比公寓房使用费用高 重新布置受限制

续表

	优 点	缺 点
购新房	崭新，以前无人住 拥有自己的产业 抵抗通货膨胀，保值增值 可按自己的意愿进行布置	财务负担大 需要维修费用 迁移受限制
购二手房	拥有自己的产业 价格比新房低 选择余地大 周围配套环境成熟	有财务负担 维修费用较高 设施陈旧 迁移受限制

(二)租房与购房的决策方法

租房与购房何者更加划算，涉及拥有自己房产的心理效用和对未来房价的预期。因购房者可期待房地产增值的利益，而租房者只能期待房东不要随时调涨房租，所以当一个标的物可租可售时，不同的人可能会在租与购之间做不同的选择。租房与购房应该如何选择，我们可以用年成本法与净现值法等方法来计算。

1. 年成本法

购房年成本主要体现在购房首付款的机会成本、房屋贷款的利息成本和因房屋而产生的税费、每年的维修费用等方面。而租房的年成本主要体现在每年的房租和押金占款的机会成本上。购房年成本与租房年成本的计算公式为

购房年成本=首付款×存款利率+贷款余额×贷款利率+年维修及税收费用

租房年成本=房屋押金×存款利率+年租金

【案例点击】

王小姐最近看上了一套位于北京朝阳某小区的二手房，面积80平方米。该房可租可售。如果租的话，房租每月3千元，押金1万元。而购买的总价是70万元，王小姐可以支付30万元的首付款，另外40万元拟采用5.51%的商业贷款利率向某银行贷款。另外，购买二手房需要较多的税费支出和装修费用，这些税费如果按年平摊，大约每年5000元。王小姐应该租房还是买房？(王小姐的年平均投资回报率是4%)

【点石成金】

分析结果如下：

王小姐租房年成本=10 000×4% + 3000×12 = 36 400(元)

王小姐购房年成本=300 000×4% + 400 000×5.51% + 5000 = 37 400(元)

计算表明，租房年成本36 400元 < 购房年成本37 400元，因此租房更划算。

到底是租房还是购房,除了考虑年成本外,还需要结合以下因素综合比较。

(1) 未来房租的调整。如果预计未来房租将向上调整,则租房年成本将随之增加。

(2) 购房后总价固定,但随着还款额度的增加,本金的机会成本将下降,因此购房年成本将逐年下降。

(3) 房价趋势。如果未来房价看涨,那么未来出售房屋的资本利得能在一定程度上弥补居住时的成本。

(4) 利率高低。利率越低,购房的成本也越低,购房会相对划算;反之,则租房划算。

2. 净现值法

净现值法是在一个固定区间内,将因租房或购房而发生的现金流量折现,现值较高者更划算。净现值的计算公式为

$$NPV = \sum_{t=0}^{n} \frac{CF_t}{(1+i)^t}$$

式中:NPV 为净现值;t 为时期数;CF_t 为各期的净现金流;i 为折现率。

【案例点击】

张先生最近看上了一套位于上海某小区的房子,该房可租可售。如果租,房租每月 3 千元,租期 4 年,押金 1 万元,预计房租每年调涨 100 元。如果购买,总价是 70 万元,张先生可以支付 30 万元的首付款,另外 40 万元拟采用 6%的商业贷款利率向某银行贷款,贷款 15 年,本利等额摊还;购买该房的税费及装修费共需 100 000 元,张先生估计居住 4 年后仍能按原价出售。张先生应该租房还是买房?(张先生的年平均投资回报率是 4%)

张先生租房的净现金流量现值计算,如表 9-2 所示。

表 9-2 张先生租房的现金流量表 单位:元

第一年	净现金流	现值	第二年	净现金流	现值	第三年	净现金流	现值	第四年	净现金流	现值
CF_0	-13000	-13000	CF_{12}	-3100	-2979	CF_{24}	-3200	-2954	CF_{36}	-3300	-2927
CF_1	-3000	-2990	CF_{13}	-3100	-2969	CF_{25}	-3200	-2945	CF_{37}	-3300	-2918
CF_2	-3000	-2980	CF_{14}	-3100	-2959	CF_{26}	-3200	-2935	CF_{38}	-3300	-2908
CF_3	-3000	-2970	CF_{15}	-3100	-2949	CF_{27}	-3200	-2925	CF_{39}	-3300	-2898
CF_4	-3000	-2960	CF_{16}	-3100	-2939	CF_{28}	-3200	-2915	CF_{40}	-3300	-2889
CF_5	-3000	-2950	CF_{17}	-3100	-2929	CF_{29}	-3200	-2906	CF_{41}	-3300	-2879
CF_6	-3000	-2941	CF_{18}	-3100	-2920	CF_{30}	-3200	-2896	CF_{42}	-3300	-2870
CF_7	-3000	-2931	CF_{19}	-3100	-2910	CF_{31}	-3200	-2886	CF_{43}	-3300	-2860
CF_8	-3000	-2921	CF_{20}	-3100	-2900	CF_{32}	-3200	-2877	CF_{44}	-3300	-2851
CF_9	-3000	-2911	CF_{21}	-3100	-2891	CF_{33}	-3200	-2867	CF_{45}	-3300	-2841
CF_{10}	-3000	-2902	CF_{22}	-3100	-2881	CF_{34}	-3200	-2858	CF_{46}	-3300	-2832
CF_{11}	-3000	-2892	CF_{23}	-3100	-2872	CF_{35}	-3200	-2848	CF_{47}	-3300	-2822
									CF_{48}	10000	8190

注:折现率 i 为:4%÷12≈0.33%(用月租金计算时,折现率必须换算成月利率)。

$$\text{NPV}_{租房} = \sum_{t=0}^{48} \frac{CF_t}{(1+0.33\%)^t} \approx -141\,229(元)$$

张先生购房的净现金流量现值计算，如表9-3所示。

表9-3 张先生购房的现金流量表 单位：元

第一年	净现金流	现值	第二年	净现金流	现值	第三年	净现金流	现值	第四年	净现金流	现值
CF_0	-400000	-400000									
CF_1	-3375	-3364	CF_{13}	-3375	-3232	CF_{25}	-3375	-3106	CF_{37}	-3375	-2984
CF_2	-3375	-3353	CF_{14}	-3375	-3221	CF_{26}	-3375	-3095	CF_{38}	-3375	-2974
CF_3	-3375	-3341	CF_{15}	-3375	-3211	CF_{27}	-3375	-3085	CF_{39}	-3375	-2964
CF_4	-3375	-3330	CF_{16}	-3375	-3200	CF_{28}	-3375	-3075	CF_{40}	-3375	-2954
CF_5	-3375	-3319	CF_{17}	-3375	-3189	CF_{29}	-3375	-3065	CF_{41}	-3375	-2945
CF_6	-3375	-3308	CF_{18}	-3375	-3179	CF_{30}	-3375	-3054	CF_{42}	-3375	-2935
CF_7	-3375	-3297	CF_{19}	-3375	-3168	CF_{31}	-3375	-3044	CF_{43}	-3375	-2925
CF_8	-3375	-3286	CF_{20}	-3375	-3158	CF_{32}	-3375	-3034	CF_{44}	-3375	-2915
CF_9	-3375	-3275	CF_{21}	-3375	-3147	CF_{33}	-3375	-3024	CF_{45}	-3375	-2906
CF_{10}	-3375	-3265	CF_{22}	-3375	-3137	CF_{34}	-3375	-3014	CF_{46}	-3375	-2896
CF_{11}	-3375	-3254	CF_{23}	-3375	-3126	CF_{35}	-3375	-3004	CF_{47}	-3375	-2886
CF_{12}	-3375	-3243	CF_{24}	-3375	-3116	CF_{36}	-3375	-2994	CF_{48}	371033	316258

注：折现率 i 为：4%÷12≈0.33%。

张先生的贷款年利率为6%，15年房贷每月本利平均摊还：

月还款额= 400 000元 ÷ 普通年金现值系数(n=180 期，i=6%÷12=0.5%)=3375(元)

张先生 4 年后房贷余额=3375 × 普通年金现值系数(n=132 期，i=0.5%)=325 592(元)

4 年后将卖房收入 700 000 元偿还房贷余额 325 592 元，还剩 374 408 元。

$$\text{NPV}_{购房} = \sum_{t=0}^{48} \frac{CF_t}{(1+0.33\%)^t} \approx -230\,340(元)$$

可见，租房净现值-141 229 元>购房净现值-230 340 元，张先生租房更划算。

使用净现值法时，居住年数的长短影响很大。如果不打算在一个地方居住太久，租房往往比购房更划算些，纵使房租会上涨，但购房的利息负担、房屋的交易成本及装修费用都比较大，在短期内期待房价飙升也是不切实际的。但预期在一个地方居住的时间较长，用净现值法计算，购房往往比租房划算些。

四、购房规划

如果决定购房，则应该考虑的首要问题是衡量自己的负担能力，然后还要考虑购房所要支付的相关税费。

(一)衡量自己的负担能力

就理财的范围而言，购房规划最重要的就是按照自己的经济能力确定购房目标和制订切实可行的付款计划。衡量自己的经济负担能力的方式包括以下两种。

1. 以储蓄及还贷能力估算负担得起的房屋总价

可负担首付款=目前年收入×年收入中可负担首付比率上限×年金终值系数
　　　　　　+目前净资产×复利终值系数

年金终值系数 = $\dfrac{(1+r)^n - 1}{r}$　(n=离买房年数，r=投资报酬率)

复利终值系数 = $(1+r)^n$　(n=离买房年数，r=投资报酬率)

可负担房屋贷款=目前年收入×复利终值系数×年收入中可负担贷款比率上限
　　　　　　　×年金现值系数

复利终值系数 = $(1+r)^n$　(n=离买房年数，r=收入成长率)

年金现值系数 = $\dfrac{1-(1+r)^{-n}}{r}$　(n=贷款年限，r=贷款利率)

可负担房屋总价=可负担首付款+可负担房屋贷款

可负担房屋单价=可负担房屋总价÷需求面积

【案例点击】

王先生年收入为10万元，预估收入成长率为3%，目前净资产2万元，可负担首付款与可负担房屋贷款的比率上限均为40%，打算5年后买房，投资报酬率为10%，贷款年限为20年，利率为6%，可以负担买房贷款的房价为

首付款部分：10×40%×6.11+2×1.611≈27.7(万元)

贷款部分：10×1.159×40%×11.47≈53.2(万元)

可负担房价：首付款(27.7)+贷款(53.2)=80.9(万元)

购买多大面积的房子，取决于家庭人口数及对空间舒适度的需求。如果5年以后才要买房子，应以届时的家庭人口数计算所需面积。在刚成家之时，由于储蓄积累有限，且家庭人口比较少，一般都是夫妇两人，这时并不需要大面积的住宅，一般两室一厅即可满足需求。如果为了小孩考虑，且想一次性购买较大的房屋，所需面积可能在100平方米左右。假设王先生准备买100平方米的住房，则可负担的房屋单价为：80.9÷100=0.809(万元/平方米)

2. 按想购买的房屋价格来计算首付和月供

欲购买房屋总价=房屋单价×需求面积

需要支付的首付款部分=欲购买房屋总价×(1－按揭贷款成数)

需要支付的贷款部分=欲购买房屋总价×按揭贷款成数

【小资料】 购房贷款有哪几种方式？

目前购房贷款主要有以下几种方式：

(1) 个人住房公积金贷款：指按时向资金管理中心正常缴存住房公积金单位的在职职工，在购买、建造自住住房(包括二手住房)时，以其拥有的产权住房为抵押物，并由有担保能力的法人提供保证而向资金管理中心申请的贷款。该贷款可由资金管理中心委托银行发放。住房公积金贷款具有政策补贴性质，贷款利率低于同期商业银行贷款利率。

(2) 个人住房商业性贷款：指具有完全民事行为能力的自然人，在购买自住住房时，以其所购买的产权住房(或银行认可的其他担保方式)为抵押，作为偿还贷款的保证而向银行申请的住房商业性贷款。

(3) 个人住房组合贷款：指符合个人住房商业性贷款条件的借款人又同时缴存住房公积金的，在办理个人住房商业贷款的同时还可以申请个人住房公积金贷款。

房贷月供的计算方法主要有以下几种。

1) 等额本息还款法

每月还款额=需要支付的贷款部分÷年金现值系数

年金现值系数 $= \dfrac{1-(1+r)^{-n}}{r}$ （n=贷款期数，r=贷款月利率）

2) 等额本金还款法

每月还款额 $= \dfrac{贷款本金}{还款期数} + (贷款本金 - 累计已还本金) \times 月利率$

3) 等额累进还款法

等额累进还款法也称等额递增(减)累进法，就是将整个还款期按一定的时间段划分，每个时间段比上一个时间段多(少)还约定的固定额度，而每个时间段内每月须以相同的偿还额归还贷款本息。

4) 等比累进还款法

等比累进还款法也称等比递增(减)累进法，就是将整个还款期按一定的时间段划分，每个时间段比上一个时间段多(少)还约定的固定比例，而每个时间段内每月须以相同的偿还额归还贷款本息。

【案例点击】

上例中的王先生欲购买 100 平方米的房屋，目前市面上的一般价格是 3000~6000 元/

平方米,则购买100平方米房屋所需要的费用为30万~60万元。假设按7成按揭,期限20年,贷款利率6%,等额本息还款。试计算王先生须支付的首付和月供。

> 解:①30万元房屋总价
> 需要支付的首付款=30×(1-70%)=9(万元)
> 需要支付的贷款数额=30×70%=21(万元)
> 每月还款额=210 000÷139.58≈1504.5(元)
> ②60万元房屋总价
> 需要支付的首付款=60×(1-70%)=18(万元)
> 需要支付的贷款数额=60×70%=42(万元)
> 每月还款额=420 000÷139.58≈3009(元)

(二)购房的各种税费

购房时除了要支付购房款之外,还涉及许多其他费用,以上的例子为了方便计算,并未考虑到装修费用以及各种相关税费。一些购房的基本费用表面看起来似乎不多,还有些是固定值,但是与房屋总价结合起来计算的话,它们的费用也是一笔不小的支出。因此,这些费用在购房规划中也不容忽视。

购房的其他费用主要有以下三个方面。

1. 购房税费

购房税费主要包括购房需缴纳的契税、住宅专项维修资金、印花税、交易手续费、权属登记费。

契税是以所有权发生转移变动的不动产为征税对象,向产权承受人征收的一种财产税。契税金额一般占房价的1.5%~3%。

住宅专项维修资金是指专项用于住宅共用部位、共用设施设备保修期满后的维修和更新、改造的资金。住宅专项维修资金一般按购房款的1%~2%缴纳。

印花税金额为房价的0.05%,在交易签证时缴纳。

交易手续费一般是每平方米2.5元,也在交易签证时缴纳。

权属登记费在100元到200元之间。

2. 入住费用

购房后还必须缴纳入住费用,主要包括水、电、气费周转金、物业管理费等。

3. 装修费用

装修费用是最大的一笔期初费用,费用的多少随个人喜好与预算有关,但在购房规划时也应作为预算考虑进去。

除了上面提及的费用外，如果采用按揭贷款的方式，则还包括贷款过程中发生的各种费用，如评估费、律师费及银行规定的其他费用。

【点石成金】

现在可以试着对本章案例导入中吴女士的困惑进行解答了。吴女士应遵循的原则是：量力而行、自住兼顾投资。具体分析如下。

第一种方案：购房。如果吴女士具有购房经济实力，并用作自住兼投资，希望未来儿子毕业后用于出租或出售的，可以选择购房。面积以一居或小两居为宜。购房区域主要选人大周边的知春里、双榆树、三义庙等小区或者是交通便利可直达人大、房价相对便宜的清河、上地等区域。据统计资料分析，2014年知春里、双榆树小区的均价在15 000~17 000元/平方米，区域存量以公房为主，60~70平方米的小两居总价在90万~120万元之间，由于人大周边房位置极佳，两居月租金一般能达到2500~3000元/月，出租收益较为理想，未来也容易转手。另外，清河区域目前均价在11 000~13 000元/平方米，上地区域均价在12 000~13 000元/平方米，这两个区域存量以次新房为主，两居面积集中在70~90平方米，总价在70万~110万元之间，这两个区域均位于中关村核心商圈的辐射范围内，未来仍有一定的升值空间。如果吴女士购买以上区域的房产，至少是可以保证保值的，如果吴女士没有更好的投资渠道，资金存在银行里，在目前CPI居高不下的情况下，不如把资金用于购房。

第二种方案：租房。如果吴女士只想在儿子就读期间照顾起居，不希望太麻烦的话，可以租房。租房的区域应尽量选择在人大周边，比如知春里、双榆树、三义庙、万泉庄、万柳等区域。另外，也可选择交通便利的清河、上地等区域。据统计资料分析，2014年知春里、双榆树小区一居租金在1800~2200元/月，两居在2500~3000元/月，三居比较少，租金在3500元/月左右。万柳区域出租房源以公寓为主，多为精装修；一居租金在2500~3000元/月，两居在4000~4500元/月左右。清河区域一居在1200~1500元/月，两居在2000~2200元/月，三居在2600~3000元/月。如果在人大附近租房，建议吴女士租一居，以租金1800元/月计算，在孩子上学的三年当中，租金为64 800元。如果在清河、上地等区域租房，建议租两居，面积更宽敞，可以让孩子有安静的学习环境，以租金2000元/月计算，三年租金支出为72 000元。

综上所述，可以看出，选择购房的话，由于学校周边房保值增值潜力大，吴女士其实投入的是资金的机会成本，如果没有更好的投资渠道，那么吴女士购房，并在儿子毕业后出售，是非常值得的，可获得增值的收益，至少也可以保值。如果租房的话，那么就需要支出约6万~7万元的租金。

本 章 小 结

房地产投资计划	房地产概述	房地产是房产和地产的合称。地产是指购买土地使用权的开发投资；房产是指物业建成后的置业投资。对个人投资者来说，所说的房地产一般是指房产。 房地产具有固定性、异质性、有限性、耐久性、可分割性、保值增值性等特性。 房地产投资是以获取期望收益为目的，将货币资本投入房地产开发、经营、中介服务和房地产金融资产的经营活动。房地产市场上出现的投资方式归纳起来大致可分为两类：一类是房地产实物投资；另一类是房地产金融投资。 房地产投资与其他的投资一样具有投资风险。具体地说，房地产投资面临的风险主要有以下几种：流动性风险、购买力风险、市场风险、交易风险、自然风险。
	房地产价格的构成及影响因素	房地产价格是房屋建筑物价格和地产价格的统一，是开发、建设、经营房地产过程中，所耗费的全部社会必要劳动所形成的价值与地租资本化价格的综合性货币表现。房地产价格由两部分构成：基本要素与其他要素。 影响房地产价格的因素包括：经济因素、社会因素、行政因素、自然因素、其他因素。
	房地产投资规划	个人房地产投资规划在很大程度上就是根据自己的居住需求进行购房或者租房的决策。投资者可以通过多种因素的对比来解决这个问题，也可以用年成本法与净现值法等方法来计算。 购房规划应该考虑的首要问题是衡量自己的经济负担能力，然后还要考虑购房所要支付的相关税费。

一、名词解释

房地产　经济适用房　廉租房　期房　容积率

二、单选题

1. 房地产的含义是(　　)。
   A. 建筑地块与房屋建筑物　　　　B. 房产和地产的总称
   C. 房地产行业　　　　　　　　　D. 房屋财产
2. 房地产的(　　)是房地产投资最重要的一个特性，房地产不能脱离周围的环境而存在，就是强调了位置对房地产投资的一个重要性。

  A. 耐久性   B. 可分割性   C. 位置的固定性   D. 异质性

3. 房地产价格的构成具有(　　)。

  A. 单一性   B. 多样性   C. 双重性   D. 产品性

4. 从房地产投资的角度说，风险是指(　　)。

  A. 房地产投资结果的好坏程度   B. 获取预期投资收益的不确定性

  C. 房地产投资项目激烈竞争程度   D. 房地产开发程度

5. 一般而言，随着家庭人口规模小型化，房地产价格有(　　)的趋势。

  A. 下降   B. 上涨   C. 不变   D. 不一定

三、简答题

1. 简述房地产的分类及其标准。
2. 房地产的特征是什么？
3. 房地产投资有哪几种方式？
4. 房地产投资面临哪些风险？
5. 简述房地产的价格构成。
6. 房地产价格的影响因素有哪些？
7. 为什么要做房地产投资规划？
8. 如何做一个合理的房地产投资规划？

四、案例分析题

  李先生看上一户 100 平方米的房屋，房屋可租可售，租金每月 3000 元，押金是 3 个月的房租金额，购买总价 80 万元，可办理银行按揭贷款 50 万元，贷款利率 6%，首付款 30 万元，假设存款利率 3%，请回答以下问题。

1. 租房与购房的年成本各是多少？
2. 未来房租调整幅度超过多少，购房比租房划算？
3. 如果购房，李先生选择 20 年房贷，每年本利和平均摊还额为多少？

第十章

外汇与黄金、收藏品投资计划

本章精粹：

- 外汇和汇率的概念
- 汇率的常见标价方法
- 影响汇率的因素
- 我国目前的个人外汇理财业务
- 国内外黄金市场现状
- 黄金投资的交易主体
- 黄金投资的主要方式
- 收藏品的分类
- 收藏品市场现状

随着我国经济对外开放程度的不断提高，各种国际性金融业务加快发展，金融业对外汇专业人才的需求正在迅猛增长。不仅如此，当前我国企业和居民个人也逐渐将外汇交易作为投资理财和规避汇率风险的工具。黄金由于兼具商品和金融两个方面的特色，有许多与其他市场不同的地方。近年来在国际金价不断上涨、国内黄金市场走向开放的背景下，越来越多的人开始把眼光投向黄金投资这个领域。而收藏品作为中国投资者近期的热门，也得到了广泛的关注。在这种趋势的要求下，如何选好投资策略成了投资的关键。

【案例导入】 欧洲央行宣布完成储备黄金的出售

欧洲央行于2008年7月1日宣布，该行在6月30日完成了30吨储备黄金的出售，按照当时的黄金市场价格估算，该行此次出售的储备黄金价值大概在9.5亿美元。同时，据欧洲央行公布的数字显示，2007年该行共出售储备黄金79吨，其中大部分用于购入日元，少部分用于增加美元储备。

【核心概念】

外汇　汇率　黄金市场　黄金衍生品　收藏品

第一节　外汇投资

一、外汇与外汇市场

1. 外汇

外汇是指以外国货币表示的、能用来清算国际收支差额的资产。从动态的角度看，外汇是指将不同国家的可兑换货币进行买卖兑换的行为，是国际间的一种汇兑活动。从广义角度看，外汇包括了以外币表示的、可用于国际结算的支付凭证，如外币现金、存款、债券等；从狭义角度看，外汇就是我们手头拥有的外币现钞和银行账户里的外汇存款。世界上各国所用的货币不同，每个国家都有自己的本国货币，如美国的美元、日本的日元、英国的英镑、俄罗斯的卢布等。

【小资料】　我国外汇的含义

按照我国2008年8月1日国务院第20次常务会议修订通过的《中华人民共和国外汇管理条例》的规定，外汇是指下列以外币表示的可以用作国际清偿的支付手段和资产。

(1) 外币现钞，包括纸币、铸币；

(2) 外币支付凭证或者支付工具，包括票据、银行存款凭证、银行卡等；

(3) 外币有价证券，包括债券、股票等；
(4) 特别提款权；
(5) 其他外汇资产。

2. 汇率

汇率又称汇价，是指 国货币以另一国货币表示的价格，或者说是两国货币间的比价，通常用两种货币之间的兑换比例来表示。例如：USD/JPY=120.39，表示 1 美元等于 120.39 日元，在这里美元称为单位货币，日元称为计价货币。

以一种货币为基准来标度另一种货币价格的方法，称为汇率的标价方法。目前国际上有四种标价法。

(1) 直接标价法。直接标价法是以一定单位(1、10、100、1000)的外国货币为标准来计算应付出多少单位本国货币。包括中国在内的世界上绝大多数国家目前都采用直接标价法。例如，东京外汇市场上：USD1=JPY106.20。

(2) 间接标价法。间接标价法是以一定单位(如 1 个单位)的本国货币为标准，来计算应收若干单位的外国货币。在国际外汇市场上，欧元、英镑、澳元和新元采用间接标价法。例如，伦敦外汇市场上：GBP1=USD1.8775。

(3) 美元标价法。美元标价法是指以一定单位美元为基准折合若干其他国家货币单位的标价法。由于美元在货币定值、国际贸易计价、国际储备、干预货币、交易货币、存放款和债务发行等方面都起着重要的作用，因此目前世界各大国际金融中心的货币汇率都以兑美元的比价为准。世界各大银行的外汇牌价，也都是公布美元兑其他主要货币的汇率。

(4) 交叉标价法。在国际经济往来中，为了方便转口贸易，会用到两个非美元的货币间的汇率，称为交叉汇率。

3. 外汇市场

外汇市场是指从事外汇买卖的交易场所，或者说是各种不同货币相互之间进行交换的场所，主要由以下要素构成。它们出于各自的交易目的进行外汇买卖，从而对外汇市场产生不同的影响。

(1) 中央银行。中央银行是外汇市场重要的参与者，其参与外汇买卖活动的目的是稳定外汇市场及其本币汇率的稳定，使本币汇率朝着有利于本国经济发展的方向变动，而不是出于赢利的目的。

(2) 外汇银行。外汇银行是外汇市场最主要的参与者，是外汇市场上外汇供求的媒介。其他市场参与者的外汇交易都是通过外汇银行进行的。外汇银行主要包括经营外汇业务的本国银行、外国银行在本国的分支机构等。

(3) 外汇交易员和自营商。外汇交易员是在外汇银行从事外汇操作的人员。外汇自营商一般指外汇买卖业务的商号，多由银行、信托投资公司等构成，其主要是为客户提供金融服务以获得汇率的买卖差价。

(4) 外汇经纪人。外汇经纪人是指外汇管理当局指定的外汇经纪商,他们是撮合外汇买卖的媒介者,从中赚取外汇买卖的佣金。

(5) 外汇的最终需求者与供给者。外汇的最终需求者与供给者主要包括进出口商、企事业单位、旅游者、对外投资者以及外汇市场上的投机者和套汇者。

近年来,外汇市场之所以能为越来越多的人所青睐,成为国际上投资者的新宠儿,与外汇市场本身的特点密切相关。

(1) 循环作业。由于全球各金融中心的地理位置不同,亚洲市场、欧洲市场、美洲市场因时间差的关系,连成了一个全天 24 小时连续作业的全球外汇市场。这种连续作业,为投资者提供了没有时间和空间障碍的理想投资场所,投资者可以寻找最佳时机进行交易。

(2) 有市无场。外汇买卖不像股票交易有集中统一的地点,而是通过没有统一操作市场的网络进行的。但是,外汇交易的网络却是全球性的,并且形成了没有组织的组织,全球外汇市场每天平均上万亿美元的交易,就是在这种既无集中的场所又无中央清算系统的管制,以及没有政府监督的情况下完成的。

(3) 交易规模庞大,交易币种集中。目前外汇日交易量突破 2 万亿美元,虽然规模巨大,币种却主要是美元、英镑、欧元、日元等几种国际性货币。

(4) 汇率波动频繁且幅度加大。世界各国经济发展不平衡以及外汇市场运作机制存在着差异,为国际投机炒家进行外汇投机创造了条件,加剧了外汇市场动荡。例如,1997 年的亚洲金融危机就与外汇市场上投机猖獗有关。

二、外汇交易及影响因素

外汇交易发生的最主要根源是由于国际经济交易的发生和随之而产生的国际计算、国际投资、外汇融资和外汇保值等业务的需要。路透社外汇信息服务及交易系统是现今世界上应用最广泛的外汇交易系统,因此,路透社外汇交易系统的报价方式也是外汇交易最常见的报价方式。路透社信息终端上的外汇汇率采用"单位元"标价法,即 1 美元(英镑、澳元等)等于其他货币若干的标价方法。汇率的标价通常为 5 位有效数字,从银行或报价人的角度说,斜线左边是买入价,右边是卖出价。

【案例点击】

某日在资讯系统界面上可看到银行报价。
USD/JPY(1 美元兑日元)　　　　　　126.10/20
EUR/USD(1 欧元兑美元)　　　　　　0.9850/60
在上述银行报价中,汇率中的第一个数字(126.10 和 0.9850)表示的是报价者愿意买入被报价货币的价格,即所谓的买入汇率或买价;第二个数字(126.20 和 0.9860)表示的是报价者愿意卖出被报价货币的价格,即所谓的卖出汇率或卖价。按国际惯例,外汇交易在报价时通常只会报出小数(10/20 和 50/60),其中的大数可以省略不报,在交易成交后再确定全部的汇率。在路透社终端上,买卖差价通常为 10 个点,但也有的货币为 20~50 点。由于供求关系的变化或报价行自己的情况不同,各外汇银行的买卖差价可能不同。

(资料来源:新华网,xinhuanet.com,2007-07-02)

【点石成金】

在交易的实际操作中,交易人之间通过电话、电传和路透社交易机报价或询价。报价方报出买入价和卖出价后,询价方要立即做出回答,买进还是卖出多少金额的某种外币。如果询价方回答缓慢,报价行就有可能会说"价变了",报价就又得重来。询价方绝不能耽误时间,不置可否。当然,报价方一旦报出价格,便必须按此价格进行交易。因为外汇市场价格变化极快,即时报价只有即时才有效,稍过一会儿后便要重报。因此交易员都要有一定的决定权,当场就须决定是买还是卖,不能询好价再向上级请示。

外汇汇率变动的影响因素有以下几点。

1. 利率

国际金融市场自由化的发展趋势,使得资金在国际间的游动变得更加频繁和便捷。因而利率水平的变化对汇率的影响力也日趋增加。根据利率平价理论,一国利率水平的上升,会提高资金的收益水平,从而吸引资金的流入,提高对本国货币的需求水平,造成汇率的提高。

【案例点击】

2014 年 12 月 5 日,美国劳工部发布 11 月非农就业报告,当月的就业人口增幅远远超过了市场预期,利好的数据推动美元汇率大幅上涨,美元指数升至 2006 年 4 月以来的最高水平,全天交易中上涨 0.85%。

截至纽约外汇市场收盘,追踪一揽子六种主要货币的洲际交易所美元指数报 89.35 点,上涨了 0.85%;追踪更多货币种类同时根据外汇市场交易总量进行调整的华尔街日报美元指数同期报 82.20 点,涨幅是 0.76%。

欧元兑美元周五跌 0.79%,报 1.2288 美元,是新的两年低位;美元兑日元涨 1.32%,报 121.3750 日元,是新的七年高位。

(资料来源:腾讯财经,http://finance.qq.com/a/20141206/007206.htm,2014-12-06)

【点石成金】

为了限制英镑升势,在 1988 年 5~6 月间英国连续几次调低利率,由年利 10%降至 7.5%,伴随每次减息,英镑都会下跌。但是由于英镑贬值过快、通货膨胀压力增加,随后英格兰银行被迫多次调高利率，使英镑汇率又开始逐渐回升。

2. 通货膨胀率

20 世纪 70 年代后，随着浮动汇率取代了固定汇率，通货膨胀对汇率变动的影响变得更为重要。通货膨胀是指国内物价水平的普遍上涨的现象。由于物价是一国商品价值的货币表现，通货膨胀也就意味着该国货币代表的价值量下降。

【案例点击】

20 世纪 90 年代之前，日元和原西德马克汇率十分坚挺的一个重要原因，就在于这两个国家的通货膨胀率一直很低。而英国和意大利的通货膨胀率常常是高于其他西方国家的平均水平，故这两国的汇率一直处于跌势。

(资料来源：和讯外汇，http://forex.hexun.com/，2009-04-22)

【点石成金】

在国内外商品市场相互紧密联系的情况下，通货膨胀会引起出口商品的减少和进口商品的增加，从而减少外汇的流入，造成本币的贬值。另外，通货膨胀的产生也会导致本国货币的实际收益水平的下降，从而降低本国对外汇资金的吸引力。因此，当一国通货膨胀率高于另一国的通货膨胀率时，该国货币汇率就会下降。

3. GDP 增长率

GDP 是指在一定时期内，一个国家或地区的最终产品和劳务的价值。GDP 不但可以反映一个国家的经济情况，也可以反映一国的国力与财富。一般来说，GDP 共由四个部分组成：消费、投资、政府支出和净出口额。即：

$$GDP=C+I+G+NX$$

一般来说，GDP 的增长会从两个方面导致本国的汇率水平上升：利率的上升和出口的增加。但是，这种影响是不能够一概而论的，经济的快速增长也有可能会导致对国外商品需求的快速增长，从而产生进口的快速增加。另外，在分析 GDP 的影响时，应注意物价的变动情况。如果物价上升过快，可能会导致本国利率水平的提高，从而提高本国货币的汇率；但是通货膨胀的产生也会导致一国货币的贬值，产生汇率下降的趋势。

小资料

1995—1999 年，美国 GDP 的年平均增长率为 4.1%，而欧元区 11 国中除爱尔兰较高外 (9.0%)，法、德、意等主要国家的 GDP 增长率仅为 2.2%、1.5%、1.2%，大大低于美国的水平。这促使欧元自 1999 年 1 月 1 日启动以来，兑美元汇率一路下滑，在不到两年的时间里贬值了 30%。

(资料来源：和讯外汇，http://forex.hexun.com/，2003-03-30)

4. 失业率

失业率是指一定时期全部就业人口中，有工作意愿而仍未有工作的劳动力数字占总的劳动人口的比率。该指标一直被视为反映整体经济状况的重要指标，在外汇交易的基本分析中，失业率指标是最敏感的月度经济指标，该指标对汇率的影响是起反向作用的。

【案例点击】

2012年10月美国的失业率为7.9%，而2013年10月美国的失业率为7.3%，2014年10月美国的失业率又有所下降，仅为5.8%，达到近5年来的最低点。

(资料来源：东方财富网，http://data.eastmoney.com/cjsj/foreign_0_4_4.html，2014-12-05)

【点石成金】

这显示了美国经济状况良好，有力地支持了美元兑其他主要货币的强势。

5. 其他因素

其他因素包括中央银行的干预、市场的心理预期、政治因素等。

三、我国的个人外汇理财业务及创新

(一)外汇储蓄业务

活期储蓄存款起存金额一般不低于人民币20元的等值外汇。定期储蓄存款起存金额一般不低于人民币50元的等值外汇，存期有一个月、三个月、六个月、一年和两年。

(二)购汇业务

境内居民因私出境旅游(含港澳游)、探亲会亲、自费留学、其他出境学习、商务考察、出境定居、朝觐、境外就医、境外培训、被聘工作、缴纳境外国际组织会费、境外邮购、境外直系亲属救助、国际交流、外派劳务等项下均可到相应机构办理用人民币购买外汇业务。

(三)外汇交易业务

1. 普通外汇交易业务

普通外汇交易业务主要是指银行接受个人客户的委托，参照国际金融市场即期汇率，将一种外币买卖成另一种外币的业务。从商业银行角度而言，个人外汇交易属于中间业务。从外汇市场的层次结构来看，个人外汇交易属于零售市场范畴，是外汇市场的有机组成部分。目前我国不同的银行开展的外汇交易名称有所不同，如中国银行称为外汇宝业务，而工商银行则称为汇市通业务。

我国银行规定，凡持有有效身份证件，拥有完全民事行为能力的境内居民个人，具有一定金额外汇均可进行个人实盘外汇交易。对于普通居民来讲，只要持有一定的外币现钞或银行外币存单即可进行外汇买卖。个人外汇买卖业务交易的起始金额为 100 美元或等值外币，个别银行甚至取消了起始金额的限制。

2. 个人外汇理财产品的创新

1) 个人外汇可终止理财产品

个人外汇可终止理财产品是一种创新的结构性理财产品，客户在约定的期限内，通过向银行出让提前终止该产品的权利，以获得高于同档次普通定期存款利息的投资收益。该产品的特点有：本金安全有保障、收益高于普通定期存款、办理手续像存款一样简单、可以办理质押贷款、更加灵活方便等。

2) 个人外汇"两得"理财产品

个人外汇"两得"理财产品是一种创新的结构性理财产品，是指客户通过向银行出让货币选择权，以获得选择权收益的个人外汇理财产品。

3. 个人外汇收益递增型理财产品

个人外汇收益递增型外汇理财产品是一种创新的结构性理财产品，客户在约定的期限内，通过向银行出让一系列提前终止该产品的权利，获得随投资期限递延而分段递增的收益。该产品发行方式包括客户预约、定期发行和限额管理三种形式。

4. 个人外汇累积收益型理财产品

个人外汇累积收益型理财产品是一种创新的结构性理财产品，客户在约定的期限内的实际投资收益与伦敦同业拆借利率挂钩累积计算，即伦敦同业拆借利率符合预设条件时，投资者可获得当日投资收益；反之，投资者当日无收益。此外，银行可根据约定，在规定时间享有提前终止理财产品的权利。

第二节 黄 金 投 资

一、黄金与黄金市场

(一)黄金

黄金的化学元素符号 Au，是拉丁文"Aurum"的缩写，原意是黎明的曙光。纯金为瑰丽的金黄色，具有优秀的延展性、化学稳定性，不和水、氧及其他许多化学物质发生反应等使其成为对人类非常有用的一种金属。金是热和电的良导体，它的传导性能仅次于铂、汞和银,这使它在工业特别是电子工业上有广泛应用。

纯金很容易被磨损,变成极细的粉末。纯金首饰常年佩戴会减轻分量,因此,金首饰和金币一般都要添加银和铜以提高硬度,而且会使其色泽更加绚丽。

当前世界黄金生产的趋势是大体上趋于稳定且略有增长,一些老的主要黄金生产国如南非、美国、加拿大的产量在减少,而新兴的发展中国家如中国、印度尼西亚、秘鲁等的黄金产量在增加,俄罗斯的黄金产量增长也比较快。

(二)黄金市场

黄金市场是指集中公开的进行黄金买卖的有组织管理的交易场所,是金融市场的一个组成部分。黄金市场和其他任何市场一样,由供方和需方组成。与其他商品不同的是,黄金有着巨大的地面存量,而且和每年的全球产量相比要大得多。

国际黄金市场是国际金融市场的重要组成部分,也是世界各地黄金买卖的交易中心。各个市场在不同的地域和范围发挥各自的作用,而且通过电话和网络等构成一个整体,一天24小时不间断地进行着黄金交易。国际黄金市场中比较重要且影响比较大的有伦敦、纽约、苏黎世、中国香港等。其他市场的影响则大都集中在一个区域内。国际黄金市场早晨从悉尼开始亚洲的黄金交易,随后具有影响的则是东京和中国香港期货市场。欧洲市场最具有影响的是伦敦定盘价。而在伦敦下午定盘价开出之后,纽约也迎来了交易时间,在纽约市场闭市后还有电子交易市场,这样就构成了一天内基本不停顿的国际黄金交易市场。

虽然我国把黄金作为货币的历史很悠久,但其在封建社会的使用范围一直很小,对整个社会经济的作用也不明显。真正的国内黄金市场的出现可以追溯到20世纪二三十年代。但是由于当时社会动乱,黄金只是用来保值用。在新中国成立后,国家对黄金市场进行了改革,黄金市场得到了进一步发展。到了2001年,中国人民银行直接介入了上海黄金市场的筹备工作,确定成立上海黄金交易所,并由中国人民银行直接领导。2002年10月30日上海黄金交易所投入正式运行,使得中国的黄金市场建设进入了崭新的一页。

1. 黄金市场的参与主体

银行、投资基金等金融机构是国际黄金市场中最活跃,也是交易量最大的主体,它们的交易量和交易价格对国际黄金市场起着决定性作用。此外,还包括各类黄金生产商、黄金经纪公司以及其他相关主体。

1) 商业银行

参与黄金市场交易的商业银行可以分为两类:一类是自身就是黄金交易商,他们与世界上各大金矿和黄金客户有广泛的联系,不断在国际黄金市场上报出黄金的买价和卖价,承担金价波动的风险,又称为"做市商",最典型的就是伦敦黄金市场上的五大金行;另一类商业银行仅仅为客户代行买卖和结算,本身并不参加黄金交易,以苏黎世的三大银行为代表,他们充当生产者和投资者之间的经纪人,在市场上起着中介作用。

2) 投资基金

国际市场上的商品基金和对冲基金也会经常参与黄金市场,尤其是黄金衍生品的交易。其中商品基金主要进行黄金的长期投资,高抛低吸;而对冲基金则往往通过短期投机借以获得巨额利润。在黄金市场上,几乎每次大的下跌都与基金公司借入短期黄金在即期黄金市场抛售和在纽约商品交易所黄金期货交易所构筑的大量淡仓有关。

黄金 ETF 基金是近年来新出现的一种黄金投资基金,在国际黄金市场中的交易量却十分可观,以其中最大 Street Tracks Gold Trust 基金为例,它的黄金持有量达到了 650.81 吨,超过全球黄金总需求的 1/7。

3) 中央银行

各国的中央银行也是世界黄金市场的重要参与者。不过尽管世界各国央行的储备黄金总量巨大,但是每年通过减少黄金储备而向世界黄金市场供应黄金的中央银行主要是欧洲的央行售金协定签约国,其他央行每年售金量极少。

【小资料】

世界黄金储备最新排行榜如表 10-1 所示。

表 10-1 世界黄金储备最新排行榜(2013 年 7 月)

排名	国家/地区/机构	吨 数	占外汇储蓄比例(%)
1	美国	8133.5	73.3
2	德国	3391.3	69.7
3	国际货币基金组织	2814.0	暂无数据
4	意大利	2451.8	68.3
5	法国	2435.4	67.9
6	中国	1054.1	1.3
7	瑞士	1040.1	8.9
8	俄罗斯	996.1	8.6
9	日本	765.2	2.7
10	荷兰	612.5	56.1
11	印度	557.7	8.6
12	欧洲中央银行	502.1	30.1
13	土耳其	445.3	15.5
14	中国台湾	423.6	4.7
15	葡萄牙	382.5	87.0
16	委内瑞拉	365.8	69.0
17	沙特阿拉伯	322.9	2.1
18	英国	310.3	13.5
19	黎巴嫩	286.8	24.9

(数据来源:新华网: http://news.xinhuanet.com/world/2013-07/09/c_116457007.htm)

4) 黄金生产商

黄金生产商主要是指世界各大金矿企业,他们是黄金市场产品的最终供给者。在世界黄金价格下跌时,黄金生产商为了确保企业利润,往往进行提前销售,这些黄金就称为"对冲";在金价上涨时,他们则会减少对冲的数量。

5) 黄金经纪公司

黄金经纪公司是专门从事代理非交易所会员进行黄金交易,并收取佣金的经济组织。在纽约、芝加哥、中国香港等黄金市场里,活跃着很多经纪公司,他们本身并不拥有黄金,只是派场内代表在交易厅里为客户代理黄金买卖,收取客户的佣金。

6) 其他相关主体

其他相关主体包括为黄金交易提供服务的机构和场所,黄金市场的监督管理机构以及有关的行业自律组织等。

2. 黄金市场交易方式

经过多年的发展,国际黄金市场已经具有了多种多样的交易方式,目的都是最终为客户提供最方便有效的途径满足其不同的需要。下面介绍黄金市场中主要的几种交易方式。

(1) 现货黄金交易。最普通的黄金市场交易方式自然是现货交易,不过并非像我们通常所说的一手交钱,一手交货,而是一般要求在1~2个工作日内完成交割手续。现货黄金交易是黄金市场中最基本的交易,也是其他各种交易的基础。

(2) 远期黄金交易。远期交易是从现货交易发展来的,过去在谷物交易中,因为每年收成难以提前确定,收成好了可能卖不上价,收成不好也可能买不到,于是就发展了远期交易,由买主提前向生产者交一定数量的定金,到谷物成熟后时则由买主按照预先规定好的价格收购。

(3) 黄金存贷交易。世界上已经生产出来的黄金中有很大一部分被人长期保存,作为储备或者投资。特别是各国央行持有近3万吨黄金。这些黄金如果仅仅放在仓库里,既要支付保管费又不能产生任何收益。所以他们就把这些黄金借给别人用,这些人则要付一些费用,这种借贷活动通常通过商业银行进行,和普通货币借贷的关系是一样的,我们称其为黄金的寄存和借贷。这种交易被称为存贷交易或者租赁交易。

(4) 黄金掉期交易。黄金存贷时存入的一方能每年得到利息,但收益比较低。如果希望在贷出的同时得到一笔货币以做他用,到期时再赎回来,类似于到典当行里当出去的做法,是为掉期。掉期也可以理解为一个现货交易和一个远期交易的合成,对贷方来说,即卖出现货合约买入远期合约;对借方来说,即买入现货合约卖出远期合约,也可以是在两个远期交易合约之间掉期,但两个交易的到期时间不同。

(5) 黄金期权交易。黄金期权交易即购买黄金期权的一方在将来一定时间内有选择是否以事先商定的价格买入或卖出一定数量和规格的某种标的物或其合约的权利,而卖方有义务按照规定的条件满足买方未来买卖的要求。买方为获取此权利须向卖方支付一定的费用，称作权利金。

二、黄金理财方式

黄金投资是将金钱或者资本投入黄金，以图保值升值的行为。投资黄金与其他的投资方式相比较，虽然不可能像储蓄和国债那样风险稳定，但至少也是一种相当稳妥可靠的投资方式，风险较小，收益性可能很大。按照风险收益比来说，也是一种很好的选择。

投资黄金的方式主要有投资于实物黄金、纸黄金、黄金衍生品三种方式。

普通投资者投资黄金的首要问题是选择投资方式。有很多人喜欢把购买黄金首饰作为投资黄金的首选方式。其实首饰的使用功能要强于投资功能，且首饰的加工和税收费用比较高，所以购买黄金首饰的价格比起原料金价要高出不少。而在金店回收时，回收价往往还低于原料进价，买卖的价差比较大，且不容易变现。

如果要购买黄金保值或者获利，最好是选择其他的黄金投资方式。

(一)现货实金投资

现货实金投资是指买卖金条、金币等。金币包括投资性金币和纪念性金币两类。投资性金币又称为普质金币，是世界黄金非货币化后专门用于黄金投资的法定货币。纪念性金币是限量发行并具有明确纪念主体和精美图案的精致金币，具有较高的艺术品特征。在价值上，投资性金币的收益相对于纪念性金币稳定。金币比较适于少量投资，缺点是国内现在还没有回购，变现不方便。

金条是大家比较熟悉的一种投资方式，与金币类似，也分为投资性金条和纪念性金条两类。由于其价格和原料金价比较接近，买卖中的损失少，也就比较容易获利。其缺点是金条的价值较高，变现不太方便。目前，通过商业银行进行个人实物黄金投资是个人参与实物黄金投资最为重要的渠道。当前银行系统的实物黄金业务主要包括农业银行和招商银行的"高赛尔金条"、建设银行的"龙鼎金"、工商银行的"如意金"、农业银行的招财进宝系列等。

(二)纸黄金

纸黄金又称为记账黄金，是一种账面虚拟的黄金，一般由资金实力雄厚、资信程度良好的商业银行、黄金公司或大型黄金零售商发行，投资者只在账务上从事黄金买卖，不作黄金事物的提取交割或存放。纸黄金投资是购买实金的一种很好的替代方法，因为它不涉及事物，也就可以避免针对黄金的相关保管、储存、鉴定的费用支出，从而加快黄金的流通，提高黄金市场交易的速度。但是，由于纸黄金不能提取实物，没有保值功能，因此并不能抵御通胀风险。

(三)黄金衍生品

黄金衍生品是国际黄金市场不断发展的产物。衍生品投资风险大,但也意味着高收益,一旦掌握了投资规律,也能为投资者带来丰厚的回报。

1. 黄金期货

黄金期货是以黄金为买卖对象推出的一种统一的标准化合约。根据目前我国上海交易所的有关规定,黄金期货合约最低保证金为7%。随着交割月份的临近,保证金比例也会不断提高。

要进行黄金期货交易,首先需要选择一家期货公司开设账户。黄金期货落户于上海期货交易所,因此对于个人投资者而言,通过上期所经纪会员参与交易是个人进行黄金期货交易的唯一合法途径,投资者可以在上海期货交易所网站上从各会员单位的名单中挑选。开户后,投资者将领取到期货公司为个人申请的上期所的黄金期货交易编码,即可以进行期货的交易了。

2. 黄金期权

黄金期权是指规定按事先商定的价格、期限买卖数量标准化黄金的权利产品,是最近二十多年来出现的一种黄金投资品种,具有较强的杠杆性。与其他商品和金融工具的期权一样,分为看涨黄金期权和看跌黄金期权。看涨期权的买者交付一定数量的期权费,获得在有效期内按商定价格买入数量标准化的黄金的权利,卖者收取了期权费必须承担满足买者需求,随时按商品价格卖出数量标准化的黄金义务。看跌期权的买者交付一定数量的期权费,获得在有效期内按商定价格卖出数量标准化的黄金的权利,卖出者收取期权费,必须承担买者要求随时按约定价格买入数量标准化的黄金的义务。

第三节 收藏品投资

近年来,股市行情起伏不定,房地产市场价格又面临政策风险,在这种情况下收藏品投资的回报率最高,使得各类投资人和收藏爱好者纷纷涌入这个领域。随着经济的快速发展,我国民间收藏呈爆发态势。一浪高过一浪的收藏热潮席卷中华大地,参与人数之多前所未有,注入资金之多前所未有,成交价格屡破纪录前所未有。

一、收藏品及分类

就我国的民间收藏品而言,可以分为自然历史、艺术历史、人文历史和科普历史四类。自然历史类包括昆虫标本、海洋生物及标本、雨花石、奇石以及翅画,即以自然界的各种物品为主；艺术历史类包括烟标、烟具、火花、微雕、茶具、瓷刻、工艺美术、书画等；人文历史类以图书、报刊、资料、民俗等类物品为主；科普历史类包括算具、钟表、钥匙、藏酒等类。这种分类法因其有较大的包容性有一定的可取之处，但这是仅限于私人藏馆而非针对收藏品所做的分类。

在业界对收藏品的分类方式很多，本书借鉴施根生先生的分类方法，将收藏品分为以下几类。

(1) 文物类，包括历史文物(古人类、生物)、化石、古代建筑物实物资料、字画、碑帖、拓本、雕塑、铭刻、舆服、器具、民间艺术品、文具、文娱用品、戏曲道具品、工艺美术品、革命文物及外国文物等。

凡现代物品虽不属文物，但可并入上述小类者，均归入此类，下述单列者除外。上述所列项目其中均包含较多内容，如器具中包括金银器、锡铅器、漆器、明器、法器、家具、织物、地毯、钟表、烟壶、扇子等；工艺美术品包括料器、珐琅、紫砂、木雕、牙角、藤竹器、缂丝、芜湖铁画等，其他亦然。

(2) 珠宝、名石和观赏石类，包括珠宝翠钻，各种砚石、印石，以及奇石与观赏石三类，均以自然未经人工雕琢者为主。

(3) 钱币类，包括历代古钱币及现代世界各国货币。

(4) 邮票类，包括世界各国邮票及与集邮相关的其他收藏品。

(5) 文献类，包括书籍、报刊、档案、照片及影剧说明书、海报等各种文字资料。

(6) 票券类，包括印花税票、奖券、门券、商品票券、交通票证、月票花等。

(7) 商标类，包括火花、烟标、酒标、糖纸等。

(8) 徽章类，包括纪念章、奖章、证章及其他各种徽章。

(9) 标本类，包括动物标本、植物标本和矿物标本等。

(10) 陶瓷类，包括陶器、瓷器、紫砂陶等。

(11) 玉器类，包括玉礼器、玉兵器、玉器具陈设等。

(12) 绘画类，包括国画、油画、水彩画、水粉画等。

此种分类法主要依据我国及世界的收藏实际情况而划分。上述各类藏品不仅拥有较多的爱好者，而且多是约定俗成，能得到较多收藏者的认同。当然这种分类法也不是一成不变的，它将随着收藏情况的发展和变化而不断调节，以期既能反映当代收藏的状况，具有一定稳定性，又能对民间收藏起指导和引导作用。

二、收藏市场的变化趋势

在收藏品大热浪潮的指引之下，收藏市场的参与者呈现出大众化、年轻化、知识化、多元化和社团化的趋势。

(一)大众化

"盛世兴收藏"。改革开放以后,人民生活水平大大改善,特别是节假日的增多,为人们从事收藏活动创造了良好的条件。按照国际通行的说法,一个国家收藏市场的启动条件是人均国民生产总值为 1000~2000 美元,而中国的经济发展水平正处于这一阶段,这是收藏热兴起的经济基础。正是在这种有着巨大的成长空间背景下,大量富裕起来的中国人投身于这次收藏的热潮。

在北京潘家园,周六、周日清晨四点半就开业,有来自全国 20 个省市的商贩来这里交易,汹涌的人潮达到六七万人,高峰时多达 10 万人,人员涉及各行各业,性别年龄不分男女老少。像这样的景观在各地的收藏市场里都能看到。

收藏再不是什么神秘尊贵的名词,不是达官显贵和文人雅士的闲情逸致,渐渐地从"贵族们的后花园"飞入寻常百姓家,变为众人参与的"平民游戏"。"太平盛世家家奔小康,国富民强人人搞收藏。"这无疑是对当前大众收藏热的真实写照。

(二)年轻化

在常人眼里,收藏尤其是古玩,似乎只是中老年人的专利,与年轻人无缘。可如今越来越多的年轻人爱上这一行,收藏在他们眼中成了一项颇为时尚的业余活动。在收藏市场,在拍卖会上,在各种各样的收藏展览现场,人们发现了更多年轻人的身影。这些年轻收藏者,一部分是受家庭和亲友影响介入收藏;还有一部分是经过学校培训的文博专业的学生;而更多的则是随着生活水平的提高和收藏市场的兴起而入门的年轻收藏爱好者。他们大多善学习、肯钻研,接受新事物快,给收藏界带来了一股清新的空气。

(三)知识化

引导和报道收藏的媒体迅速扩张,原本很少涉及报道艺术品投资和收藏的媒体,现在纷纷开辟出各种收藏专刊和专栏。原有一些艺术品投资和收藏专业媒体纷纷扩版、改版,以进一步贴近群众、贴近市场,受到人们空前的欢迎,发行量和收视率急剧上升。中央电视台的《鉴宝》栏目,收视率已达 6000 万到 8000 万人之众,每月从各地寄来要求鉴定的照片也达上万张,目前还在呈急速上升之势。各城市的各大书店,都开辟了收藏专柜,有关收藏类的书籍十分畅销。

收藏论坛更是众声沸腾。无论是政府、还是民间组织的与收藏相关的论坛陆续出现,这些论坛所涉及的问题也越来越贴近普通大众、贴近民间收藏。许多收藏鉴赏专家做客现场,倡导艺术走近大众的理念,与收藏爱好者进行交流,传播艺术与收藏知识,使得收藏爱好者更全面、更清晰地了解、体味、辨析艺术与收藏。同时,也吸引更多的人迈入艺术收藏的殿堂。

(四)多元化

由于收藏者不同的个性爱好，以及工作性质和经济能力的差异，使收藏展示出纷繁多样的异彩。今天的社会已发展到一个个性化时代，与之相适应的多元化收藏成为大势所趋。不同的收藏群体在收藏意识、收藏方式和价值观念都呈现出多元化倾向。在收藏方向上，有的多种门类兼收并蓄，有的则专门收藏一种门类，搞专题收藏。在收藏数量和档次上，有的追求少而精，有的追求多而全。在收藏方式上，有的只收不卖，只进不出，纯粹为了个人爱好；有的以藏养藏，调余补缺，去粗取精；有的则市场动作，低吸高抛，着眼于赚取利润。

以往，似乎只有名人字画、古董瓷器、古籍善本等才算得上是真正的收藏，除此之外都是难登大雅之堂的"小儿科"玩意儿。随着收藏活动的日趋多样化，代之而起的是全新的收藏理念。今天的收藏界，已经出现了许许多多的有识之士，以独到的目光审视着生活的每一个角落，从纽扣、钥匙链、汽车模型到香水瓶、手机卡、扑克牌、新型发饰，常人眼中的平常之物，经过他们的细心收集、整理，立刻显现出不同寻常的收藏价值。近年来，各种各样收藏品的门类迅速增加，忽如一夜春风来，数不清的新藏品收藏群体蔓延开来，蔚为大观。

(五)社团化

收藏群体的迅速扩大，促使新的收藏组织纷纷涌现。目前全国有各种收藏社团上千个，各大中城市，甚至企业、学校都有收藏团体存在，如各种收藏协会、学会或研究会、联谊会，有些收藏团体还下设各种分会。

收藏团体在组织引导民间收藏活动发展中起到了积极的作用，使得会员素质水平不断提高，协会组织队伍不断壮大，同时，还为会员提供有关信息，开展多种形式的展示、交流和培训活动，为培育和打造具有知名度和美誉度的民间收藏文化的品牌奠定了基础。

【小资料】

> 上海市收藏协会成立30多年来，从开始50余人的收藏组织已发展为拥有注册会员近4000名，下设集报、交通票证、钟表、中医秘方、旅游文化、扑克牌、股票、连环画、大铜章、彩票、玉器、陶瓷、书画13个专业委员会，另有可口可乐、女红、红楼梦等多个专题收藏沙龙。现在的上海收藏协会已经脱胎换骨，以公益性、服务性姿态立足于社会，开展了信息交流、业务培训、藏品展览、学术研究、书刊编辑、咨询服务等大量有益的活动。
>
> (资料来源：上海市收藏协会网站，http://www.shscxh.net/Aboutus.asp?id=Issue1，2014-11-06)

三、收藏品理财策略

(一)收藏品投资存在的问题

人类对收藏品的投资有着漫长的历史。但与其他投资方式(如外汇等)相比,收藏品并不算是很好的投资工具。主要原因有以下几点。

(1) 收藏品种类繁多,掌握相关知识和市场动态不太容易。外汇市场的资讯全部可以在网上找到,全面、准确、快捷,网上同步显示交易行情。这种标准化设计大大便利了投资人对行情的把握。

(2) 收藏品市场难以形成公认的权威价格。例如,珠宝价格是根据什么形成的,就很难说明,也许拍卖竞价是目前最有说服力的价格。但是价格是否合理,是否存在泡沫,是否已经过度炒作、严重透支经济发展水平,都很难判定。这给购买者带来很大风险。而其他投资方式,如外汇价格是否处于合理水平还相对容易判断。

(3) 仿制技术越来越高超,大大增加了收藏品市场的风险。曾有报道说,有一位很著名的钻石鉴定专家被几颗人造钻石蒙蔽,毁了一世英名,可见收藏品投资多么不易。

(4) 收藏品存在保管和搬运的问题。例如,红木家具很重,搬运困难,保存占地面积大,平时保养不易;青铜器、古瓷器也需要专门仓库储存;邮票、书籍年代久了,会发黄、风化;古瓷器容易跌碎;珍珠会氧化失去光泽;宝石容易丢失、被盗窃。

(5) 收藏品带有审美方面的感情色彩,有的是传家宝,收藏者往往与它们难舍难分,自己喜欢得要命,标价很高还是舍不得出手,别人却觉得要价太高,成心不想卖。需要用钱时老是上演挥泪卖宝刀的旧式悲剧。

(二)收藏品投资策略

随着艺术品拍卖市场上的热门拍品价格越来越高,许多人都希望开始寻找"黑马",特别是一些"黑马"的作品,以期获得超额收益。但事实上,从收藏品投资市场的发展规律来说,绝对是二八规律的最好体现,永远是20%的作品占据着80%的市场,而另外80%的作品永远不会被市场追捧。这就意味着,如果你选择这80%的作品,不仅仅是一种投资,更像是一种投机,因为你是在"博"市场认可这件作品的机会。但如果是选择20%的蓝筹,则更多的是一种追求其升值潜力。只有这些作品,由于其艺术价值高、不可再生等因素的影响,使得其抗跌性展现得一览无余。其最大的好处并不是说永远会升值不贬值,但其可以让你在需要用钱的时候,马上可以兑现,这对于一般的作品是做不到的。而在市场火爆的时候,"蓝筹"的升值潜力更是不容小觑。

综上所述,建议投资者在投资收藏品的时候要注意规避风险,心态也要平和。

本 章 小 结

外汇与黄金、收藏品投资	外汇投资	外汇是指以外国货币表示的、能用来清算国际收支差额的资产。从动态的角度看,外汇是指将不同国家的可兑换货币进行买卖兑换的行为,是国际间的一种汇兑活动。 外汇交易发生的最主要根源是由于国际经济交易的发生和随之而产生的国际计算、国际投资、外汇融资和外汇保值等业务的需要。外汇汇率变动的影响因素主要有利率、通货膨胀率、GDP增长率、失业率和其他因素。
	黄金投资	黄金投资是将金钱或者资本投入黄金,以图保值升值的行为,是一种相当稳妥可靠的投资方式。投资黄金的方式主要有投资于实物黄金、纸黄金、黄金衍生品三种。
	收藏品投资	收藏品投资作为最近投资的大热门,在投资市场中独创了一片天地。在收藏品大热浪潮的指引之下,收藏市场的参与者呈出大众化、年轻化、知识化、多元化和社团化的趋势。

思考题

一、选择题

1. 以下以一定单位的外国货币为标准来计算应付出多少单位本国货币是(　　)。
　　A. 直接标价法　　B. 间接标价法　　C. 美元标价法　　D. 交叉标价法
2. 下列不是外汇市场的主要要素选项的是(　　)。
　　A. 中央银行　　B. 外汇银行　　C. 外汇经纪人　　D. 信用合作社
3. 国际上主要的外汇市场有(　　)。
　　A. 亚洲　　B. 美洲　　C. 欧洲　　D. 非洲
4. 外汇汇率变化的影响因素有(　　)。
　　A. 利率　　B. 失业率　　C. 通货膨胀率　　D. GDP增长率
5. 金首饰和金币一般都要添加(　　)以提高硬度,而且会使其色泽更加绚丽。
　　A. 铁　　B. 锡　　C. 银　　D. 铜
6. 黄金市场的参与主体有(　　)。
　　A. 商业银行　　B. 投资基金　　C. 中央银行　　D. 黄金经纪公司
7. 黄金ETF通常以(　　)盎司现货黄金价格减去应计的管理费用。

A. 1/10　　　　B. 1/5　　　　C. 1/100　　　　D. 1/125

8. 当前银行系统的实物黄金业务主要包括(　　)。
   A. 农业银行和招商银行的"高赛尔金条"
   B. 建设银行的"龙鼎金"
   C. 工商银行的"如意金"
   D. 农业银行的"招金进宝"

9. 以下收藏品是人文历史类收藏品的是(　　)。
   A. 图书　　　B. 茶具　　　C. 藏酒　　　D. 标本

10. 收藏参与者现在呈现(　　)趋势。
    A. 大众化　　B. 年轻化　　C. 知识化　　D. 多元化

二、填空题

1. _____是指以国外货币表示的、能用来清算国际收支差额的资产。
2. 汇率又称_____，是指一国货币以另一国货币表示的价格，或者说是两国货币间的比价，通常用两种货币之间的兑换比例来表示。
3. _____的外汇信息服务及交易系统是现今世界上应用最广泛的外汇交易系统。
4. 在国内外商品市场相互紧密联系的情况下，通货膨胀会引起出口商品的减少和进口商品的增加，从而_____，造成本币的贬值。
5. 上海黄金交易所在_____年10月30日投入正式运行，使得中国的黄金市场建设进入了崭新的一页。
6. 投资黄金的方式主要有投资于_____、_____、_____三种方式。
7. 金币包括_____金币和_____金币两类。
8. 纸黄金又称为_____，是一种账面虚拟的黄金。
9. _____收藏品，包括珠宝翠钻，各种砚石、印石，以及奇石与观赏石三类，均以自然未经人工雕琢者为主。
10. 北京最出名、最大型的收藏品交易场所是_____。

三、简答题

1. 简述外汇交易的不同类型。
2. 外汇交易的特点有哪些？
3. 黄金市场的参与主体有哪些？
4. 试述黄金市场的交易方式。
5. 简述收藏品的分类。
6. 简述目前我国收藏品市场的现状。

第十一章

个人税收规划

本章精粹：

- 个人理财的定义
- 个人所得税的纳税人
- 个人所得税应纳税额的计算
- 个人税收规划的基本方法
- 个人所得税计税依据的规划技巧

随着经济的发展,个人获得收入的渠道逐渐增多,收入水平也不断提高,如何通过合理的个人理财来确保个人财务的安全自主并创造更多利润,已日益受到广大居民的关注。与此同时,在现行细密复杂的税制设计下,个人多样化的收入方式中,需要纳税的项目也随之增加,影响着人们的经济利益。因此,通过税收规划来减少税收支出就成为个人理财的重要手段之一。本章主要介绍与个人理财密切相关的个人所得税及其规划技巧。

 他该如何减轻税负

体育评论员张先生原就职于某报社,由于他报道体育视角独特、文笔流畅,被另一家体育类专业报纸高薪挖走。假定张先生的月薪为 50 000 元,面对如此高的薪水,张先生该如何在法律许可的前提下减轻税收负担呢?

核心概念

个人所得税　纳税人　计税依据　税率　税收规划

第一节　个人所得税的基本知识

个人所得税是对个人(自然人)取得的各项所得征收的一种所得税。它是个人税收规划的主要对象。

一、纳税人

纳税人是指在中国境内有住所,或者无住所而在境内居住满一年,并从中国境内和境外取得所得的个人;在中国境内无住所又不居住或者无住所而在境内居住不满一年,但从中国境内取得所得的个人。

其中,在中国境内有住所的个人是指因户籍、家庭、经济利益关系而在中国境内习惯性居住的个人;在境内居住满一年是指在一个纳税年度(从公历1月1日至12月31日)中,在中国境内连续居住满365日,临时离境(在一个纳税年度中一次不超过30日,或者多次累计不超过90日的离境)的,不扣减日数。

二、征税范围

我国的个人所得税,采取分类列举的办法确定个人所得税的征税范围。其中列举征税的范围包括以下11项。

1. 工资、薪金所得

工资、薪金所得指个人因任职或者受雇而取得的工资、薪金、奖金、年终加薪、劳动分红、津贴、补贴以及与任职或者受雇有关的其他所得。

2. 个体工商户的生产、经营所得

(1) 个体工商户从事工业、手工业、建筑业、交通运输业、商业、饮食业、服务业、修理业以及其他行业生产、经营取得的所得。

(2) 个人经政府有关部门批准，取得执照，从事办学、医疗、咨询以及其他有偿服务活动取得的所得。

(3) 其他个人从事个体工商业生产、经营取得的所得。

(4) 上述个体工商户和个人取得的与生产、经营有关的各项应纳税所得。

3. 对企事业单位的承包经营、承租经营所得

对企事业单位的承包经营、承租经营所得指个人承包经营、承租经营以及转包、转租取得的所得，包括个人按月或者按次取得的工资、薪金性质的所得。

4. 劳务报酬所得

劳务报酬所得指个人从事设计、装潢、安装、制图、化验、测试、医疗、法律、会计、咨询、讲学、新闻、广播、翻译、审稿、书画、雕刻、影视、录音、录像、演出、表演、广告、展览、技术服务、介绍服务、经纪服务、代办服务以及其他劳务取得的所得。

5. 稿酬所得

稿酬所得指个人因其作品以图书、报刊形式出版、发表而取得的所得。

6. 特许权使用费所得

特许权使用费所得指个人提供专利权、商标权、著作权、非专利技术以及其他特许权的使用权取得的所得；提供著作权的使用权取得的所得，不包括稿酬所得。

7. 利息、股息、红利所得

利息、股息、红利所得指个人拥有债权、股权而取得的利息、股息、红利所得。

8. 财产租赁所得

财产租赁所得指个人出租建筑物、土地使用权、机器设备、车船以及其他财产取得的所得。

9. 财产转让所得

财产转让所得指个人转让有价证券、股权、建筑物、土地使用权、机器设备、车船以

及其他财产取得的所得。

10. 偶然所得

偶然所得指个人得奖、中奖、中彩以及其他偶然性质的所得。

11. 经国务院财政部门确定征税的其他所得

【小资料】

工资、薪金所得与劳务报酬所得的区分

工资、薪金所得是属于非独立个人劳务活动，即在机关、团体、学校、部队、企事业单位及其他组织中任职、受雇而得到的报酬；劳务报酬所得则是个人独立从事各种技艺，提供各项劳务取得的报酬。两者的主要区别在于，前者存在雇佣与被雇佣关系，后者则不存在这种关系。

三、计税依据

个人所得税的计税依据是纳税人取得的应纳税所得额。应纳税所得额是个人取得的每项收入减去税法规定的扣除项目或扣除金额之后的余额。应纳税所得的形式包括：现金、实物、有价证券和其他形式的经济利益。所得为实物的，应当按照取得的凭证上所注明的价格计算应纳税所得额；无凭证的实物或者凭证上所注明的价格明显偏低的，参照市场价格核定应纳税所得额。所得为有价证券的，根据票面价格和市场价格核定应纳税所得额。所得为其他形式的经济利益的，参照市场价格核定应纳税所得额。正确计算应纳税所得额，是依法计征个人所得税的基础和前提。

1. 工资、薪金所得

在一般情况下，工资、薪金所得，以每月收入额减除费用 3500 元后的余额，为应纳税所得额。但涉外人员(即《个人所得税法》规定的在中国境内无住所而在中国境内取得工资、薪金所得的纳税人和在中国境内有住所而在中国境外取得工资、薪金所得的纳税人)在每月工资、薪金所得减除 3500 元费用的基础上，再享受减除 1300 元的附加减除费用。

【小资料】

附加减除费用适用范围

根据《中华人民共和国个人所得税法实施条例》第二十八条规定，个人所得税法第六条第三款所说的附加减除费用适用的范围是指以下几点：
(1) 在中国境内的外商投资企业和外国企业中工作的外籍人员；
(2) 应聘在中国境内的企业、事业单位、社会团体、国家机关中工作的外籍专家；

(3) 在中国境内有住所而在中国境外任职或者受雇取得工资、薪金所得的个人;
(4) 国务院财政、税务主管部门确定的其他人员。

2. 个体工商户的生产、经营所得

以每一纳税年度的收入总额,减除成本、费用以及损失后的余额,为应纳税所得额。此处所说的成本、费用,是指纳税义务人从事生产、经营所发生的各项直接支出和分配计入成本的间接费用以及销售费用、管理费用、财务费用;所说的损失,是指纳税义务人在生产、经营过程中发生的各项营业外支出。另外,从事生产、经营的纳税义务人未提供完整、准确的纳税资料,不能正确计算应纳税所得额的,由主管税务机关核定其应纳税所得额。

3. 对企事业单位的承包经营、承租经营所得

对企事业单位的承包经营、承租经营所得,以每一纳税年度的收入总额,减除必要费用后的余额,为应纳税所得额。其中,每一纳税年度的收入总额,是指纳税义务人按照承包经营、承租经营合同规定分得的经营利润和工资、薪金性质的所得;减除必要的费用,是指按月减除3500元。

4. 劳务报酬所得、稿酬所得、特许权使用费所得、财产租赁所得

劳务报酬所得、稿酬所得、特许权使用费所得、财产租赁所得,每次收入不超过4000元的,减除费用800元;4000元以上的,减除20%的费用,其余额为应纳税所得额。其中,①劳务报酬所得,属于一次性收入的,以取得该项收入为一次;属于同一项目连续性收入的,以一个月内取得的收入为一次。②稿酬所得,以每次出版、发表取得的收入为一次。③特许权使用费所得,以一项特许权的一次许可使用所取得的收入为一次。④财产租赁所得,以一个月内取得的收入为一次。

5. 财产转让所得

财产转让所得,以转让财产的收入额减除财产原值和合理费用后的余额,为应纳税所得额。此处所说的财产原值是指:①有价证券,为买入价以及买入时按照规定缴纳的有关费用;②建筑物,为建造费或者购进价格以及其他有关费用;③土地使用权,为取得土地使用权所支付的金额、开发土地的费用以及其他有关费用;④机器设备、车船,为购进价格、运输费、安装费以及其他有关费用;⑤其他财产,参照以上方法确定。另外,纳税义务人未提供完整、准确的财产原值凭证,不能正确计算财产原值的,由主管税务机关核定其财产原值。所说的合理费用,是指卖出财产时按照规定支付的有关费用。

6. 利息、股息、红利所得,偶然所得和其他所得

利息、股息、红利所得,偶然所得和其他所得,以每次收入额为应纳税所得额。其中,①利息、股息、红利所得,以支付利息、股息、红利时取得的收入为一次;②偶然所得,

以每次取得该项收入为一次。

7. 其他规定

(1) 两个或者两个以上的个人共同取得同一项目收入的,应当对每个人取得的收入分别按照税法规定减除费用后计算纳税。

(2) 个人将其所得对教育事业和其他公益事业捐赠的部分,按照国务院有关规定从应纳税所得中扣除。此处所说的个人将其所得对教育事业和其他公益事业的捐赠,是指个人将其所得通过中国境内的社会团体、国家机关向教育和其他社会公益事业以及遭受严重自然灾害地区、贫困地区的捐赠。

(3) 纳税义务人从中国境外取得的所得,准予其在应纳税额中扣除已在境外缴纳的个人所得税税额。但扣除额不得超过该纳税义务人境外所得依照税法规定计算的应纳税额。此处所说的已在境外缴纳的个人所得税税额,是指纳税义务人从中国境外取得的所得,依照该所得来源国家或者地区的法律应当缴纳并且实际已经缴纳的税额。所说的依照税法规定计算的应纳税额,是指纳税义务人从中国境外取得的所得,区别不同国家或者地区和不同应纳税项目,依照税法规定的费用减除标准和适用税率计算的应纳税额;同一国家或者地区内不同应税项目的应纳税额之和,为该国家或者地区的扣除限额。

四、税率

《中华人民共和国个人所得税法》根据纳税人的不同应税所得项目分别规定了比例税率和超额累进税率两种适用税率形式。

(1) 工资、薪金所得适用七级超额累进税率,最低税率为 3%,最高税率为 45%,如表 11-1 所示。

表 11-1 工资、薪金个人所得税税率表

级数	含税级距	不含税级距	税率/%	速算扣除数/元
一	不超过 1500 元的部分	不超过 1455 元的部分	3	0
二	超过 1500 元至 4500 元的部分	超过 1455 元至 4155 元的部分	10	105
三	超过 4500 元至 9000 元的部分	超过 4155 元至 7755 元的部分	20	555
四	超过 9000 元至 35 000 元的部分	超过 7755 元至 27 255 元的部分	25	1005
五	超过 35 000 元至 55 000 元的部分	超过 27 255 元至 41 255 元的部分	30	2775
六	超过 55 000 元至 80 000 元的部分	超过 41 255 元至 57 505 元的部分	35	5505
七	超过 80 000 元的部分	超过 57 505 元的部分	45	13 505

注:本表所列含税级距与不含税级距,均为按照税法规定减除有关费用后的所得额。含税级距适用于由纳税人负担税款的工资、薪金所得;不含税级距适用于由他人(单位)代付税款的工资、薪金所得。

(2) 个体工商户的生产、经营所得和对企事业单位的承包经营、承租经营所得,适用五级超额累进税率,最低税率为5%,最高税率为35%,如表11-2所示。

表11-2 个体工商户的生产、经营所得和对企事业单位的承包经营、承租经营所得适用税率表

级数	含税级距	不含税级距	税率/%	速算扣除数/元
一	不超过15 000元的部分	不超过14 250元的部分	5	0
二	超过15 000元到30 000元的部分	超过14 250元至27 750元的部分	10	750
三	超过30 000元至60 000元的部分	超过27 750元至51 750元的部分	20	3 750
四	超过60 000元至100 000元的部分	超过51 750元至79 750元的部分	30	9 750
五	超过100 000元的部分	超过79 750元的部分	35	14 750

注:本表所列含税级距与不含税级距,均为按照税法规定以每一纳税年度的收入总额减除成本、费用以及损失后的所得额。含税级距适用于个体工商户、个人独资企业和合伙企业的生产、经营所得以及由纳税人负担税款的承包经营、承租经营所得;不含税级距适用于由他人(单位)代付税款的承包经营、承租经营所得。

(3) 稿酬所得,适用比例税率,税率为20%,并按应纳税额减征30%。

(4) 劳务报酬所得,适用比例税率,税率为20%。对劳务报酬所得一次收入畸高(即个人一次取得劳务报酬所得,其应纳税所得额超过20 000元)的,可以实行加成征收,如表11-3所示。

表11-3 劳务报酬所得适用税率表

级 数	每次应纳税所得额	税率/%	速算扣除数/元
一	不超过20 000元的部分	20	0
二	超过20 000元至50 000元的部分	30	2 000
三	超过50 000元的部分	40	7 000

注:表中的每次应纳税所得额是指每次收入额减除费用800元(每次收入额不超过4000元时)或者减除20%的费用(每次收入额超过4000元时)后的余额。

(5) 特许权使用费所得,利息、股息、红利所得,财产租赁所得,财产转让所得,偶然所得和其他所得,适用比例税率,税率为20%。(注:自2008年10月9日起,对储蓄存款利息所得暂免征收个人所得税。)

五、应纳税额的计算

个人所得税应纳税额,即纳税人取得个人所得税法中所规定的应税所得后,应当按规

定缴纳的个人所得税税款数额。其计算公式为

$$应纳税额=应纳税所得额×适用税率$$

由于个人所得税法所规定的纳税人应纳税所得的项目和扣除费用的标准和适用税率有一定的区别,所以,对不同的应纳税所得计算应纳税额的方法也有所不同。

1. 工资、薪金所得应纳税额的计算

(1) 对普通纳税人来讲,由于税法中所规定的每月费用扣除标准为3500元,所以其应纳税额的计算公式为:

$$应纳税额=(纳税人全月工资、薪金收入总额-3500元)×适用税率-速算扣除数$$

(2) 对享受附加减除费用的纳税人来讲,在计算其应纳税额时,除每月扣除3500元以外,还需附加扣除1300元,所以其应纳税额的计算公式为:

$$应纳税额=(纳税人全月工资、薪金收入总额-4800元)×适用税率-速算扣除数$$

2. 个体工商户的生产、经营所得应纳税额的计算

这类所得适用超额累进税率,应纳税所得额为每一纳税年度的收入总额减除必要的成本、费用后的余额,故该类所得应纳税额的计算公式为

$$应纳税额=(纳税人每一纳税年度的收入总额-成本、费用及损失)×适用税率-速算扣除数$$

3. 对企事业单位的承包经营、承租经营所得应纳税额的计算

这类所得适用超额累进税率,应纳税所得额为每一纳税年度(在一个纳税年度中,承包经营或者承租经营期限不足一年的,以其实际经营期为纳税年度。)的收入总额减除必要费用后的余额。其中,收入总额是指纳税人按照承包经营、承租经营合同规定分得的经营利润和工资、薪金性质的所得。考虑到个人按承包、承租经营合同规定分到的经营利润涉及的生产、经营费用已经扣除,所以,税法规定,"减除必要费用"是指按月减除3500元,实际减除的是相当于个人的生计及其他费用。故该类所得应纳税额的计算公式为:

$$应纳税额=(纳税人应纳税年度承包、承租经营收入额-3500×该年度实际承包、承租经营月份数)×适用税率-速算扣除数$$

4. 劳务报酬所得应纳税额的计算

该类所得适用比例税率,但因对该类所得既有费用扣除的规定,对一次收入畸高的,还有加成征收的规定。所以,在计算应纳税额时,必须掌握费用扣除的标准和加成征收的规定。

(1) 一次性收入不超过4000元的,扣除800元的费用,应纳税额的计算公式为

$$应纳税额=(纳税人每次劳务报酬收入-800元)×20\%$$

(2) 一次性收入超过4000元的,扣除20%的费用,应纳税额的计算公式为

$$应纳税额=纳税人每次劳务报酬收入×(1-20\%)×适用税率-速算扣除数$$

5. 稿酬所得应纳税额的计算

该类所得的适用税率为 20%，但在计算应纳税额时，除有减除费用的规定外，还有减征的规定，所以，其应纳税额也应该分不同情况来计算。

(1) 每次收入不超过 4000 元的，扣除 800 元的费用，应纳税额的计算公式为

$$应纳税额=(纳税人每次稿酬收入-800 元)\times 20\% \times (1-30\%)$$

(2) 每次收入超过 4000 元的，扣除 20%的费用，应纳税额的计算公式为：

$$应纳税额=纳税人每次稿酬收入\times(1-20\%)\times 20\% \times (1-30\%)$$

6. 特许权使用费所得应纳税额的计算

该类所得适用 20%的比例税率，并有费用减除规定。

(1) 每次收入不超过 4000 元的，扣除 800 元的费用，应纳税额的计算公式

$$应纳税额=(纳税人每次收入额-800 元)\times 20\%$$

(2) 每次收入超过 4000 元的，扣除 20%的费用，应纳税额的计算公式为

$$应纳税额=纳税人每次收入额\times(1-20\%)\times 20\%$$

7. 财产租赁所得应纳税额的计算

在确定财产租赁所得的应纳税所得额时，纳税人在出租财产过程中缴纳的税金和教育费附件，可持完税(缴款)凭证，从其财产租赁收入中扣除。纳税义务人出租财产取得财产租赁收入，在计算征税时，除可依法减除规定费用和有关税、费外，还准予扣除能够提供有效、准确凭证，证明由纳税人负担的该出租财产实际开支的修缮费用。允许扣除的修缮费用，以每次 800 元为限，一次扣除不完的，准予在下一次继续扣除，直至扣完为止。

该类所得适用 20%的比例税率，但对个人按市场价格出租的居民住房取得的所得，自 2001 年 1 月 1 日起，暂减按 10%的税率征收个人所得税。

(1) 每月租金减掉应缴纳的其他税费及允许扣除的其他费用的余额未超过 4000 元时，再扣除 800 元的费用，应纳税额的计算公式为

$$应纳税额=[纳税人每次(月)收入额-准予扣除项目-修缮费用(800 元为限)-800 元] \times 20\%$$

(2) 每月租金减掉应缴纳的其他税费及允许扣除的其他费用的余额超过 4000 元时，再扣除 20%的费用，应纳税额的计算公式为

$$应纳税额=[纳税人每次(月)收入额-准予扣除项目-修缮费用(800 元为限)]\times(1-20\%)\times 20\%$$

8. 财产转让所得应纳税额的计算

该类所得适用 20%的比例税率，但根据税法规定，在计算财产转让所得的应纳税所得额时，应该用转让财产的收入减除财产原值和合理税费。其应纳税额的计算公式为

$$应纳税额=(转让财产的收入-财产原值-合理税费)\times 20\%$$

9. 利息、股息、红利所得，偶然所得和其他所得应纳税额的计算

这三类所得均适用 20%的比例税率，并均无减除费用的规定，其应纳税额的计算方法一样。应纳税额的计算公式为

$$应纳税额=每次收入额×20\%$$

10. 特殊情况应纳税额的计算

(1) 扣除捐赠款的应纳税额的计算。

税法规定，个人将其所得对教育事业和其他公益事业捐赠的部分，允许从应纳税所得额中扣除。上述捐赠，是指个人将其所得通过中国境内的社会团体、国家机关向教育和其他社会公益事业以及遭受严重自然灾害地区、贫困地区的捐赠。

一般捐赠额的扣除以不超过纳税人申报的应纳税所得额 30%为限。允许扣除的捐赠额=实际捐赠额≤捐赠扣除限额的部分；实际捐赠额大于捐赠扣除限额时，只能按捐赠限额扣除。

$$应纳税额=(应纳税所得额-允许扣除的捐赠额)×适用税率-速算扣除数$$

(2) 两人或者两人以上共同取得同一项目收入的应纳税额的计算。

两个或者两个以上的个人共同取得同一项目收入的，如编著一本书，参加同一场演出等，应当对每个人取得的收入分别按照税法规定减除费用后计算纳税，即实行"先分、后扣、再税"的办法。

(3) 境外所得已纳税款抵免的应纳税额的计算。

税法规定，纳税人从中国境外取得的所得，准予其在应纳税额中扣除已在境外缴纳的个人所得税税额，但扣除额不得超过该纳税人境外所得依照税法规定计算的应纳税额。

$$应纳税额=\sum[(来自某国家或者地区的某一应税项目的所得-费用扣除标准)×适用税率-速算扣除数]-允许抵免额$$

【案例点击】

某中国居民纳税人在同一纳税年度，从 A、B 两国取得应税收入。其中：在 A 国一公司任职，取得工资、薪金收入 60 000 元(平均每月 5000 元)，因提供一项专利技术使用权，一次性取得特许权使用费收入 30 000 元，该两项收入在 A 国缴纳个人所得税 4500 元；因在 B 国出版著作，获得稿酬收入 15 000 元，并在 B 国缴纳该项收入的个人所得税 1720 元。计算其应纳的个人所得税。

【点石成金】

(1) 从 A 国取得所得的税收抵免限额为：[(5000-4800)×3%]×12+30 000×(1-20%)×20%=4872(元)。该纳税义务人在 A 国实际缴纳个人所得税 4500 元，低于抵免限额，可以全额抵扣。

(2) 从 B 国取得稿酬所得的税收抵免限额为：[15 000×(1-20%)]×20%×(1-30%)=1680(元)。该纳税义务人的稿酬所得在 B 国实际缴纳个人所得税 1720 元，超出抵免限额 40 元，不能在本年度扣除，但可以在以后 5 个纳税年度内，用该国每年度抵免限额减除当年应抵税额后的余额进行抵补。

综合上述计算结果，该纳税义务人在本年度总的境外所得，应在中国补缴个人所得税 372 元[(4872+1680)-(4500+1680)]。其中 B 国缴纳的个人所得税未抵免完的 40 元，可在中国税法规定前提条件下补减。

六、个人所得税优惠政策

1. 法定免税项目

按照现行个人所得税法规定，个人取得的下列所得免予缴纳个人所得税：

(1) 省级人民政府、国务院部委、中国人民解放军军以上单位，以及外国组织、国际组织颁发的科学、教育、技术、文化、卫生、体育、环境保护等方面的奖金；

(2) 国债和国家发行的金融债券利息；

(3) 按照国家统一规定发给的补贴、津贴；

(4) 福利费、抚恤金、救济金；

(5) 保险赔款；

(6) 军人的转业费、复员费；

(7) 按照国家统一规定发给干部、职工的安家费、退职费、退休工资、离休工资、离休生活补助费；

(8) 按照中国有关法律规定应当免税的各国驻华使馆、领事馆的外交代表、领事官员和其他人员的所得；

(9) 中国政府参加的国际公约、签订的协议中规定免税的所得；

(10) 经国务院财政部门批准免税的所得。

2. 其他免税项目

1994 年实施新税制以来，国务院、财政部和国家税务总局相继对一些个人取得的所得项目做出了免予缴纳个人所得税的规定，主要包括以下几点：

(1) 教育储蓄存款利息以及国家财政部门确定的其他专项储蓄存款或者储蓄性专项基金存款利息；

(2) 乡、镇以上人民政府或者经县以上人民政府主管部门批准成立的见义勇为基金会或者类似组织发给见义勇为者的奖金和奖品；

(3) 中国科学院和中国工程院院士津贴、资深院士津贴；

(4) 企业和个人按照国家或者地方政府规定的比例提取并向指定的金融机构为个人缴

付的住房公积金、基本医疗保险费、基本养老保险费、失业保险费免征个人所得税；超过规定比例缴付的部分，应当并入个人当期的工资、薪金所得计税。个人领取原来提存的上述款项及其利息的时候，也免征个人所得税；

(5) 下岗职工从事社区居民服务业取得的经营所得和劳务报酬所得，可以定期免征个人所得税；

(6) 为了鼓励个人换购住房，对于出售自有住房并拟在现住房出售后1年内按市场价格重新购房的纳税人，其出售现住房所应缴纳的个人所得税，视其重新购房的价值可全部或部分予以免税；

(7) 军队干部取得的某些特殊补贴、津贴，如军粮差价补贴、夫妻分居补助费等；

(8) 个人与用人单位因解除劳动关系而取得的一次性经济补偿收入，相当于当地上年职工平均工资3倍数额以内的部分，免征个人所得税。

3. 暂免征税项目

(1) 符合国家规定的外籍专家(如联合国组织直接派往我国工作的专家，根据世界银行专项贷款协议由世界银行直接派往我国工作的专家等)的工资、薪金所得；

(2) 外籍个人的某些所得(包括以非现金形式或者实报实销形式取得的住房补贴、伙食补贴、搬迁费、洗衣费；按照合理标准取得的出差补贴；取得的探亲费、语言训练费、子女教育费等，经主管税务机关核准为合理的部分；从外商投资企业取得的股息、红利等项目)；

(3) 个人举报、协查各种违法、犯罪行为获得的奖金；

(4) 个人按照规定办理代扣代缴税款手续取得的手续费；

(5) 个人转让自用5年以上并且是唯一的家庭生活用房取得的所得；

(6) 已经达到离休、退休年龄，由于工作需要而留任的享受政府特殊津贴的专家、学者，在其缓办离休、退休期间取得的工资、薪金所得；

(7) 个人转让公开发行和从市场取得的股票所得；

(8) 科研机构、高等学校转化职务科技成果，以股份、出资比例等股权形式给予个人的奖励；

(9) 个人购买社会福利有奖募捐奖券和体育彩票，一次中奖不超过1万元的中奖所得；

(10) 集体所有制企业改为股份合作制企业时职工个人以股份形式取得的拥有所有权的企业量化资产；

(11) 军队干部取得的军人职业津贴、军队设立的艰苦地区补助、专业性补助、基层军官岗位津贴、伙食补贴。

4. 不征税项目

(1) 独生子女补贴；

(2) 执行公务员工资制度未纳入基本工资总额的补贴、津贴差额和家属成员的副食品补贴；

(3) 托儿补助费；

(4) 差旅费津贴、误餐补贴；

(5) 个体工商户或个人专营种植业、养殖业、捕捞业取得的收入，其经营项目属于农业税、牧业税征税范围，并已征收了农业税、牧业税的；

(6) 股份制企业以股票溢价发行收入所形成的资本公积金转增个人股本时，个人取得的转增股本，不作为个人所得，不征收个人所得税。

5. 减税项目

纳税人有下列情形之一的，经批准可以减征个人所得税：
(1) 残疾、孤老人员和烈属的所得；
(2) 因严重自然灾害造成重大损失的；
(3) 其他经国务院财政部门批准减税的。

第二节　个人税收规划的原则与方法

一、个人税收规划的原则

个人税收规划是指个人或企业进行的旨在减轻税负的谋划与对策。个人在进行税收规划时，应该遵循以下几项原则。

1. 合法性原则

税收是政府凭借国家政治权利，按照税收法律规定，强制地、无偿地取得财政收入的一种形式。税收法律是国家以征税的方式取得财政收入的法律规范，用以界定税收征纳双方的权利、义务关系，征纳双方都必须遵守。纳税人必须严格按照税法规定尽其义务、享有权利。税收规划必须在不违反法律的原则下寻求少缴纳税款的种种方式。

2. 规范性原则

税收规划不但涉及税务方面的问题，还涉及财务、会计、实体经济活动等方面。税收规划要遵守各领域、各行业、各地区约定俗成或明文规定的各种制度和标准，以规范的行为方式和方法来制订相应的节税方案。

3. 财务利益最大化原则

税收规划的最终目的在于最大化纳税人的可支配财务利益。不仅要考虑节税收益，还要考虑节税成本；不仅要考虑纳税人当前的、短期的财务利益，还要考虑其未来的、长期的财务利益；不仅要考虑纳税人的所得增加，还要考虑纳税人的资本增值等诸多方面。

4. 稳健性原则

一般来说，纳税人的节税利益越大，风险也越大。各种节减税收的预期方案都有一定的风险，如税制变化风险、市场风险、利率风险、债务风险、汇率风险、通货膨胀风险等。税收规划要尽量使风险最小化，要在节税收益与节税风险之间进行必要的权衡，以保证能够真正取得财务利益。

5. 综合性原则

通过税收规划，必须使纳税人整体税负水平降低。为纳税人进行税收规划不能只以单税种短期税负轻重作为选择纳税方案的唯一标准，还应着眼于实现纳税人的综合利益目标。另外，在进行一种税的税收规划时，还要考虑与之有关的其他税种的税负效应，进项整体规划，综合衡量，力求整体税负和长期税负最轻，防止顾此失彼、前轻后重。

6. 便利性原则

当纳税人可选择的税收规划方案有多个时，应选择简单、容易操作的方案。能够就近解决的，不舍近求远。

7. 节约性原则

税收规划可以使纳税人获得利益，但无论是由自己内部规划，还是由外部规划，都要耗费一定得人力、物力和财力。税收规划要尽量使规划成本费用降低到最低程度，使规划效益达到最大限度。

二、个人税收规划的基本方法

个人税收规划的基本方法可以归纳为七种：利用免税的方法、利用减征的方法、利用税率差异的方法、利用扣除技术的方法、利用抵免的方法、利用缓税的方法和利用税收优惠政策。在具体操作中，这七大方法不是一成不变的，而是可以相互转化的。

1. 利用免税的方法

免税是国家对特定地区、行业、企业、项目或情况给予纳税人完全免征税收优惠或奖励扶持照顾的一种措施。免税一般分为法定免税、特定免税和临时免税三种。在这三类免税中，法定免税是主要方式，特定免税和临时免税是辅助方式，是对法定免税的补充。世界各国一般对特定免税和临时免税都有极严格的控制，尽量避免这类条款产生的随意性和不公正性。由于我国正处于转型时期，所以税法中存在大量的特定免税条款和临时免税条款。

免税实质上相当于财政补贴,一般有两类免税:一类是照顾性的免税,另一类是奖励性免税。照顾性免税一般是在比较苛刻的条件下取得的,所以纳税规划不能利用这项条款达到节税的目的,只有取得国家奖励性质的免税才能达到目的。

运用免税条款的过程中,尽量注意做到以下两点。一是尽量使免税期最长化。在合理合法的情况下,尽量使其最长化,免税期越长,节减的税款就越多。二是尽量争取更多的免税待遇。在合法合理的情况下,尽量争取免税待遇,争取可能多的免税项目。与缴纳的税收相比,免税越多,节减的税款也就越多。

2. 利用减征的方法

税收减征,是按照税收法律、法规减除纳税人一部分应纳税款,是对某些纳税人、征税对象进行扶持、鼓励或照顾,以减轻税收负担的一种特殊规定。与免税一样,也是税收灵活性与严肃性相结合制定的一项措施,也是各个国家尤其是中国目前采取的一种最普遍的措施。由于免税和减免在税法中经常结合使用,人们习惯上统称为减免技术。

减税技术在使用时应注意把握两点。一是尽量使用减税期最长化。在合理合法的情况下,尽量使减税期最长化。因为,减税时间越长,节减的税款越多。二是尽量使减税项目最多化,减税项目越多,节减的税款越多。

3. 利用税率差异的方法

利用税率差异是指在合理合法的情况下,利用税率的差异而直接节减税收的规划技术。个人可以利用税收中税率之间的差异来节减税收实现税收规划的目的。例如,甲地区的税率为33%,乙地区的税率为24%,丙地区的税率为15%,那么,在其他条件相似或基本相同的条件下,投资者到丙地进行投资,就比甲、乙地区节减不少的税款。

税率差异在运用中应注意两点:一是尽可能地寻找税率最低的地区、产业,使其适用税率最低化,而且税率差异越大,个人的获利能力就越高;二是尽量寻求税率差异的稳定性和长期性。税率差异一般具有时间性和稳定性两个特征,但并不是一成不变的,随着时间的推移和税法制度的改变会发生变化,如政策的变化和享受优惠政策时间的到期,税率也就会发生变化,因此,应想办法使税率差异的时间最长化和稳定化。

4. 利用扣除技术的方法

扣除技术即税前扣除技术,是指在计算缴纳税款时,对于构成计税依据的某些项目,准予从计税依据中扣除的那一部分税收。扣除技术是税收制度的重要组成部分,许多税种对扣除项目、扣除多少都作了比较详细的规定。这些准予扣除的项目扣除的范围,有些是对所有纳税人通用的,有些则只是对某些特定的纳税人或征税对象而设计的,应严格区分开来。

在运用扣除技术时,一般应注意以下三点。一是扣除金额最大化。在税法允许的情况下,尽量使各项扣除的项目按上限扣除,用足用活扣除政策,因为扣除金额的最大化,就意味着应缴税基数的最小化,扣除的金额越大,缴税就越小。二是扣除项目最多化。个人应尽量将照税法允许的扣除项目一一列出,凡是符合扣除的项目,都要依法给予扣除,因为扣除项目越多,计税基数就越小,节减的税款就越多。三是扣除最早化。在税法允许的范围之内,尽可能地使各种允许的扣除的项目尽早得到扣除,因为扣除越早,缴纳的税金就越少,节省的税金就越多,相对节减的税款就越多。

5. 利用抵免的方法

抵免技术是指当对纳税人来源于国内外的全部所得或财产所得课征所得税时,允许以其在国外已缴纳的所得税或财产税税款抵免应纳税款的一种税收优惠方式,是解决国际所得或财产重复征税的一种措施。例如,某纳税人源于中国境外的所得为100 000万元,已在境外缴纳的企业所得税为20 000元(该国适用企业所得税率20%),按照我国税率25%计算应补缴的税款为100 000×25%-20 000=5000元。

抵免技术在运用时应注意以下两点。一是抵免项目最多化。在税法规定的可以抵免的范围内,尽可能地把能参与抵免的项目全部抵免,因为参加抵免的项目越多,就意味着节减的利润越多。二是抵免金额最大化。在税法允许的范围内,尽可能地使参加抵免的项目的金额最大化,抵免的金额越大,应纳税额就越小,因而节减的税款就越多。

6. 利用缓税的方法

缓税技术,又称延期纳税技术,是对纳税人应纳税款的部分或全部的缴纳期限适当延长的一种特殊规定。为了照顾某些纳税人缺少资金或其他特殊原因造成纳税困难,许多国家都制定了有关延期纳税的条款。有的是对某个税种规定了准予缓纳,有的则是对所有税种都可以缓纳。尽管采用缓纳技术不能使应缴纳的税款免纳或少纳,但它使应该缴纳的税款可以向后推迟一段时间,而且不需支付任何报酬,这就相当于从政府手中拿到了一笔无息贷款,不仅节省了利息支出,而且因通货膨胀带来了好处,变相降低了应纳税额。

缓税技术在使用中应该注意两点。一是使缓纳时间最长化。在税法规定的时间内,尽量争取缓纳的时间最长,因为延长的时间越长,相对节减的税收也就越多。二是缓纳的项目最多化。争取在税法允许的范围内,找足找齐各种原因,经税务机关批准,使这些项目纳入缓纳项的行列,因为缓纳的项目越多,节税也就越多。

7. 利用税收优惠政策的方法

税收优惠是国家税制的一个组成部分,是政府为了达到一定政治、社会和经济目的,而对纳税人实行的税收鼓励。个人所得税规划可以通过合理设计,享受税收优惠带来节税好处,主要应争取更多的减免税待遇,充分利用起征点、免征额,递延纳税时间,缩小纳税依据等。

第三节 个人税收规划实务

一、纳税人身份设计规划

世界各国对个人所得税纳税义务人的界定大多遵循住所和时间两个判定标准，因此，在税收规划中可以通过对住所和居住时间的合理规划，尽量避免成为居民纳税人，以实现少缴纳税款的目的。

(一)居民纳税人与非居民纳税人的转换

1. 转移住所

通过个人住所或居住地跨越税境的迁移，以实现减轻税负的目的。①通过转移住所免除纳税义务：纳税人把自己的居所迁出某一国，但又不在任何地方取得住所，从而躲过所在国对其纳税身份的确认，进而免除个人所得税的纳税义务。②通过转移住所减轻纳税义务：纳税人把自己的居住地由高税国向低税国转移，以躲避高税国政府对其行使居民管辖权。具体办法是：将个人住所真正迁出高税国，或者利用有关国家居民身份界限的不同规定或模糊不清实现虚假迁出，即仅在法律上不再成为高税国的居民，或者通过短暂迁出和成为别国临时居民的办法，以求得对方国家的特殊税收优惠。

2. "税收流亡"

在实行居民管辖权的国家，对个人居民身份的确立，除了采用上述的住所标准外，不少国家还采用时间标准，即以在一国境内连续或累计停留时间达到一定标准为界限。这就给纳税人进行税收规划提供了可以利用的机会。纳税人可以不停地从这个国家向那个国家流动，确定自己成为任何一个国家的居民，既能从这些国家取得收入，又可以避免承担其中任何一个国家的居民纳税义务。上述行为，在国家税收领域里通常称为"税收流亡"或"税收难民"。

例如：甲国规定凡在该国连续或累计逗留时间长达 1 年以上者，为其居民；而乙国对这一居住时间的规定也为 1 年；丙国则规定为半年。这样，纳税人就可以通过在这些国家之间调整居住时间，即把在这些国家停留的时间压缩到短于征税规定的天数，在甲国居住 10 个月，在乙国居住 9 个月，然后再到丙国逗留 5 个月或更短的时间，从而可以合法地避免成为这些国家的居民。甚至有些纳税人根本不购置住所，而是通过旅游的方式，如在旅馆、船舶、游艇等场所居住，以躲避成为有关国家的居民。

3. 合理安排居住时间

在实行收入来源地管辖权的国家,对临时入境者和非居民大多提供税收优惠。临时性和非居住性的确定多以人员在这些国家逗留时间长短为标准。如中国规定,外国人在中国境内居住时间连续或累计居住不超过 90 日,或者在税收协定规定的期间内连续或累计居住不超过 183 日的个人,其来源于中国境内的所得,由中国境外雇主支付不是由该雇主设在中国境内机构负担的工资、薪金所得免于缴纳所得税。

【案例点击】

乔治、布莱克和史密斯三位先生均系美国人,而且都是美国 AB 公司高级雇员。因工作需要,乔治和布莱克两位先生于 2013 年 12 月 8 日被美国总公司派往在中国设立的分公司里工作,在北京业务区。紧接着 2014 年 2 月 10 日史密斯先生也被派往中国开展业务,在上海业务区工作。其间,各自因工作需要三人均回国述职一段时间。乔治先生于 2014 年 7 月至 8 月回国两个月,布莱克和史密斯两位先生于 2014 年 9 月回国 20 天。

2015 年 1 月 20 日,发放年终工资薪金。乔治先生领得中国分公司支付的工资薪金 10 万元,美国总公司支付的工资薪金 1 万美元。布莱克和史密斯先生均领得中国分公司的 12 万元和美国总公司的 1 万美元。公司财务人员负责代扣代缴个人所得税,其中乔治和史密斯两人仅就中国分公司支付的所得缴税,而布莱克先生则两项所得均要缴税。布莱克先生不明白,便问财务人员。财务人员的答复是布莱克先生为居民纳税人,而乔治和史密斯两先生是非居民纳税人。

【点石成金】

在本案例中,乔治等三人均习惯性居住在美国,而且其户籍和主要经济利益地也为美国,中国只不过是临时工作地,因而均不能被认定为在中国境内有住所。

这里的"居住满一年",根据《个人所得税法实施条例》第三条的规定,是指在中国境内居住 365 日。临时离境的,不扣除天数。所谓临时离境是指在一个纳税年度一次不超过 30 日或多次累计不超过 90 日的离境。这里的纳税年度是指从公历 1 月 1 日到 12 月 31 日的期间。即如果一个纳税人在中国境内实际居住时间已超过 365 天,但从每一纳税年度看都没有居住满 1 年,则该个人不能被认定为中国的居民纳税人。

在本案例中,乔治先生一次性出境两个月,明显超过 30 天的标准,因而应定为居住不满 1 年,为非居民纳税人;史密斯先生于 2014 年 2 月 10 日才来中国,在一个纳税年度里(1月 1 日到 12 月 31 日)没居住满一年,因而也不是居民纳税人;只有布莱克先生在 2014 年纳税年度 1 月 1 日至 12 月 31 日期间,除临时离境 20 天,其余时间全在中国,居住满一年。因而属于居民纳税人,其全部所得均应缴纳个人所得税。

(二)针对经营所得的纳税人身份规划

随着经济发展,个人收入水平不断提高,个人实业投资也越来越多。作为投资者个人,在进行投资前必须对不同的投资方式进行比较,以选择最佳方式进行投资。

1. 承包、承租经营的规划

个人对企事业单位的承包、租赁经营形式较多,分配方案也不尽相同。《国家税务总局关于个人对企事业单位实行承包经营、租赁经营取得所得征税问题的通知》(国税发[1994]第179号)对此做了适当分类并规定了相应的税务处理方法。

(1) 企业实行个人承包、承租经营后,如果工商登记仍为企业的,不管其分配方式如何,均应先按照企业所得税的有关规定缴纳企业所得税。承包经营、承租经营者按照承包、承租经营合同(协议)规定取得的所得,依照个人所得税法的有关规定缴纳个人所得税,具体为以下两点。

① 承包、承租人对企业经营成果不拥有所有权,仅是按合同(协议)规定取得一定所得的,其所得按工资、薪金所得项目征税,适用5%～45%的九级超额累进税率。

② 承包、承租人按合同(协议)的规定只向发包、出租方缴纳一定费用后,企业经营成果归其所有的,承包、承租人取得的所得,按对企事业单位的承包经营、承租经营所得项目征税,适用5%～35%的五级超额累进税率征税。

(2) 企业实行个人承包、承租经营后,如工商登记改变为个体工商户的,应依照个体工商户的生产、经营所得项目计征个人所得税,不再征收企业所得税。

【案例点击】

陈先生准备承包一企业,承包期为2014年1月1日至2014年12月31日。期间,上交企业承包费80 000元,预计实现经营利润93 000元,陈先生不领取工资。已知该地区规定的业主费用扣除标准为每月3500元。这里有两个方案可供选择:方案一,将原企业的工商登记改为个体工商户;方案二,仍用原有企业的营业执照。

【点石成金】

方案一:陈先生将原来企业的工商登记改为个体工商户。这样,其经营所得就按个体工商户的生产经营所得计算缴纳个人所得税。假定该地区规定的业主费用扣除标准为每月3500元。

本年度应纳税所得额:93 000-3500×12=51 000(元)

全年应纳税额:51 000×20%=10 200(元)

陈先生实际取得的税后利润:93 000-10 200=82 800(元)

方案二:如果陈先生仍使用原企业的营业执照,则按规定在缴纳企业所得税后,还要就其税后所得再按承包、承租经营所得缴纳个人所得税。在这种情况下，上缴的承包费不得在企业所得税前扣除。

该企业应纳税所得额：93 000+80 000(承包费)=173 000(元)

应纳企业所得税：173 000×25%=43 250(元)

陈先生实际取得承包、租赁收入：93 000-43 250=49 750(元)

应纳个人所得税：(49 750-3500×12)×5%=387.5(元)

陈先生实际取得的税后利润：49 750-387.5=49 362.5(元)

通过比较，方案一比方案二多获得利润33437.5元(即 82 800-49 362.5)。

2. 企业组织形式的选择

一般说来，个人直接投资有两类经济组织形式可供选择，一类是法人企业，以有限责任公司为代表；另一类是非法人企业，以个人独资企业、合伙企业为代表。从税法角度来讲，有限责任公司不仅要单独缴纳企业所得税，而且其投资者从公司分得的红利应另征个人所得税。这里就存在着双重征税问题，增加了投资者的实际税收负担。而2000年6月国务院宣布，自2000年1月1日起，对个人独资企业和合伙企业停止征收企业所得税，其投资者的生产经营所得，比照个体工商户的生产、经营所得征收个人所得税。一般来讲，同等收入水平下，有限责任公司的税负最重，投资者只承担有限责任，风险相对较小；个体工商户、个人独资企业和合伙企业由于要承担无限责任，风险较大。这些在规划中都必须考虑。

二、从征税范围角度规划

个人所得税的征收范围几乎包括了所有的个人收入项目。因此，选择合理的收入支付方式，把部分收入项目通过提供福利设施、报销费用的形式将其排除在个人所得税的征收范围之外，以减少收入总额，取得减轻税负的税收利益。尤其是在工资、薪金所得及个体工商户生产、经营所得适用超额累进税率的情况下，还能起到降低税率带来的好处。

1. 收入项目福利化

由于工资、薪金实行累进税制，对个人的支出只确定一个固定的扣除额，这样收入越高支付的税金越多。因此，如果企业将带有普遍性的职工福利以现金的形式直接支付给个人，将增加个人的税收负担，如果由于企业提供各种福利设施，不将其转化为现金，则不会视为工资收入，也就不必计算个人所得税，从而可以减轻个人税负。

2. 收入项目费用化

收入项目费用化即通过报销费用支出的方法降低个人收入总额，以达到减轻税负的目的。如纳税人可以通过报销职工医药费、旅游费用及资料费、交通费等形式使收入支付形式费用,以减少应纳税所得额。

【案例点击】

2014年,家在广州的刘某被上海一公司聘用,月薪25 000元,刘某每月房租支出3000元,每年培训和旅游方面的支出约为45 000元。

刘某年应纳个人所得税=[(25 000-3500)×25%-1005]×12=52 440(元)

刘某一年缴纳的个人所得税就相当于他两个多月的工资,而且扣除了个人所得税及上述支出后,其年收入仅剩166 560元(25 000×12-52 440-3000×12-45 000)。

如果事先进行规划,怎样做可增加其税后收入?

【点石成金】

如果由公司提供条件相近的住宅并负担大致相当的培训和旅游费用,而将月工资改为18 250元,刘某的实际收入就发生了变化。

刘某年应纳个人所得税=[(18 250-3500)×25%-1005]×12=32 190(元)

扣除相关税费后的收入=18 250×12-32 190=186 810(元)

可以看出,在同样消费水平的前提下,刘某的收入增加了20 250元(186 810-166 560),但企业为他付出的费用不变,都是300 000元(18 250×12+3000×12+45 000),而且企业为刘某支付的费用很可能全部税前列支,这样企业还可少缴20 250元[(3000×12+45 000)×25%]的企业所得税。

三、从计税依据角度规划

(一)工资、薪金所得的税收规划

在确定工资、薪金所得应纳税额时,国家根据不同的工资、薪金支付方式规定了不同的费用扣除办法。工资、薪金所得的税收规划主要内容在于缩小计税依据。

1. 工资均匀发放

《个人所得税法》第九条第二款规定,特定行业的工资、薪金所得应纳的税款可以实行按年计算、分月预缴的方法。根据《个人所得税法实施条例》第三十八条的规定,这些行业包括采掘业、远洋运输业、远洋捕捞业以及财政部确定的其他行业。因此,这些行业的纳税人可以利用这项政策使其税负合理化。但在实际生活中,并不仅仅是这些行业的工资起伏较大,故当纳税人在其他行业遇到每月工资变化幅度较大的情况时,就可以借鉴该项政策的做法,将收入平均分摊到每个月,以免多缴税。

在市场竞争比较激烈的环境下,企业的生产经营会时有波动,一段时间是满负荷运作,而另一段时间可能出于半停产状态,员工的工资在年度之间分布不均衡。对此,企业应在事先预测的基础上,尽量把某些月份的高工资分摊到低工资的月份,以适用较低的税率,从而减少应纳税额。

2. 奖金合理发放

税法对雇员取得的全年一次性奖金和其他名目的奖金分别作出规定:纳税人取得全年一次性奖金,单独作为一个月工资、薪金所得计算纳税,以全年一次性奖金与12的商数确定适用税率和速算扣除数;雇员取得除全年一次性奖金以外的其他各种名目奖金,如半年奖、季度奖、加班奖、先进奖、考勤奖等,一律与当月工资、薪金收入合并,按税法规定缴纳个人所得税。因此,若月工资、薪金适用的税率级次低于全年一次性奖金,可以考虑将全年一次性奖金部分分配转移至工资、薪金或者以月奖金形式发放;若全年一次性奖金适用的税率级次低于月工资、薪金适用的税率级次时,可以考虑对工资、薪金的数额进行适当的安排,尽量使得全年一次性奖金的数额接近于其所适用税率档次甚至更低税率档次的临界值(上限值),以保持调整后的全年一次性奖金适用税率级次降低或不变。

(二)个体工商户生产、经营所得的税收规划

1. 增加费用支出

个体工商户、合伙企业以及个人独资企业的应纳税所得额为收入减去发生的成本、费用,因此,在收入总额既定的前提下,尽可能增加准予扣除项目的金额,合理扩大成本、费用开支,就可以减少应纳税所得额,从而减少企业的所得税。

2. 合理选择费用摊销方法

由于个体工商户(合伙企业、个人独资企业)适用五级超额累进税率,每一纳税年度的收入总额减除成本、费用以及损失后的余额为应纳税所得额,因此,规划的总体思路是在可以预见的若干年内合理安排有关费用,以平均分摊为原则,在利润较多的年份做一些技术改造之类的投资,防止利润进入较高税率档次而增加纳税人的税收负担。也可以采用提前确定费用、推后确定收益的方法以推迟收益的实现时间,从而达到递延纳税的目的。

1) 选择合理的折旧方法和折旧年限

(1) 合理选择折旧方法。折旧方法的选择应立足于使折旧费用的抵税效应得到最充分或最快的发挥。不同企业应选择不同的折旧方法,以使企业的所得税税负降低。

(2) 合理确定折旧年限。对于折旧年限,税法和会计法规都赋予较大的弹性空间,税法只规定了各类固定资产的最低折旧年限,这为企业通过选择折旧年限,达到最大限度地列支折旧费用、充分发挥折旧费用的抵税作用提供了可能。盈利企业选择最低的折旧年限,有利于加速固定资产的回收,使计入成本的折旧费用前移、应纳税所得额尽可能地后移,相当于从国家取得一笔无息贷款,从而相对降低纳税人的所得税税负。享受所得税税收优惠政策的企业,选择较长的折旧年限有利于企业充分享受税收优惠,把税后优惠政策对折

旧费用抵税效益的抵消作用降到最低限度。亏损企业确定最佳折旧年限必须充分考虑企业亏损的税前弥补规定。如果某一纳税年度的亏损额不能在今后的纳税年度中得到税前弥补或不能全部得到税前弥补，则该纳税年度折旧费用的抵税效应就不能发挥或不能完全发挥作用。在这种情况下，纳税人只有通过选择合理的折旧年限，使因亏损税前弥补不足对折旧费用抵税效应的抵消作用降到最低程度。

2) 选择合理的存货计价方法

从税收规划的角度来看，由于原材料存货的价格一般总是上升的，因此，纳税人采用后进先出法比较好。存货计价方法的选择应有利于本期多结转成本，以便使成本上升，从而冲减利润，减少计税依据，减轻所得税税负。

3) 选择合理的费用分摊方法

企业在生产、经营中发生的主要费用包括财务费用、管理费用和产品销售费用。这些费用的多少将会直接影响成本的大小。当企业成本费用的支付期与归属期不一致时，就必须按照权责发生制原则加以确认，并采用一定的分摊方法进行分摊。

4) 选择合理的筹资方法

企业的筹资渠道主要有：财政资金、金融机构信贷资金、企业自有资金、企业之间相互拆借、企业内部集资、发行债券或股票筹资、商业信用筹资、租赁筹资等。从纳税的角度看，这些筹资渠道产生的纳税效果有很大差别，对某些渠道的利用可以有效地帮助企业减轻税负，获得税收上的好处。

(三)对企事业单位承包、租赁所得的税收规划

纳税人承包、租赁经营所得可能出现有的年份收入过高，有的年份收入过低等现象，在按年计算所得税的情况下，纳税人在高收入年份将被课以较高的税率。因此，应合理安排收入的实现时间及每次获得收入的金额，使收入尽可能在各个纳税期限内保持均衡。

(四)劳务报酬所得的税收规划

虽然劳务报酬所得统一适用20%的比例税率，但由于对一次性收入畸高实行加成征收，实际上相当于适用三级超额累进税率。所以，劳务报酬所得规划方法的一般思路是：通过增加费用开支尽量减少应纳税所得额，或者通过延迟收入、平均收入法，将每一次的劳务报酬所得安排在较低税率的范围内。

1. 分项计算

劳务报酬所得以每次收入额减除一定费用后的余额作为应纳税所得额。《个人所得税法实施条例》中总共列举了二十几种形式的劳务报酬所得，对于这些所得属于一次性收入的以取得该项收入为一次；属于同一项目连续性收入的，以一个月内取得的收入为一次。这里的同一项目是指劳务报酬所得列举具体劳务项目中的某一单项。个人兼有不同劳务报酬

所得，应当分别减除费用，计算缴纳个人所得税。

2. 合理安排支付次数

在现实生活中，由于种种原因，某些行业的收入获得具有阶段性，在某些时期收入可能较多，而另一些时期较少甚至没有收入。这样就有可能在收入较多时适用较高税率，在收入较少时适用较低税率，甚至可能达不到基本的抵扣额，结果造成总体税负较高。因此，可通过合理安排，增加支付次数，并且使每次支付金额比较平均，从而适用较低税率。

3. 费用转移

为他人提供劳务以取得报酬的个人可以考虑由对方提供一定的福利，将本应由自己承担的费用改由对方承担，以达到规避个人所得税的目的。如由对方提供餐饮服务、报销交通费、提供办公用品、安排试验设备等，扩大费用开支范围，相应减少自己的劳务报酬总额，从而使该项劳务报酬所得适用较低税率。

【案例点击】

黄某 2014 年 3 月给几家公司提供劳务，同时取得多项收入：给某设计院设计了一套工程图纸，获得设计费 2 万元；给某外资企业当 10 天兼职翻译，获得 1.5 万元的翻译报酬；给某民营企业提供技术服务，获得该公司的 3 万元报酬。

【点石成金】

（1）如果黄某不懂税法，将各项所得加总缴纳个人所得税款。

应纳税所得额=(20 000+15 000+30 000)×(1−20%)=52 000(元)

应纳税额=52 000×40%−7000=13 800(元)

（2）如果改由设计院提供免费食宿，实际支付给黄某设计费 1.8 万元；民营企业分三次(3、4、5 月每月各一次)支付技术服务费，每次支付给黄某 1 万元；同时，税款分项计算，则计算如下：

设计费应纳税额=18 000×(1−20%)×20%=2880(元)

翻译费应纳税额=15 000×(1−20%)×20%=2400(元)

技术服务费应纳税额=[10 000×(1−20%)×20%]×3=4800(元)

共计应纳税额=2880+2400+4800=10 080(元)

通过规划，可以少缴税款 3720 元(即 13 800−10 080)。

(五)稿酬所得的税收规划

1. 系列丛书规划法

我国《个人所得税法》规定，个人以图书、报刊方式出版、发表同一作品(文字作品、书画作品、摄影作品以及其他作品),不论出版单位是预付还是分笔支付稿酬,或者加印该作品再付稿酬,均应合并稿酬所得按一次计征个人所得税。但对于不同的作品却是分开计税,这就给纳税人的规划创造了条件。如果一本书可以分成几个部分,以系列丛书的形式出现,则该作品将被认定为几个单独的作品,单独计算纳税,这在某些情况下可以节省纳税人不少税款。

2. 著作组规划法

根据个人所得税法的有关规定,两个或两个以上的个人共同取得同一项目收入的,应当对每个人取得的收入分别按照税法规定减除费用后计算纳税,即实行"先分、后扣、再税"的办法。如果一项稿酬所得预计数额较大,可以考虑使用著作组规划法,即改一本书由一个人写为多个人合作创作。和上一种方法一样,该种规划方法利用的是低于4000元稿酬的800元费用抵扣,该项抵扣的效果是大于20%抵扣标准。

该种规划方法,除了可以使纳税人少缴税款外,还具有以下好处:首先,这种著作方法可以加快创作的速度,使得一些社会急需的书籍早日面市,使得各种新观点以最快的方式出现,从而促进知识的进步。其次,集思广益,一本书在几个水平相当作者的共同努力下,其水平一般会比一个人单独创作更高,但这要求各创作人具有一定的水平,而且各人都应尽自己最大努力写其擅长的部分。最后,对于著作人来说,其著作成果更容易积累。

3. 再版规划法

这种规划方法就是在作品市场看好时,与出版社商量采取分批印刷的办法,以减少每次收入量,节省税款。《个人所得税法》规定,个人每次以图书的形式在两处或两处以上出版、发表或再版同一作品而取得的稿酬所得,则可分别各处取得的所得或再版所得按分次所得计征个人所得税。因此,在某些情况下也可以考虑再版这种规划方法。

由于出版社对一本书再版比较麻烦,因此这种规划方法具有一定的局限性,而且一般也只是作为辅助的规划方法使用。

4. 费用转移规划法

根据税法规定,个人取得的稿酬所得只能在一定限额内扣除费用。众所周知,应纳税款的计算是用应纳税所得额乘以税率而得,税率是固定不变的,应纳税所得额越大,应纳税额就越大。如果能在现有扣除标准下,再多扣除一定的费用,或想办法将应纳税所得额减少,就可以减少应纳税额。一般的做法就是和出版社商量,让其提供尽可能多的设备或服务,这样就将费用转移给了出版社,自己基本上不负担费用,使得自己的稿酬所得相当于享受到两次费用抵扣,从而减少应纳税额。可以考虑由出版社负担的费用有以下几种:资料费、稿纸、绘画工具、作图工具、书写工具、其他材料费、交通费、住宿费、实验费、用餐费、实践费等,有些行业甚至可以要求提供办公室以及电脑等办公设备。

【案例点击】

某税务专家准备写一本关于纳税规划的著作，需要到广东省进行实地考察研究，由于该税务专家学术水平很高，预计这本书的销路看好。出版社与该税务专家达成协议全部稿费20万元，预计到广东考察费用支出5万元。试问，该税务专家应该如何规划？

【点石成金】

(1) 如果该税务专家单独著作，并自己负担费用，则可能的纳税情况是：

应纳税额=200 000 ×(1-20%)×20%×(1-30%)=22 400(元)

(2) 如果该税务专家采取著作组规划法，并假定该著作组共5人，同时改由出版社支出费用，限额为50 000元，则可能的纳税情况是：

应纳税额=[(200 000-50 000)/5 ×(1-20%)×20%×(1-30%)]×5=16 800(元)

节省了税款5600元(即22 400-16 800)。

(六)其他所得的税收规划

1. 特许权使用费所得的税收规划

特许权使用费所得以个人每次取得的收入定额或定率减除规定费用后的余额为应纳税所得额，费用扣除计算方法与劳务报酬所得相同。每次收入不超过4000元的，定额减除费用800元；每次收入在4000元以上的，定率减除20%的费用。其中，每次收入是指一项特许权的一次许可使用收取的收入。对个人在技术转让过程中所支付的中介费，若能提供有效、合法凭证，允许从其所得中扣除。在这方面的税收规划对于从事高科技研究、发明创造等人来讲，意义非常重大。

2. 财产租赁所得的税收规划

财产租赁所得一般以个人每次取得的收入定额或定率扣除规定费用后的余额为应纳税所得额。每次收入不超过4000元的，定额减除费用800元；每次收入在4000元以上的，定额减除20%的费用。财产租赁所得以一个月内取得的收入为一次。所以在纳税人投资对外租赁资产时即应开始规划，取得一项资产对外租赁额大，取得两项或多项资产分别对外租赁，获得的总收入额至少与一项资产对外租赁额持平，但其中每一份收入都可分别扣除费用。如果每份收入额小于4000元，则多项资产分别出租的应纳税额一定小于出租一项大资产的应纳税额。而且，每份收入额小到低于当地营业税起征点，还可免征营业税。

税法还规定，纳税义务人出租财产取得财产租赁收入，在计算征税时，除可依法减除规定费用和有关税、费外，还准予扣除能够提供有效、准确凭证，证明由纳税义务人负担的该出租财产实际开支的修缮费用。允许扣除的修缮费用，以每次800元为限，一次扣除不完的，准予在下一次继续扣除，直至扣完为止。如果打算修缮租赁财产，在财产租赁期间修缮更为有利，每月扣除 800 元修缮费用，可减少 160 元个人所得税。

3. 利息、股息、红利所得的税收规划

利息、股息、红利所得以个人每次取得的收入额为应纳税所得额，不得从收入额中扣除任何费用，适用 20%的比例税率。针对这类税收的规划方法主要有以下两种。

1) 专项基金规划法

一般的做法就是将个人的存款以教育基金、住房公积金、医疗保险金、基本养老保险金、失业保险基金等免税基金的形式存入金融机构，以减轻自己的税收负担。这样不仅自己少缴税款，而且也能保障子女将来的教育开销和家庭的正常生活秩序。但使用这种方法具有一定的局限性，这就是这些基金的存放一般都规定了一个最高数额限制。比如教育储蓄每一账户的最高限额为 2 万元，对于拥有大量资金的储户来说不适用，加上我国出台了储蓄存款实名制，使运用该种方法进行的纳税规划活动受到一定的限制。

2) 所得再投资规划法

对于个人因持有公司股票、债券而取得的股息、红利所得，税法规定予以征收个人所得税。但为了鼓励企业和个人进行投资和再投资，各国都不对企业留存未分配利润征收所得税。因此，可以通过利润暂不分配，以享受递延纳税的好处。如果个人对企业的前景看好，就可以将本该领取的股息、红利所得留在企业，作为对企业的再投资，既避免缴纳个人所得税，又可获得更大好处。

4. 偶然所得规划

偶然所得因为所得的偶然性，纳税规划空间很小。

税法规定，对个人购买社会福利有奖募捐奖券一次中奖收入不超过 1 万元的，暂免征收个人所得税；对一次中奖收入超过 1 万元的，应按税法规定全额征收个人所得税；对个人购买体育彩票一次中奖收入不超过 1 万元的，暂免征收个人所得税；超过 1 万元的，应按税法规定全额征收个人所得税。1 万元时临界点，相当于此两项中奖收入的起征点。个人购买体育彩票一次中奖收入 1 万元的净收入是 1 万元；如果一次中奖收入为 11 000 元，净收入为 8800 元(11 000-11 000×20%)，反比中 10 000 元少收入 1200 元。所以有关单位设置奖项时，奖金如果要超过 10 000 元，就应高于 12 500 元，才不会出现中奖额多了，实际收入反而少了的情况。

四、税率规划

利用税率进行规划，利用将高税率所得项目转化成低税率所得项目的方法，以实现少缴纳税款、减轻税负的目的。

(一)合理安排应税所得

个人所得税中,工资、薪金所得,个体工商户的生产、经营所得,对企事业单位的承包经营、承租经营所得以及劳务报酬所得实行超额累进税率,因此,可通过改变支付次数、收入均衡支付等方法,以降低每次的应纳税所得额,避免一次收入过高而适用高税率的情况。

(二)高税率项目转换为低税率项目

工资、薪金所得适用的是3%~45%的七级超额累进税率;个体工商户的生产、经营所得和对企事业单位的承包、承租经营所得适用5%~35%的五级超额累进税率;劳务报酬适用的是三级超额累进税率;稿酬所得适用的是14%的比例税率;其他所得适用的是20%的比例税率。由于相同数额的工资、薪金所得与劳务报酬所得适用的税率不同,因此,利用税率的差异进行纳税规划是节税的一个重要方法。

(1) 劳务报酬转化为工资。在某些情况下,工资、薪金所得适用的税率比劳务报酬所得适用税率低。因此,可将劳务报酬所得转化为工资、薪金所得,以便节约税款。

(2) 工资、薪金转化为劳务报酬。在纳税人工资、薪金较高,适用边际税率高的情况下,将工资、薪金所得转化为劳务报酬所得更有利于节省税款。

(3) 股息转化为工资。股息所得适用税率为20%的比例税率,而工资、薪金所得适用3%~45%的七级超额累进税率,在某些情况下,当股息所得转化为工资、薪金所得时会减轻税负。

(4) 合理安排公益性捐赠支出。税法规定,个人将所得通过中国境内的社会团体、国家机关向教育和其他社会公益事业以及遭受严重自然灾害地区、贫困地区的捐赠,允许从应纳税所得额中扣除,其扣除标准一般以不超过纳税人申报应纳税所得额的30%为限。

捐赠扣除限额=申报的应纳税所得额×30%。实际捐赠额≤捐赠限额时,允许扣除的捐赠额=实际捐赠额;实际捐赠额>捐赠限额时,只能按捐赠限额扣除。

应纳税额=(应纳税所得额-允许扣除的捐赠额)×适用税率-速算扣除数

根据以上规定,纳税人在进行捐赠时应注意以下几点。

(1) 避免直接捐赠。根据税法的规定,纳税人直接对受益人的捐赠不得在税前扣除。因此,纳税人应尽量避免直接性捐赠,选择通过中国境内的社会团体、国家机关等进行捐赠。

(2) 合理选择捐赠对象。税法规定一般公益性捐赠的扣除限额为30%,但下列捐赠允许在计算个人所得税时全额扣除:①通过非营利的社会团体和国家机关,向福利性非营利性老年服务机构、教育事业的捐赠;向红十字事业的捐赠;向公益性青少年活动场所的捐赠;向中华健康快车基金会、孙冶方经济科学基金会、中华慈善总会、中国法律援助基金会、中华见义勇为基金会的捐赠。②通过宋庆龄基金会、中国福利会、中国残疾人福利基金会、中国扶贫基金会、中国煤矿尘肺病治疗基金会、中华环境保护基金会用于公益救济性的捐赠。纳税人在进行捐赠时，可通过选择以上几项可以全额扣除的捐赠项目进行捐赠，以使捐赠额可以得到全额税前扣除。

(3) 选择适当的捐赠时期。纳税人对外捐赠时出于自愿，捐多少、何时捐都由纳税人自己决定。允许按应纳税所得额的一定比例进行扣除，其前提必须是取得一定的收入，也就是说，如果纳税人本期未取得收入，而是用自己过去的积蓄进行捐赠，则不能得到税收抵免。因此，应尽量选择在自己收入较多(适用税率较高)的时期进行捐赠，以获得较大的税收抵免好处。

【案例点击】

王某系一高级软件工程师，2014年6月获得某公司支付的工资类收入为50 800元，欲将其中5000元捐赠给地震灾区。试做出降低税负的规划方案。

【点石成金】

(1) 如果王某和该公司存在稳定的雇佣关系，且将5000元直接捐赠给地震灾区，则：其应纳税额=(50 800-3500)×30%-2775=11 415(元)

(2) 如果王某和该公司不存在稳定的雇佣关系，且通过民政部门捐赠给地震灾区，则：其应纳税额=[50 800×(1-20%)-5000]×30%-2000=8692(元)

这样可节约税款2723元(即11 415-8692)。

五、推迟纳税时间

税收规划除关注合理减少应纳税额的相关因素外，另一个关注点是应纳税额一定的前提下怎样推迟纳税时间。

1. 注重公司积累，减少现实分配

我国《公司法》规定，公司分配当年税后利润时，应当提取10%列入法定公积金，并提取利润的5%～10%列入公司法定公益金。公司在税后利润中提取法定公积金后，经股东大会决议，可以提取任意公积金。公司弥补亏损和提取公积金、法定公益金后所余利润，有限责任公司按照股东的出资比例分配，由于任意公积金的提取比例公司法没有规定，企业可增加留存收益，减少分配。

公积金可以用于转增资本。税法规定，股份制企业用资本公积金转增股本时，不属于股息、利息性质的分配，对个人取得的转增股本数额，不作为个人所得，不征收个人所得税；股份制企业用盈余公积金派发红股属于股息、红利性质的分配，对个人取得的红股数额，应征收个人所得税。如果股东不依赖股息收入，公司应尽可能不分或少分股息、红利，

多计提公积金，推迟股东因取得股息、红利而缴纳税款的时间。

2. 买卖住房时间的规划

税法规定，对个人转让自用 5 年以上、并且是家庭唯一生活用房取得的所得，免征个人所得税。如果现有住房已居住了 4 年多，应考虑稍微推迟一段时间转让，以便在转让时能满足自用 5 年以上的条件，免纳个人所得税。

另外，出售自有住房并拟在现住房出售 1 年内按市场价重新购房的纳税人，其出售现住房所缴纳的个人所得税，先以纳税保证金形式缴纳，再视其重新购房的金额与原住房销售额的关系，全部或部分退还纳税保证金。对于想改善住房条件、现住房又不是家庭唯一生活用房的纳税人，应先将现住房转让，并尽量在现住房出售 1 年内重新购房，其出售现住房时缴纳的纳税保证金可全部或部分得到退还。

3. 合理预缴税款

个体工商户、个人独资企业、合伙企业及分次取得承包、承租经营所得的纳税人，实行分月(季或次)预缴、年终汇算清缴的税款缴纳制度，通过合理安排预缴税款，也能获得递延纳税的好处。

六、税收优惠利用

个人所得税的优惠政策有很多(参见本章第一节的内容)，纳税人可充分利用。由于在本节前面部分已经做了比较详尽的介绍和分析，这里就不再重复。纳税人可结合自身实际情况，选择使用。

【点石成金】

我们现在可以解决本章开篇张先生的问题了。根据张先生的收入与缴税情况，可以制定下列三种方案供其选择：

方案一：张先生转入体育报社，作为报社的职工对待，收入性质属于工资、薪金所得，其应纳个人所得税为

$$(50\ 000-3500)\times30\%-2775=11\ 175(元)$$

方案二：张先生作为自由职业者，作为报纸聘任的特约撰稿人，该项收入则应按劳务报酬所得计算缴纳个人所得税，其应纳个人所得税为

$$50\ 000\times(1-20\%)\times30\%-2000=10\ 000(元)$$

方案三：以稿酬形式支付张先生的所得，其应纳个人所得税为

$$50\ 000\times(1-20\%)\times20\%\times(1-30\%)=5600(元)$$

由以上计算得知，张先生的所得若以稿酬所得形式支付，其税负最轻，劳务报酬税负次之，工资、薪金税负最重。因此，张先生可考虑把报酬的支付形式定为稿酬，以实现减轻税负的目的。

第十一章 个人税收规划

本 章 小 结

个人税收规划	个人所得税的基本知识	个人所得税是对个人(自然人)取得的各项所得征收的一种所得税。它是个人税收规划的主要对象。 个人所得税的纳税人、征税范围、计税依据、税率、应纳税额的计算以及优惠政策
	个人税收规划的原则与方法	个人税收规划必须遵循合法性、规范性、财务利益最大化、稳健性、综合性、便利性和节约性原则。 个人税收规划的基本方法可以归纳为七种：利用免税的方法、利用减征的方法、利用税率差异、利用扣除技术的方法、利用抵免的方法、利用缓税的方法和利用税收优惠政策
	个人税收规划实务	个人税收规划主要从以下几个方面着手：纳税人身份设计规划、从征税范围角度规划、从计税依据角度规划、税率规划、税收优惠利用

思考题

一、名词解释

个人所得税　计税依据　超额累进税率　缓税技术　税收流亡

二、单选题

1. 下列各项不属于工资、薪金所得的为(　　)。
   A. 年终加薪　　　　B. 劳动分红　　　　C. 津贴　　　　D. 稿酬收入
2. 某歌手与卡拉 OK 厅签约，2014 年一年内每天到歌厅演唱一次。每次付酬 400 元，则对其征个人所得税应按(　　)。
   A. 每天　　　　　　B. 每周　　　　　　C. 每月　　　　D. 每季
3. 下列项目中免征个人所得税的是(　　)。
   A. 出版科普读物的稿酬
   B. 劳动分红
   C. 年终奖金
   D. 转让使用 6 年以上的唯一家庭住房所得
4. 稿酬所得的实际税率为(　　)。
   A. 12%　　　　　　B. 14%　　　　　　C. 16%　　　　D. 18%

5. 某高级工程师 2014 年 11 月从 A 国取得特许权使用费收入 20 000 元，该收入在 A 国已纳个人所得税 3000 元；同时从 A 国取得股息收入 1400 元，该收入在 A 国已纳个人所得税 300 元。该工程师当月应在我国补缴个人所得税(　　)元。

  A. 0   B. 180   C. 200   D. 280

三、多选题

1. 下列个人所得中，适用 20%比例税率的有(　　)。
  A. 工资、薪金所得   B. 劳务报酬所得
  C. 特许权使用费所得   D. 企业职工的奖金所得
2. 下列项目中，经批准可减征个人所得税的有(　　)。
  A. 保险赔款   B. 外籍个人从外商投资企业取得的红利
  C. 残疾、孤老人员、烈属取得的所得   D. 因自然灾害遭受重大损失
3. 李先生出租房屋取得财产租赁收入在计算个人所得税时，可扣除的费用包括(　　)。
  A. 租赁过程中王先生缴纳的营业税和房产税
  B. 根据收入高低使用 800 元或收入 20%的费用扣除标准
  C. 王先生付出的该出租财产的修缮费用
  D. 租赁过程中王先生缴纳的教育费附加和印花税

四、简答题

1. 个人所得税的征收范围有哪些？
2. 个人所得税的税率有几种形式？分别适用于哪个项目？
3. 个人所得税的优惠政策有哪些？
4. 个人税收规划应遵循哪些原则？
5. 个人税收规划有哪些基本方法？
6. 如何进行纳税人身份的税收规划？
7. 如何进行计税依据的税收规划？

五、案例分析题

  王某与几位朋友共同出资设立一家股份公司，是董事会成员，同时担任营销总监。公司计划每年给王某的报酬总额为 60 万元，现有四种方案可供选择：一是每月工资 7000 元，年终一次性奖金 516 000 元；二是每月工资 7000 元，每月董事费 25 000 元，年终一次性奖金 216 000 元；三是每月工资 20 000 元，年末以 1 元/股的价格获得股票 6 万股，年末股票市价为 7 元/股，预计 1 年后股票市价为 14 元，王某将在此时转让股票；四是每月工资 20 000 元，公司年末向其分配股息、红利 360 000 元。请从纳税角度考虑哪种方案更有利？

第十二章

人生事件规划

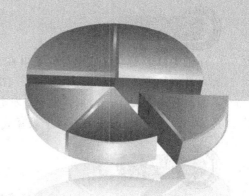

本章精粹：

- 教育投资规划工具
- 教育投资规划的概念
- 退休规划的含义
- 退休规划的重要原则
- 养老保险的概念以及特点
- 个人退休规划的流程
- 遗产的法律特征
- 遗产规划工具

你如果打算孕育宝宝或者你已经有了小孩,你有没有考虑过小孩的教育问题以及将小孩培养成才的经济成本呢?

上海社会科学院研究员徐安琪在《孩子的经济成本:转型期的结构和变化》的调研报告中称,从直接的经济成本看,0~16岁的抚养成本将达到25万元左右。如估算到子女上高等院校的家庭支付,则高达48万元。如估算30岁以前未婚不在读的子女的总成本将高达49万元——惊人的中国孩子教育成本。

教育投资规划　　退休规划　　遗产规划

第一节　教育投资规划

一、教育投资规划概述

(一)教育投资规划的概念

教育投资规划是指为实现预期的教育目标所需要的费用而进行的一系列资金管理活动。早在20世纪60年代,就有经济学家把家庭对孩子的培养看作是一种经济行为,即子女在成长初期,家长将财富用在其成长培育上,使其能获得良好的教育。这样当子女成年后,可以获得的收益远大于当年家长投入的财富。事实上,一般情况下,受过良好教育者,无论在收入还是地位上,往往高于没有受过良好教育的同龄人。从这个角度看,教育投资是人生财务规划最富有回报价值的一种。

从内容上看,教育投资规划包括个人教育投资规划和子女教育投资规划两种。个人教育投资是指对客户本身的教育投资;子女教育投资是指客户为子女将来的教育费用进行策划和投资。本节主要探讨子女教育投资规划,对客户子女的教育投资又可分为基础教育投资和大学教育投资。大多数国家的高等教育都不是义务教育,因而对子女的高等教育投资通常是所有教育投资项目中花费最高的一项。

(二)教育投资规划的重要性

(1) 教育值得投资,但关键在于规划。2000年诺贝尔经济学奖得主詹姆斯·赫克曼认为,在中国,如果考虑对社会产出的贡献,而不仅仅是个人收入,教育投资潜在回报率高达30%~40%,高于物质资本投资的回报率(20%),也高于美国等发达国家的教育投资回报率

15%~20%(数据来源：福强理财，http://blog.sina.com.cn/fqlc)。经济学家振聋发聩的言论让国人开始领略到教育投资的魅力。

而 1992 年诺贝尔经济学奖得主加里·贝克尔对家庭经济运转情况的研究中认为，孩子实际上就是家庭的最重要的产品，他们既是一种"耐用消费品"又是一种"耐用生产品"。父母都希望自己的孩子是最有价值的"耐用生产品"而不仅仅是"耐用消费品"。"耐用生产品"如姚明、丁俊晖，是摇钱树，但那是可遇不可求的。

学者们的研究说明，用于子女教育的支出并非是一种简单的消费性支出，而是一种生产性投资，即教育投资，它将增加子女的知识和技能，并且增加子女为了能获得较大的职业适应性、较多的就业机会、较高的收入等教育投资的收益。

而目前在国内随着大学教育的普及，却出现了一种与学者所言相左的社会现象：一个家庭培养大学生要花费比以往多得多的投资，但似乎回报却并不明显。数据表明，大学毕业新生的月平均收入在 2000~3000 元，与大学生普遍预期的薪水相差甚远，且不说大学生们的无奈和不满，作为投资人的家长更是心理落差严重——本来家长以为孩子上大学后能过上无忧无虑的"上层人"生活，结果毕业工作了却连自己都养不活，继续保持着"耐用消费品"的特性。在这样的背景下，新"读书无用论"开始抬头，教育是否值得投资更是成为争论的焦点社会话题。

理财专家指出，如果从小学开始算起，国内培养一个大学生的平均开销需要 15 万到 20 万，按照现在大学生平均月薪和增长速度来计算，快的话，5 到 7 年就可以收回投资，所以哪怕是单独从个人收入的角度来看，教育投资也还是划算的，但鉴于目前教育投资的风险在不断增加，而其边际效用却不断在减少，因此孩子能否成为有价值的"耐用生产品"，关键还是在于做好子女教育投资的规划。

(2) 子女高等教育期间的开支属于阶段性高支出，不事先准备，届时的支出将难以应付。

有民间调查机构数据表明，中国家庭子女教育的支出比重已接近家庭总收入的三分之一，城乡贫困人群中有 40%~50%的人说道，"家里穷，是因为有孩子要读大学"。教育部的一位原副部长坦言："现在的大学学费已经超过了老百姓的经济承受能力，是有点高了。"

一项关于大学学费占家庭年收入比重的网络调查数据显示，有 42.89%的大学生选择 70%以上，有 25.79%的大学生选择 50%~70%；认为学费占到家庭年收入 30%~50%的有 20.26%；认为学费占到家庭年收入 30%的仅有 11.05%。面对如此高额的阶段性高支出，拮据的家长们只能未雨绸缪、事先准备，否则就将面对东挪西借、负债累累，不仅严重导致家庭生活品质的急剧下降，并可能会影响到孩子的大学学业和成长。

另外，家庭准备子女高等教育经费的阶段，与父母准备自己退休经费的时期高度重叠，因此应避免顾此失彼。以子女高等教育期间可能长达 6 年来计算，43~54 岁为支付子女高等教育经费的高峰期，但此时也是自己准备退休经费的黄金期。有些父母为了送子女出国念书，耗费的资源更多，没有留下足够的金钱为自己准备退休经费。

(3) 高等教育学费增长率高于通货膨胀率，储备教育资金的报酬率要高于学费增长率。

以子女教育费用中的高校学杂费为例。20年前，大学学费200元/年，现在已经上涨至平均5000元/年。近20年时间里，上涨了25倍。仅1998—2002年间，我国高校学杂费增长了5.34倍，学费增长速度远远超过了国民收入增长速度。

按国内外的经验，这种教育费用的增长速度仍将远远高于国民人均收入增长或通货膨胀率，理财专家保守估计今后20年每年约按5%到8%的速度增长。因而父母在规划子女教育费用时，应充分考虑通胀因素。即使为子女准备的教育费用过多了，多余的钱还可以当作父母自己未来的养老金，从而降低退休后对子女的依赖程度。

(4) 子女教育金是最没有时间弹性和费用弹性的理财目标，因此更需要预先规划，才不会有因财力不足而阻碍子女上进心的遗憾。

子女的教育投资策划与退休规划和购房规划相比，最缺乏弹性。退休规划若财力不足，降低退休后的生活水平还熬得过去；购房规划若资金不够，选择地点偏远一点、房价较低的地段还可以将就；但子女的教育投资规划，因为缺乏时间弹性，且学费也相对固定，因此务必需要提早准备。

教育投资能让子女学到更多的知识和技能，使子女未来能获得较大的职业适应性、较多的就业机会、较高的收入等教育投资的收益。子女教育投资规划作为人生财务规划的重要组成部分有其自身的特点。

(三)子女教育投资规划的特点

子女教育规划与一般理财规划是有区别的，子女教育投资规划必须是专款专用，不能将这一笔资金挪去购房或购车；另外，子女教育金的理财工具宜保守，而保本是最高指导原则。收益较高的理财工具风险也高，一般开始累积的时间要早。具体而言，子女教育金的特点包括以下几点。

1. 没有时间弹性

子女到了一定的年龄就要上学(如18岁左右上大学)，不能因为没有足够的学费而延期。孩子智力的开发、性格的塑造、习惯的养成乃至知识学习、能力培养都有一个关键时期，错过了关键时期，有的很难弥补，有的根本就不能弥补，有可能对孩子造成永久性的伤害。

2. 没有费用弹性

各阶段的学费相对固定，这些费用对每一个学生都是相同的。

相比一般的投资理财，没有时间弹性、没有费用弹性是教育金理财的两大特色。面对目前日益高涨的学费，时间会是最好的朋友，愈早规划，教育金理财愈容易见到成效。

3. 子女教育金必须靠自己来准备

对于工薪族而言，个人养老金账户用在退休方面，住房公积金账户用在购房方面，但是没有为子女教育强制储蓄的账户。

4. 子女教育金费用昂贵

子女教育金支出占当年支出的金额不是最多，但子女从小到大将近 20 年的持续支付，总金额可能比购房支出还多。

5. 家庭教育支出增长率高于一般的物价增长率

以 2004 年为例，一般物价增长率为 1.1%，但家庭教育费用增长率为 4.3%，因此，子女教育金的具体投资目标不能太保守，投资收益率至少要高于学费成长率。

二、教育投资规划的技术

(一)确立子女培养目标

子女教育是一项复杂的系统工程，很多父母都在为子女教育问题而大伤脑筋，这些父母一天到晚都在为儿女费尽心思却不得其果。造成这种结果的一个很重要的原因在于这些父母没有很好地确定子女的培养目标，从而不知道如何去培养，常常是觉得学什么好，就送子女去学什么，最终使得子女不仅没有学到实质性的内容，而且也没有让儿女养成可能对他们造成终身影响的一些好的学习习惯和学习体系。

一般来说，根据子女的特长兴趣，确定一个适合子女发展的目标，然后按照这个设定的目标进行财务规划，做到有备无患，并同时有针对性地引导子女朝着这个方向发展，这样就能事半功倍。

(二)教育投资规划的步骤

教育投资规划包括以下四个步骤。

第一步，要明确客户的子女接受何种类型的教育。

进行教育投资规划的第一步是要明确客户的子女要接受何种类型的教育。不同类型的学校，比如专业性大学与综合性大学的教育费用大不相同。再者，公立学校和私立学校的学费也有着天壤之别。以美国为例，私立大学的学费就远高于公立大学的学费，前者一般在 4 万到 7 万美元之间，而后者只需要 2 万美元左右。当然，客户不应该仅从财务的角度来选择学校，并不是说学校的学费越高，其教育质量就越好。学校的教育质量需要从多方面来评价，更重要的是要根据客户子女的实际情况来选择学校。要考虑的因素有：学校的特点和地理位置，师资力量，学费高低，子女的兴趣和偏好，子女的学习能力等。

第二步，估计子女教育所需的费用。

客户子女所需教育投资的具体数额取决于其子女所上大学的种类和初始投资距离子女接受教育的时间长短。现在，许多投资基金和保险公司都有若干教育的投资规划方案，并附有不同通胀率下计算现值的贴现因子。通过计算投资总额的终值和现值，我们可以计算出一次性投资计划所需的费用或者分期投资计划每月所需支付的费用。

确定教育费用时，可以问客户以下几个基本问题。

(1) 子女能够接受良好的教育对您而言是否重要？有多重要？
(2) 一般大学目前的学费、生活费和住宿费是多少？
(3) 目前和未来10年内该国的通货膨胀率是多少？大学费用的实际增长率是多少？
(4) 大学毕业后，是否需要接受更多的继续教育？

作为理财规划师，帮助客户明确以上问题的答案是非常重要的。

第三步，在预测未来通货膨胀率的基础上，并对子女教育费用增长率进行调整。

要准确地预测未来的通货膨胀率并不容易，一般情况下，该数据每年都会发生变化。但教育投资规划并不需要非常精确的数值，因为进行该计划的目标只是确保投资的收益能够保证子女未来的教育支出就可以了。个人理财规划师可以将近年来的通货膨胀率进行平均，再结合未来的经济发展趋势，对未来教育规划期内的通胀率做出合理的预测。近年来，随着经济的发展，各国的大学教育费用也在不断提高，其增长率通常都高于通胀率，因此，在做计算时，应该在通胀率的基础上再加上2~3个百分点。如果你预测未来的一般通胀率为每年5%，则估计大学的费用至少每年应该增加7%或8%。根据各个国家和学校的不同，这一数值也会有所差异。总的来说，对大学费用增长率的预测越高，子女的教育投资就越有保障。当然，过高的预测也不适宜，因为那会增加客户的负担，从而使整个教育投资计划变得不切实际。

虽然对通胀率的预测并不需要十分精确，但从财务策划的合理性角度出发，对大学费用增长率的预测却是越准确越好。当无法决定时，我们建议采用保守的估计值，以避免出现无法支付费用的情况。如果子女上大学后，客户发现教育投资规划筹集的资金大于实际支付额，则可以将多余的部分用作其他计划。

第四步，在估计子女教育费用和年增长率以后，就可以估计客户在未来所必须支付的教育投资额。

理财规划师要通过对客户现在和未来的财务状况进行分析，来估算计划期间每期(月或年)需要的投资金额并确定投资方式。一般而言，在教育费用不变时，如果投资工具的收益率越高，每期所需的投资金额就越少；如果收益率越低，则所需的投资金额就越高。当然，收益率越高的投资工具通常风险也会越大。客户的财务情况如果只能承担每期较低的投资额，则必须选择收益率较高的投资工具，那么，他在对该投资进行风险管理时，就要投入更多的精力和时间。

在确定了客户教育投资计划的基本数据，即该计划所需的资金总额、投资计划的时间、客户可以承受的每月投资额、通货膨胀率和基本利率后，个人理财规划师就可以帮助客户制定教育投资计划了。

为了更好地说明问题,我们可以用表 12-1 来列出不同客户在其选择不同大学时的每月投资额。假设有以下几点。

(1) 预计客户的子女将在 18 岁上大学,有两种类型的大学可供选择:专业性大学和综合性大学。

(2) 客户选择的教育投资规划方式是储蓄,税后年利率为 3%,即月利率为 0.25%。

(3) 客户每个月存入一笔固定存款用于教育投资。

(4) 该项投资的利息是每月支付的,并且和原投资额一起用于下一期的投资。

(5) 每年大学教育费用的预计增长率约为 5%(包括通货膨胀率和大学学费的实际增长率),并保持不变。

(6) 如果现在入学,四年大学需要的生活费与学费合计,以入学第一初值计算,专业性大学为 60 000 元,综合性大学为 75 000 元。

根据上述条件,可以根据表 12-1 来估算有关的费用。

表 12-1　大学教育成本一览表(四年费用总额)　　　　　　　　　　　　　单位:元

目前子女年龄	15 岁	12 岁	8 岁	4 岁	1 岁
距离上大学尚余年数	3 年	6 年	10 年	14 年	17 年
按预计增长率计算,在入学年所需教育费用总额(专业性大学)	69 458	80 406	97 734	118 976	137 522
就读专业性大学每月所需储蓄金额	1842	1019	698	569	519
按预计增长率计算,在入学年所需教育费用总额(综合性大学)	86 822	100 502	110 810	148 496	171 902
就读综合性大学每月所需储蓄金额	2301	1274	792	711	650

表 12-1 假定了客户子女年龄的五种情况。现以此为例说明具体的计算方法。设某客户子女今年 12 岁,预计 6 年后应上大学,那么按教育费用预计增长率计,在 6 年后所需的教育费用总额分别为:$60\,000\times(1+0.05)^6=80\,406$ 元(专业性大学);$75\,000\times(1+0.05)^6=100\,502$ 元(综合性大学)。将该未来值按 0.25%的月折现率折算成复利现值(期初人值)分别为:$80\,406\times(1+0.0025)^{-72}=67\,176$ 元,$100\,502\times(1+0.0025)^{-72}=83\,966$,则每月的储蓄额分别为:67 176 元×(72 期复利期初年金现值系数)=1019 元(专业性大学);100 502×(72 期复利期初年金现值系数)=1274 元(综合性大学)。其中,期初年金现值系数可由专用的年金现值表查得。采用 72 期复利,是因为未来 6 年储蓄是按月计复利的,6 年相当于 72 个月。其余四种情况的计算,方法相仿,不再重述。

从表 12-1 来看未来大学教育费用所需的储蓄额,如果客户子女的年龄越小,将来要支付的教育费用总额(不考虑通货膨胀的名义数额)就越高,但是每个月的支付金额却相对要低。显然,未雨绸缪,细水长流,对一般客户而言,负担相对较轻。因此,在客户财务状况许可的情况下,尽早为子女进行教育投资规划是明智之举。

当然,以上金额不是固定不变的,如果通货膨胀率和利率(或其他投资收益率)发生变化,情况也将相应发生变化,但上述费用与储蓄连动的大致趋势是基本定型的。总之,尽早为子女教育做规划是极其必要的。更理想的情形是,客户的子女同时也能获得奖学金,这样,这笔教育基金就可以供子女接受更高层次的教育。

三、教育投资规划工具

子女教育规划的重点在于确保子女拥有足够的学费,因此关键在于对资产进行合理配置,资产配置得当,子女教育费便可放心。目前累积子女教育金的理财工具包括股票、债券、投资基金、银行定期存款、房地产及保险等。教育投资规划工具可以分为传统教育投资工具和其他投资工具。

(一)传统教育投资工具

传统教育投资工具主要包括个人储蓄、购买定息债券和购买人寿保险,这些投资工具的优点是风险相对较低和有稳定的收益。

1. 个人储蓄

每期储蓄一定的资金,当子女上大学时,就能有一笔资金支付其费用。其中,教育储蓄特别重要。教育储蓄存款次数多少可以由储户自己掌握。储户根据自己的情况和确定的存款总额,可以与银行约定存款若干次就可存足规定额度。另外,教育储蓄具有其他储蓄品种不可比拟的优势:一是利率优惠,一年、三年期教育储蓄按同档次整存整取定期存款利率计息,六年期按五年整存整取定期存款利率计息,可以说是零存整取的存法,却享受整存整取的利率;二是教育储蓄免征利息所得税,如果加上优惠利率的利差,其收益较其他同档次储种高25%左右;三是参加教育储蓄的学生,将来上大学可以优先办理助学贷款。

2. 定息债券

客户定期购买一定数额的定息债券,然后在需要的时候卖出债券,就可以获得资金。在美国,定息债券的种类很多,在教育规划中常用的是储蓄债券。由于客户可以设立一个专门的投资账户,存入一定资金,然后每月该账户可以自动为客户购买债券,因此,这种投资工具不仅节约了客户的时间,并且能够帮助其对该教育规划持之以恒地进行操作。但由于定息债券是以单利计息的,所以投资成本要高于个人储蓄的方式。

3. 人寿保险

由于人寿保险产品也可以作为一种投资,特别是一些投资型的寿险,所以人寿保险也可作为教育规划的工具之一。保险公司有专门的教育保险产品可供选择,这些产品一般包括按期支付教育金、投保人意外身故保费豁免等责任,很适合父母为子女投保。

(二)其他教育投资工具

其他教育投资工具主要有政府债券、股票、公司债券和教育信托基金等,这些产品的价格随着供求关系和通货膨胀的变化而变化,可以为客户提供一定的保障。

1. 政府债券

此类债券一般由中央政府或地方政府发行,是子女教育规划的主要投资工具。

2. 股票和公司债券

一般而言,教育规划并不鼓励客户采用风险太高的投资工具,例如股票与债券。但如果教育规划较长,这些工具也可以采用,它们相对较高的回报率可以帮助客户较早地完成教育规划。另外,基金特别是平衡型基金,也很适合作为教育投资规划工具,目前很多银行推出了"基金定投"业务,也是一种值得推荐的教育投资规划工具。

3. 大额可转让存单

大额可转让存单按与银行约定的利率计息存款方式。大额可转让定期存单其面额不得低于500元,以500元的倍数,即1000元、3500元、2000元等发行。大额可转让存单的期限为1个月、3个月、6个月、9个月和12个月五个档次。它与整存整取定期储蓄基本相同,不同的是,大额可转让存单可以转让,但不提前支取,也不分段计息,到期一次还本付息,不计逾期息。

4. 教育信托基金

此类基金由客户购买,受益人是客户的子女。尽管子女在成年之前对资金并没有支配权,但在许多国家该基金的收益可以享受税收优惠。客户在投资此类基金之前,必须先按照有关法律将资金转到子女的名下,这样才能保证将来基金的收益用于教育。而如果子女未能上大学,则基金的收益应按照合同的规定转为其不动产或其他资产。

5. 共同基金

这种投资方式的最大优点就是其多样化的投资和灵活性,可将资金在不同的基金之间转换。

(三)短期教育策划工具

如果客户的教育计划进行得比较晚,而其在短期内就需要一笔资金来支付子女的教育费用，个人理财规划师就应该建议客户考虑通过贷款来实现目标了。采用贷款这种方式很容易占用到客户的退休规划资金，所以客户在做决定之前应该慎重考虑，并确保不会影响退休规划和其他安排。一般情况下，客户可以首先考虑让子女就读学费较低的学校。其次，可以将债务归在子女的名下，客户自身作为债务的担保人或第三方，只有当子女的财务状况显示其无法偿还债务时，客户才需要为其承担此义务。

不少大学为了吸引更多的优秀学生，可以为本校学生提供低息贷款。如美国有额外信用贷款和斯坦福贷款等。额外信用贷款是通过大学的董事会发放的，可以提供给客户全额的大学费用贷款。贷款的利率为浮动利率，每个季度根据 3 月期的国库券利率调整，通常比之高出 4.5 个百分点。斯坦福贷款也称作保证学生贷款，这种贷款可以为在校的学生提供资助，其可以分为津贴性贷款和非津贴性贷款两种。尽管两者的贷款资格限制和贷款条件基本相同，但前者需要贷款人出示财力需求证明，而后者则不需要。

此外，客户还可以争取政府和资助性机构的贷款，如我国的政策性助学贷款，但这类贷款有严格的限制，不容易取得。当然，客户也可以选择银行贷款，银行贷款一般没有特别的要求和限制，但必须支付较高的利息。

【小资料】

开启孩子的财商

小时候，宝宝们分不清哪些是"我想要的"和"我需要的"，父母不能一味地迎合孩子，需要根据情况引导孩子，让孩子知道钱来之不易，培养孩子的金钱观念。长大一点儿，通过讲故事、做游戏和管理零花钱等方法来培养孩子的理财意识和理财技能。儿童教育研究表明，孩子在 2 至 3 岁时，认为金钱是一种玩具，是一种可以随意摆弄的纸，尚无金钱功能意识；在 4 至 7 岁时，开始有朦胧的金钱意识，知道钱可以"换"东西；8 至 11 岁时，孩子具有简单的金钱功能意识，认识并能计算钱的多少；12 至 14 岁时，孩子认识到钱的多种物质交换功能，买卖行为初步具有独立性；15 至 17 岁时，孩子具备全面的金钱功能意识，认识到金钱的社会功能；18 岁以上，具备了运用金钱增值的意识，具有了新的金钱功能意识。父母应该结合孩子的成长阶段，重视孩子的理财教育，从幼儿阶段开始不断培养孩子对金钱的认识和理财能力，在日常生活中教育孩子正确对待金钱、运用金钱。

(资料来源：梁漓清. 深圳市君融财富管理研究院，2009-02-24)

第二节 退休规划

随着人均寿命的延长，一般人在退休后还有 20～30 年或更长的退休生活。由于大多数人在退休之后即失去了正常的收入来源——工资，为了使退休后的生活更有保障，未雨绸缪，需要预先进行基于退休目的的财务规划,将老年时各种不确定因素对生活的影响程度降到最低。退休规划包括利用社会保障的计划,购买商业性人寿保险公司的年金产品的计划以及企业和个人退休金计划等内容。

一、退休规划的基础知识

(一)退休规划的含义

每个人身上都有两个影子。一个是"年轻的你",一个是"年老的你"。很多时候,"年轻的你"会无视"年老的你",纵情地享受着青春的时光,挥霍着大把的精力和金钱,反正我还有的是时间,有的是精力,钱花完了还可以再赚嘛!

"年老的你"很无奈,只能寄希望于"年轻的你"能替未来多考虑一些,终有一天,当你的精力和时间所剩不多的时候,需要有一笔安身立命的钱,而那笔钱正是要靠"年轻的你"从现在就开始积攒的。

要安享晚年必须要具备 3 个基本条件:住房、现金、医疗。退休规划主要是针对现金而言,即提供养老金。它包括了筹集资金、管理投资和支付养老金三个要素。

退休规划就是为保证自己在退休以后过上经济独立、财务自由、资金有保障、生活有品质的生活,而从现在起就开始实施的一系列财务筹划活动。如果自己手里没有一笔丰厚的养老基金,想要维持有尊严而体面的晚年生活是很难的,甚至无法满足老年人对安全与幸福感的需要。

如果单纯靠政府的社会养老保险金,只能满足一般意义上的养老生活,即只能保证最基本的退休生活开支。要想退休后生活得舒适、独立,一方面可以在有工作能力时积累一笔退休基金作为补充,另一方面也可在退休后选择适当的业余性工作为自己谋得补贴性收入。其中最重要的还是在有工作能力时积累一笔退休基金作为补充。

(二)退休规划的重要性

退休生活通常占了一个人一生三分之一的时间,是充分享受人生的最好时期。安排好退休生活将是人们达到财务自由的最终目标。从某种意义上讲,所有的个人理财规划,最终都是为赢得富足的退休生活服务的。忽略退休规划的重要性和紧迫性,晚年就可能会陷入困境。如果希望晚年活得有尊严,过上高品质的生活,那么应该及早开始进行退休规划。

1. 工作时间的没有延长(甚至缩短)、退休生活时间的增加要求进行更好的退休规划

科技进步,经济增长方式的变化以及高等教育的普及等原因大大推迟了个人就业的年龄,其结果就是人们的工作年限减少,这就意味着为未来进行经济积累的时间减少。此外,随着生活水平和医疗水平的提高,个人的平均寿命相比以前有了较大幅度的增加,其结果就是现代人的退休生活大幅延长。不言而喻,更长的退休后生活需要人们在退休之前积攒

起更多的储蓄，因此，未雨绸缪进行更好的退休规划就变得非常重要了。

2. 中国社会的老龄化趋势加剧要求进行更好的退休规划

【小资料】

中国即将迎来老龄化社会

我国已经提前进入人口老龄化社会，根据《中国人口年鉴(1999版)》的统计资料显示，我国60岁以上人口占全部人口的比例，1990年为5.57%，2000年为6.96%，而2003年达到10%，前十年只增长1.39年百分点，而后三年就增长了3.04个百分点。

中国老龄工作委员会办公室于2006年2月24日发布了《中国人口老龄化发展趋势预测研究报告》，称中国将面临人口老龄化和人口总量过多的双重压力。报告认为，中国进入老龄化社会的速度明显快于进入现代化，发达国家进入老龄化时，人均GDP已经达到5000~10 000美元，也就是先富后老；而中国目前人均国内生产总值才刚刚超过1000美元，就进入了老年化社会，属于未富先老。在经济水平没有达到一定程度的时候，老龄化将会给中国带来许多问题，整个社会的消费结构、劳动力总量、社会保障、养老压力等都面临巨大变化和挑战。

人口老龄化日趋严重，已成为中国未来人口发展过程中不可逆转的趋势。因此要在未来过上一种令人满意的退休生活，就必须进行更好的退休规划。

3. 养老观念的转变要求进行更好的退休规划

中国虽然有养儿防老的传统观念，随着计划生育的实施，子女的负担越来越重，在赡养父母方面逐渐变得力不从心。而且，随着社会的发展，这种养老模式越来越显示出其弊端。据统计，我国80%的家庭都已经是独生子女家庭了。独生子女们有的已长大成人，一个子女要赡养两位老人，成家后，夫妻两人要赡养四位老人甚至更多。他们既要努力工作为社会做贡献，又要养育自己的子女，如此重的压力让他们不堪重负。

甚至，现在的父母恐怕要提防"养老防儿"现象，因为越来越多的子女晚婚、不婚、失业或无力购屋，父母退休后还得供子女吃住，或者子女收入有限，养儿不但无法养老，还要再养孙子，分摊养孙子女的责任。

因此，在未来退休生活的安排上，"养钱防老"观念已取代"养儿防老"，成为新趋势。

4. 通货膨胀的严峻形势要求进行更好的退休规划

在现代社会通货膨胀始终存在，人们在退休后由于不再工作而失去了稳定的收入来源，仅仅依靠社会保险统筹的养老保险金来度过漫长的晚年生活是非常危险的。历史经验已经向人们发出警告，通货膨胀随着时间的延续对物价水平以及日常生活的影响会日益加剧，如果不能很好地保持增值水平，辛苦积累下来的退休金也许就会被通货膨胀吞噬。

5. 退休后的医疗费用增加要求进行更好的退休规划

无论年轻时多么强壮,随着年龄的增加,身体的机能也会衰退,体质减弱,各种疾病接踵而至。按照一般统计,老年人花费的医疗费用是年轻人的三倍以上。有资料表明,我国医疗服务费用近年来增长速度过快,超过了人均收入的增长,医药卫生消费支出已成为我国居民继家庭食品、教育支出后的第三大消费。因此退休后的医疗费用支出将成为退休规划的重要组成部分。

6. 退休保障制度的不完善要求进行更好的退休规划

各国都有自己的退休保障制度,其制度体系各不相同,但并不能保证每一个人的退休生活都有完善的保障。一般来说,社会保障体系提供的退休金只能维持生存,按目前的养老金提取比例,在未来社会平均工资稳定提升的前提下,不论现在工资为多少,最后拿到的退休金数额差别并不大,因为社会统筹的养老保险保障的是老年人的基本生活。仅仅通过某项独立的退休保障制度获得足够的退休费用是不现实的,因此建立多渠道、多层次的个人退休保障计划是非常必要的。

(三)退休规划的影响因素

退休理财规划是人生的长期规划,其影响因素主要有以下几点。

1. 月生活标准

每月退休生活费用越高,退休金筹备压力越大。但降低退休后每月生活支出不是积极的策略,个人理财规划师要在个人能力范围内,尽量在退休前为客户提高资产增值效率来保障退休后的生活品质。

2. 资金收入来源

每月退休生活费用若有固定收入支持,则退休金筹备压力减小。一般每月固定收入来源包括月退休金、年金保险给付、房租收入、资产变卖现金收入等。个人理财规划师在进行退休理财规划服务时,要通过各种渠道来保障客户的固定收入来源。

3. 通货膨胀影响

通货膨胀率越高,退休金筹备压力越大。退休计划的第一条原则就是必须能够跑赢通货膨胀,否则将没有任何保障用处。个人财务规划师进行退休理财规划服务时一定要充分考虑到通货膨胀及其他外界因素的影响。

4. 生存期间长短

退休后生活时间越长,所需退休总费用越高,退休金筹备压力越大。虽然寿命的长短不是个人所能预料的，但根据客户的健康状况及家族遗传等各方面因素的判断，再考虑中国人的平均寿命，是可以有一个大概的预期的。个人理财规划师在进行退休理财规划服务时，要注意在此基础上加上 5~10 岁作为规划的目标，以防长寿而资金不足。

5. 退休计划期间

离退休日越短，累积工作收入的期间越短，退休金筹备压力越大。个人理财规划师在进行个人财务规划其他业务时，也应该提醒客户尽早考虑和规划自己的退休生活。

6. 资产积累

退休前资产累积越多，退休后每月生活费越宽裕。如资产积累富足或退休金优厚，个人理财规划师可建议提早退休，趁年轻力壮，完成人生的其他愿望。

7. 需求标准

退休规划应以自己及配偶的需求优先考虑，在退休前通过省吃俭用提高储蓄率来增加资产，以保障退休后生活费用的方式是消极的。个人理财规划师就是在保证客户生活质量的前提下，通过尽早地科学合理地规划来保障退休后的生活费用。

(四)退休规划的重要原则

退休计划即筹集养老金的计划，退休理财计划是一种以筹集养老金为目标的综合性金融服务。专业人员通过分析和评估客户财务状况，明确客户退休生活目标，为客户制定合理的、可操作的退休财务计划。养老金是一种债务，但一定是理智的债务。人们在退休以前处于养老债务的分摊期，退休后即进入养老金的消费期直至死亡。因此，退休理财规划一定要遵循以下三项重要原则。

1. 尽早准备

随着人们退休以后生活时间的不断延长，为退休后的生活做准备相比过去更为重要。及早建立退休计划，可利用更长的有收入的工作年限内分摊退休生活成本，且不降低在职生活的水平；而且，伴随中国利率市场化的改革，长期退休计划的储蓄回报将会较高。因为人的工作收入增长率会随着工资薪金收入水平的提高而降低，而理财收入增长率则会随着资产水平的提高而增加。

【小资料】

提前投资赢得富足的退休生活

一个人 30 岁开始建立退休计划，每年向账户供款 3000 元至 40 岁停止；另外一个人从 40 岁开始建立退休计划，每年同样向账户供款 3000 元直至 60 岁退休时停止。如果，投资年投资收益率超过 4.48% 时，前者虽然只有 10 年供款时间，总计 30 000 元投资，但在 60

岁时的收入将比后者用20年供款时间投入相同的资本得到的收入要多。具体如表12-2所示。

表12-2　不同年龄开始投资退休计划的回报比较

投资年龄	每月供款	年回报率	到65岁总计投资本金	本利总共回报	投资成本占总回报比例
25岁	100元	8%	48 000元	324 180元	15%
35岁	100元	8%	36 000元	141 761元	25%
45岁	100元	8%	24 000元	57 266元	42%
55岁	100元	8%	12 000元	18 000元	67%

虽然年轻时的收入不高，但每月有计划的定期定额的储蓄或投资占收入的比例要比年长后收入较高时要高，日积月累对实现退休规划非常有利。越晚则筹款压力越大，至少应提前20年左右来做退休后的生活准备，否则客户的每月投资即使已做最佳投入，但剩下的时间已经不够让退休基金累积达到足以供客户晚年舒适悠闲的生活目标。

2. 产出最大化

由于银行的储蓄利率较低，且通货膨胀率较高，若单用定期存款积累退休金，所获收益有限，且不能有效抵御通货膨胀的威胁。所以，个人理财规划师要精心进行退休理财规划，退休金储蓄的运用不能太保守，需要进行多样化投资、渐进式投资，并依据年龄调整投资策略，在保证稳健的同时有效运用激进策略，争取以最小的投入实现最大的产出，来满足晚年的生活需求。

例如，假定一个年轻人从现在开始能够每年定期存下1.4万，如此持续40年，享受平均5%的利率，40年后可以积累的财富只有169万元。而如果他把每年存下的钱都投资到股票或房地产，并获得每年平均20%的投资回报率的话，那么40年后，他所积累的财富将是一个令人意想不到的天文数字：1.0281亿元。虽然这是理想状况，但这两个天壤之别的数字足以告诉我们一个道理：富人之所以能在一生中积累起巨大的财富，靠的是他们的投资理财能力，而不是天天省吃俭用。

3. 资产的适当配置

养老保险或退休年金的保证性质，虽然可以降低退休规划不确定性，但其报酬率偏低，需要有较高的储蓄能力才能满足较高的退休生活水平的需求。可以将退休后的需求分为两部分，其一是必要的基本生活支出，这是需要有保障的，因为一旦退休后的收入低于基本生活支出水平，就需要依赖社会救济才能维生。这一部分需要用保证给付的养老保险或退休年金来满足；其二是额外的生活品质支出，是为实践退休后生活理想所需的，有较大的弹性。这一部分可以用股票或基金等高报酬、高风险的投资工具来满足，实现一种可以兼顾颐养天年和充分发展退休后兴趣爱好的资产配置方式。

例如，假设工作期为 40 年，退休后养老期为 20 年，退休后基本生活支出占工作期收入的 40%，那么在 40 年的工作期间，如果储蓄率为 40%，则需将收入的 20%购买有确定给付的储蓄险，这一部分一定要保证。另外的 20%可进行较高回报、但有风险的定期定额基金等投资，若投资绩效较好，退休后的支出可能比工作期还多，那么环球旅行等梦想就可以实现了；若投资绩效不好，也不会影响退休后的基本生活标准，一般经过多年的运作都会有一个理想的回报的。

二、养老保险

(一)养老保险的概念以及特点

1. 养老保险的含义

养老保险是社会保障制度的重要组成部分，是社会保险五大险种中最重要的险种之一。养老保险是国家通过立法建立养老保险制度，为解决劳动者在达到国家规定的解除劳动义务的劳动年龄界限，或因年老丧失劳动能力的劳动者退出劳动岗位后提供基本生活保障而建立的一种社会保险制度。养老保险金只是一个统称，实际上包括三个方面的含义：一是企业和个人缴纳的费用，称之为养老保险费；二是社会保险经办机构将征缴的资金存入银行专户，形成养老保险基金；三是支付给离退休人员的退休金，通常称之为基本养老金。

2. 养老保险的特点

我国的养老保险是由国家立法强制实行，企业单位和个人必须参加，符合养老条件的人可向社会保险部门领取养老金；综合性劳动保险费全部由企业负担，缴费额为企业工资总额的 3%，员工不缴费。

1) 我国养老保险的来源

养老保险金是离退休人员基本生活的重要保障，多数国家的养老保险金是由国家、企业、个人三方共同负担的，并以企业和个人为主；我国的养老保险费用也是由国家、企业、个人三方共同负担。一是来源于按职工工资总额的一定比例缴纳的养老保险费(税前列支)，企业缴纳基本养老保险费的比例一般不得超过企业工资总额的 20%。二是来源于职工个人按工资收入的一定比例缴纳的养老保险费，个人缴纳基本养老保险费的比例是：1997 年不得低于本人缴费工资的 4%，从 1998 年开始每年提高 1 个百分点，最终达到本人缴费工资的 8%。三是来源于国家的财政支持。我国目前国家财政资助方式主要表现为保险费在税前列支，同时中央财政通过转移支付的方式，对养老保险基金支付能力不足的中西部地区和老工业基地，给予一定的支持。

2) 领取基本养老保险金的条件

企业职工同时符合以下两个条件的，可以按月领取基本养老保险金。其一，达到下列退休年龄条件之一的：一是男性年满 60 周岁、女性年满 50 周岁(从事管理和技术工作的年满 55 周岁)；二是从事井下、高空、高温、特别繁重体力劳动或者其他不利于健康的特殊工种的，男性年满 55 周岁，女性年满 45 周岁的可以退休。其二，办理离退休手续时，经所在地社会保险机构认定累计缴费年限满 15 年的。

3) 养老保险的类型

目前世界上实行养老保险制度的国家可分为三种类型，即投保资助型(也叫传统型)养老保险、强制储蓄型养老保险(也称公积金模式)和国家统筹型养老保险。

我国根据具体国情，创造性地实施了"社会统筹与个人账户相结合"的基本养老保险改革模式，经过 5 年的探索与完善，已逐步走向成熟。随着时间的推移，这一模式必将成为在世界养老保险发展史上越来越具有影响力的基本类型。

4) 养老保险的省级统筹制度

养老保险统筹层次的高低，决定着社会保险抵御风险能力的高与低。统筹层次低，则调剂能力弱，无法保证按时足额发放离退休人员基本养老金。有的地区由于老企业、困难企业相对集中，靠小范围统筹无法克服困难。解决这一问题的关键，在于提高统筹层次，由地、县级统筹过渡到省级统筹。实行省级统筹有利于调剂、平衡地区之间的养老保险费用负担，增强抵御风险能力，保障离退休人员基本生活，促进经济发展和社会稳定。

养老保险具有社会性，影响力很大，享受的人多且时间较长，费用支出庞大，因此必须设置专门机构，实行现代化、专业化、社会化的统一规划和管理。

3. 我国的养老保险体系组成

我国是一个发展中国家，经济还不发达，为了使养老保险既能发挥保障生活和安定社会的作用，又能适应不同经济条件的需要，促进劳动生产率的提高。为此，我国建立了包括五个层次在内的多层次养老保险制度。

第一层次：基本养老保险制度；
第二层次：企业补充养老保险；
第三层次：个人储蓄性养老保险；
第四层次：城市最低生活保障(没有参加养老保险计划的困难群体)；
第五层次：农村建设养老保险。

(二)基本养老保险制度

基本养老保险亦称国家基本养老保险，它是按国家统一政策规定强制实施的为保障广大离退休人员基本生活需要的一种养老保险制度。在我国建立起来的多层次养老保险体系中，基本养老保险是第一层次，也是最高层次。

1. 基本养老金

在我国实行养老保险制度改革以前,基本养老金也称退休金、退休费,是一种最主要的养老保险待遇。

1991年,《国务院关于企业职工养老保险制度改革的决定》(国发〔1991〕33号)规定:随着经济的发展,逐步建立起基本养老保险与企业补充养老保险和职工个人储蓄性养老保险相结合的制度。

1997年,《国务院关于建立统一的企业职工基本养老保险制度的决定》(国发〔1997〕26号)中更进一步明确:各级人民政府要把社会保险事业纳入本地区国民经济与社会发展计划,贯彻基本养老保险只能保障退休人员基本生活的原则,为使离退休人员的生活随着经济与社会发展不断得到改善,体现按劳分配原则和地区发展水平及企业经济效益的差异,各地区和有关部门要在国家政策指导下大力发展企业补充养老保险,同时发挥商业保险的补充作用。

目前,按照国家对养老保险制度的总体思路,未来基本养老保险目标替代率确定为58.5%。由此可以看出,今后基本养老金主要目的在于保障广大退休人员晚年的基本生活。

2. 企业补充养老保险

企业补充养老保险是指由企业根据自身经济实力,在国家规定的实施政策和实施条件下为本企业职工所建立的一种辅助性的养老保险。它居于多层次的养老保险体系中的第二层次,由国家宏观指导、企业内部决策执行。企业补充养老保险与基本养老保险在政策和水平上是相互联系、密不可分的,但两者在层次和功能上是不同的。

企业补充养老保险由劳动保障部门管理,单位实行补充养老保险,应选择经劳动保障行政部门认定的机构经办。企业补充养老保险的资金筹集方式有现收现付制、部分积累制和完全积累制3种。企业补充养老保险费可由企业完全承担,或由企业和员工双方共同承担,承担比例由劳资双方协议确定。企业内部一般都设有由劳资双方组成的董事会,负责企业补充养老保险事宜。

3. 个人储蓄性养老保险

职工个人储蓄性养老保险是我国多层次养老保险体系的一个组成部分,是由职工自愿参加、自愿选择经办机构的一种补充保险形式。它对扩大养老保险经费来源,多渠道筹集养老保险基金,减轻国家和企业的负担以及加强对社会保险工作实行广泛的社会监督都具有积极的意义。

由社会保险机构经办的职工个人储蓄性养老保险,由社会保险主管部门制定具体办法,职工个人根据自己的工资收入情况,按规定缴纳个人储蓄性养老保险费,记入当地社会保险机构在有关银行开设的养老保险个人账户,并应按不低于或高于同期城乡居民储蓄存款利率计算，以提倡和鼓励职工个人参加储蓄性养老保险，所得利息记入个人账户，本息一并归职工个人所有。职工达到法定退休年龄经批准退休后，凭个人账户将储蓄性养老保险金一次性支付或分次支付给本人。职工跨地区流动，个人账户的储蓄性养老保险金应随之转移。职工未到退休年龄而死亡，记入个人账户的储蓄性养老保险金应由其指定人或法定继承人继承。

(三)社会统筹和个人账户相结合的基本养老保险制度

退休费用的社会统筹是职工养老保险制度的一个重要内容，是指由社会保险管理机构在一定范围内统一征集、统一管理、统一调剂退休费用的制度。具体办法为：改变企业各自负担本企业退休费的做法，改由社会保险机构或税务机关按照一定的计算基数与提取比例向企业和职工统一征收退休费用，形成由社会统一管理的退休基金。企业职工的退休费用由社会保险机构直接发放，或委托银行、邮局代发以及委托企业发放，以达到均衡和减轻企业的退休费用负担的目的，为企业的平等竞争创造条件。

社会统筹与个人账户相结合的基本养老保险制度是我国在世界上首创的一种新型的基本养老保险制度。这个制度在基本养老保险基金的筹集上采用传统型的基本养老保险费用的筹集模式，由国家、单位和个人共同负担；在基本养老金的计发上采用结构式的计发办法，强调个人账户养老金的激励因素和劳动贡献差别。该制度既吸收了传统型的养老保险制度的优点，又借鉴了个人账户模式的长处；既体现了传统意义上的社会保险的社会互济、分散风险、保障性强的特点，又强调了职工的自我保障意识和激励机制。

与公共年金制度相比，个人账户的优点在于以下几点。

(1) 采取积累方式解决老年保障问题，可以有效避免"现收现付、代际互济"在老龄化高峰时产生的供款不足问题。

(2) 个人账户归个人所有，多积累者多受益，可以避免依赖心理以及由此产生的道德风险。

(3) 个人账户具有较好的可流动性和可持续性。

当然，个人账户制度也存在着由于积累制而产生的金融风险问题。

个人账户是以市场为基础的社会保障选择，其管理和投资目标有以下要求。

(1) 个人账户的资本化。

(2) 确保个人账户持有者合理管理成本。

(3) 使企业的社会负担最小化。

(4) 为各收入阶层劳动者提供在资本市场的投资机会。

(5) 与有经验者相比，确保没有经验的投资者收益不要太差。

(6) 提供投资选择。

(7) 为没有做出投资选择的劳动者提供解决办法。

(8) 自动适应不断变化的技术和由金融服务行业提供的服务。

个人账户做实,实现积累之后,重要的是资产托管和监控问题,主要应完成以下几项基本工作。

(1) 个人账户基金与社会统筹基金分开管理,独立核算,防止统筹透支个人账户的现象继续发生。分开管理之后,有利于强化统筹基金对各种临时性待遇发放的财务约束,有利于处理好长远制度目标与短期应急措施的关系。

(2) 个人账户基金的管理权限适当集中。可以考虑由省一级社会保险经办机构直接管理,待条件成熟时可全国集中管理。

(3) 明确个人账户资金投资运营的法律、法规,审核认定个人账户资金的托管机构和投资管理公司。

(4) 明确个人账户基金的监控办法和监控机构。

(四)企业年金计划

企业年金从产生到现在,已经有 100 多年的历史了。在这漫长的历史进程中,特别是近 50 年来,政治、经济、人口、社会政策等状况都发生了巨大的变化,企业年金计划也受到了直接或间接的影响。20 世纪 80 年代以来,企业年金主要有以下三种发展趋势。

(1) 逐渐从自愿转变为强制。

(2) 企业年金计划进一步得到政府鼓励。

(3) 从待遇确定制变为缴费确定制。

企业年金的实质是以延期支付方式存在的员工劳动报酬和分享企业权益的一部分。我国于 2004 年分布了《企业年金试行办法》和《企业年金基金管理试行办法》,规定了建立、运营和监督企业年金计划以及规范企业年金的一系列法律规范,构建了"资产独立、三方制约、信息披露和监管机制"等确保企业年金资产市场化安全运营的机制,使企业年金成为中国各类企业补充养老保险中的合格计划。

三、个人退休规划的流程

一个完整的个人退休规划流程如图 12-1 所示,包括个人职业生涯设计和收入分析、退休后生活设计与养老需求分析,以及自筹养老金部分的投资设计。通过个人职业生涯设计,可以估算出个人工作时的大体收入水平和在退休时可以领取的退休金水平;通过退休生活设计,可以推算出个人退休后消费支出的大体数额;最后,根据退休后消费支出额与可以领取的社会退休金的差额,可以估算出需要自筹的退休金数额,再结合个人工作时的收入水平等指标所反映的个人养老储蓄能力,就可以制定出个人退休规划方案。其中,自筹退休资金来源包括两部分:一是运用过去的积蓄进行投资所获取的收入;二是距离退休日的剩余工作期间的收入。在整个退休规划中，通货膨胀率、薪酬增长率、投资报酬率是三项最主要的影响因素。本书主要考察通货膨胀率和投资报酬率对退休规划的影响。

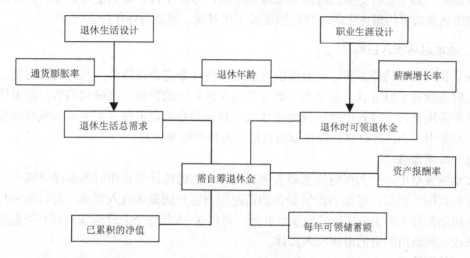

图 12-1　退休规划流程图

(一)退休规划的主要步骤

为了保证制定退休计划的规范性和合理性，个人理财规划师在制定退休计划过程中，应当遵循一定的程序。下面我们分别介绍制定退休计划的 4 个步骤。

1. 确定退休目标

退休目标是指人们所追求的退休之后的一种生活状况。目标的因素分解成两个：退休年龄和财务目标。

1) 退休年龄

估计客户的退休年龄对个人理财规划师来说非常重要，因为确定了退休年龄就意味着确定了客户的剩余工作时间。大部分员工都会在 60 岁时退休，女性会在 55 岁时就退休。近几十年来，在许多国家普遍有一种推迟退休年龄的趋势。在某些行业，员工可能工作到 65 岁。此外，经济的景气状况以及自身的身体和精神状况也会对客户的退休年龄产生影响。如果客户选择提前退休，他将不可避免地面临用较短的剩余工作时间积累较多退休金的压力。

2) 财务目标

客户退休的财务状况既取决于其指定的退休计划，也受到客户职业特点和生活方式的约束。客户的生活方式和生活质量应当是建立在对收入和支出进行合理规划的基础上。不切实际的高标准只能让客户的退休生活更加困难。在制定退休计划时，个人理财规划师要特别警惕客户为了短期利益而损害退休生活的行为。

应当指出，客户在退休年龄和财务目标两方面的要求并不是孤立的，它们之间相互关联，例如客户为了获得更多的时间享受退休生活，可能不得不降低退休财务目标，而客户为了追求更高质量的退休生活，则必须延长工作时间，推迟退休年龄。

2. 确定退休收入目标

如果我们所处的经济环境是静态的，制定退休计划将会很简单。而现实情况是，客户的个人财务预算和财务状况要受到不断变化的经济环境的影响，准确预测客户的退休收入目标是非常困难的。尽管如此，预测退休收入目标却是制定退休计划中必须执行的重要一步。在实务中，个人理财规划师可以通过以下两种策略来处理。

1) 短期策略

在短期策略中，个人理财规划师首先应将客户的退休计划按照时间顺序分成一系列短暂的时间范围。然后，根据当前所掌握的情况预测客户的退休收入要求，可以将客户的退休收入用当前收入的百分比形式表示。此外，每隔3～5年，个人理财规划师必须根据实际情况修改、更新所制定的退休收入目标。

2) 长期策略

个人理财规划师也可以采用长期策略来预测客户希望达到的收入水平，以及为了达到这样的收入水平必须积累的资金。与短期策略不同，长期策略往往要持续20~30年，直到客户退休为止。也就是说，在长期策略中，个人理财规划师对客户退休收入目标的预测是一个漫长的时期，包括从今天到退休，其目的是为了确定客户当前的储蓄和投资策略，以达到长期的退休目标。当然，如果现实情况或预期发生了显著的变化，个人理财规划师仍然需要对客户的长期退休目标和策略做出适当调整。

3. 预测退休收入

客户的退休生活最终都要以一定的收入来源为基础。构成客户退休收入的主要来源有社会保障、年金和退休金计划以及年金外的其他人寿保险、鳏寡孤独补助、投资收益、储蓄、兼职工作收入及资产出售收入等。在所有这些项目中，社会保障和雇主发起的退休金计划是最基本也是最重要的两种退休收入来源。对客户退休收入的预测主要是基于客户当前的退休计划。一般来说，客户在向个人理财规划师求助之前已经有了一个初步的退休计划，并且已经将一部分资产分配到了退休计划方案中。此时，个人理财规划师应当对客户当前的退休计划方案进行全面的评估，并且根据具体的资产分配状况和预期的未来经济环境，对客户的退休收入进行大概的测算。

4. 找到差距并制定详细的退休计划

在前面的步骤中，个人理财规划师已经确定了客户的退休收入目标，并且对客户的退休收入进行了预测。通常，客户的退休收入目标与个人理财规划师对客户退休收入的预测之间会存在差异，并且这个差异往往表现为预测的退休收入达不到退休收入目标的要求。

此时，个人理财规划师应当结合在上一步骤中对客户当前退休计划的分析与评估，找出目前计划中不合理的地方并加以修正。在此过程中，个人理财规划师应当主动邀请客户参与讨论和修改，并鼓励客户提出意见。通常，个人理财规划师可以通过以下途径来实现对退休计划方案的进一步修改。

(1) 提高储蓄的比例。
(2) 延长工作年限并且推迟退休。
(3) 减少退休后的花销。
(4) 进行更多高收益率的投资。
(5) 参加额外的退休金计划。

需要指出的是，为了实现客户的退休目标，个人理财规划师常常需要综合多种方式来完善退休计划。

根据美国经济学家、诺贝尔经济学奖获得者 F.莫迪利亚尼提出的"生命周期理论"，人在一生的消费大体是均匀的，因此，收入多时会储蓄起来以使收入少时消费水平不会降低，这样，在开始工作直到退休前的时期时，人们会储蓄，退休后则是提取储蓄，最后，在离开人世时把积蓄全部花光。

中国已进入老龄化社会，一个 60 岁退休的人可以预期再活二三十年。这就是说，退休生活的年数几乎相当于工龄。过一个舒适的退休生活是老年人的第一目标，年轻时穷一些也许能促使有志者奋发图强，但是千万不能老来贫困。退休生活差不多相当于人生的三分之一，可以有丰富多彩的内容，如旅游、从事以前无暇顾及的爱好、学习一门新的学问等。经济上有保障，是一个完美的退休生活的物质基础。为了能安心地退休，老有所养，有必要及早做好退休规划。

制定退休规划的目的是，通过对客户个人可用财务资源的合理规划，满足客户在退休阶段的个人财务需要。从某种意义上说，几乎没有一个财务目标比获得舒适的退休生活更加重要。退休规划是一个长期的过程，比个人理财规划的其他组成部分具有更强的前瞻性，且退休计划方案将给客户的当前和未来生活水平带来极大的影响，因此更需要富有远见的个人理财规划师的服务。

(二)退休规划的需求分析

一个完整的退休规划，包括工作生涯设计与收入分析、退休后生活设计与养老需求分析及自筹退休金部分的储蓄投资设计。其中：退休生活设计引导出退休后到底需要花费多少钱；工作生涯设计估算出可领多少退休金(企业年金或团体年金)；退休后需要花费的资金和可领的资金之间的差距，就是应该自筹的退休资金。自筹退休资金的来源有三个渠道，一是运用过去的积蓄投资；二是运用现在到退休前的剩余工作生涯中的储蓄来累积；三是设计的最大影响因素分别是通货膨胀率、工资薪金收入成长率与投资报酬率，而退休年龄既是期望变数，也是影响以上三项设计的枢纽。结合个人工作时的收入水平等指标所代表的个人养老储蓄的承受能力因素，就可以制定出个人退休计划的理财方案。

【案例点击】

王先生现年30岁，工作到60周岁，我们来做一个简单的计划。

【点石成金】

首先，做出养老预算。按现在的生活水平，一对夫妇一年的基本生活消费大约在3万元，再舒服一些大概要5万元。按每年递增5%计算，30年后，这两个数字大约分别是12.9万元和21.5万元。如果王先生夫妇都参加了社会的养老保险，那么他们要准备的只是使自己过得更舒服的那一部分，即21.5-12.9=8.6(万元)。

其次，筹备养老计划。如果每年投资10 000元，那30年后至少可以拥有50万元。当王先生退休时就已经有了一笔不小的存款，而且这一大笔资金每年还可以有不少的收入。按照这样的理财计划，富足的晚年生活是完全有保障的。

最后，选择投资手段。一般来说，夫妇双方工作每年投资10 000元是完全可以在不影响目前生活的前提下做到的，关键是能否达到预期的投资回报率，这就需要理财规划师的帮助了。

1. 退休生活设计

如果你现在只有30岁，大概不会想到退休问题，也不会去设想退休以后要过怎样的生活。其实，每个人都应该在40岁左右，设想一下自己的退休生活，详细的为自己编制一个退休后生活的梦想并写下来，这是开始退休生活设计，也是进行退休规划的第一个重要步骤。如表12-3所示是一个参考样本。

表12-3　我希望在退休以后过什么样的生活——退休生活梦想

生活项目	一般人的选择范围
家庭生活	是否与子女同住并照看他们的小孩 鳏寡者是否再婚，和新的伴侣共度余生 与配偶共同或各自活动
社交生活	是否希望参加退休人士的社团 是否更愿意积极地与亲朋好友联络
居住环境	是否办理移民到国外安享天年 是否愿意在退休后搬离城市回归自然 是否愿住养老院或换购小一些适合老人居住的住宅

续表

生活项目	一般人的选择范围
运动保健	愿意从事什么健身休闲运动 是否控制饮食维持体重 是否每年做定期的全面体检
兴趣爱好	是否大力发展原来一直热衷却因缺乏时间而一直搁置的兴趣爱好 是否愿意发掘新的兴趣爱好 限于自娱的计划
旅游活动	计划每年到国内外旅游的次数 旅游的目的与地区 要求的旅游品质水平
进修阅览	是否想上老年大学或进修一些感兴趣的科目 是否愿意定期上图书馆阅读 是否有著书立说的计划
义工服务	是否愿意从事义工服务 愿意选择哪一类的义工服务机构 可奉献的时间与精力有多少

【案例点击】

李先生和李太太计划 20 年后退休,他们与自己的个人理财规划师咨询过以后,制定了自己的短期和长期理财计划。

【点石成金】

短期计划

保持他们的现有生活水平;

预留他们 5%的税前收入作为两个孩子的教育储蓄;

在未来 5 年储蓄额外的 50 000 元为他们的旅行做准备。

长期计划

在他们 60 岁退休时继续保持现在的生活水准;

在未来 10 年里,买下为他们退休而居住的"度假屋";

积累足够的钱为两个孩子读完大学;

做出重要的财务安排,在将来他们离世后家庭财务可以平安完整地转移给孩子们。

2. 退休第一年费用需求分析

每个家庭的消费习惯不同,但同一个家庭的消费习惯并不会因退休而有大幅改变。如果从现在开始就有记录家庭收支的习惯,按照目前的支出细目调整来编制退休后的支出预算,会让你的梦想更容易具体落实,调整的原则如下。

(1) 按照目前家庭人口数与退休后家庭人口数的差异调整衣食费用,一般到退休时父母和子女可不考虑,退休时的生活费用可以夫妇两个人计算。

(2) 减去退休前应支付完毕的负担,如子女高等教育费用、房屋贷款每月应摊还的本息、限期缴费的保险费用等都应该在工作期间有固定收入时负担完毕,计算退休费用时可从现有费用中减去。

(3) 减去因工作而必须额外支出的费用,如交通及服装费用等。

(4) 加上退休后根据生涯规划而增加的休闲费用及因年老而增加的医疗费用。

调整的具体做法就是以目前物价水平计算退休时所要花的费用,然后再参考过去各项目支出增长情形及物价变化,设定各项目的费用上涨率,再考虑物价增长率后,可查出一定离退休年数和物价增长率下的生活费倍数。以"目前物价退休后年支出×至退休后生活费倍数"就是按照届时物价计算退休后的第一年支出。如表12-4所示。

【案例点击】

刘先生现年40岁,预计60岁退休,目前家庭共同生活人数5人(夫妇、父母、孩子),退休后生活人数2人(夫妇)。现在孩子在读大学,退休时房贷已缴清,孩子大学毕业已独立谋生,限期缴费的终身险已不用再缴费。

表12-4 以届时的物价估计退休后第一年支出的计算　　　　　单位:元

支出项目	目前年支出	退休后年支出	费用上涨率	复利终值系数(n-20)	退休后第一年支出
饮食支出	12 000	8 000	3%	1.806	14 448
衣着美容支出	5 000	3 000	1%	1.22	3 660
房租支出	0	0	3%	1.806	0
房贷本息支出	30 000	0	0%	1	0
水电气费、电话费	5 000	3 000	4%	2.191	6 573
交通费	6 000	5 000	4%	2.191	10 955
子女教育支出	12 000	0	6%	3.207	0
一般休闲娱乐	6 000	10 000	6%	3.207	32 070
国外旅游支出	12 000	16 000	6%	3.207	51 312
医疗保健费用	5 000	10 000	6%	3.207	32 070
保险费	5 000	0	0%	1	0
其他支出	5 000	5 000	5%	2.653	13 265
生活总支出	103 000	60 000	5.10%	2.739	164 353

参照表 12-4，刘先生的容许年支出目前是 103 000 元，退休生活费现值为 60 000 元，考虑各项费用项目的年增长率后，退休第一年的支出届时可达 164 353 元，平均复利费用增长率达 5.1%。

根据我国各种物价指数的变化表、全国居民消费价格分类指数表及全国居民零售价格分类指数表，就可以将第一年退休生活费用支出计算出来。

【案例点击】

张先生一家退休第一年的生活成本

假设张先生对退休后的生活目标如下。

饮食约下降 33%；衣着约下降 50%；杂费约下降 33%；医疗费增长 100%；旅游费用增长 50%；子女教育和住房费用支出 0。

张先生目前每年生活支出 5.8 万元，预期退休后第一年生活费用 4.3 万元，考虑物价上涨率和平均复利 4%，20 年后张先生退休的第一年生活支出约为 9.4 万元。具体如表 12-5 所示。

表 12-5 张先生目前支出和退休第一年的生活成本   单位：元

支出项目	目前年支出	退休后年支出	费用上涨率	复利终值系数($n=20$)	退休后第一年支出
饮食	12 000	8 000	4%	2.191	17528.0
衣着	8 000	4 000	2%	1.485	5940.0
子女教育	12 000	0	6%	3.207	0
杂费	6 000	4 000	3%	1.806	7224.0
医疗保健	6 000	12 000	6%	3.207	38484.0
还购房贷款	4 000	0			
旅游	10 000	15 000	5%	2.653	39795.0
生活总支出	58 000	43 000	4%	2.191	94213.0

3. 退休期间费用总需求分析

上一部分算出来的只是退休后第一年的费用，越早退休者其退休后的生活期间越长，年满 60 岁退休的人以平均剩余寿命来看，也还有 20 年左右的生活期。退休时要准备多少钱才能安度余生？最简单的算法是，不考虑这笔钱的投资报酬率与往后每年的生活费用增长率，或假设两者互相抵消，则退休时需准备退休总余额应该等于退休后第一年费用乘以退休后预期寿命。将张先生退休第一年的生活费用乘以退休后预期余命，得出退休生活费用总需求。假设张先生退休后的余命是 20 年，其退休生活费用总需求将为：

$$94\,213.0 \times 20 = 1\,884\,260.0(元)$$

张先生的退休生活费用总需求约人民币 188.4 万元。若是同时考虑投资报酬率与退休后生活费用增长率，则退休时需要准备的退休金应该等于：

$$E\frac{1-\left(\frac{1+c}{1+r}\right)^n}{r-c}$$

式中：E 为退休后第一年支出；c 为退休后生活费用增长率；r 为投资报酬率；n 为退休后预期寿命。

若张先生退休后资金运用的税后报酬率为 8%，生活费用增长率取整数为 5%，则退休时要准备的退休资金等于：

$$9.42 \times \frac{1-\left(\frac{1+5\%}{1+8\%}\right)^{20}}{8\%-5\%} = 9.42 \times 14.358 = 135.25\ 万元$$

以此计算出来的 135.25 万元，在报酬率 8% 及费用增长率 5% 的假设下 20 年后可把退休金完全花完，不留遗产。

值得注意的是，退休后所面临的风险不是走得太早的风险，而是活得太长以至生活费不够用的风险。因此，应该以超过了平均余寿为基础，计算自己的退休总需求，以防未来医学科技的突破可全面提高人类寿命的风险。

但是一个要支付生存年金的退休计划还要面对以下特殊风险，即人们无法准确知道的风险。

(1) 退休后的实际寿命。
(2) 医疗费用支出。
(3) 物价上涨幅度。
(4) 其他意外事件。

为了预计上述风险，人们必须更详尽地收集信息，建立模型，准确知道未来退休生活费用的总需求，以及自己所面对的养老金缺口。估算养老金缺口的基本方法分 3 步进行。

(1) 基于个人(家庭)资产负债状况估算养老金的储备情况，包括既定养老金。
(2) 测算养老金总需求。
(3) 用退休生活费用总需求减去既定养老金储备，计算公式为：

养老金缺口=养老金总需求-既定养老金

继续以张先生为例，假设他在退休时的年基本养老金为 11 611.2 元，企业年金补充养老金每年支付 12 000.0 元，共计 23 611.2 元。上述两项养老金支付均没有按照通货膨胀率自动进行指数化调整的机制。国家基本养老金每年 7 月 1 日进行调整，额度为 50 元(每年 7 月 1 日增加 50 元)，到 20 年后月养老金将增长到 1967.6 元，其年既定养老金总计为 3.56 万元，计算如表 12-6 所示。

表 12-6　张先生既定养老金估算　　　　　　　　　　　　　　　　　　单位：元

年总养老金	初　值	月基本养老金指数调整	至退休时
967.6×12=11 611.2 11 611.2+12 000=23 611.2	11 611.2	50×20 = 1000	基本养老金(967.6+1000)×12=23 611.2 年总养老金 23 611.2+12 000=35 611.2

然而，一旦考虑了通货膨胀率(4%)，张先生在退休第一年的生活费用将约为 94 213.0 元，这是一个客观现象；如果不考虑这个因素，那么将加大居民生活风险。因此，张先生的养老金缺口如下。

年养老金缺口：94 213.0-35 611.2=58 601.8(元)

养老金缺口总量：58 601.8×20=1 172 036.0(元)

可见，张先生退休后的生活每年出现养老金缺口约 5.86 万元，约占其退休第一年生活费用的 60%。不考虑其他因素，张先生 20 年退休生活的总养老金缺口将是 117.2 万元。面对这种情况，解决问题的渠道有 4 个。

(1) 国家基本养老保险计划加大指数调整力度，否则将产生政策风险。

(2) 建立养老市场的指数调整机制，支持各类企业养老金计划建立指数化调整机制，提供随物价指数而调整的可变年金，否则将使退休计划面临风险。

(3) 建立个人退休计划，加强家庭理财效果。

(4) 降低退休生活期望值。

张先生需要建立个人退休计划，才能维持过得去的退休生活。可以进一步设想，张先生在 30 岁、40 岁和 50 岁时开始建立个人退休计划的不同情景。因此，客户还需要理财规划师帮助他们对养老债务进行短期测算，以便根据退休计划的盈余状况调节向退休计划的供款水平，以保证不过多降低在职时期的生活水平。

【小资料】

老年生涯规划是什么？

生涯是指一个人从出生到退休晚年生活，一连串有酬或无酬职位的综合。除了职位之外，还包括其他角色，如家庭、公民的角色等。生涯实际上包含了个人的"生活风格"(lifestyle)，与个人在一生中所从事的所有活动。

生涯规划在国内是一个新事物，它的实质就是人生整体规划，达到一个和谐发展的状态。大学生职业生涯规划大家可能听说过，但是老年生涯规划在国内就几乎是个空白。而在西方发达国家和中国台湾地区生涯规划是从幼儿园开始一直到生命终止，贯穿全程。而老年生涯规划是其中的相当重要的部分，规划的好坏与获得幸福生活的好坏在一定程度上是成正比的。日本的职工一般是 45 岁时，开始做晚年生涯规划；美国是 50 岁时做晚年生涯规划。但是我们没有这方面的理念和机制，因此也造成不少退休老年人的心理等方面的适应问题。

第三节 遗产规划

"人必有一死",没有人知道自己哪一天会离开人世,当然很少有人愿意谈论死亡。但如果没有事先的计划和安排,万一自身有什么不测,一些问题就解决不了,特别是负责家庭理财的人,一定要定时把自己的投资状况告诉家人,否则当死亡来临时,您所爱的人不仅要经受感情上带来的打击,而且可能因为要处理法律和经济问题被搞得心力交瘁,甚至还可能造成不必要的经济损失。每一个人都不能回避死亡,我们应该勇敢地去面对,为自己百年之后的事情做好规划。

遗产规划是个人财务规划中不可缺少的一部分。在西方发达国家,政府对居民的遗产有严格的管理和税收规定,一般民众对遗产管理服务有一定的需求,遗产管理计划是其财务规划中相当重要的一部分。但就我国目前的情况来看,遗产规划项目在其受重视程度、被了解程度以及对该规划专业意见的需求程度方面均是所有项目中最低的。在中国,遗产规划还是一个陌生的领域,一方面是因为我国居民的收入水平总体上不高,遗产数额不大,而且政府对遗产的管理和征税还尚未出台相关的法律法规;另一方面是受传统观念影响,人们忌讳谈及这方面的话题,除非年纪老迈,很少人会在身强力壮时立下遗嘱。随着经济的发展和人们生活水平的提高、遗产税的开征以及人们意识的提高,市场对有效进行遗产规划的需求将会越来越大。遗产规划服务是一块极具升值潜力的处女地,有待大力发展。

一、遗产和遗产制度的基本知识

(一)遗产的法律特征

遗产是指自然人死亡时遗留的个人合法财产,包括不动产、动产和其他具有财产价值的权利。

1. 时间上的时效性

遗产作为一种特殊财产,是财产继承权的客体。自然人死亡之时起至遗产分割完毕前这一特定时间段内,自然人生前遗留的财产才能被称为遗产。

2. 性质上的财产性

死者生前享有的民事权利包括财产权和人身权两方面,而可以被继承的只能是财产权利。

3. 财产上的可转移性

遗产是可以与人身分离而独立转移给他人所有的财产。一般说来,遗产仅指能够转移给他人的财产,如所有权、债权等。而与个人身份密切结合,一旦分离便不复存在的财产权利不能作为遗产。

4. 财产的生前个人合法所有性

自然人死亡时遗留的财产必须是合法财产才具有遗产的法律地位，法律规定的不得作为遗产进行继承的财产也无遗产的法律地位。

(二)遗产的形式

遗产包括自然人死亡时遗留的一切合法的不动产、动产和其他具有财产价值的权利。遗产不仅包括利益，也包括义务的内容。主要有以下表现形式。

(1) 自然人享有财产所有权的财产：合法收入；房产、存款和生活用品；文物、图书资料；大宗物件；以及其他合法财产。

(2) 自然人的知识产权中的财产权：著作权中的财产权；专利权中的财产权；商标权中的财产权；发现权、发明权和其他科技成果权中的财产权；商业秘密权。

(3) 自然人享有的其他物权及债权；自然人依法应缴纳的税款和债务。

(三)遗产转移的方式

自然人生存时所拥有的个人合法财产不能称之为遗产。实际上，很多自然人生前通过遗产筹划已经对自己的财产进行了安排，主要有如下方式。

终身转移：赠与；为受益人创建不可撤销的信托；为受益人购买人寿保险。

死亡时的转移：遗产继承；遗赠；遗嘱信托。

(四)对遗产的征税

遗产税是对自然人去世以后遗留的财产征收的税收，通常包括对被继承人的遗产征收的税收和对继承人继承的遗产征收的税收。就继承人来说，被继承人所遗留的遗产就是继承人继承的遗产，所以对继承财产征税就等于对遗赠财产征税，在许多国家，遗产税和继承税是互称的。

为了防止一些人通过赠与行为逃避遗产纳税义务，在实行遗产税制度的国家，都同时实行赠与税制度，赠与税一般是作为遗产税的补充或者配套措施而设立的。赠与税是自然人将自己的财产赠与他人时，依法对赠与财产应缴纳的税款，其征税客体是赠与的财产。

二、遗产规划的基本方法

(一)遗产规划的含义

一般来说，遗产规划是指当事人健在时，将拥有或控制的各种资产、财富或负债进行身故后的事先安排，以确保在自己去世或丧失行为能力时能够实现一定的目标。从广义角度来看,遗产规划是指人们事先决定当他们处于丧失能力或身故状态时怎样去处理疾病的护理、财产的分配等一系列相关事宜。

有些客户认为,仅仅通过遗嘱或遗产委托书就可以合理分配自己的财产。其实不然,法律程序上的安排只是遗产规划具体行为的落实,而从财务角度进行的合理规划才是核心内容。遗产规划的目标是帮助客户在其身故或丧失行为能力后分配和安排其资产、财富和债务,并通过适当的方式使遗产的纳税额支出最小化。个人理财规划师由于可以全面了解客户的目标期望、价值取向、投资偏好、财务状况和其他有关事宜,所以是为其进行遗产规划的最好人选。

(二)遗产规划的重要性

例如,一个拥有百万遗产的客户,他去世时妻子尚健在,如果没有通过遗嘱特别指定,其遗产将平均分配给其妻儿。但该客户的妻子本身拥有近百万元的资产,而儿子尚未成年,客户希望能够将大部分遗产留给儿子作为其将来的教育基金;再如,某客户只有一个不满 5 岁的女儿,而他的财产高达 500 万元。他担心如果自己去世,女儿将没有能力管理和支配这笔遗产,他希望能够指定一个监护人,在照顾其女儿的同时管理这笔遗产,等到女儿成年后再将遗产转交给她。

如果做了遗产规划,这些问题就能很快地按照事先约定的方式得以解决。而且分配遗留财产是需要费用的,一般的费用包括:支付给遗嘱执行人的费用、法律费用、会计费用、评估费用等。没有一个合理的遗产规划,遗产可能会比在通常状况下要交更多的遗产税和管理费。所以,制定遗产计划不但可以帮助当事人实现遗产的合理分配,还可以减少亲人在面对其死亡时的不安情绪和财务负担,还能最大限度地降低遗产税和遗产处置费用,减少其税收支出和增加遗产的价值,制定合理的遗产计划就是对所爱的人的一份深沉的爱。

遗产规划并非富人或老人才需要,无论是百万富翁还是工薪阶层,规划遗产都是有意义的。遗产规划是当事人保护自己的财产,书写遗产继承人、继承条件和继承时间;选择遗嘱执行人,以及有关的法律、金融细节,节省遗产税和减少遗赠程序的费用。遗产规划在个人财务规划中相当重要,但相对其他计划却常常被大多数人所忽略,大多数客户在潜意识中不愿意提前考虑与死亡有关的事宜。而且由于客户平时较少接触这方面的知识,要正确理解其中的各种术语有一定的难度。个人理财务规划师在为客户进行遗产规划时,要注意语言的选择和表达,并根据不同客户的情况对遗产规划的模式和作用进行解释。

(三)遗产规划的常用文件

当事人的相关资料齐全将有利于其亲友办理有关的手续,所以,个人理财规划师在进行遗产规划时,除了需要客户填写有关的个人资料外,还应该要求客户准备各种相关文件。一些常见的必需的文件如下。

原始遗嘱的放置位置；信托文件的放置位置；顾问名单；孩子监护人名单；预先计划好的葬礼安排信息；出生证明；结婚证明；姓名改变证明；保险安排及单据；保险箱证明和记录；银行存款证明；社会保障证明；有价证券证明；房产证明；汽车发票证明；养老金文件；分期付款(贷款)；信用卡。

(四)遗产规划工具

1. 遗嘱

遗产规划的最重要工具就是遗嘱。客户依照一定的程序在合法的文件上明确如何分配自己的遗产，然后签字认可，遗嘱即可生效。一般来说，客户需要在遗嘱中指明各项遗产的受益人。

遗嘱给予了客户很大的遗产分配权力，客户可以通过遗嘱来分配自己独立拥有的遗产，多数客户的遗产规划目标都是通过遗嘱来实现的。在遗嘱中详细地说明遗产怎么分配，以便于遗产受益人能够按照客户的意愿得到应有的财产。如果没有留下遗嘱，就需要经过漫长的法庭裁决过程来确定遗产的分配，这要支付一笔法律裁决的费用。遗嘱不仅可以保证遗产按照立遗嘱人的意愿进行分配，而且也可以缩短法庭裁决的过程，并降低相关的管理费用和法律费用。

遗嘱可以分为正式遗嘱、手写遗嘱和口述遗嘱三种。正式遗嘱最为常用，法律效力也最强。手写遗嘱和口述遗嘱由于容易被仿造和见证人问题，多数国家都不认可。为了确保客户遗嘱的有效性，个人理财规划师应该建议客户采用正式遗嘱的形式，并及早拟订有关的文件。

另外，个人理财规划师需要提醒客户在遗嘱中列出必要的补遗条款，以便客户在希望改变其遗嘱内容时不需要制定新的遗嘱文件。在遗嘱的最后，客户还需要签署剩余财产条款声明，否则该遗嘱文件将不具有法律效力。

还有，个人理财规划师有义务为客户提供有关的信息。如需要的文件，在遗嘱订立过程中可能出现的问题等。这就需要个理财务规划师对遗嘱术语、影响遗嘱的因素和有关法规有充分的了解。这些知识不仅能够帮助个人理财规划师拟定遗产规划，还能促进个人与律师、会计师等有关人士的沟通。

2. 遗产委任书

制定遗产规划的另一个重要工具就是遗产委任书。它授权当事人中指定一个可靠的遗嘱执行人(或代理人)，并把遗嘱执行人写入遗嘱当中。遗嘱执行人要处理以下一系列事情。

(1) 安排遗嘱认证，取得法院授权，成为遗嘱执行人。
(2) 公示一份合同，以便忠实地履行遗嘱。
(3) 将银行账户转为遗产账户。
(4) 监管有价证券，并收回所有保险金。

(5) 查清并保护所有属于遗产的财产，编制财产清单，并对所有财产进行评估。
(6) 计算出所有必需的费用，如遗产税等。
(7) 列出出售财产的清单。
(8) 支付应由遗产承担的所有法定债务，并记录所有的数据、交易事项和支付金额。
(9) 将逝者的最后所得税申报表归档。
(10) 按照遗嘱的要求支付遗赠款项。
(11) 编制决算，并将与此有关的情况汇报给相关的人。

3. 遗产信托

遗产信托是一种法律上的契约，当事人通过它指定自己或他人来管理自己的部分或全部遗产，从而实现各种与遗产规划有关的目标。采用遗产信托进行分配的遗产称为遗产信托基金，被指定为受益人管理遗产信托基金的个人或机构称为托管人。根据遗产信托的制定方式，可分为生命信托和遗嘱信托。

4. 人寿保险

人寿保险产品在遗产规划中受到个人财务规划师和客户的重视，因为购买人寿保险的客户在去世时可以获得一大笔保险赔偿金，且以现金形式支付，能够增加遗产的流动性。但和其他遗产不一样，人寿保险赔偿金不需要支付税金。

5. 赠与

赠与是指当事人为了实现某种目标将某项财产作为礼物赠送给受益人，而使该项财产不再出现在遗嘱条款中。在许多国家，对赠与财产的征税要远远低于对遗产的征税，所以客户往往采取这种方式来减少税收支出，而且它有可能还会带来家庭所得税支出的下降。但财产一旦赠与给他人，当事人就失去对该财产的控制，将来也无法将其收回。

(五)制定遗产计划

制定遗产计划是进行遗产规划的关键步骤，个人理财规划师要根据不同客户的类型，制定不同的遗产计划。通常情况下，对于已婚且子女已成年的客户，遗产计划一般将客户的遗产留给其配偶；对于已婚但子女尚未成年的客户，遗产计划还要加入遗嘱信托工具；对于未婚或离异的客户，遗产计划一般将遗产直接留给受益人。

完整的遗产计划包括下面几个步骤。

第一步：计算和评估遗产的价值。

列出所拥有的全部资产，并确定每份资产的所有权。对拥有所有权的资产进行评估定价。

第二步：确定遗产规划的目标。

通过填写调查表形式来确定遗产规划的目标，明确受益人。列出受益人名单，决定资产的分配。但由于遗产规划的可变性特点，个人理财规划师在为客户制定遗产规划时应该留有一定变化的余地，以便及时调整遗产规划中的内容，并且要和客户一起定期或不定期地审阅和修改遗产规划。

第三步：确定将财产给受益人的方式。

生前方式：

(1) 礼物赠与。财产赠与可免交遗产税，还可亲眼看到财产收益人接受财产。
(2) 不可撤销的信托。一旦信托成立，便不能取消信托或收回这笔财产。

去世后方式：

(1) 在合同中指定受益人。在购买人寿保险和年金等契据后，指定遗产受益人。
(2) 共同财产。若财产和银行账户是和配偶共同拥有，则一方死亡时，这些资产的所有权自动转移给配偶。
(3) 未分配的共同产权。允许财产共有者声明在遗产中的所有权利益。
(4) 遗嘱。制定管理遗产的方案，并在过世后分配给受益人。
(5) 信托。托管人负责管理并按照信托人的意愿将财产分配给受益人。

第四步：执行遗产计划。起草一份遗嘱，建立一份信托、馈赠礼物。

第五步：每年检查遗产计划。根据个人和家庭情况的变化，调整财产分配的方式。

【小资料】

信托设立和遗产规划

一般人均避谈身后之事，但是如果生活在美国，辛辛苦苦的工作了一辈子，对于财产却从不做规划，到了那天必须走的时候，可能有大部分的遗产需缴给政府，而不是留给亲爱的人，或是让你的子女们对簿公堂，伤害了手足之情，这本是为人父母所不愿见到的事情。另外，有些父母很早便将财产转移给子女，落得老年时只好靠政府的救济，或是看子女的脸色过日子，而无法惬意地享受晚年。

遗产的规划主要是将累积的财产，在享用之余后，能在将财产转移给继承人或受益人时，避免缴太多税金。而目前很流行的生前信托(Living Trust)只是遗产规划的一部分，另外如不可撤销人寿保险信托(Irrevocable Insurance Trust)也是被广泛地应用着。整个遗产规划将因个人财务状况而配合不同的工具使用，以达到最佳的财产转移及省税效果。

设立信托最大的好处是避免法院认证(Probate)。如果死后只有遗嘱，所有的财产都需要经过法院认证，财产总值超过10万元或房地产总价值超过两万元时需要完全的认证手续，财产才可以转移。在加州平均的认证时间约20个月，认证的费用可能高达财产总值的8%，而且价值不是以净值来计算。比如房地产价值100万元，贷款60万元，是以100万元计算，而非以净值40万元计算。

设立信托可以充分利用免税额，以节省遗产税。尤其对只拥有绿卡的非公民或是外国人来讲，设立信托尤为重要。因为外国人的免税额只有$60 000，在美国拥有财产或不动产的外国人，必须考虑设立正确的信托，否则届时一半以上的财产必须缴给美国政府了。

另外，非公民在配偶转移方面也与公民的无限转移有所不同，在设立信托时都必须将此一并考虑。

设立信托时，也可以规定受益人在达到一定年纪时，才可以动用遗留的财产，否则年纪太轻时，就继承了大笔遗产，恐遭诱拐而散尽家产。

至于需要设立哪种形态的信托，应考虑每个人的财务、税务情形，来做整体规划，而非以偏概全，当然设立信托后，也有部分的不方便处，这也是事先必须了解的。但是应否设立一个生前信托以及做整体的财务规划，可以说是最基本的，也是每个人都应考虑的。

本 章 小 结

人生事件规划	教育投资规划	教育投资规划是指筹集为实现预期教育目标所需要的费用而进行一系列资金管理活动。 教育投资规划包括以下四个步骤。 第一步，要明确客户的子女接受何种类型的教育。 第二步，估计子女教育所需的费用。 第三步，在预测未来通货膨胀率的基础上，并对子女教育费用增长率进行调整。 第四步，在估计子女教育费用和年增长率以后，就可以估计客户在未来所必须支付的教育投资额。 教育投资规划工具包括传统教育投资规划工具、其他教育投资规划工具和短期教育投资规划工具
	退休规划	退休规划就是为保证自己在退休以后过上经济独立、财务自主、资金有保障、生活有品质，而从现在起就开始实施的一系列财务筹划活动。 退休理财规划一定要遵循以下三项重要原则：尽早准备、产出最大化、合适的资产配置。 退休规划的主要步骤是：第一，确定退休目标；第二，确定退休收入目标；第三，预测退休收入；第四，找到差距并制定详细的退休计划。 一个完整的退休规划，包括工作生涯设计与收入分析、退休后生活设计与养老需求分析及自筹退休金部分的储蓄投资设计
	遗产规划	遗产规划是指当事人健在时，将拥有或控制的各种资产、财富或负债进行身故后的事先安排，以确保在自己去世或丧失行为能力时能够实现一定的目标。 遗产规划的工具包括遗嘱、遗产委任书、遗产信托、人寿保险和赠与。 遗产规划的步骤包括计算和评估个人的遗产价值、确定遗产规划的目标、制定遗产计划和定期检查和修改四个方面

第十二章 人生事件规划

一、选择题(多选题)

1. 子女教育投资规划的特点是( )。
   A. 没有时间弹性和费用弹性　　B. 子女教育金必须靠自己来准备
   C. 子女教育金费用昂贵　　　　D. 教育的支出增长率高于一般的物价增长率
   E. 子女教育金费用较少
2. 退休规划的重要原则是( )。
   A. 将大部分资金投资于风险较大、收益较高的资产
   B. 尽早准备
   C. 产出最大化
   D. 合适的资产配置
   E. 将大部分资金投资于风险较下小、收益较低的资产
3. 一些常用的遗产规划工具是( )。
   A. 遗嘱　　　　　　　　　　　B. 遗产委任书
   C. 遗产信托　　　　　　　　　D. 人寿保险　　　　　E. 赠与

二、填空题

1. 子女教育其他投资规划工具包括：政府债券、_____、_____、_____、共同基金。
2. 退休规划的影响因素包括：月生活标准、资金收入来源、_____、_____、退休计划期间、资产积累、需求标准。
3. 遗产的法律特征包括：时间上的时效性、性质上的财产性、_____、_____。

三、简答题

1. 什么是教育投资规划？为什么要进行教育投资规划？
2. 什么是退休规划？为什么要进行退休规划？
3. 你对我国的社会保障体系了解多少？
4. 简述退休规划需求分析。
5. 什么是遗产规划？为什么要进行遗产规划？

四、论述题

1.论述遗产管理中的常见风险。

附录 A 复利终值系数表

n\i	1%	2%	3%	4%	5%	6%	7%	8%	9%	10%	11%	12%	13%	14%	15%	16%	17%	18%	19%	20%	25%	30%
1	1.010	1.020	1.030	1.040	1.050	1.060	1.070	1.080	1.090	1.100	1.110	1.120	1.130	1.140	1.150	1.160	1.170	1.180	1.190	1.200	1.250	1.300
2	1.020	1.040	1.061	1.082	1.103	1.124	1.145	1.166	1.188	1.210	1.232	1.254	1.277	1.300	1.323	1.346	1.369	1.392	1.416	1.440	1.563	1.690
3	1.030	1.061	1.093	1.125	1.158	1.191	1.225	1.260	1.295	1.331	1.368	1.405	1.443	1.482	1.521	1.561	1.602	1.643	1.685	1.728	1.953	2.197
4	1.041	1.082	1.126	1.170	1.216	1.262	1.311	1.360	1.412	1.464	1.518	1.574	1.630	1.689	1.749	1.811	1.874	1.939	2.005	2.074	2.441	2.856
5	1.051	1.104	1.159	1.217	1.276	1.338	1.403	1.469	1.539	1.611	1.685	1.762	1.842	1.925	2.011	2.100	2.192	2.288	2.386	2.488	3.052	3.713
6	1.062	1.126	1.194	1.265	1.340	1.419	1.501	1.587	1.677	1.772	1.870	1.974	2.082	2.195	2.313	2.436	2.565	2.700	2.840	2.986	3.815	4.827
7	1.072	1.149	1.230	1.316	1.407	1.504	1.606	1.714	1.828	1.949	2.076	2.211	2.353	2.502	2.660	2.826	3.001	3.185	3.379	3.583	4.768	6.275
8	1.083	1.172	1.267	1.369	1.477	1.594	1.718	1.851	1.993	2.144	2.305	2.476	2.658	2.853	3.059	3.278	3.511	3.759	4.021	4.300	5.960	8.157
9	1.094	1.195	1.305	1.423	1.551	1.689	1.838	1.999	2.172	2.358	2.558	2.773	3.004	3.252	3.518	3.803	4.108	4.435	4.785	5.160	7.451	10.604
10	1.105	1.219	1.344	1.480	1.629	1.791	1.967	2.159	2.367	2.594	2.839	3.106	3.395	3.707	4.046	4.411	4.807	5.234	5.695	6.192	9.313	13.786
11	1.116	1.243	1.384	1.539	1.710	1.898	2.105	2.332	2.580	2.853	3.152	3.479	3.836	4.226	4.652	5.117	5.624	6.176	6.777	7.430	11.642	17.922
12	1.127	1.268	1.426	1.601	1.796	2.012	2.252	2.518	2.813	3.138	3.498	3.896	4.335	4.818	5.350	5.936	6.580	7.288	8.064	8.916	14.552	23.298
13	1.138	1.294	1.469	1.665	1.886	2.133	2.410	2.720	3.066	3.452	3.883	4.363	4.898	5.492	6.153	6.886	7.699	8.599	9.596	10.699	18.190	30.288
14	1.149	1.319	1.513	1.732	1.980	2.261	2.579	2.937	3.342	3.797	4.310	4.887	5.535	6.261	7.076	7.988	9.007	10.147	11.420	12.839	22.737	39.374
15	1.161	1.346	1.558	1.801	2.079	2.397	2.759	3.172	3.642	4.177	4.785	5.474	6.254	7.138	8.137	9.266	10.539	11.974	13.590	15.407	28.422	51.186
16	1.173	1.373	1.605	1.873	2.183	2.540	2.952	3.426	3.970	4.595	5.311	6.130	7.067	8.137	9.358	10.748	12.330	14.129	16.172	18.488	35.527	66.542
17	1.184	1.400	1.653	1.948	2.292	2.693	3.159	3.700	4.328	5.054	5.895	6.866	7.986	9.276	10.761	12.468	14.426	16.672	19.244	22.186	44.409	86.504
18	1.196	1.428	1.702	2.026	2.407	2.854	3.380	3.996	4.717	5.560	6.544	7.690	9.024	10.575	12.375	14.463	16.879	19.673	22.901	26.623	55.511	112.455
19	1.208	1.457	1.754	2.107	2.527	3.026	3.617	4.316	5.142	6.116	7.263	8.613	10.197	12.056	14.232	16.777	19.748	23.214	27.252	31.948	69.389	146.192
20	1.220	1.486	1.806	2.191	2.653	3.207	3.870	4.661	5.604	6.727	8.062	9.646	11.523	13.743	16.367	19.461	23.106	27.393	32.429	38.338	86.736	190.050
21	1.232	1.516	1.860	2.279	2.786	3.400	4.141	5.034	6.109	7.400	8.949	10.804	13.021	15.668	18.822	22.574	27.034	32.324	38.591	46.005	108.420	247.065
22	1.245	1.546	1.916	2.370	2.925	3.604	4.430	5.437	6.659	8.140	9.934	12.100	14.714	17.861	21.645	26.186	31.629	38.142	45.923	55.206	135.525	321.184
23	1.257	1.577	1.974	2.465	3.072	3.820	4.741	5.871	7.258	8.954	11.026	13.552	16.627	20.362	24.891	30.376	37.006	45.008	54.649	66.247	169.407	417.539

续表

n\i	1%	2%	3%	4%	5%	6%	7%	8%	9%	10%	11%	12%	13%	14%	15%	16%	17%	18%	19%	20%	25%	30%
24	1.270	1.608	2.033	2.563	3.225	4.049	5.072	6.341	7.911	9.850	12.239	15.179	18.788	23.212	28.625	35.236	43.297	53.109	65.032	79.497	211.758	542.801
25	1.282	1.641	2.094	2.666	3.386	4.292	5.427	6.848	8.623	10.835	13.585	17.000	21.231	26.462	32.919	40.874	50.658	62.669	77.388	95.396	264.698	705.641
26	1.295	1.673	2.157	2.772	3.556	4.549	5.807	7.396	9.399	11.918	15.080	19.040	23.991	30.167	37.857	47.414	59.270	73.949	92.092	114.475	330.872	917.333
27	1.308	1.707	2.221	2.883	3.733	4.822	6.214	7.988	10.245	13.110	16.739	21.325	27.109	34.390	43.535	55.000	69.345	87.260	109.589	137.371	413.590	1192.533
28	1.321	1.741	2.288	2.999	3.920	5.112	6.649	8.627	11.167	14.421	18.580	23.884	30.633	39.204	50.066	63.800	81.134	102.967	130.411	164.845	516.988	1550.293
29	1.335	1.776	2.357	3.119	4.116	5.418	7.114	9.317	12.172	15.863	20.624	26.750	34.616	44.693	57.575	74.009	94.927	121.501	155.189	197.814	646.235	2015.381
30	1.348	1.811	2.427	3.243	4.322	5.743	7.612	10.063	13.268	17.449	22.892	29.960	39.116	50.950	66.212	85.850	111.065	143.371	184.675	237.376	807.794	2619.996
40	1.489	2.208	3.262	4.801	7.04	10.286	14.974	21.725	31.409	45.259	65.001	93.051	132.78	188.88	267.86	378.72	533.87	750.38	1051.7	1469.8	7523.2	36119
50	1.654	2.692	4.384	7.107	11.467	18.42	29.457	46.902	74.358	117.39	184.57	289	450.74	700.23	1083.7	1670.7	2566.2	3927.4	5988.9	9100.4	70065	497929

附录 B 年金终值系数表

n \ i	1%	2%	3%	4%	5%	6%	7%	8%	9%	10%	11%	12%	13%	14%	15%	16%	17%	18%	19%	20%	25%	30%
1	1.000	1.000	1.000	1.000	1.000	1.000	1.000	1.000	1.000	1.000	1.000	1.000	1.000	1.000	1.000	1.000	1.000	1.000	1.000	1.000	1.000	1.000
2	2.010	2.020	2.030	2.040	2.050	2.060	2.070	2.080	2.090	2.100	2.110	2.120	2.130	2.140	2.150	2.160	2.170	2.180	2.190	2.200	2.250	2.300
3	3.030	3.060	3.091	3.122	3.153	3.184	3.215	3.246	3.278	3.310	3.342	3.374	3.407	3.440	3.473	3.506	3.539	3.572	3.606	3.640	3.813	3.990
4	4.060	4.122	4.184	4.246	4.310	4.375	4.440	4.506	4.573	4.641	4.710	4.779	4.850	4.921	4.993	5.066	5.141	5.215	5.291	5.368	5.766	6.187
5	5.101	5.204	5.309	5.416	5.526	5.637	5.751	5.867	5.985	6.105	6.228	6.353	6.480	6.610	6.742	6.877	7.014	7.154	7.297	7.442	8.207	9.043
6	6.152	6.308	6.468	6.633	6.802	6.975	7.153	7.336	7.523	7.716	7.913	8.115	8.323	8.536	8.754	8.977	9.207	9.442	9.683	9.930	11.259	12.756
7	7.214	7.434	7.662	7.898	8.142	8.394	8.654	8.923	9.200	9.487	9.783	10.089	10.405	10.730	11.067	11.414	11.772	12.142	12.523	12.916	15.073	17.583
8	8.286	8.583	8.892	9.214	9.549	9.879	10.260	10.637	11.028	11.436	11.859	12.300	12.757	13.233	13.727	14.240	14.773	15.327	15.902	16.499	19.842	23.858
9	9.369	9.755	10.159	10.583	11.027	11.491	11.978	12.488	13.021	13.579	14.164	14.776	15.416	16.085	16.786	17.519	18.285	19.086	19.923	20.799	25.802	32.015
10	10.462	10.950	11.464	12.006	12.578	13.181	13.816	14.487	15.193	15.937	16.722	17.549	18.420	19.337	20.304	21.321	22.393	23.521	24.701	25.959	33.253	42.619
11	11.567	12.169	12.808	13.486	14.207	14.972	15.784	16.645	17.560	18.531	19.561	20.655	21.814	23.045	24.349	25.733	27.200	28.755	30.404	32.150	42.566	56.405
12	12.683	13.412	14.192	15.026	15.917	16.870	17.888	18.977	20.141	21.384	22.713	24.133	25.650	27.271	29.002	30.850	32.824	34.931	37.180	39.581	54.208	74.327
13	13.809	14.680	15.618	16.627	17.713	18.882	20.141	21.495	22.953	24.523	26.212	28.029	29.985	32.089	34.352	36.786	39.404	42.219	45.244	48.497	68.760	97.625
14	14.947	15.974	17.086	18.292	19.599	21.015	22.550	24.215	26.019	27.975	30.095	32.393	34.883	37.581	40.505	43.672	47.103	50.818	54.841	54.196	86.949	127.910
15	16.097	17.293	18.599	20.024	21.579	23.276	25.129	27.152	29.361	31.772	34.405	37.280	40.417	43.842	47.580	51.660	56.110	6.965	66.261	72.035	109.690	167.290
16	17.258	18.639	20.157	21.825	23.657	25.673	27.888	30.324	33.003	35.950	39.190	42.753	46.672	50.980	55.717	60.925	66.649	72.939	79.850	87.442	138.110	218.470
17	18.430	20.012	21.762	23.698	25.840	28.213	30.840	33.750	36.974	40.545	44.501	48.884	53.739	59.118	65.075	71.673	78.979	87.068	96.022	105.930	173.640	285.010
18	19.615	21.412	23.414	25.645	28.132	30.906	33.999	37.450	41.301	45.599	50.396	55.750	61.725	68.394	75.836	84.141	93.406	103.740	115.270	128.120	218.050	371.520
19	20.811	22.841	25.117	27.671	30.539	33.760	37.379	41.446	46.018	51.159	56.939	63.440	70.749	79.969	88.212	98.603	110.290	123.410	138.170	154.740	273.560	483.970
20	22.019	24.297	26.870	29.778	33.066	36.786	40.995	45.762	51.160	57.275	64.203	72.052	80.947	91.025	120.440	115.380	130.030	146.630	165.420	186.690	342.950	630.170
25	28.243	32.030	36.459	41.646	47.727	54.865	63.249	73.106	84.701	98.347	114.410	133.330	155.620	181.870	212.790	249.210	292.110	342.600	402.040	471.980	1054.800	2348.800
30	34.785	40.588	47.575	56.085	66.439	79.058	94.461	113.280	136.310	164.490	199.020	241.330	293.200	356.790	434.750	530.310	647.440	790.950	966.700	1181.900	3227.200	8730
40	48.886	60.402	75.401	95.026	120.800	154.760	199.640	259.060	337.890	442.590	581.830	767.090	1013.700	1342.000	1779.100	2360.800	3134.500	4163.210	5519.800	7343.900	30089.000	120393
50	64.463	84.579	112.800	152.670	209.350	290.340	406.530	573.770	815.080	1163.900	1668.800	24000	3459.500	4991.500	7217.700	10436	15090	21813	31515	45497	280256	165976

附录 C 复利现值系数表

n\i	1%	2%	3%	4%	5%	6%	8%	10%	12%	14%	15%	16%	18%	20%	25%	30%	35%	40%	50%
1	0.99	0.98	0.97	0.961	0.952	0.943	0.925	0.909	0.892	0.877	0.869	0.862	0.847	0.833	0.8	0.769	0.74	0.714	0.666
2	0.98	0.961	0.942	0.924	0.907	0.889	0.857	0.826	0.797	0.769	0.756	0.743	0.718	0.694	0.64	0.591	0.548	0.51	0.444
3	0.97	0.942	0.915	0.888	0.863	0.839	0.793	0.751	0.711	0.674	0.657	0.64	0.608	0.578	0.512	0.455	0.406	0.364	0.296
4	0.96	0.923	0.888	0.854	0.822	0.792	0.735	0.683	0.635	0.592	0.571	0.552	0.515	0.482	0.409	0.35	0.301	0.26	0.197
5	0.951	0.905	0.862	0.821	0.783	0.747	0.68	0.62	0.567	0.519	0.497	0.476	0.437	0.401	0.327	0.269	0.223	0.185	0.131
6	0.942	0.887	0.837	0.79	0.746	0.704	0.63	0.564	0.506	0.455	0.432	0.41	0.37	0.334	0.262	0.207	0.165	0.132	0.087
7	0.932	0.87	0.813	0.759	0.71	0.665	0.583	0.513	0.452	0.399	0.375	0.353	0.313	0.279	0.209	0.159	0.122	0.094	0.058
8	0.923	0.853	0.789	0.73	0.676	0.627	0.54	0.466	0.403	0.35	0.326	0.305	0.266	0.232	0.167	0.122	0.09	0.067	0.039
9	0.914	0.836	0.766	0.702	0.644	0.591	0.5	0.424	0.36	0.307	0.284	0.262	0.225	0.193	0.134	0.094	0.067	0.048	0.026
10	0.905	0.82	0.744	0.675	0.613	0.558	0.463	0.385	0.321	0.269	0.247	0.226	0.191	0.161	0.107	0.072	0.049	0.034	0.017
11	0.896	0.804	0.722	0.649	0.584	0.526	0.428	0.35	0.287	0.236	0.214	0.195	0.161	0.134	0.085	0.055	0.036	0.024	0.011
12	0.887	0.788	0.701	0.624	0.556	0.496	0.397	0.318	0.256	0.207	0.186	0.168	0.137	0.112	0.068	0.042	0.027	0.017	0.007
13	0.878	0.773	0.68	0.6	0.53	0.468	0.367	0.289	0.229	0.182	0.162	0.145	0.116	0.093	0.054	0.033	0.02	0.012	0.005
14	0.869	0.757	0.661	0.577	0.505	0.442	0.34	0.263	0.204	0.159	0.141	0.125	0.098	0.077	0.043	0.025	0.014	0.008	0.003
15	0.861	0.743	0.641	0.555	0.481	0.417	0.315	0.239	0.182	0.14	0.122	0.107	0.083	0.064	0.035	0.019	0.011	0.006	0.002
16	0.852	0.728	0.623	0.533	0.458	0.393	0.291	0.217	0.163	0.122	0.106	0.093	0.07	0.054	0.028	0.015	0.008	0.004	0.001
17	0.844	0.714	0.605	0.513	0.436	0.371	0.27	0.197	0.145	0.107	0.092	0.08	0.059	0.045	0.022	0.011	0.006	0.003	0.001
18	0.836	0.7	0.587	0.493	0.415	0.35	0.25	0.179	0.13	0.094	0.08	0.069	0.05	0.037	0.018	0.008	0.004	0.002	0
19	0.827	0.686	0.57	0.474	0.395	0.33	0.231	0.163	0.116	0.082	0.07	0.059	0.043	0.031	0.014	0.006	0.003	0.001	0
20	0.819	0.672	0.553	0.456	0.376	0.311	0.214	0.148	0.103	0.072	0.061	0.051	0.036	0.026	0.011	0.005	0.002	0.001	0
21	0.811	0.659	0.537	0.438	0.358	0.294	0.198	0.135	0.092	0.063	0.053	0.044	0.03	0.021	0.009	0.004	0.001	0.001	0
22	0.803	0.646	0.521	0.421	0.341	0.277	0.183	0.122	0.082	0.055	0.046	0.038	0.026	0.018	0.007	0.003	0.001	0	0
23	0.795	0.634	0.506	0.405	0.325	0.261	0.17	0.111	0.073	0.049	0.04	0.032	0.022	0.015	0.005	0.002	0.001	0	0
24	0.787	0.621	0.491	0.39	0.31	0.246	0.157	0.101	0.065	0.043	0.034	0.028	0.018	0.012	0.004	0.001	0	0	0
25	0.779	0.609	0.477	0.375	0.295	0.232	0.146	0.092	0.058	0.037	0.03	0.024	0.015	0.01	0.003	0.001	0	0	0

续表

n \ i	1%	2%	3%	4%	5%	6%	8%	10%	12%	14%	15%	16%	18%	20%	25%	30%	35%	40%	50%
26	0.772	0.597	0.463	0.36	0.281	0.219	0.135	0.083	0.052	0.033	0.026	0.021	0.013	0.008	0.003	0.001	0	0	0
27	0.764	0.585	0.45	0.346	0.267	0.207	0.125	0.076	0.046	0.029	0.022	0.018	0.011	0.007	0.002	0	0	0	0
28	0.756	0.574	0.437	0.333	0.255	0.195	0.115	0.069	0.041	0.025	0.019	0.015	0.009	0.006	0.001	0	0	0	0
29	0.749	0.563	0.424	0.32	0.242	0.184	0.107	0.063	0.037	0.022	0.017	0.013	0.008	0.005	0.001	0	0	0	0
30	0.741	0.552	0.411	0.308	0.231	0.174	0.099	0.057	0.033	0.019	0.015	0.011	0.006	0.004	0.001	0	0	0	0
31	0.734	0.541	0.399	0.296	0.22	0.164	0.092	0.052	0.029	0.017	0.013	0.01	0.005	0.003	0	0	0	0	0
32	0.727	0.53	0.388	0.285	0.209	0.154	0.085	0.047	0.026	0.015	0.011	0.008	0.005	0.002	0	0	0	0	0
33	0.72	0.52	0.377	0.274	0.199	0.146	0.078	0.043	0.023	0.013	0.009	0.007	0.004	0.002	0	0	0	0	0
34	0.712	0.51	0.366	0.263	0.19	0.137	0.073	0.039	0.021	0.011	0.008	0.006	0.003	0.002	0	0	0	0	0
35	0.705	0.5	0.355	0.253	0.181	0.13	0.067	0.035	0.018	0.01	0.007	0.005	0.003	0.001	0	0	0	0	0
36	0.698	0.49	0.345	0.243	0.172	0.122	0.062	0.032	0.016	0.008	0.006	0.004	0.002	0.001	0	0	0	0	0
37	0.692	0.48	0.334	0.234	0.164	0.115	0.057	0.029	0.015	0.007	0.005	0.004	0.002	0.001	0	0	0	0	0
38	0.685	0.471	0.325	0.225	0.156	0.109	0.053	0.026	0.013	0.006	0.004	0.003	0.001	0.001	0	0	0	0	0
39	0.678	0.461	0.315	0.216	0.149	0.103	0.049	0.024	0.012	0.006	0.004	0.003	0.001	0	0	0	0	0	0
40	0.671	0.452	0.306	0.208	0.142	0.097	0.046	0.022	0.01	0.005	0.003	0.002	0.001	0	0	0	0	0	0
41	0.665	0.444	0.297	0.2	0.135	0.091	0.042	0.02	0.009	0.004	0.003	0.002	0.001	0	0	0	0	0	0
42	0.658	0.435	0.288	0.192	0.128	0.086	0.039	0.018	0.008	0.004	0.002	0.002	0.001	0	0	0	0	0	0
43	0.651	0.426	0.28	0.185	0.122	0.081	0.036	0.016	0.007	0.003	0.002	0.001	0	0	0	0	0	0	0
44	0.645	0.418	0.272	0.178	0.116	0.077	0.033	0.015	0.006	0.003	0.002	0.001	0	0	0	0	0	0	0
45	0.639	0.41	0.264	0.171	0.111	0.072	0.031	0.013	0.006	0.002	0.001	0.001	0	0	0	0	0	0	0
46	0.632	0.402	0.256	0.164	0.105	0.068	0.029	0.012	0.005	0.002	0.001	0.001	0	0	0	0	0	0	0
47	0.626	0.394	0.249	0.158	0.1	0.064	0.026	0.011	0.004	0.002	0.001	0.001	0	0	0	0	0	0	0
48	0.62	0.386	0.241	0.152	0.096	0.06	0.024	0.01	0.004	0.001	0.001	0	0	0	0	0	0	0	0
49	0.614	0.378	0.234	0.146	0.091	0.057	0.023	0.009	0.003	0.001	0.001	0	0	0	0	0	0	0	0
50	0.608	0.371	0.228	0.14	0.087	0.054	0.021	0.008	0.003	0.001	0	0	0	0	0	0	0	0	0

附录 D 年金现值系数表

n\i	1%	2%	3%	4%	5%	6%	8%	10%	12%	14%	15%	16%	18%	20%	22%	24%	25%	30%	35%	40%	45%	50%
1	0.99	0.98	0.97	0.961	0.952	0.943	0.925	0.909	0.892	0.877	0.869	0.862	0.847	0.833	0.819	0.806	0.799	0.769	0.74	0.714	0.689	0.666
2	1.97	1.941	1.913	1.886	1.859	1.833	1.783	1.735	1.69	1.646	1.625	1.605	1.565	1.527	1.491	1.456	1.44	1.36	1.289	1.224	1.165	1.111
3	2.94	2.883	2.828	2.775	2.723	2.673	2.577	2.486	2.401	2.321	2.283	2.245	2.174	2.106	2.042	1.981	1.952	1.816	1.695	1.588	1.493	1.407
4	3.901	3.807	3.717	3.629	3.545	3.465	3.312	3.169	3.037	2.913	2.854	2.798	2.69	2.588	2.493	2.404	2.361	2.166	1.996	1.849	1.719	1.604
5	4.853	4.713	4.579	4.451	4.329	4.212	3.992	3.79	3.604	3.433	3.352	3.274	3.127	2.99	2.863	2.745	2.689	2.435	2.219	2.035	1.875	1.736
6	5.795	5.601	5.417	5.242	5.075	4.917	4.622	4.355	4.111	3.888	3.784	3.684	3.497	3.325	3.166	3.02	2.951	2.642	2.385	2.167	1.983	1.824
7	6.728	6.471	6.23	6.002	5.786	5.582	5.206	4.868	4.563	4.288	4.16	4.038	3.811	3.604	3.415	3.242	3.161	2.802	2.507	2.262	2.057	1.882
8	7.651	7.325	7.019	6.732	6.463	6.209	5.746	5.334	4.967	4.638	4.487	4.343	4.077	3.837	3.619	3.421	3.328	2.924	2.598	2.33	2.108	1.921
9	8.566	8.162	7.786	7.435	7.107	6.801	6.246	5.759	5.328	4.946	4.771	4.606	4.303	4.03	3.786	3.565	3.463	3.019	2.665	2.378	2.143	1.947
10	9.471	8.982	8.53	8.11	7.721	7.36	6.71	6.144	5.65	5.216	5.018	4.833	4.494	4.192	3.923	3.681	3.57	3.091	2.715	2.413	2.168	1.965
11	10.367	9.786	9.252	8.76	8.306	7.886	7.138	6.495	5.937	5.452	5.233	5.028	4.656	4.327	4.035	3.775	3.656	3.147	2.751	2.438	2.184	1.976
12	11.255	10.575	9.954	9.385	8.863	8.383	7.536	6.813	6.194	5.66	5.42	5.197	4.793	4.439	4.127	3.851	3.725	3.19	2.779	2.455	2.196	1.984
13	12.133	11.348	10.634	9.985	9.393	8.852	7.903	7.103	6.423	5.842	5.583	5.342	4.909	4.532	4.202	3.912	3.78	3.223	2.799	2.468	2.204	1.989
14	13.003	12.106	11.296	10.563	9.898	9.294	8.244	7.366	6.628	6.002	5.724	5.467	5.008	4.61	4.264	3.961	3.824	3.248	2.814	2.477	2.209	1.993
15	13.865	12.849	11.937	11.118	10.379	9.712	8.559	7.606	6.81	6.142	5.847	5.575	5.091	4.675	4.315	4.001	3.859	3.268	2.825	2.483	2.213	1.995
16	14.717	13.577	12.561	11.652	10.837	10.105	8.851	7.823	6.973	6.265	5.954	5.668	5.162	4.729	4.356	4.033	3.887	3.283	2.833	2.488	2.216	1.996
17	15.562	14.291	13.166	12.165	11.274	10.477	9.121	8.021	7.119	6.372	6.047	5.748	5.222	4.774	4.39	4.059	3.909	3.294	2.839	2.491	2.218	1.997
18	16.398	14.992	13.753	12.659	11.689	10.827	9.371	8.201	7.249	6.467	6.127	5.817	5.273	4.812	4.418	4.079	3.927	3.303	2.844	2.494	2.219	1.998
19	17.226	15.678	14.323	13.133	12.085	11.158	9.603	8.364	7.365	6.55	6.198	5.877	5.316	4.843	4.441	4.096	3.942	3.31	2.847	2.495	2.22	1.999
20	18.045	16.351	14.877	13.59	12.462	11.469	9.818	8.513	7.469	6.623	6.259	5.928	5.352	4.869	4.46	4.11	3.953	3.315	2.85	2.497	2.22	1.999
21	18.856	17.011	15.415	14.029	12.821	11.764	10.016	8.648	7.562	6.686	6.312	5.973	5.383	4.891	4.475	4.121	3.963	3.319	2.851	2.497	2.221	1.999
22	19.66	17.658	15.936	14.451	13.163	12.041	10.2	8.771	7.644	6.742	6.358	6.011	5.409	4.909	4.488	4.129	3.97	3.322	2.853	2.498	2.221	1.999
23	20.455	18.292	16.443	14.856	13.488	12.303	10.371	8.883	7.718	6.792	6.398	6.044	5.432	4.924	4.498	4.137	3.976	3.325	2.854	2.498	2.221	1.999
24	21.243	18.913	16.935	15.246	13.798	12.55	10.528	8.984	7.784	6.835	6.433	6.072	5.45	4.937	4.507	4.142	3.981	3.327	2.855	2.499	2.221	1.999

续表

n \ i	1%	2%	3%	4%	5%	6%	8%	10%	12%	14%	15%	16%	18%	20%	22%	24%	25%	30%	35%	40%	45%	50%
25	22.023	19.523	17.413	15.622	14.093	12.783	10.674	9.077	7.843	6.872	6.464	6.097	5.466	4.947	4.513	4.147	3.984	3.328	2.855	2.499	2.222	1.999
26	22.795	20.121	17.876	15.982	14.375	13.003	10.809	9.16	7.895	6.906	6.49	6.118	5.48	4.956	4.519	4.151	3.987	3.329	2.855	2.499	2.222	1.999
27	23.559	20.706	18.327	16.329	14.643	13.21	10.935	9.237	7.942	6.935	6.513	6.136	5.491	4.963	4.524	4.154	3.99	3.33	2.856	2.499	2.222	1.999
28	24.316	21.281	18.764	16.663	14.898	13.406	11.051	9.306	7.984	6.96	6.533	6.152	5.501	4.969	4.528	4.156	3.992	3.331	2.856	2.499	2.222	1.999
29	25.065	21.844	19.188	16.983	15.141	13.59	11.158	9.369	8.021	6.983	6.55	6.165	5.509	4.974	4.531	4.158	3.993	3.331	2.856	2.499	2.222	1.999
30	25.807	22.396	19.6	17.292	15.372	13.764	11.257	9.426	8.055	7.002	6.565	6.177	5.516	4.978	4.533	4.16	3.995	3.332	2.856	2.499	2.222	1.999
40	32.834	27.355	23.114	19.792	17.159	15.046	11.924	9.779	8.243	7.105	6.641	6.233	5.548	4.996	4.543	4.165	3.999	3.333	2.857	2.499	2.222	1.999
50	39.196	31.423	25.729	21.482	18.255	15.761	12.233	9.914	8.304	7.132	6.66	6.246	5.554	4.999	4.545	4.166	3.999	3.333	2.857	2.499	2.222	1.999

参 考 文 献

[1] 边智群，朱澍清. 理财学[M]. 北京：中国金融出版社，2006.
[2] 中国金融教育发展基金会金融理财标准委员会(FPCC)组织编写. 个人理财[M]. 北京：中信出版社，2005.
[3] 中国金融教育发展基金会金融理财标准委员会(FPCC)组织编写. 金融理财原理[M]. 北京：中信出版社，2007.
[4] 王静. 个人理财[M]，北京：科学出版社，2008.
[5] 刘伟. 个人理财[M]，上海：上海财经大学出版社，2005.
[6] 兹维·博迪 J，罗伯特·C. 莫顿. 金融学[M]. 北京：中国人民大学出版社，2000.
[7] 张红. 财务管理教程与实训[M]. 北京：中国林业出版社，2007.
[8] 马健. 浅谈影响收藏品价格的因素[J]. 艺术与投资，2008.
[9] 陈工孟，郑子云. 个人财务策划[M]. 北京：北京大学出版社，2003.
[10] 中国银行业从业人员资格认证办公室. 个人理财[M]. 北京：中国金融出版社，2008.
[11] 韦耀莹. 个人理财[M]. 大连：东北财经大学出版社，2007.
[12] 李财. 寻找一个自己的爱好——收藏品投资[J]. 今日科苑，2003.
[13] 金永红. 个人理财工具箱[M]. 北京：电子工业出版社，2008.
[14] 赵文君. 证券投资理论与实务[M]. 北京：化学工业出版社，2008.
[15] 曹凤岐，刘力，姚长辉. 证券投资学[M]. 北京：北京大学出版社，2000.
[16] 丁忠明，黄华继. 证券投资学[M]. 北京：中国金融出版社，2006.
[17] 兰虹. 证券投资——理论·技术·策略[M]. 成都：西南交通大学出版社，2003.
[18] 刘红忠. 投资学[M]. 北京：高等教育出版社，2003.
[19] 中国证券业协会. 证券市场基础知识[M]. 北京：中国财政经济出版社，2006.
[20] 中国证券业协会. 证券发行与承销[M]. 北京：中国财政经济出版社，2006.
[21] 中国证券业协会. 证券交易[M]. 北京：中国财政经济出版社，2006.
[22] 中国证券业协会. 证券投资分析[M]. 北京：中国财政经济出版社，2006.
[23] 何孝星. 中国证券投资基金发展论[M]. 北京：清华大学出版社，2003.
[24] 侯书森，马玉荣. 基金投资知识全书[M]. 北京：中国商业出版社，2007.
[25] 张颖. 个人理财基础[M]. 北京：对外经济贸易大学出版社，2005.
[26] 张纯威，陆磊. 金融理财[M]. 北京：中国金融出版社，2007.
[27] 杨惠. 税务筹划[M]. 北京：电子工业出版社，2009.
[28] 李淑芳. 个人理财[M]. 北京：中国物资出版社，2007.
[29] 吕斌，李国秋. 个人理财——理论、规划与实务[M]. 上海：上海大学出版社，2005.

[30] 邵新力. 外汇交易分析与实验[M]. 北京：中国金融出版社，2005.

[31] 王稳. 外汇交易与管理[M]. 北京：对外经济贸易大学出版社，2003.

[32] 刘金波. 刘永祥. 外汇交易实务[M]. 北京：科学技术出版社，2008.

[33] 周建松. 黄金理财[M]. 北京：科学出版社，2008.

[34] 沈伟. 黄金投资指南[M]. 北京：中国金融出版社，2008.

[35] 朱尔·勒皮迪. 黄金[M]. 北京：商务印书馆，2005.